Prix : 20 francs

CONTRE
LE
COURANT

N. LÉNINE   G. ZINOVIEV

CONTRE LE COURANT

TOME PREMIER
1914-1915

TRADUIT PAR
V. SERGE & PARIJANINE

BUREAU D'ÉDITIONS, DE DIFFUSION & DE PUBLICITÉ
132, RUE DU FAUBOURG SAINT-DENIS, PARIS (10ᵉ)

PRÉFACE

La plupart des articles rassemblés ici ont été d'abord publiés dans le Social-Démocrate (Sozialdemokrat), organe central du parti ouvrier social-démocrate russe (bolchéviks) qui parut en Suisse depuis la fin de 1914 jusqu'au début de 1917. Un seul de ces articles, un des plus considérables, est emprunté à la revue Le Communiste, qui n'eut qu'un seul numéro, en 1916, également en Suisse.

Pour bien comprendre l'enchaînement de ces articles, il faut tenir compte de l'ordre chronologique de leur publication.

Ils se divisent en deux catégories essentielles. Les uns sont consacrés à la critique de la guerre et à l'examen des tâches politiques qui en résultent. Les autres concernent les rapports intérieurs au parti et cette lutte de fractions que les myopes considérèrent longtemps comme une « situation chaotique » ou bien comme « un conflit de personnalités », mais qui nous a conduits en fait, — chacun s'en aperçoit aujourd'hui, — à établir une nette délimitation entre les véritables socialistes et les laquais de la bourgeoisie, MM. Liber, Dann, Martov et consorts.

Bien entendu, il a été donné une bien plus grosse importance à la première de ces parties ou catégories d'articles. A défaut de connaître ces articles, aucun travailleur doué de la conscience de classe ne parviendra à comprendre comme il le voudrait le développement des idées de la Révolution internationale socialiste et de sa première victoire, le 25 octobre 1917.

N. LÉNINE.

INTRODUCTION

Les articles reproduits dans cet ouvrage ont été écrits par le camarade Lénine et par moi lorsque nous vivions en émigrés, de septembre 1914 à février 1917. Au début de la guerre, nous nous trouvions en Galicie; notre séjour en ce pays était motivé par la nécessité de résider le plus près possible de la frontière russe et de pouvoir collaborer au journal *Pravda*, qui paraissait alors à Pétrograd. Ce n'est pas sans peine que nous gagnâmes ensuite la Suisse, pays neutre, où nous reprimes la publication du *Social-Démocrate* (alors organe central de notre parti) et fîmes également paraître un numéro de la revue *Le Communiste*, ainsi que deux cahiers du *Recueil social-démocrate* (*Sbornik S. D.*).

Nous réimprimons les plus importants de nos articles de cette époque, sans y rien changer. Nous n'effaçons rien de notre polémiqeu contre le camarade Trotsky, bien que cette polémique ait maintenant perdu la plus grande part de son actualité.

Contre le courant, tel est le titre de ce recueil. Nous n'étions qu'un petit groupe pour entreprendre la lutte contre le social-chauvinisme; nous nous engagions dans ce combat à une époque où le flot trouble du patriotisme de défense nationale envahissait les organisations ouvrières de tous les pays, à un moment où Karl Liebknecht, lui-même, en Allemagne, n'avait pas encore voté ouvertement contre les crédits de guerre.

Ce n'est qu'à Zimmerwald que nous réussîmes, avec un petit groupe d'internationalistes résolus, venus d'autres pays, à constituer le premier noyau. La *gauche de Zimmerwald* était alors très faible en nombre. Et il convient de dire franchement que la délégation de l'internationalisme russe était, à ce moment-là, considérée comme un groupe séparé des masses, comme un petit cercle d'émigrés qui ne représentait nullement les larges masses ouvrières. La suite des événements a démontré qu'il n'en était pas ainsi, que, sans le moindre doute, nous exprimions dès lors le véritable état d'esprit des plus larges couches du prolétariat russe, que, dès ce temps-là, nous tracions la ligne essentielle que se dessinaient, parmi leur élite, les ouvriers conscients de Russie.

Le signataire de ces lignes garde un vif souvenir de l'entretien qu'il eut avec Victor Adler au début de la guerre. Victor Adler était un vieil opportuniste, plus qu'éprouvé, qui « en avait vu bien d'autres »; il nous considérait comme de grands enfants. Dans chacune de ses paroles se percevait ce qu'il pensait de nous : « ces révolutionnaires savent fort bien subir la prison, ils endurent bien une lointaine déportation; mais que, derrière ces « utopistes », ces « fantaisistes », les masses ouvrières puissent marcher..., je suis un assez vieux routier pour n'y jamais croire. » Les événements ultérieurs ont infligé un démenti au scepticisme du vieux leader de l'opportunisme international. Les événements ont prouvé que précisément nous autres, « fantaisistes », « utopistes », nous vivions du souffle qui animait les classes opprimées de notre pays et que nous avions su, à une époque critique pour toute l'humanité, exprimer la mentalité et les espoirs d'innombrables millions de travailleurs de chez nous.

Notre voix s'élevait, bien isolée, au début de la guerre. Les échos de la Russie n'arrivaient que très rarement à notre lointaine émigration. Dans les premiers temps, l'idée de la défense nationale domina dans notre pays comme ailleurs. La bourgeoisie et les partisans les plus perspicaces du tsarisme encourageaient de toutes façons les tenants de notre défense nationale. Au sommet du parti social-démocrate russe, parmi ses émigrés, se définirent aussitôt de nouveaux groupements. Plékhanov passa dans les rangs des patriotes les plus enragés. D'abord, nous nous refusions à y croire. Je me rappelle que nous fîmes le voyage de Lausanne, Lénine et moi, spécialement dans le but d'assister à la première conférence de G.-V. Plékhanov, afin de juger dans quelle mesure il était vrai, comme le bruit s'en était répandu, que Plékhanov fût devenu partisan de la « défense nationale » dans une guerre entreprise par Nicolas Romanov. Nous entendîmes Plékhanov et nous ne pouvions en croire nos oreilles. Dès lors, il était clair que cet homme n'existait plus pour le socialisme. Et c'était une preuve de plus, parmi tant d'autres, de la gravité de la crise révélée par cette guerre dans le socialisme. Si Plékhanov en est arrivé là, nous disions-nous, faut-il s'étonner qu'en Allemagne les Scheidemann et Cie, à leur tour, soient tombés si bas?

Mais d'autres coups durs nous attendaient. Guesde, le vieux leader des ouvriers français, prit place au milieu des agents de l'impérialisme de son pays!... Guesde, qui avait tant guerroyé contre la participation des socialistes aux ministères bourgeois, ce même Guesde se trouvait tout à coup ministre d'un gouvernement qui menait une guerre de banditisme impérialiste!...

Et après Guesde, Kautsky!... Dans les dernières années d'avant-guerre, Kautsky, par toute son activité littéraire, avait montré qu'il s'écartait des anciennes positions du marxisme révolutionnaire, pour lequel il avait tant fait en ses belles années. *Le Chemin du Pouvoir*, brochure écrite par Kautsky en 1910 si je ne me trompe, fut le chant du cygne de cet auteur, en tant que théoricien du marxisme authentiquement révolutionnaire. Depuis lors, il avait glissé de plus en plus vers le bas de la pente. Il avait formé le groupe dit « du centre » qui s'efforçait d'occuper une position « *moyenne* » entre le marxisme révolutionnaire et l'opportunisme. « Entre Bade et Luxembourg », — c'est ainsi que lui-même, dans la presse, caractérisait sa position. Bade était le centre de l'opportunisme allemand. Trèves, ville natale de Marx, se trouve entre le duché de Bade et le Luxembourg. Kautsky voulait dire par là que sa position était celle d'où l'on rejette également « l'extrémisme » opportuniste et « l'extrémisme » de la gauche, dont la représentante, en Allemagne, était la camarade Rosa Luxembourg. Ces années de guerre ont particulièrement montré combien erronées, combien foncièrement fausses étaient les tentatives de Kautsky qui voulut présenter Rosa Luxembourg et son groupe comme des « anarcho-syndicalistes ». Les années de guerre ont particulièrement mis en évidence que c'est justement le groupe de Rosa Luxembourg qui fut et reste l'appui le plus sûr du marxisme révolutionnaire en Allemagne.

Le lecteur constatera, d'après le présent recueil, que, dans nos écrits de 1914 à 1917, nous nous sommes beaucoup préoccupés de combattre le groupe du « centre », et, principalement, de réagir contre la propagande littéraire de Kautsky. Il n'y a en cela rien d'étonnant. Cela s'imposait absolument, nous semble-t-il, en raison de la situation du socialisme international durant ces années-là. Dès 1912, Rosa Luxembourg faisait remarquer que, s'il valait encore la peine de lutter, sur le terrain théorique, contre le révisionnisme (réformisme), il fallait uniquement s'attaquer au révisionnisme qui se couvre d'une phraséologie marxiste. Or, la propagande de Kautsky n'est autre chose qu'un révisionnisme enveloppé de phrases « marxistes ». Le mal qui a été fait au mouvement ouvrier par la politique du « centre », à cette époque critique, a été particulièrement grave. De toutes parts l'on nous criait : est-ce donc là de l'opportunisme, est-ce donc là la trahison du socialisme, puisque *Guesde, Kautsky, Plékhanov* professent maintenant les principes de la défense nationale? L'autorité des vieux représentants de la vieille Internationale passait toute au service de la politique bourgeoise que se sont assimilée les Scheidemann en Allemagne, les Renaudel en France, les Mussolini en Italie, les Victor Adler et les Renner en Autriche. Il fallait combattre les plus forts de nos adversaires, il était indispensable d'ôter leur auréole à ceux qui, se servant de leur ascendant d'autrefois et adultérant le marxisme sans la moindre vergogne, attiraient les travailleurs sous le joug des patriotes de défense nationale.

La bourgeoisie allemande, en la personne de ses représentants les plus perspicaces, discerna très vite cette vérité indiscutable que la gauche de Zimmerwald, organisée avec notre concours actif, était le premier noyau de la III° Internationale en formation. Nous ne réussîmes à faire paraître qu'un petit nombre de publications en langue allemande. La brochure intitulée *Le Socialisme et la Guerre (Sozialismus und Krieg)*, rédigée par Lénine et par moi, fut illégalement publiée en Allemagne. Avec des amis de Hollande (Henriette Roland-Holst), avec les social-démocrates polonais et les socialistes-internationalistes suisses, nous publiâmes à Zurich trois cahiers de la revue *Vorbote*. En outre, le bureau de la gauche de Zimmerwald, auquel les auteurs du présent livre participaient activement, lança un certain nombre de tracts et de programmes en allemand. Les professeurs nationalo-libéraux et conservateurs d'Allemagne s'intéressèrent vivement à ces quelques publications. Ce ne fut pas seulement dans les journaux et dans les revues de l'impérialisme que l'on parla bruyamment de cette littérature, mais des volumes entiers y furent consacrés par les publicistes de cet impérialisme germanique. Ces messieurs, évidemment, concevaient parfaitement que le grand carnage dont ils étaient les auteurs avec les impérialistes des autres pays, devait fatalement appeler « le spectre rouge » du communisme. Ils suivaient attentivement les discussions engagées dans le camp du socialisme international, et dès qu'ils aperçurent les premiers symptômes de péril, ils sonnèrent le tocsin. Il n'est point de mensonge ni de calomnie qui n'aient alors été répandus sur notre compte et sur l'ensemble de la gauche de Zimmerwald par la presse bourgeoise et patriotique allemande. L'équité exige que nous en disions exactement autant de la presse bourgeoise et patriotique française. Elle fit écho avec le plus grand zèle à ses confrères allemands. Il suffit de nommer ici *Homo* (Grumbach), lequel, de jour en jour, dans l'*Humanité* (organe central, à cette époque, des « socialistes » français d'Union sacrée) déversait le mensonge et la calomnie sur la gauche de Zimmerwald avec un zèle digne d'un meilleur sort.

Cependant, peu à peu, cette gauche rassemblait les sympathies des socialistes internationalistes de tous les pays. A la première conférence de Zimmerwald, nous eûmes encore contre nous des personnalités telles que le camarade Rakovsky et même Roland-Holst. Les internationalistes italiens, représentés à Zimmerwald par le camarade Serrati, manifestèrent à notre égard certaines préventions au cours de cette première conférence. De tous les socialistes-internationalistes allemands, un seul délégué se rattacha d'emblée à la gauche; les autres ne s'en rapprochèrent que progressivement. P. Axelrod, L. Martov et autres menchéviks en vue, qui habitaient alors à l'étranger, profitèrent de leurs relations établies depuis de longues années pour discréditer la gauche zimmerwaldienne en divers pays. Par de tendancieuses informations de Russie, ils réussirent à faire croire à de nombreux socialistes-internationalistes modérés, en Occident, que la majorité des ouvriers russes, loin de suivre les internationalistes, se portait, dans le meilleur des cas, vers les « politiciens du centre ». Il a fallu attendre les événements de 1917-1918 pour montrer définitivement, nous l'espérons, à nos camarades, quels étaient ceux que suivaient en fait les ouvriers russes.

Transformer la guerre impérialiste en guerre civile, tel fut le mot d'ordre essentiel que nous lançâmes dès le début de la guerre.

Les représentants de l'ancien socialisme ne voulaient pas même entendre parler d'un pareil mot d'ordre. Nous gardons un vif souvenir de la façon dont Robert Grimm refusa d'imprimer la première déclaration du Comité central de notre parti sur la guerre, alléguant que ce serait exactement de *l'anarchisme* que de parler d'une transformation de la guerre impérialiste en guerre civile. Il fallait donc lutter contre le courant, il fallait tracer un premier sillon dans des conditions rien moins que faciles.

Ce fut pour nous une très grande satisfaction morale que de recevoir, à la première conférence de Zimmerwald, une lettre de Karl Liebknecht qui se terminait ainsi : « *la guerre civile et non la paix civile, voilà notre mot d'ordre* ». En Allemagne, bien entendu, Karl Liebknecht, pour cette façon de penser, fut aussi déclaré « anarchiste ». Mais, pour nous, dès lors, il était clair que tout ce qu'il y a d'honnête et de dévoué dans la classe ouvrière allemande marcherait avec Liebknecht et non pas avec ceux qui le traitaient d' « anarchiste ».

Les nouvelles que nous pouvions recevoir de Russie, au cours des deux premières années de guerre, étaient fort pauvres. Quant aux journaux clandestins qui paraissaient à Pétrograd et à Moscou, nous ne nous les procurions qu'avec de grandes difficultés. Les entrevues avec les camarades du parti qui travaillaient alors en Russie se raréfiaient de plus en plus. Même de simples correspondances et feuilles imprimées mettaient des mois à nous arriver du pays. Certes, dès le début, il fut clair pour nous que la guerre amènerait l'inéluctable fin du tsarisme, mais nous dûmes attendre les derniers mois de 1915 pour recevoir de premières nouvelles de Russie qui montraient la crise révolutionnaire en voie de rapide développement. En octobre 1915, les lignes d'approche de la Révolution russe commencèrent à se dessiner plus ou moins nettement. Le lecteur voudra bien se reporter à l'article intitulé *Quelques Thèses* (voir Tome II). Pour la première fois, nous nous demandions alors ce que ferait notre parti si la révolution le poussait au pouvoir au cours même de cette guerre. Pour beaucoup, la perspective ainsi envisagée apparaissait peu vraisemblable. Le fait seul que la question soit posée faisait sourire, tant leur paraissait peu probable une victoire de la classe ouvrière et de notre parti en temps de guerre. Les événements ont donné raison non pas aux sceptiques et aux incrédules, mais à nous.

Dans ces thèses, examinant ce que ferait le parti du prolétariat si la révolution le portait au pouvoir pendant la guerre, nous répondions que nous aurions à « offrir la paix à tous les belligérants, sous condition d'émancipation des colonies et de tous les peuples dépendants, opprimés ou diminués en droit. Ni l'Allemagne, ni l'Angleterre, ni la France, sous leurs gouvernements actuels, n'accepteraient cette condition. Nous serions donc amenés à préparer et à mener la guerre révolutionnaire, c'est-à-dire que non seulement nous réaliserions entièrement, par les mesures les plus radicales, notre programme minimum, mais que, systématiquement, nous appellerions à l'insurrection tous les peuples actuellement opprimés par les Grands-Russiens, toutes les colonies et les pays assujettis en Asie (Inde, Chine, Perse, etc.), et, en première ligne, nous soulèverions le prolétariat socialiste d'Europe contre ses gouvernements et malgré son social-chauvinisme ». Nous attirons particulièrement l'attention du lecteur sur les mots: « *préparer* et mener la guerre révolutionnaire ». Je me souviens fort bien de la discussion qui eut lieu dans notre petite rédaction (les rédacteurs du *Social-Démocrate* étaient alors Lénine et moi-même) à propos de ces mots-là. Il était incontestable pour nous deux que la perspective d'une guerre révolutionnaire devenait des plus réelles. Mais je disais à Lénine : si notre parti vient au pouvoir à un moment où la guerre révolutionnaire est au-dessus des forces de la classe ouvrière de notre pays, si notre gouvernement reçoit en héritage de l'ancien régime de telles difficultés que les ressources manquent pour entreprendre immédiatement une guerre révolutionnaire, si l'armée est tellement épuisée, si le désarroi des chemins de fer et d'autres grandes entreprises sont tels qu'il soit impossible de parler d'une guerre révolutionnaire, qu'arrivera-t-il?

Le résultat de cette discussion fut qu'il convenait de dire non pas : « nous mènerons la guerre révolutionnaire », mais « nous *préparerons* et mènerons » cette guerre. Pour nous, il était clair, bien entendu, que cette préparation exigerait du temps.

Ce qui arriva fut justement ce que nous avions prévu. Nos pires appréhensions furent justifiées. L'héritage que nous laissèrent les temps du tsarisme, suivis par huit mois d'un régime de bourgeoisie et de socialistes d'Union sacrée, fut si lourd qu'il était impossible, à ce moment, de mener une guerre révolutionnaire. Il fallut accepter les pénibles conditions de paix que nous dicta l'impérialisme allemand; il fallut tenir compte du fait qu'à ce moment-là, l'équilibre des forces en jeu sur l'arène mondiale n'était pas en notre faveur.

Et pourtant la guerre révolutionnaire approche; les grandes lignes d'une nouvelle époque de guerres et de révolutions deviennent de plus en plus nettes. Il est hors de doute que notre génération de socialistes aura à passer par cette période; sans aucun doute aussi, le socialisme en sortira vainqueur. La perspective d'une guerre révolutionnaire que nous avions justement découverte en octobre 1915 reste vraie jusqu'à ce jour. Mais cela ne signifie pas que nous puissions engager une guerre révolutionnaire *à n'importe quel moment*. Nous sommes tenus, dans la mesure où le choix du moment dépendra de nous, de différer, dans l'intérêt du socialisme, le début de la guerre révolutionnaire qui est inévitable, qui approche et viendra.

Nous écrivons ces lignes en fin mars 1918. Il y a un mois tout juste, nous avons encore dû marcher *contre le courant*. Ce n'est un secret pour personne que dans les rangs de notre parti et dans ceux de la démocratie soviétiste en général, il y a eu presque une majorité pour se prononcer contre l'acceptation de la paix de Brest. Or, nous ne devons guère nous tromper en affirmant qu'à présent, après quelques semaines seulement, l'immense majorité de nos camarades doivent reconnaître que, parmi nous, ont eu raison ceux qui, dès le début, insistèrent sur la nécessité de boire la coupe jusqu'à la lie et de signer la paix quoi qu'il en coûtât. Aujourd'hui, nous nous trouvons déjà devant un nouveau danger: celui de voir des camarades se jeter dans une autre extrémité; le danger de voir interpréter cette fameuse « pause pour souffler » dans un sens trop large. Nous n'avons dissimulé ni à nous-mêmes ni aux autres que la guerre révolutionnaire était inévitable. Il faut maintenant créer une nouvelle armée : c'est à notre avis la tâche centrale d'aujourd'hui. Nous n'arrêterons pas de sonner le tocsin, nous ne cesserons de rappeler aux partisans du pouvoir soviétiste que de nouvelles guerres menacent, que de nouvelles guerres sont inéluctables, que nous ne pouvons sauver notre révolution qu'en créant une solide armée révolutionnaire en Russie...

La situation actuelle de l'Internationale, au moment où nous écrivons ces lignes, rappelle à peu près, en apparence, les pires jours de 1914. Au début de la guerre, bien des hommes de peu de foi ont pensé que l'Internationale était perdue pour toujours. En ce moment, on signale, çà et là, des retours de désespoir et de démoralisation. La classe ouvrière allemande n'est pas venue à notre secours en temps opportun. Les ouvriers de France et d'Allemagne acceptent sans protester que les impérialistes de leurs pays poursuivent le carnage. Au moment même où nous écrivons ceci, le télégraphe nous apprend les hécatombes monstrueuses, inouïes, qui ont lieu sur le front germano-français. A quelque cent kilomètres de Paris se renouvellent les batailles les plus sanglantes. C'est la fleur de la classe ouvrière qui tombe; ce sont d'innombrables milliers de travailleurs français et allemands qui sont offerts en sacrifice aux criminelles pirateries de MM. Clemenceau et Hindenbourg. Le mouvement révolutionnaire en Allemagne semble écrasé. Tout paraît indiquer qu'il règne en France un calme de cimetière. Aucune protestation irritée, pas le moindre signe de soulèvement. La situation est telle que la liquidation de cette guerre impérialiste, qui a mis à bout l'humanité, semble confiée entièrement aux gouvernements bourgeois d'Allemagne, d'Angleterre et d'Amérique. Et beaucoup de ceux que nous disons être de peu de foi pensent que les travailleurs des pays qui décident resteront ainsi muets jusqu'à la fin. Beaucoup d'hommes « raisonnables » croient que l'Internationale est finie pour de longues années.

Nous sommes profondément persuadés du contraire. La révolution internationale du prolétariat vient et arrivera. L'immense majorité des soi-disant socialistes et des représentants du vieux socialisme officiel a trahi la classe ouvrière. Il semble parfois que seuls, quelques individus tels que Karl Liebknecht, Frédéric Adler, Mac Lean et autres, aient gardé fidélité au drapeau socialiste.

Et nous disons : plus la nuit est noire, plus claires sont les étoiles. Plus noire est la trahison des socialistes officiels, plus brillants sont pour nous les noms des rares hommes qui, les premiers, ont élevé la voix contre l'avilissement sans précédent du drapeau socialiste.

Mais en même temps, nous croyons qu'à ces rares hommes appartiennent les cœurs de milliers, de millions de prolétaires, en Allemagne, en France, en Italie, et même en Angleterre et en Amérique.

Contre le courant, telle est encore notre devise. Contre les socialistes d'union sacrée et de défense nationale, contre le manque de foi et la démoralisation, il nous faut aujourd'hui combattre, en cette dure époque. Ici, à Pétrograd, nous tenons en ce moment une des positions les plus dangereuses, nous sommes ici chargés des plus lourdes responsabilités. La capitale de la République de Russie vient d'être officiellement transférée à Moscou; le prolétariat pétersbourgeois n'en reste pas moins l'avant-garde de la révolution internationale. Et, nous en sommes certains, les cœurs des prolétaires honnêtes de tous les pays battent à l'unisson avec ceux des ouvriers de Pétrograd. Le triomphe de la bourgeoisie n'aura qu'un temps. Le courant social-chauvin peut, en ce moment, recouvrir le mouvement ouvrier de tous les pays. Qu'importe! Nous avons foi en la classe ouvrière internationale lorsque nous lançons cet appel : « Amis, remontez le courant! » Et le jour n'est pas si éloigné, nous en sommes convaincus, où la révolution internationale deviendra un fait.

Déjà, notre révolution de 1905-1906 avait réveillé des centaines de millions d'hommes en Orient : il suffit de se rappeler la Turquie, la Perse et la réplique donnée par le mouvement ouvrier autrichien des mêmes années. Mais notre révolution de 1905-1906 n'a été qu'un jeu d'enfants en comparaison de celle de 1917-1918. Il n'est point de force dans le monde qui puisse supprimer les conséquences internationales de notre grande révolution. En Finlande, la révolution socialiste qui a éclaté, faisant écho à la nôtre, est sans aucun doute l'image de ce que nous verrons demain ou après-demain dans d'autres pays. Si l'impérialisme allemand réussit demain à écraser la Finlande socialiste, il sera lui-même écrasé après-demain.

Advienne que pourra, mais nous aussi, nous connaîtrons d'heureux jours.

28 *mars* 1918.   G. ZINOVIEV.

CONTRE LE COURANT

Nous recommençons la publication du *Social-Démocrate* à un moment extrêmement difficile. Notre parti, tout le mouvement ouvrier, tout le mouvement émancipateur et toute l'Internationale traversent la pire des crises. Tout est en jeu, non seulement les conquêtes matérielles, mais aussi les conquêtes idéologiques du prolétariat international, résultat de longues dizaines d'années de luttes opiniâtres et de dur labeur.

Ce n'est pas assez de l'extermination quotidienne, sur les champs de bataille, de centaines et de milliers d'ouvriers socialistes de tous les pays. Ce n'est pas assez de l'accomplissement par nos propres mains du dessein satanique des représentants d'un monde finissant, de l'obligation faite aux ouvriers des différents pays de s'entre-tuer. Non. On veut encore nous démoraliser, atteindre nos idées. On tente d'inoculer au plus grand mouvement social que l'histoire ait connu une maladie terrible, propre à l'organisme sénile d'une société fondée sur l'oppression de l'homme par l'homme.

Cette maladie s'appelle le chauvinisme.

Et la bourgeoisie peut triompher. La guerre a provoqué, dans la plupart des partis socialistes et social-démocrates européens une profonde désagrégation idéologique. Quand 110 députés social-démocrates au Reichstag allemand votent unanimement un crédit de 4 milliards de marks pour la guerre contre la France et la Belgique, quand le *Vorwaerts* reçoit avec soumission les ordres d'un général prussien qui lui prescrit de ne plus parler de lutte des classes, cela vaut bien pour la bourgeoisie une bataille gagnée. En ces jours de servilisme universel et de frénésie chauvine, au moment où le chauvinisme menace de se généraliser même parmi les socialistes, au moment où des hommes comme Karl Kautsky justifient « théoriquement » le chauvinisme « socialiste » de Sudekum et de Haase, où Jules Guesde prend place dans un fauteuil ministériel à côté de Millerand, où Plékhanov défend l'alliance franco-russe et en appelle, pour combattre le militarisme allemand, à la « culture » des Cosaques et de Nicolas Romanov, en ces jours, tous ceux qui restent fidèles au socialisme doivent élever leur protestation.

Nous ne nous le dissimulons pas : le courant chauvin est aujourd'hui très fort. Le mal a pris des proportions formidables, mais nos devoirs n'en sont pas diminués; les faits nous dictent au contraire, impérieusement, de ramer à contre-courant. Tous nos organes, en Russie, sont étouffés. Notre faible voix retentit seule. Chaque jour nous apprend que des socialistes se laissent entraîner par la vague du chauvinisme. Soit !

Nous sommes peu nombreux. Mais déjà les premières nouvelles de Russie, que nous donnons dans le présent numéro, montrent que les prolétaires conscients de notre pays sont prêts à accomplir leur devoir jusqu'au bout. Avec une foi absolue en la libération du socialisme, captif en ce moment du chauvinisme, nous exhortons tous ceux qui restent fidèles au drapeau socialiste à se tendre la main.

Le courant chauvin roule ses eaux mortelles. Mais nous, nous susciterons le courant contraire !

Contre le courant !

G. ZINOVIEV.

1ᵉʳ novembre 1914.

Situation et tâches de l'Internationale socialiste

Ce qu'il y a de plus pénible dans la crise actuelle, c'est la victoire du nationalisme bourgeois, du chauvinisme, sur la plupart des représentants officiels du socialisme européen. Ce n'est pas pour rien que les journaux bourgeois de tous les pays nous abreuvent d'outrages ou les flattent avec condescendance. Et rien n'est plus important pour celui qui veut rester un socialiste que de rechercher les causes de la crise socialiste et d'analyser les tâches de l'Internationale.

Des gens ont peur de reconnaître que la crise, ou, plus exactement, la faillite de la II° Internationale est celle de l'opportunisme.

Ils allèguent, par exemple, l'unanimité des socialistes français, le regroupement complet, disent-ils, des anciennes fractions socialistes dans la question de la guerre. Allégations inexactes.

La défense de la collaboration des classes, le renoncement aux idées de la révolution socialiste et aux méthodes révolutionnaires de lutte, l'adaptation au nationalisme bourgeois, l'oubli du caractère historiquement transitoire des nationalités et des patries, le fétichisme de la légalité bourgeoise, l'abdication du point de vue de classe, et même de la lutte de classe, par crainte de s'aliéner « la masse de la population » (lire : la petite bourgeoisie), telles sont incontestablement les bases idéologiques de l'opportunisme. Sur cette base a grandi le chauvinisme, le patriotisme actuel de la plupart des leaders de la II° Internationale, parmi lesquels prédominaient les opportunistes, ce que l'on observait depuis longtemps déjà. La guerre n'a fait que révéler brusquement et avec acuité les proportions réelles de cette prédominance. Que la profondeur extraordinaire de la crise ait provoqué divers regroupements des anciennes fractions, voilà qui n'a rien d'étonnant. D'une façon générale ces regroupements n'ont touché que les personnalités. Les tendances socialistes sont restées les mêmes.

Il n'y a pas unanimité complète parmi les socialistes français. Vaillant, qui, avec Guesde, Plékhanov, Hervé, fait une politique chauvine, doit convenir qu'il reçoit de nombreuses lettres de protestation de socialistes français disant que la guerre est une guerre impérialiste dont la bourgeoisie française n'est pas moins coupable que les autres. N'oublions pas que ces voix sont étouffées, non seulement par l'opportunisme triomphant mais aussi par la censure militaire. Chez les Anglais, le groupe Hyndman (social-démocrate, *British Socialist Party*) est tombé dans un chauvinisme complet, de même que la plupart des chefs à moitié libéraux des trade-unions. Mac Donald et Keir Hardie, de l'*Independent Labour Party* opportuniste, repoussent le chauvinisme. C'est réellement l'exception. Mais certains social-démocrates révolutionnaires, depuis longtemps adversaires de Hyndman, sont sortis du B. S. P. Chez les Allemands le tableau est net : les opportunistes ont vaincu. Ils jubilent. Le centre qui, dirigé par Kautsky, est tombé dans l'opportunisme, défend ce dernier avec des sophismes particulièrement hypocrites, vulgaires et pleins de suffisance. Parmi les social-démocrates révolutionnaires, on entend, en Allemagne et en Suisse allemande, les protestations de Mehring, de Pannekoek, de Karl Liebknecht, ainsi que de nombreux inconnus. En Italie, groupement tout aussi net : les opportunistes extrêmes, Bissolati et Cie, sont pour la « patrie », pour Guesde, Vaillant, Plékhanov, Hervé. Les socialistes révolutionnaires (parti socialiste) et l'*Avanti* combattent le chauvinisme et démasquent le caractère intéressé, bourgeois, des appels à la guerre. Ils ont la sympathie de l'immense majorité des ouvriers avancés. En Russie, les opportunistes extrêmes (liquidateurs) ont déjà élevé la voix, dans la presse et dans les réunions, en faveur du communisme. P. Maslov et E. Smirnov défendent le tsarisme sous prétexte de défendre la patrie (l'Allemagne, voyez-vous, menace de « nous » imposer « par le glaive » des traités de commerce, tandis que le tsarisme s'abstient évidemment d'étouffer par le glaive, le knout et la potence, la vie économique, politique et nationale des neuf dixièmes de la population de la Russie) et justifient l'entrée des socialistes dans les ministères bourgeois réactionnaires, le vote des crédits de guerre aujourd'hui, de nouveaux armements demain. Plékhanov, qui voile son chauvinisme russe de sentiments francophiles, et Alexinsky sont tombés dans le nationalisme. Martov, à en juger par le *Goloss* de Paris, a dans cette compagnie l'attitude la plus correcte; il repousse le chauvinisme allemand et français, s'insurge contre le *Vorwaerts*, M. Hyndman et Maslov, mais n'ose pas déclarer résolument la guerre à tout l'opportunisme international et à son défenseur « le plus influent », le centre de la social-démocratie allemande. Les essais de représenter le volontariat comme la réalisation des tâches socialistes (voir la déclaration des volontaires soc.-dém. et soc.-rév. russes de Paris et aussi des soc.-dém. polonais Leder et autres) n'ont été défendus que par Plékhanov. La majorité de la section parisienne de notre parti les a condamnés. Le lecteur peut juger de la position du comité central de notre parti par l'article de fond de ce numéro. En ce qui concerne la formulation des opinions de notre parti, pour éviter tout malentendu, nous devons établir les faits suivants : un groupe de membres, surmontant les immenses difficultés du rétablissement des relations d'organisation rompues par la guerre, arrêta d'abord des thèses et, les 6-8 septembre, les fit circuler parmi les camarades. Puis, par l'intermédiaire des soc.-dém. suédois, il les fit parvenir à deux membres de la conférence italo-suisse de Lugano (27 septembre). Ce n'est qu'à la mi-octobre que la liaison put être rétablie et le point de vue de notre comité central fixé. L'article de fond de ce numéro est une rédaction définitive des thèses.

Telle est, en raccourci, la situation dans la social-démocratie européenne et russe. La faillite de l'Internationale est évidente. La polémique de presse entre socialistes français et allemands le prouve surabondamment. Les social-démocrates de gauche (Mehring et la *Brem. Bürg. Ztg*) et aussi les organes suisses modérés comme *Volksrecht*, l'ont reconnu. Kautsky, en s'efforçant de la masquer, élude lamentablement la question. Et cette faillite, c'est la faillite de l'opportunisme, prisonnier de la bourgeoisie.

L'attitude de la bourgeoisie est claire. Il n'est pas moins clair que les opportunistes répètent aveuglément ces arguments. Il ne nous reste qu'à compléter l'article de fond de ce numéro en signalant simplement la cruelle dérision des articles de la *Neue Zeit*, pour laquelle l'internationalisme consiste précisément, chez les ouvriers, à s'entr'égorger au nom de la défense nationale.

La question de la patrie, répondrons-nous aux opportunistes, ne peut pas être posée dans l'ignorance du caractère concret, historique, de la guerre actuelle. C'est une guerre impérialiste, c'est-à-dire une guerre de l'époque du capitalisme le plus développé, de l'époque de la fin du capitalisme. La classe ouvrière doit d'abord « s'organiser dans les limites des nations », dit le *Manifeste Communiste*, qui indique les conditions et les bornes de notre reconnaissance de la nationalité et de la patrie, en tant que moules nécessaires de la société bourgeoise et, par conséquent, de la patrie bourgeoise. Les opportunistes dénaturent cette vérité en reportant une notion juste à l'époque de la naissance du capitalisme sur l'époque de la fin du capitalisme. De cette époque, des tâches du prolétariat dans la lutte pour l'abolition non de la féodalité mais du capitalisme, Karl Marx dit : « Les ouvriers n'ont pas de patrie ». On comprend pourquoi les opportunistes craignent de reconnaître cette vérité socialiste, et même le plus souvent de l'examiner au grand jour. Le mouvement socialiste ne peut pas vaincre dans les anciennes limites de la patrie. Il crée des formes nouvelles, supérieures, d'association humaine où, pour la première fois, les besoins légitimes et les aspirations progressistes des masses laborieuses de toutes les nationalités seront satisfaits dans l'unité internationale, les frontières nationales actuelles étant abolies. Aux efforts de la bourgeoisie contemporaine qui cherche à diviser les ouvriers en alléguant hypocritement la nécessité de défendre la « patrie », les ouvriers conscients répondront par des efforts sans cesse renouvelés en vue d'unir les travailleurs des différentes nations dans la lutte contre la bourgeoisie de toutes les nations.

La bourgeoisie trompe les masses en justifiant le brigandage impérialiste par l'ancienne idéologie de la guerre nationale. Le prolétariat dénonce cette duperie en proclamant le mot d'ordre de la transformation de la guerre impérialiste en guerre civile. Ce mot d'ordre, précisément, est indiqué par les résolutions de Stuttgart et de Bâle, qui prévoyaient non la guerre en général, mais la guerre actuelle et parlaient non de « défendre la patrie » mais de « hâter le krach du capitalisme », d'utiliser à cet effet la crise suscitée par la guerre, de suivre l'exemple de la Commune. La Commune a été une transformation de la guerre des peuples en guerre civile.

Une semblable transformation n'est évidemment pas facile et ne peut pas s'accomplir au gré des partis; mais elle est conditionnée par les facteurs objectifs du capitalisme en général et de l'époque de la fin du capitalisme en particulier. C'est à cette transformation que doivent travailler les socialistes. Ne pas voter de crédits militaires, ne pas encourager le chauvinisme de « leur » pays (et des pays alliés), combattre tout d'abord le chauvinisme de leur bourgeoisie, sans s'arrêter aux formes légales de lutte, lorsque survient la crise et lorsque la bourgeoisie abroge elle-même la légalité qu'elle a créée, voilà le programme d'action qui mène à la guerre civile et qui l'amènera à un moment ou à l'autre de la conflagration internationale.

La guerre n'est pas un accident, elle n'est pas un péché comme se l'imagine le prêtre chrétien (aussi bon propagandiste du patriotisme, de l'humanitarisme et de la paix que les opportunistes), elle est une étape inévitable du capitalisme, une forme aussi naturelle de la vie capitaliste que la paix. La guerre de nos jours est celle des peuples. Il ne s'ensuit pas qu'il faille aller avec le courant « populaire » du chauvinisme, mais qu'en temps de guerre, d'une façon appropriée à la guerre, les antagonismes de classe qui déchirent le peuple continuent d'exister et se manifesteront. Le refus du service militaire, la grève contre la guerre, etc., pures sottises, rêve pauvre et craintif d'une lutte désarmée contre la bourgeoisie armée, vœu d'anéantissement du capitalisme sans guerre civile désespérée ou sans suite de guerre. La propagande de la lutte des classes, dans la guerre même, est le devoir du socialisme. L'effort tendant à transformer la guerre des peuples en guerre civile est le seul effort socialiste à l'époque de la conflagration armée des bourgeoisies de toutes les nations. Finissons-en avec les déclamations sentimentales et religieuses sur « la paix à tout prix ». Levons le drapeau

de la guerre civile! L'impérialisme joue la destinée de la culture
européenne. Après cette guerre, s'il ne se produit pas une série de
révolutions couronnées de succès, viendront bientôt d'autres guerres. Le conte de la « dernière guerre » est un dangereux conte vide
de sens, « mythologie petite-bourgeoise », comme s'exprime fort
bien le *Goloss*. Le drapeau prolétarien de la guerre civile, aujour-
d'hui ou demain, pendant cette guerre ou après, pendant cette
guerre ou pendant la prochaine, sera le point de ralliement non seulement de centaines de milliers d'ouvriers conscients, mais aussi
de millions de demi-prolétaires et de petits bourgeois bernés aujourd'hui par le chauvinisme et que les horreurs de la guerre, au
lieu de les épouvanter seulement, éclaireront, instruiront, éveille-
ront, organiseront, tremperont, prépareront à la guerre contre la
bourgeoisie, dans « leur » pays et dans les pays « étrangers ».

La II⁰ Internationale est morte vaincue par l'opportunisme.
A bas l'opportunisme, et vive la III⁰ Internationale débarrassée non
seulement des transfuges (comme le souhaite le *Goloss*), mais aussi
de l'opportunisme!

La II⁰ Internationale a rempli sa tâche, utile, préparatoire,
d'organisation des masses prolétariennes pendant une longue époque de paix qui a été celle de l'esclavage capitaliste le plus cruel et
du progrès capitaliste le plus rapide (dernier tiers du xix⁰ siècle et
début du xx⁰). A la III⁰ Internationale d'organiser les forces du prolétariat pour l'assaut révolutionnaire des gouvernements capitalistes, pour la guerre civile contre la bourgeoisie de tous les pays,
pour le pouvoir politique, pour la victoire du socialisme!

1ᵉʳ *novembre* 1914.   N. LÉNINE.

La guerre et la fraction parlementaire du Parti Ouvrier
Social-démocrate russe

Aux postes de combat.

Le gouvernement de Nicolas Romanov veut renouveler le
crime qu'il a commis en 1907 à l'égard de la fraction social-démocrate de la II⁰ Douma. A l'occasion de la guerre « libératrice », la
camarilla tsariste trouve opportun de se délivrer d'une représenta-
tion ouvrière à la Douma.

L'agence télégraphique de Saint-Pétersbourg communique, par
dépêche spéciale, la note officielle que voici :

Depuis le début de la guerre, le peuple russe, uni dans la conscience
de la nécessité de défendre la dignité et l'intégrité de la patrie, a,
dans un grand élan d'enthousiasme patriotique, aidé le gouvernement
à accomplir les tâches que lui imposent les opérations militaires.

A cet égard, certains membres de sociétés social-démocrates ont
adopté une attitude tout à fait particulière et se sont donné pour but
d'ébranler, par une agitation contre la guerre, par des appels clandestins et par la propagande verbale, la puissance militaire de la Russie.
Le gouvernement a reçu en octobre des informations sur la réunion
projetée d'une conférence secrète des représentants des organisations

social-démocrates dans le but d'étudier des mesures tendant à la destruction de l'Etat et à la réalisation la plus rapide des desseins insurrectionnels des socialistes.

Le 4 novembre, la police apprenait que les séances de la dite conférence avaient lieu dans une maison de la Chaussée de Vyborg, à douze verstes de Pétrograd. Une escouade de policiers envoyée sur les lieux y trouva onze personnes parmi lesquelles se trouvaient les membres de la Douma Pétrovsky, Badaïev, Mouranov, Samoïlov et Chabov, identifiés plus tard. Comme le caractère antigouvernemental de cette conférence était hors de doute, les participants, surpris en flagrant délit, ont été, après perquisition, maintenus en état d'arrestation. Les membres de la Douma ont été relâchés.

M. Machkiévitch, juge d'instruction du tribunal de district de Pétrograd, ordinairement chargé de l'instruction des affaires les plus graves, a commencé aussitôt l'enquête préliminaire.

Ayant pris connaissance des papiers trouvés au cours de la perquisition, le juge d'instruction a décidé le renvoi de tous les participants de ladite conférence devant les tribunaux, en vertu de l'article 102 (§ 1) du Code pénal, et leur maintien en état d'arrestation. — *Signé* : O. B.

Dans la soirée du 8 novembre, le président de la Douma, M. V. Rodzianko, reçut avis du ministre de la Justice que « les membres de la Douma d'Etat, Badaïev, Samoïlov, Mouranov, Chagov et Pétrovsky, inculpés en vertu du § 1 de l'article 102 du Code pénal, après avoir été interrogés par le juge d'instruction Machkiévitch, chargé des affaires les plus graves, auprès du tribunal du district de Pétrograd, étaient maintenus, sur décision du juge, en état d'arrestation ». Nous ne savons pas encore dans quelle mesure la note officielle de l'agence télégraphique de Pétrograd est mensongère, ni quel provocateur a pu semer utilement les « documents » compromettants. Nous ne savons pas non plus par quels arguments de droit le gouvernement des Cent Noirs justifie cette violation de ses propres lois que constitue l'arrestation de nos camarades députés du parti ouvrier social-démocrate russe, au mépris de l'immunité parlementaire. Mais une chose est certaine : le gouvernement prépare, contre les députés social-démocrates, un nouveau procès qui lui permettra de les envoyer au bagne; il combine un nouveau « complot ». Le glaive est suspendu sur notre fraction parlementaire.

Il y a autre chose d'évident : la fraction parlementaire du parti ouvrier social-démocrate russe a mérité la haine — qui l'honore! — du pouvoir, parce qu'elle a réellement marché avec l'avant-garde ouvrière et rempli son devoir devant la classe ouvrière, devant le socialisme et la démocratie. Toute l'activité de cette jeune fraction parlementaire est vraiment admirable et ajoute une belle page à l'histoire du mouvement ouvrier russe. En moins d'une année elle a réussi, malgré les conditions les plus défavorables, à s'unir aux masses ouvrières de la Russie, à devenir l'unique porte-parole du prolétariat, à exprimer — elle seule — les aspirations et les pensées du prolétariat, à mériter l'appui constant et l'affection de ses meilleurs éléments. Cette fraction parlementaire est restée à son poste de combat aux heures difficiles de la guerre. Elle incarnait en quelque sorte le mouvement ouvrier russe. Elle n'a pas cessé d'être le porte-parole de tout ce qu'il y a dans notre mouvement de pensant, d'héroïque, de clair, de prêt au sacrifice.

Le mérite de la fraction parlementaire social-démocrate est d'autant plus grand qu'elle a dû agir dans les circonstances extérieures les plus difficiles.

L'effondrement de l'Internationale, la triste conduite de nombre de représentants du socialisme international, les coups que lui assénaient par derrière de nombreux représentants « autorisés » du socialisme russe soudainement devenus « patriotes », tout cela devait rendre terriblement pénible l'accomplissement du devoir socialiste. Il fut un temps où la social-démocratie allemande avait, elle aussi, le courage de remplir son devoir malgré la loi militaire. En septembre 1870, tous les militants du comité central de la social-démocratie allemande de Brunswick étaient arrêtés pour avoir protesté contre l'annexion de l'Alsace-Lorraine et exprimé leurs sentiments fraternels aux ouvriers français. Il fut un temps où les députés social-démocrates allemands — Liebknecht et Bebel — se faisaient emprisonner pour avoir courageusement parlé contre les guerres dynastiques et exprimé leur solidarité avec les inoubliables héros de la Commune de Paris. Il en était ainsi en 1872 quand, à Leipzig, on condamnait Bebel et Liebknecht à deux années de prison. Hélas! ce temps est passé. La social-démocratie allemande a franchi une longue, trop longue étape qui va du « soldat de la révolution » Wilhelm Liebknecht, au... « socialiste d'affaires » (*geschäftsozialist*) M. Sudekum. En cette terrible et ténébreuse année, l'honneur du socialisme international sera sauvé par le mouvement ouvrier russe, jeune mais plein de force morale, et par les hommes de cœur qui le représentent.

C'est une page magnifique que la fraction parlementaire du parti ouvrier social-démocrate russe vient d'insérer dans l'histoire du mouvement russe et de l'Internationale. Les prolétaires de Russie avaient raison d'être fiers de leurs députés. Et nous sommes réellement *en droit* d'être fiers que, dans *notre* pays, nos camarades et amis, sortis des profondeurs de la masse ouvrière, maintiennent les plus glorieuses, les plus nobles traditions du socialisme international.

Le chauvinisme a fait en Russie bien des ravages. Au pied du trône ensanglanté des Romanov, on a vu s'accroupir une foule « avide » : auprès de la noblesse pleine de morgue, parmi les bandits et les bas aventuriers du parti militaire, avec toute la bourgeoisie, c'est toute l'élite du libéralisme russe. De nombreux « démocrates » se sont même laissé convaincre de la mission libératrice des armes du tsar. « La Russie n'a plus qu'une seule âme ». « La Russie soutient comme un seul homme la guerre libératrice! » Voilà ce que crient sur les toits les gens du *Novoié Vrémia* (1) et les libéraux. —

____

(1) Le *Novoié Vrémia* était le grand organe conservateur de la presse de l'ancien régime. — *Note du traducteur.*

Nous leur répondons : Vous mentez, messieurs, vous mentez sans vergogne, la Russie n'est pas unanime. Alors que les champs de la Pologne, de la Galicie sont inondés du sang de milliers et de milliers de fils de la Russie, d'ouvriers russes, de laboureurs russes, alors que, dans l'orgie chauvine, les bourreaux de la liberté forgent des chaînes pour l'Ukraine, pour la Galicie et pour le peuple russe lui-même, alors qu'oubliant toute conscience et tout honneur, on n'a de dévouement que pour le sac d'écus, alors que tout s'incline devant le pouvoir d'une soldatesque effrénée, alors que, dans notre pays, toute parole indépendante est étouffée, lorsque les laquais et les prostitués de la presse sont les hommes du jour, nous affirmons qu'il y a deux Russies : celle des Menchikov, des Romanov, des Milioukov, des Bobrinsky, et l'autre, la Russie ouvrière, la Russie prolétarienne, celle qui nous a donné les Pétrovsky, les Badaïev, les Mouranov, les Chagov, les Samoïlov. Cette dépêche officielle qui nous arrive de la Russie du tsar confirme éloquemment nos paroles.

Nous ne savons comment le prolétariat russe va répondre à l'agression commise contre sa fraction parlementaire. En d'autres circonstances, des grèves et des manifestations qui auraient soulevé des centaines de milliers d'hommes — sinon des millions — eussent été sa réponse... Nous ne savons si les procureurs et les juges réussiront, à l'aide de faux et d'interprétations tendancieuses, à « inculper » légalement la fraction parlementaire social-démocrate qui, même dans ce régime de légalité ou d'absence de légalité, avait le droit le plus incontestable de conférer avec des groupes ouvriers. Mais nous savons bien que tout ce qui reste fidèle au drapeau socialiste dans le monde sera de cœur avec la fraction parlementaire du parti ouvrier social-démocrate russe.

Parmi les premiers échos de la presse socialiste étrangère sur l'agression commise contre la fraction parlementaire et la social-démocratie russe, nous trouvons cette appréciation de l'organe social-démocrate suisse :

L'accusation jetée aux camarades russes nous prouve d'une manière éclatante qu'ils remplissent leur devoir révolutionnaire, malgré les pires difficultés. On ne peut malheureusement pas en dire autant des partis socialistes des autres États belligérants. Et les persécutions que subissent les camarades russes, la répression du mouvement révolutionnaire en Russie, ne justifient en aucune façon les « ennemis du joug moscovite ». Car ces derniers subiraient le même traitement chez eux s'ils remplissaient leur devoir révolutionnaire et s'ils s'opposaient à la guerre impérialiste qui, dans tous les pays, est contraire aux intérêts des travailleurs.

5 *décembre* 1914.   G. ZINOVIEV.

Le mot d'ordre de la Social-démocratie révolutionnaire

*Les idées de paix démocratique, la « dernière guerre »
et le socialisme.*

A notre époque de guerre impérialiste, il ne peut y avoir d'autre mot d'ordre de la social-démocratie révolutionnaire que celui-ci : *transformation de la guerre impérialiste en guerre civile.*

Nous ne sommes pas en présence d'un phénomène accidentel. La conflagration actuelle est la conséquence inévitable du capitalisme dans sa phase impérialiste. Les social-démocrates ont prédit cette guerre. Et cette guerre n'est pas la dernière. Au contraire. Elle ouvre une ère de nouvelles guerres, à moins que le prolétariat mondial ne sache mettre à l'ordre du jour la guerre civile, à moins que nous ne soyons, dans un laps de temps plus ou moins rapproché, les témoins de formidables explosions révolutionnaires. Inutile de parler des socialistes qui ont trahi et sont devenus des chauvins. Il est naturel qu'ils ne veuillent pas entendre parler de guerre civile, ni même de lutte des classes, et qu'ils prêchent la paix sociale comme les social-démocrates (si l'on peut dire) allemands ou le bloc national (des ouvriers et des bourgeois, des socialistes et des réactionnaires, des loups et des agneaux) français, se conformant aux intarissables prédications des social-chauvins français et de ces Hervé, de ces Vaillant, de ces Sembat qui les mènent.

Mais parmi les socialistes qui n'ont pas adopté le chauvinisme — qui veulent rester des socialistes et font leur devoir devant la démocratie — le mot d'ordre de guerre civile est encore loin d'être pleinement et unanimement admis. On entend souvent, parmi ces camarades, un autre mot d'ordre. Les ouvriers devraient, disent certains, exiger maintenant *la paix à tout prix.* On dit que les travailleurs de tous les pays peuvent tomber d'accord là-dessus, que c'est un mot d'ordre clair et concret, d'après lequel on peut mobiliser les masses; que ce mot d'ordre est, de plus, révolutionnaire, car nous exigerons une paix démocratique sans annexions ni contributions, une paix de désarmement, conclue sous le contrôle des représentants des peuples, etc. Et enfin, c'est, dit-on, un mot d'ordre pratique parce qu'on peut, en l'étayant d'arguments socialistes, en faire une propagande légale, même actuellement, en dépit des restrictions infligées à la liberté de la presse et de la parole; enfin, ce mot d'ordre doit séduire irrésistiblement les masses non-ouvrières, qui, elles aussi, se ressentent du fardeau de la guerre.

Cette façon de présenter la question nous semble des plus fallacieuses.

S'il est vrai que la guerre actuelle est une guerre impérialiste et que l'impérialisme soit une phase historique du développement capitaliste en voie d'achèvement, s'il est vrai que la guerre actuelle peut ouvrir une ère de guerres impérialistes, si ces guerres nous menacent de calamités sans nombre, si elles annoncent des millions de victimes, des flots de sang, si nous avons à redouter que s'affaiblisse notre solidarité internationale et que soit rejeté, loin dans le passé, le grandiose mouvement émancipateur du prolétariat; s'il en est ainsi — et il en est indubitablement ainsi — nous devons, révolutionnaires social-démocrates, poser la question en ces termes : Comment combattrons-nous le danger imminent? Comment irons-nous au-devant de la nouvelle époque? Comment conjurerons-nous les conséquences néfastes de la première et grande guerre impérialiste?

Comment agirons-nous? En exigeant, pendant la guerre, la paix? Et quand, après une accalmie, éclatera une nouvelle guerre impérialiste, en proclamant de nouveau : *la paix à tout prix?* Et ainsi de suite? Toute guerre — même impérialiste — doit tôt ou tard se terminer par une paix, et, vraiment, si nous ne trouvions dans l'arsenal du prolétariat qu'un mot, celui de *paix*, tout ce que nous disons ne serait qu'un conte à dormir debout. Les bourgeoisies impérialistes et les coteries dynastiques provoquent la guerre. La guerre nous apporte les plus cruelles dévastations. Nous ne savons pourtant qu'exiger « la paix à tout prix ». Quand tel est l'intérêt des classes dirigeantes, la guerre cesse et l'on fait la paix. Et, au bout d'un certain temps, une nouvelle guerre se déclare et nous « encaissons ». C'est l'horrible histoire qui recommence.

En disant que « nous exigeons la paix », nous n'avons encore rien dit, nous n'avons pas encore indiqué et souligné de quelle manière nous entendons combattre les guerres impérialistes qui caractérisent indéniablement et caractériseront la prochaine époque sociale et politique. Et c'est pourtant la question qui se pose.

Et l'on ne peut y faire qu'une réponse : par l'organisation, la propagande, la préparation de la guerre civile dans tous les pays où le prolétariat constitue déjà une force tant soit peu sérieuse. Si tu veux la paix prépare la guerre, telle est la sagesse des classes bourgeoises, dans leur politique étrangère. Socialistes, nous ne croyons pas à la paix sociale en régime de production capitaliste. Nous ne pouvons pas dire que nous voulions cette paix. Mais nous devons nous dire : Si tu veux abréger l'étape des guerres impérialistes, prépare la guerre civile. Si tu veux te défendre, classe ouvrière, si tu veux empêcher tes ennemis de t'écarteler et de te fouler aux pieds, si tu veux, par des actes, et non pas seulement en paroles, faire la guerre à la guerre, tu comprendras que notre génération doit compter avec une longue période de guerres impérialistes; que, dans la balance de l'histoire, le prolétariat doit jeter tout ce qu'il a; que le développement social est assez mûr dans les principaux pays pour que nous puissions commencer, dès aujourd'hui, la propagande de cette idée : transformer la guerre impérialiste en guerre civile!

Vous entendez le mot d'ordre de la paix à tout prix: examinezle et considérez en même temps comment se sont groupées les puissances dans la guerre actuelle. Pareil mot d'ordre ne peut-il devenir, demain, le plus réactionnaire, et être défendu par les Izvolsky et les Bethmann-Hollweg? Peut-on définitivement rejeter cette hypothèse que, l'armée de Nicolas Romanov ayant consommé, si elle y parvient, l'assassinat de la Galicie, et l'armée de Guillaume II ayant à tout jamais étranglé, si elle le peut, la Belgique, les Romanov et le Hohenzollern s'accorderont à dire : « C'en est assez pour cette fois; faisons la paix! Vive la paix à tout prix! » Ne nous laissons pas hypnotiser par le fait que des puissances et des dynasties forment aujourd'hui les groupes opposés que nous voyons. Des regroupements sont possibles avant la fin de la guerre. Un prochain armistice entre le tsarisme russe et le régime des hobereaux allemands n'est pas impossible. Ce n'est pas en vain que certains d'entre les politiques les plus influents de l'Allemagne ont déclaré, dès le début de la guerre, qu'il était contre nature, pour les Hohenzollern, de combattre les Romanov. Ce n'est pas en vain que les social-chauvins allemands qui se disent encore, par malentendu, des social-démocrates, ont abandonné l'idée d'une « guerre contre le tsarisme russe » pour prêcher aux ouvriers allemands la guerre contre les perfides Britanniques. Ce n'est pas en vain que le *Novoïé Vrémia* sonne le tocsin, signalant que, dans certains salons influents de Pétersbourg, on songe à la nécessité de faire la paix avec l'Allemagne. « Suivant la pensée de ces personnes, lisions-nous dernièrement dans ce journal, la puissance de la Russie, et peut-être même l'existence de la monarchie russe, est, en quelque sorte, le reflet de la grande puissance allemande. Si Guillaume chancelait, tout chez nous, tomberait sous les coups de l'intellectuel chevelu ».

Dans quelle position se trouveraient nos socialistes pratiques, protagonistes de « la paix à tout prix », si une telle situation, pas impossible du tout, se réalisait?

Mais, nous diront-ils, nous ne défendons pas la simple paix, nous défendons la paix démocratique. Et ils ne manqueront pas de nous énumérer en détail les conditions de celle-ci : Conclusion de la paix non par des négociations diplomatiques secrètes, mais au grand jour; pas d'annexion sans le consentement des populations intéressées; désarmement des vaincus et des vainqueurs; création d'un centre interparlementaire pour l'étude des conflits internationaux et l'arbitrage obligatoire. Ceux qui parlent sérieusement de toutes ces belles choses s'en tiennent, sans le savoir, au mythe de la dernière guerre. Ils croient dur comme fer que, lorsque sera brisé le militarisme prussien — d'après les uns — ou « l'impérialisme anglais », — d'après les autres, — il n'y aura plus de guerre, que les puissances désarmeront, que l'ère de la paix s'ouvrira pour l'humanité...

De deux choses l'une : ou des événements révolutionnaires se produiront au cours de cette guerre-ci, et alors les ouvriers ne se contenteront pas de l'arbitrage et de mesures analogues; ou les gouvernements impérialistes d'aujourd'hui resteront maîtres de la situation, et alors rêver de désarmement et de dernière guerre est tout à fait... puéril. Tenter de « prendre au mot » lord Churchill et Lloyd George parce que, dans leurs discours de réunions publiques, ils promettent aux petits-bourgeois anglais une paix démocratique, ou prendre au sérieux les promesses de Viviani et de Millerand, disant que la France victorieuse exigera le désarmement, voilà une politique tout à fait contraire à celle des réalités, même si les gens qui la font et se basent sur de semblables promesses se croient des politiques réalistes.

Si respectables que soient les aspirations individuelles des défenseurs de la paix démocratique, soucieux de repousser dans les brumes du lointain la guerre civile, leur façon de poser la question n'a presque rien à voir avec le socialisme et les tâches véritables du prolétariat révolutionnaire. Les aspirations personnelles des pacifistes bourgeois, de Charles Fox, John Bright, de Campbell-Bannermann, dont Bernstein a récemment rappelé dans la *Neue Zeit* la courageuse attitude, méritent, certes, tous éloges. Les représentants du libéralisme anglais de la vieille école ont courageusement protesté contre la guerre de 1792-1793, contre la participation de l'Angleterre à la guerre de Crimée, contre la guerre anglo-boer. Ils ont, dès le premier jour, exigé la paix à tout prix. Mais ce qui convient aux pacifistes bourgeois ne va pas aux socialistes. Et pourtant les camarades Mac Donald et Keir Hardie, quelques écrivains du *Goloss* de Paris et d'autres camarades encore tombent précisément dans ce pacifisme. Ils diminuent ainsi de plus de moitié la valeur de leurs interventions souvent excellentes contre les social-chauvins des différents pays.

Il serait ridicule d'espérer que le mot d'ordre de la paix démocratique mis au premier plan, celui de la guerre civile écarté, nous pourrions réunir en ce moment « sur n'importe quelle plateforme » les socialistes français et allemands et concourir ainsi à la reconstitution de l'Internationale. Les socialistes français et belges (et ceux qui sympathisent avec eux) ne peuvent pas admettre un mot d'ordre de paix, tant que la Belgique et le nord de la France sont occupés. De leur point de vue, ils ont parfaitement raison. — Et il appert que du point de vue de l'esprit pratique invoqué, cette façon de présenter les choses n'est pas pratique du tout; mais ce n'est pas là le plus grave. Le plus grave, c'est que, tolérant la moindre duplicité, la moindre hésitation dans la question de la guerre civile, nous faisons un tort énorme à notre cause, nous reculons au lieu d'aller de l'avant.

En soulignant le mot d'ordre de guerre civile, nous n'apportons rien de neuf, rien que n'ait déjà dit l'Internationale. Les résolutions des congrès de Stuttgart (1) et de Bâle ont précisément

____

(1) On nous indique que le congrès de Stuttgart conseillait aussi, en cas de guerre, de travailler à hâter la fin des hostilités. C'est vrai. Mais on peut hâter la fin de la guerre de différentes façons pacifistes et de la façon socia-

affirmé que le devoir des socialistes était de transformer la guerre impérialiste en guerre civile. Les partis socialistes officiels d'Allemagne et de France, tous ces Sudekum, ces Haase, ces Hervé et consorts, ont reculé de 10.000 pas en deçà de ces résolutions. Et les camarades qui, tout en condamnant le chauvinisme, atténuent l'importance du mot d'ordre de la guerre civile, font, eux aussi, plus d'un pas en arrière.

La guerre civile ne signifie pas forcément la grève militaire, ni cet antimilitarisme spécifique qui, ne voyant pas l'ensemble des phénomènes, s'imaginait qu'il y a une panacée contre le militarisme considéré comme tel, en dehors de la lutte pour la révolution sociale. La guerre civile, il n'est pas certain que nous puissions l'organiser du jour au lendemain. Mais tous, comme un seul homme, nous devons fermement prendre conscience que cette tâche est devant nous, pressante, impérieuse, quotidienne, agissante. Nous devons considérer le danger bien en face. Une époque d'immenses difficultés s'ouvre pour nous, pour notre génération socialiste. Pour rester des socialistes, nous ne pouvons pas nous borner à reprendre, au gré des circonstances, les devises des idéalistes bourgeois. Nous devons lever l'étendard de la guerre civile. Une Internationale réellement digne de ce nom renaîtra sous son égide, ou l'Internationale ne fera jamais que végéter. Notre tâche est de nous préparer aux batailles qui viennent, de nous éduquer et d'éduquer tout le mouvement ouvrier dans la pensée que nous devons vaincre ou mourir sous le drapeau de la guerre civile.

G. ZINOVIEV.

5 *décembre* 1914.

Une voix allemande sur la guerre

En une nuit, la scène du monde s'est transformée... Chacun fait retomber sur le voisin toutes les responsabilités. Chacun se proclame en légitime défense, chacun défend, paraît-il, ses biens les plus sacrés, son foyer, sa patrie... L'orgueil national et la morgue nationale triomphent... Il n'est pas jusqu'à la classe ouvrière internationale qui ne s'incline sous les ordres nationaux et ne s'entr'égorge. Notre civilisation fait faillite. Des écrivains célèbres dans toute l'Europe ne rougissent pas de se révéler aveuglément et furieusement chauvins... Nous avons cru trop longtemps que la folie impérialiste pourrait être tempérée par la crainte de la ruine économique... Nous assistons à une brutale lutte impérialiste pour l'hégémonie sur la terre. Il n'est trace, nulle part, de grandes idées, à moins qu'on ne veuille, peut-être, parler du renversement du minotaure russe, du tsar et de ses grands-ducs qui livrent l'élite de leur peuple aux bourreaux... Mais ne voyons-nous pas la noble France, qui représente l'idéal de la liberté, alliée au tsar-bourreau? Ne voyons-nous pas la loyale Allemagne... violer sa parole et étrangler la malheureuse Belgique, demeurée d'abord neutre? Comment cela finira-t-il? Si la misère devient trop grande, si le désespoir

---

liste. La résolution de Stuttgart place au premier plan la tâche suivante : consacrer toutes les forces à sauver le peuple et à hâter la chute de la bourgeoisie. Tout est là. Le moyen le plus sûr de hâter la fin des guerres impérialistes, c'est de proclamer hardiment ouverte l'ère de la guerre civile. — G. Z.

prend le dessus, si le frère reconnaît son frère sous l'uniforme de l'ennemi, peut-être se produira-t-il encore quelque chose de très inattendu, peut-être les armes se tourneront-elles contre ceux qui provoquent à la guerre, peut-être les peuples auxquels on impose la haine l'oublieront-ils, fraternisant subitement. Nous ne voudrions pas nous lancer dans les prophéties. Mais si la guerre européenne nous rapproche d'un pas de la république sociale en Europe, elle n'aura pas été aussi insensée qu'elle le paraît aujourd'hui.

Quelle est cette voix? Ne serait-ce pas celle d'un social-démocrate allemand?

Allons donc! Ils sont maintenant, et Kautsky tout le premier, de « piètres bavards contre-révolutionnaires », comme disait Marx de ces social-démocrates allemands qui, après la promulgation des lois antisocialistes, avaient une attitude semblable à l'attitude actuelle des Haase, des Kautsky, des Sudekum et *tutti quanti*.

Non, notre citation est tirée d'un journal des démocrates chrétiens petits-bourgeois, publié par un groupe de braves pasteurs à Zurich (*Neue Wege, Blätter fur religiose Arbeit*, 1914, septembre). Nous en sommes arrivés là! Des croyants philistins finissent par dire qu'il ne serait pas mauvais de tourner les armes contre ceux qui provoquent la guerre, tandis que des social-démocrates autorisés, tels que Kautsky, défendent « scientifiquement » le plus vil chauvinisme, ou, comme Plékhanov, traitent d'utopie dangereuse la propagande de la guerre civile contre la bourgeoisie!

Certes, si les social-démocrates de cette espèce voulaient être en majorité, et constituaient l'Internationale officielle (*Association Internationale pour la Justification des Chauvinismes nationaux*), ne vaudrait-il pas mieux renoncer à l'appellation prostituée et avilie de social-démocrate et revenir au vieux terme marxiste de *communiste*? Kautsky menaçait d'en faire autant lorsque l'école opportuniste de Bernstein semblait devoir conquérir officiellement le parti allemand. Ce qui n'était sur ses lèvres que menace sans conséquence peut devenir, pour d'autres, une réalité.

5 décembre 1914.   N. LÉNINE.

Sur les traces de Menchikov

Judas Menchikov publie, dans le *Novoié Vrémia*, un 66ᵉ article de la longueur coutumière d'un demi-kilomètre, sous ce titre général : *Nous devons vaincre*. Dans le *Sovremenny Mir* (*Le Monde Contemporain*), le pseudo-marxiste Jordansky publie un article, sous un titre non moins patriotique : *Que la Victoire soit!*

D'après le marxiste Jordansky, « la participation de la Russie à cette guerre est conditionnée par les intérêts vitaux du pays » et non par on ne sait quel appétit impérialiste des milieux dirigeants. Il se fait que le gouvernement de Nicolas Romanov défend « la cause de la civilisation et du progrès » (textuel) et non je ne sais quels intérêts dynastiques. « Nous devons vaincre! » car, voyez-vous, « ni la raison ni le sentiment », ne permettent à M. Jordansky d'admettre que la guerre ait pour « nous » une triste fin.

« La Russie doit vaincre dans l'intérêt de la civilisation et du progrès, car la victoire de l'Allemagne sur la Russie pourrait anéantir l'œuvre de Pierre-le-Grand... L'industrie russe pourrait être asservie. »

Et qu'on ne vienne pas parler à M. Jordansky d'un prétendu péril russe ni de ce que la monarchie des Romanov joua toujours le rôle d'un gendarme international, ni de ce que la victoire extérieure de la monarchie tsariste amènerait dans toute l'Europe le triomphe de la réaction la plus cruelle. M. Jordansky ne tombe pas dans le panneau. Il sait très bien que ce sont pures inventions et qu'en réalité la politique internationale du tsarisme est plus pure que la neige des Alpes. « Le péril russe, déclare M. Jordansky, n'est qu'un mythe politique... » « Dans ces vingt-cinq dernières années, la Russie, tendant, à l'exemple des autres puissances, à développer sa politique coloniale, n'a nullement aspiré à intervenir dans les affaires intérieures des autres Etats, ce qu'on ne peut pas dire de l'Autriche ni à plus forte raison de l'Allemagne ».

« Nullement aspiré! » Mentez, mais que ce soit au moins avec mesure. Nous doutons que Menchikov lui-même eût songé à nier par exemple que le raid assez connu de Liakhovsky sur le *medjilis* persan ait été une intervention non équivoque de la bande du tsar dans les affaires intérieures de la Perse.

Peut-on après ces perles s'étonner que le même Jordansky parle plus loin de la solution du problème polonais, « dont les bases sont esquissées dans le manifeste du commandant en chef » et, adoptant le style de Menchikov, chante « l'armée de guerriers » du tsar, « marchant d'un pas ferme vers son but ».

Le voilà bien le « marxisme » de certains de nos intellectuels! Digne élève de Plékhanov que Jordansky, digne élève du nouveau Plékhanov, du Plékhanov de marque patriotique dont presque toute la presse chauvine de Russie fait maintenant l'éloge!

Rougissez, Monsieur Jordansky! Rougissez, littérateurs (A. Finn-Enatoiensky, nommé pour l'exemple) qui reprenez en chœur les refrains chauvins d'un Jordansky! Ce que vous prêchez, Messieurs, n'est pas marxisme mais libéralisme national le plus authentique. Et parfois quelque chose de bien pis : la philosophie la plus pure de Menchikov.

Il me reste à ajouter que notre presque-Hervé, Alexinsky, se répand à l'étranger en prédications à la Menchikov-Jordansky. A la même heure, Alexinsky commente et interprète, comme il fallait s'y attendre, les nouvelles opinions patriotiques de M. Plékhanov. Et le nouveau journal socialiste révolutionnaire de Paris (intitulé : *La Pensée (Mysl)*, mais qui devrait plutôt s'appeler *le Juste-milieu* ou *du Vide au Creux* — polémique vaillamment contre Jordansky mais se réfugie dans un silence courageux lorsque les mêmes opinions libérales-nationales sont défendues par le leader du parti s.-r, M. Roubanovitch...

5 décembre 1914.   G. ZINOVIEV.

Un document important

On nous transmet de Pétersbourg le document suivant, de haute importance, qui circule dans certains milieux et que l'on nous donne comme exprimant l'opinion des milieux dirigeants des « liquidateurs » pétersbourgeois. Le message ci-dessous, adressé à Vandervelde, donne, nous écrit-on de Pétersbourg, l'opinion des représentants les plus qualifiés de la tendance liquidatrice. C'est en fait le *credo* de la tendance russe des liquidateurs :

Au ministre Vandervelde (Belgique).

Cher camarade,

Votre télégramme nous est parvenu : la censure militaire l'a laissé passer. Nous saluons le prolétariat belge et nous vous saluons, vous qui le représentez. Nous savons que, comme tout le prolétariat international, vous vous êtes énergiquement opposé à la guerre lorsque les classes dirigeantes des grandes puissances la préparaient. Mais la guerre a éclaté malgré la volonté du prolétariat. Dans cette guerre, votre cause est celle de la légitime défense contre les dangers qui menacent les libertés démocratiques et l'action émancipatrice du prolétariat du côté de la politique agressive des junkers allemands. Indépendamment des buts que se sont donnés et que se donnent les grandes puissances belligérantes, le cours des événements mettra à l'ordre du jour la question même de l'existence du régime prussien, citadelle du militarisme contemporain, écrasant de tout son poids le prolétariat allemand en lutte pour son émancipation. Nous sommes profondément convaincus que les socialistes des pays obligés à participer à la guerre se rencontreront lorsqu'il s'agira d'en finir avec le militarisme prussien; ils s'uniront avec la glorieuse avant-garde du prolétariat international qui est la social-démocratie allemande. Malheureusement, le prolétariat russe n'est pas dans la situation des prolétariats des autres pays en guerre avec le régime militaire prussien. Il est en présence d'une tâche plus complexe et plus contradictoire que celle de ses camarades des pays occidentaux. La situation internationale se complique du fait qu'une autre puissance réactionnaire participe à la guerre contre le régime des junkers allemands; cette puissance, c'est le gouvernement russe qui, s'affermissant au cours de la lutte, peut, dans certaines conditions, devenir le point de concentration des tendances réactionnaires de la politique mondiale. Ce rôle possible de la Russie dans les relations internationales tient étroitement au caractère du régime qui règne sans partage chez nous. Même à l'heure présente, à la différence de ses camarades occidentaux, le prolétariat russe est privé de toute possibilité d'exprimer son opinion collective et de réaliser sa volonté collective. Le petit nombre d'organisations qu'il avait avant la guerre sont dissoutes, la presse est anéantie, les prisons sont bondées. La social-démocratie russe est ainsi empêchée d'adopter l'attitude qu'ont prise les socialistes belges, français et anglais, et, participant activement à la guerre, de prendre la responsabilité des actes du gouvernement russe devant le pays et devant le socialisme international. Malgré ces circonstances, considérant la portée internationale du conflit européen et la participation active dans ce conflit des socialistes des pays avancés, fait qui permet d'espérer qu'il se résoudra conformément aux intérêts du socialisme international, nous vous déclarons que notre activité en Russie ne s'oppose pas à la guerre. Nous croyons pourtant nécessaire d'attirer votre attention sur la nécessité de préparer, dès à présent, une opposition énergique à la politique de conquête des grandes puissances, qui se manifeste déjà, et d'exiger, avant toute annexion, l'organisation de plébiscistes dans les pays intéressés.

Nos pires appréhensions se sont justifiées. La voix de Martov contre le chauvinisme est restée isolée parmi les liquidateurs. Les liquidateurs les plus influents agissant en Russie se sont placés sur la plate-forme du social-chauvinisme le plus banal. Ils reprennent en chœur les affirmations usuelles de la presse réactionnaire bourgeoise, selon lesquelles la cause de la France et de l'Angleterre (qui font aussi, de fait, une guerre impérialiste préventive) est une cause sacrée. Ils approuvent l'entrée des socialistes dans les ministères et déclarent naïvement ne pas en faire autant par suite de circonstances indépendantes de leur volonté. On ne les invite pas à entrer dans les ministères russes! Approuvant les social-chauvins français, ils continuent, remarquez-le, à décerner aux social-chauvins allemands le titre de « glorieuse avant-garde du prolétariat international ». Ceci après le 4 août, après le vote des crédits de guerre, après la déclaration de Halle, après la mort « héroïque » de Frank, depuis que le *Vorwaerts* a renoncé à parler de la lutte des classes. Mais, sous la plume de ses auteurs, cet appel est parfaitement logique. Le social-chauvinisme francophile ressemble comme deux gouttes d'eau au social-chauvinisme germanophile.

Les liquidateurs déclarent enfin avec une franchise digne d'éloge que, dans leur activité en Russie, ils ne s'opposent pas à la guerre.

« Ils ne s'y opposent pas! » Que Plékhanov, d'humeur patriotique, s'en réjouisse. Ils ont profité de ses conseils. Et ils... « ne s'opposent pas! »

Les auteurs de ce manifeste comprennent-ils à qui profite leur tactique? Se rendent-ils compte qu'ils ne se distinguent en rien des chauvins nationaux libéraux? Savent-ils que, maintenant plus que jamais, les ouvriers, les socialistes sont en droit de dire : Qui n'est pas avec nous est contre nous?

En présence de ce qui se passe autour de la fraction du parti ouvrier social-démocrate russe à la Douma, ce *credo* des liquidateurs jette une tache indélébile sur toute leur tendance.

5 *décembre* 1914.   G. ZINOVIEV.

Le chauvinisme mort et le socialisme vivant

Comment reconstituer l'Internationale.

Pour la social-démocratie russe, un peu plus même que pour celle du reste du monde, la social-démocratie allemande était depuis des dizaines d'années un modèle. On comprend donc qu'il est difficile d'avoir une attitude consciente, c'est-à-dire critique, à l'égard du social-patriotisme ou du chauvinisme socialiste, sans élucider avec précision son attitude envers elle. Qu'a-t-elle été? qu'est-elle? que sera-t-elle?

A la première question, la brochure de K. Kautsky éditée en 1909 et traduite dans diverses langues européennes : *Le Chemin du Pouvoir*, peut donner une réponse. C'est l'exposé le plus complet, le plus favorable à la social-démocratie allemande, par les espoirs qu'il suscite, des objectifs de notre époque; il est dû à la plume de l'écrivain le plus autorisé de la II* Internationale. Rappelons avec plus de précision cette brochure. Ce sera d'autant plus utile que l'on écarte souvent, maintenant, avec mépris, les « propos oubliés ».

La social-démocratie est « un parti révolutionnaire ». (C'est la première phrase de notre brochure). « Non seulement révolutionnaire comme l'est la machine à vapeur, mais révolutionnaire dans un autre sens également ». Elle aspire à la conquête du pouvoir politique par le prolétariat, à la dictature du prolétariat. Criblant de sarcasmes « ceux qui doutent de la révolution », Kautsky écrivait : « Nous devons, évidemment, lors de chaque mouvement important ou de chaque insurrection, compter avec la possibilité d'une défaite. Il n'y a qu'un imbécile qui puisse, avant la lutte, se sentir parfaitement certain de la victoire ». « Mais ne pas compter avec la possibilité d'une victoire » serait une « trahison manifeste de notre cause ». La révolution peut se produire à l'occasion de la guerre, pendant la guerre ou après la guerre. On ne peut pas prédire quand l'extrême tension des antagonismes de classe amènera la révolution. Mais « je puis affirmer que la révolution, apportée par la guerre, éclatera ou pendant ou aussitôt après la guerre » : rien n'est plus misérable que la théorie de la « croissance pacifique du socialisme ». « Rien n'est plus erroné que d'affirmer que la conscience des nécessités économiques amoindrit la volonté. » « La volonté de lutte est déterminée par : 1° l'enjeu de la lutte; 2° le sentiment de la force, et 3° la force réelle ». Quand on s'efforçait — dans le *Vorwaerts* notamment — d'interpréter, dans un sens opportuniste, la célèbre préface d'Engels à la *Lutte des classes en France* de Marx, Engels s'en indignait et trouvait déshonorant que l'on pût admettre qu'il fût « un adepte paisible de la légalité à tout prix ». « Nous avons toutes les raisons de croire que nous entrons dans une période de lutte pour le pouvoir politique ». Cette lutte peut durer des dizaines d'années. Nous n'en savons rien. Mais

« très probablement, elle amènera prochainement un affermissement considérable du prolétariat, si ce n'est sa dictature en Europe occidentale ». Les éléments révolutionnaires s'accroissent : en 1895, sur 10 millions d'électeurs allemands, il y avait 6 millions de prolétaires et 3 millions et demi d'hommes intéressés au maintien de la propriété privée. En 1907, le nombre de ces derniers s'est augmenté de 30.000, alors que le nombre des prolétaires s'est augmenté de 1.600.000. Et, « la progression devient rapide sitôt que commence la période des troubles révolutionnaires ». Les antagonismes de classe ne s'atténuent pas. Au contraire, la cherté de la vie augmente; les rivalités impérialistes se donnent libre cours, le militarisme fait rage. Une « nouvelle ère révolutionnaire approche ». L'accroissement insensé des impôts « aurait depuis longtemps amené la guerre, unique alternative à la révolution..., si précisément la révolution n'était encore plus proche de la guerre que de la paix armée ». « La guerre mondiale nous menace, de plus en plus proche et elle signifie aussi la révolution ». En 1891, Engels pouvait craindre une révolution prématurée en Allemagne, mais, depuis, « la situation s'est modifiée sensiblement ». Le prolétariat « ne peut déjà plus parler d'une révolution *prématurée* » (souligné par Kautsky). La petite bourgeoisie n'est pas sûre et se montre de plus en plus hostile au prolétariat, mais, pendant la crise, « elle est capable de passer en masse de l'autre côté ». Le tout est, pour la social-démocratie, « de rester inébranlable, conséquente, irréconciliable ». Indéniablement, nous entrons dans une période révolutionnaire.

Ainsi écrivait Kautsky, il y a longtemps, fort longtemps puisqu'il y a cinq années bien comptées. Voilà ce qu'était, ou plutôt ce que promettait d'être la social-démocratie allemande. Voilà la social-démocratie qu'on pouvait et devait respecter.

Voyez maintenant ce qu'écrit le même Kautsky. Voici les déclarations les plus importantes de son article sur la *Social-démocratie pendant la guerre (Neue Zeit,* n° 1, 2 octobre 1914) : « Notre parti a beaucoup moins débattu son attitude pendant la guerre que la façon d'empêcher la guerre ». « Jamais le pouvoir n'est aussi fort, jamais les partis ne sont aussi faibles qu'au début d'une guerre ». « Le temps de guerre est toujours le moins propice aux calmes réflexions ». La question pratique est maintenant celle-ci : « victoire ou défaite de notre pays? » S'agit-il d'un accord des partis des pays belligérants dans l'action contre la guerre ? « Pratiquement, rien de semblable n'a encore été expérimenté. Nous en avons toujours contesté la possibilité. » Les divergences de vues entre socialistes français et allemands ne sont pas des divergences « de principes » (les uns et les autres défendant leur patrie)... « Les social-démocrates de tous les pays ont les mêmes droits ou les mêmes devoirs pour participer à la défense de leur patrie : aucune nation ne doit le reprocher à une autre. » L'Internationale a fait faillite ?

« Le parti a-t-il renoncé à la défense directe de ses principes pendant
la guerre? » (Cette phrase est de Mehring, dans le même numéro.)
Erreur... Rien ne justifie ce pessimisme. Les divergences de vues ne
sont pas de principe. L'unité des principes subsiste. « La désobéis-
sance aux lois du temps de guerre entraînerait simplement la suspension de notre presse. » L'obéissance à ces lois « équivaut aussi
peu à la renonciation aux principes de notre parti que le travail analogue de notre presse, sous l'épée de Damoclès des lois d'exception
antisocialistes. »

Nous avons cité textuellement, car on croit difficilement que
de pareilles choses puissent s'écrire. On trouverait difficilement,
dans la littérature socialiste — celle des renégats exceptée — tant
de pusillanimité satisfaite, une si honteuse façon d'esquiver la
vérité, tant de piètres artifices pour dissimuler le reniement le plus
net du socialisme et des précises résolutions internationales,
adoptées à l'unanimité (par exemple à Stuttgart et surtout à Bâle)
justement en vue de la guerre européenne, telle que nous la voyons.
Ce serait manquer de respect au lecteur que de prendre au
sérieux les raisons de Kautsky et d'en tenter l'analyse : car si la
guerre européenne diffère en bien des choses d'un simple et petit
pogrom antisémite, les arguments socialistes en faveur de la participation à cette guerre sont tout à fait analogues aux arguments
démocratiques en faveur de la participation aux pogroms antisémites. Les arguments en faveur d'un pogrom ne se discutent pas :
on les mentionne simplement pour clouer leurs auteurs au pilori
devant tous les travailleurs conscients.

Mais, demandera le lecteur, comment a-t-il pu advenir que
l'homme le plus éminent de la IIe Internationale, l'écrivain qui
défendait les idées exposées au début de cet article, soit tombé plus
bas qu'un renégat ? Ce n'est incompréhensible, répondrons-nous,
que pour celui qui, inconsciemment peut-être, considère que rien de
particulier ne s'est produit, qu'il ne sera pas difficile de « se réconcilier et d'oublier », etc., etc., c'est-à-dire pour celui qui se place
précisément au point de vue du reniement. Mais quiconque a sérieusement et sincèrement professé les idées socialistes, quiconque a
partagé les opinions exprimées au début de cet article, ne s'étonnera pas de ce que le *Vorwaerts* soit « mort » (comme l'écrit L.
M. (1) dans le *Goloss* de Paris) et de ce que Kautsky soit aussi
« mort ». Le krach de certaines personnalités ne doit pas nous
étonner à cette époque de bouleversements mondiaux. Kautsky,
malgré ses immenses mérites n'a jamais été de ceux qui, pendant
les grandes crises, savent tout de suite adopter une attitude marxiste
combative. Rappelons-nous ses hésitations à propos du millerandisme.

Or, nous sommes à l'une de ces époques. « Tirez les premiers,

------

(1) L. Martov. — *Note du traducteur.*

messieurs les bourgeois! » écrivait, en 1891, Engels, défendant, — avec raison — l'utilisation par les révolutionnaires de la légalité bourgeoise, à l'époque de ce qu'on a appelé le paisible développement constitutionnel. La pensée d'Engels était aussi claire que possible : ouvriers conscients,nous tirerons ensuite; il nous est avantageux d'utiliser, pour passer du bulletin de vote au tir — c'est-à-dire à la guerre civile — le moment où la bourgeoisie ébranlera elle-même la légalité qu'elle a créée. Et Kautsky exprimait, en 1909, l'opinion incontestable de tous les social-démocrates révolutionnaires, en disant qu'il ne pouvait plus y avoir en Europe de révolution prématurée et que la guerre signifiait la révolution.

Mais des dizaines d'années de « paix » ne se sont pas écoulées en vain. Elles ont inévitablement créé l'opportunisme dans tous les pays, lui assurant la suprématie parmi les chefs parlementaires syndicaux, les leaders de la presse, etc. Il n'y a pas un pays en Europe qui n'ait été le théâtre d'une longue lutte obstinée, sous telle ou telle forme, contre l'opportunisme que la bourgeoisie soutenait de mille façons différentes, pour corrompre et débiliter le prolétariat révolutionnaire. Kautsky lui-même écrivait, il y a quinze ans, au début du mouvement de Bernstein, que, si l'opportunisme cessait d'être un état d'esprit pour devenir une tendance, il faudrait penser à une scission. Et chez nous, en Russie, la vieille *Iskra* (*l'Etincelle*), qui a créé le parti ouvrier social-démocrate, disait dans son numéro 2, au début de 1901, dans un article intitulé *Au seuil du* xx° *siècle*, que la classe révolutionnaire du xx° siècle a sa *Montagne* et sa *Gironde*, comme l'avait la bourgeoisie, classe révolutionnaire du xviii°.

La guerre européenne atteste la plus profonde crise historique, le commencement d'une nouvelle époque. Comme toute crise, elle accentue fortement les contradictions cachées, les révèle, déchire le voile de toutes les hypocrisies, rompt avec les conventions, ruine les autorités pourries ou faisandées. Et c'est là, indiquons-le entre parenthèses, le rôle bienfaisant et progressif de toutes les crises, que, seuls, ne veulent pas comprendre les stupides adeptes de la « paisible évolution ». La II° Internationale, ayant réussi à remplir en vingt-cinq ou quarante-cinq ans — que l'on compte à partir de 1870 ou 1889 — une œuvre extrêmement importante et utile, celle de la diffusion du socialisme, et de l'organisation préliminaire la plus simple de ses forces, a terminé sa mission historique et est morte, vaincue par l'opportunisme bien plus que par les von Klück. Que d'ignares besogneux, ou des laquais intrigants des chauvins et des opportunistes, s'évertuent maintenant à rapprocher Vandervelde et Sembat, de Kautsky et de Haase, comme si nous étions en présence de deux provinciaux brouillés pour un mot ridicule et qu'il faudrait pousser doucement l'un vers l'autre! L'Internationale ne consiste pas en la réunion autour d'une même table, pour la rédaction d'une résolution hypocrite et spécieuse, de gens

qui voient l'internationalisme authentique dans l'approbation par
les socialistes allemands de l'appel de la bourgeoisie au meurtre
des ouvriers français, — et par les socialistes français de l'appel de
leur bourgeoisie au meurtre des ouvriers allemands, « toujours au
nom de la défense nationale ». L'Internationale rapproche, d'abord
idéologiquement, et ensuite sur le terrain de l'organisation, des
hommes capables de défendre par des actes, en ces jours difficiles,
l'internationalisme, c'est-à-dire de rassembler leurs forces et de
« tirer les seconds » sur les gouvernements des classes dirigeantes,
chacun dans *sa* « patrie ». Ce n'est pas chose facile. Il y faudra
une sérieuse préparation, de gros sacrifices, et cela ne se passera
pas sans défaites. Mais précisément parce que la chose est difficile,
il ne faut la faire qu'avec ceux qui la veulent faire, sans craindre
de rompre complètement avec les chauvins et les avocats du social-
chauvinisme.

Des hommes tels que Pannekoek — qui a écrit dans son article
le krach de l'Internationale : « Si les chefs se réunissent et tentent
de camoufler les désaccords, cela n'aura aucune importance. » —
font bien plus que d'autres pour la reconstruction d'une véritable
Internationale socialiste.

Disons ouvertement ce qui est : la guerre obligera, demain ou
après-demain, à le faire. Il y a trois courants dans le socialisme
international : 1° le courant chauvin, poursuivant avec esprit de
suite une politique opportuniste; 2° les ennemis conséquents de
l'opportunisme qui commencent à se manifester dans presque tous
les pays (ils sont le plus souvent écrasés, mais les armées écrasées
apprennent beaucoup) et sont capables d'orienter le travail révolutionnaire vers la guerre civile; 3° les désemparés et les hésitants,
maintenant à la remorque des opportunistes, qui font le plus grand
mal au prolétariat par leurs tentatives hypocrites pour justifier
presque scientifiquement, et en marxistes — ne riez pas! — l'opportunisme. Une partie des naufragés de cette troisième tendance peut
être sauvée et rendue au socialisme, mais pas autrement que par
une politique de rupture tout à fait énergique et de scission avec la
première tendance, avec tous ceux qui sont capables de justifier le
vote des crédits de guerre, la « défense nationale », l'obéissance aux
lois du temps de guerre, le respect de la légalité, le renoncement
à la guerre civile. Seuls, ceux qui font cette politique-là sont les
constructeurs véritables de l'Internationale socialiste. De notre côté,
ayant pris contact avec le Bureau russe de notre Comité central et
avec les éléments dirigeants du mouvement ouvrier de Pétrograd,
ayant eu avec eux un échange d'idées, nous étant convaincus que
nous sommes solidaires sur les points essentiels, nous pouvons, en
qualité de rédaction de son organe central, déclarer, au nom de
notre parti, qu'il n'y a de travail du parti social-démocrate que dans
ce sens.

L'idée d'une scission de la social-démocratie allemande semble effrayer les gens, parce qu'elle est insolite. Mais la situation objective nous garantit que cette chose insolite aura lieu (Adler et Kautsky ont bien déclaré à la dernière séance du Bureau socialiste international, en juillet 1914, que, ne croyant pas aux miracles, ils ne croyaient pas à la guerre européenne!) ou que nous serons les témoins de la douloureuse gangrène de ce qui fut jadis la social-démocratie allemande. A ceux qui sont trop habitués à croire à la social-démocratie allemande d'autrefois, nous rappellerons seulement, en manière de conclusion, que des hommes qui ont été, pendant de longues années, nos adversaires sur une foule de questions, envisagent l'hypothèse d'une semblable scission. L. M. a écrit dans le *Goloss* : « *Le Vorwaerts* est mort » ; « la social-démocratie proclamant le renoncement à la lutte des classes aurait mieux fait de reconnaître hautement les faits, de dissoudre temporairement son organisation, de suspendre la publication de ses organes ». Plékhanov, d'après un compte rendu du *Goloss*, a dit dans une conférence : « Je suis un grand ennemi de la scission. Mais si l'on sacrifie les principes à l'unité, mieux vaut la scission qu'une unité frelatée. » Plékhanov parlait des radicaux allemands. Il voit la paille dans l'œil du voisin allemand et ne voit pas la poutre dans le sien. C'est une des particularités de son radicalisme théorique et de son opportunisme pratique, auxquels nous ne nous sommes que trop habitués depuis dix ans. Mais quand des hommes qui ont de ces... étranges particularités de caractère se mettent à parler d'une scission chez les Allemands, c'est un signe des temps.

12 décembre 1914.   N. LÉNINE.

L'Internationale et la « Défense Nationale »

Il n'est pas vrai que l'Internationale ait consacré trop peu d'attention au problème de la guerre. Presque tous les congrès socialistes internationaux s'en sont occupés. Un rappel des faits suffira. L'ancienne Internationale a consacré à ce problème deux résolutions en deux congrès. La II⁰ Internationale s'y est arrêtée dans huit congrès et huit résolutions. Elle a, en outre, traité, dans cinq résolutions, la question coloniale.

Il est inexact que l'Internationale ait enseigné aux ouvriers qu'ils n'avaient qu'à se demander si une guerre était défensive pour que la question fût tout de suite tranchée et qu'il ne leur restât qu'à mettre le fusil sur l'épaule et à exterminer « l'ennemi ». Quiconque prendra la peine de parcourir les résolutions authentiques de la Iʳᵉ et de la IIᵉ Internationale se convaincra que rien d'analogue n'a jamais été résolu.

Examinons ces résolutions :

En 1867, au congrès de Lausanne, la Iʳᵉ Internationale élabore une motion détaillée sur la guerre. Le point essentiel est dans l'indication qu'il « ne suffit pas de supprimer les armées perma-

nentes pour en finir avec les guerres, mais qu'une transformation
de tout l'ordre social est à cette fin également nécessaire ». Une
seule démarche pratique est décidée : l'adhésion à la Ligue de la
Paix bourgeoise démocratique, — (avec laquelle, nous le disons entre
parenthèses, on ne devrait pas tarder à rompre).

En 1867, au congrès de Bruxelles, l'Internationale « recommande tout particulièrement aux ouvriers de cesser le travail dans
leur pays en cas de guerre ».

Le Conseil général de la I° Internationale adopte, en 1866, au
début de la guerre austro-prussienne, une résolution dans laquelle
il recommande aux prolétariats de considérer ce conflit comme
celui de deux despotes et de tirer parti de la situation pour leur
propre émancipation.

Dans un manifeste aux trade-unions, en juillet 1868, le même
Conseil général, dans lequel on n'ignore pas que Karl Marx exer-
çait une influence prépondérante, écrivait : « Les bases de la société
doivent être dans la fraternité des travailleurs, libérés des mesquines rivalités nationales. Le travail n'a pas de patrie. » (1).

Telles sont les résolutions de la I° Internationale. A la conférence de Londres, en 1888, les députés social-démocrates reçoivent
le mandat de travailler à l'institution de cours d'arbitrage pour la
liquidation des conflits entre Etats.

Au premier congrès de la II° Internationale (Paris 1889), une
résolution antimilitariste précise est prise. Revendication principale : la substitution des milices populaires aux armées permanentes.

En 1891, le congrès de Bruxelles, « considérant que la situation
de l'Europe devient chaque année plus menaçante...; considérant
les campagnes chauvines des classes dirigeantes, invite tous les
travailleurs à protester, par une agitation incessante, contre toutes
les tentatives de guerre et... déclare que la responsabilité des
guerres retombe en tous cas... sur les classes dirigeantes ».

En 1893, le congrès de Zurich déclare : « La social-démocratie
révolutionnaire internationale doit s'insurger avec la plus grande
énergie contre les aspirations chauvines des classes dirigeantes. Les
représentants des partis ouvriers sont tenus de refuser tous les
crédits militaires et de protester contre le maintien des armées permanentes. »

En 1896, le congrès de Londres déclare : « La classe ouvrière
de tous les pays doit s'opposer à la violence provoquée par les
guerres, tout comme elle s'oppose à toutes les violences des classes
dirigeantes à son égard... »

En 1900, au congrès de Paris, l'Internationale décide catégoriquement que : « Les députés socialistes de tous les pays sont incon-

---

(1) Paraphrase du fameux postulat du *Manifeste Communiste* : « Les
ouvriers n'ont pas de patrie ». Au temps présent, les Sudekum, les Bernstein
et Plékhanov aussi considèrent cette affirmation comme « surannée ».

ditionnellement tenus de voter contre toutes les dépenses militaires, navales, et contre les expéditions coloniales. »

En 1907, à Stuttgart, après avoir examiné la question sous tous ses aspects, l'Internationale adopte une résolution circonstanciée, dont le passage le plus important est celui-ci : « Si la guerre éclate pourtant, les socialistes ont pour devoir d'intervenir pour en hâter la fin et tirer de toute façon parti de la crise économique et politique, pour soulever le peuple et précipiter par là même la chute de la domination capitaliste. »

En 1910, à Copenhague, la résolution de Stuttgart est confirmée et l'Internationale déclare une fois de plus que c'est « le devoir invariable » des députés socialistes de refuser tous les crédits de guerre.

En novembre 1912, au congrès de Bâle, réuni pendant la guerre des Balkans, l'Internationale formule une claire menace de révolution si les gouvernements criminels vont jusqu'à la guerre mondiale. « Que les gouvernements n'oublient pas, déclare le congrès de Bâle, que la guerre franco-allemande a provoqué l'éruption révolutionnaire de la Commune, que la guerre russo-japonaise a mis en mouvement les forces révolutionnaires des peuples de la Russie. Les prolétaires considèrent comme un crime de se tirer les uns sur les autres pour les bénéfices capitalistes, les rivalités dynastiques et les traités diplomatiques secrets. »

Et, commentant la résolution de Bâle, Jaurès ne fût pas seul à déclarer : « Nous n'irons pas à la guerre contre nos frères, nous ne tirerons pas sur eux; si les choses en arrivent à une conflagration, ce sera la guerre sur un autre front, ce sera la révolution. » Victor Adler disait catégoriquement : « L'heure approche où le prolétariat se servira des armes mises dans ses mains; le prolétariat interviendra en accusateur; l'heure approche où le prolétariat aura en mains le glaive au moyen duquel il exécutera son verdict. » (Nous citons d'après le *Basler Vorwaerts*, n° 277.)

Tel était, jusqu'à présent, le langage de l'Internationale. On chercherait en vain dans ces motions une approbation de la guerre même défensive.

L'Internationale disait comment combattre la guerre, comment agir quand la guerre éclate. Elle disait : « Votez contre les crédits, appelez les masses au combat, préparez la guerre civile (la Commune donnée en exemple); rappelez-vous que les guerres ne sont que violences des classes dirigeantes contre les ouvriers, qu'elles sont enfantées par l'ordre capitaliste. Elle appelait à la lutte contre la guerre moderne. Dans ses motions sur la politique coloniale, l'Internationale, malgré les révisionnistes désireux de faire une politique coloniale « socialiste », répétait maintes fois que les guerres de la période capitaliste ont lieu exclusivement pour des marchés et pour des milliards.

Mais aujourd'hui !... Comme les social-chauvins de tous les pays l'ont déshonorée, l'Internationale !

L'Internationale n'a jamais dit que les socialistes dussent participer à la « défense nationale » dans toute guerre défensive. A l'époque des guerres impérialistes, c'eût été pure absurdité. Kautsky écrivait autrefois :

> Dans la situation politique mondiale donnée, on ne peut même pas se représenter une guerre en présence de laquelle il serait possible d'admettre que le prolétariat ou la démocratie fussent intéressés à la défense contre l'agression. Certes, les principes de la démocratie nous mettent dans l'obligation de défendre l'indépendance nationale, et les principes de l'internationalisme nous prescrivent la défense de l'indépendance de chaque nation. Mais nulle part l'indépendance des grandes nations, auxquelles il faut penser quand on parle de guerre, n'est menacée. Le seul danger de guerre actuel est créé par la politique coloniale mondiale, par rapport à laquelle le prolétariat a, dès le début, adopté une attitude résolument négative... Dans ces conditions, il ne faut pas dire aux gouvernements qu'ils peuvent compter sur l'enthousiasme des ouvriers s'ils sont, à la suite de leur politique étrangère, attaqués par des ennemis extérieurs. Mais il faut condamner toute guerre possible comme un crime contre les intérêts du peuple. (*Neue Zeit*, 1907, p. 855).

En 1907, Kautsky ne se laissait pas encore avilir au rôle de bonze savant et de théoricien adjoint à MM. Sudekum et Haase. Il comprenait que la guerre actuelle ne peut être qu'impérialiste, que la patrie allemande ne risque aucunement de perdre son indépendance, que défendre les principes de l'indépendance des nations n'équivaut pas à marier légalement le parti social-démocrate aux *junkers* prussiens.

Dans les guerres impérialistes qui caractérisent toute notre époque, l'assaillant peut demain se trouver en état de défense et *vice versa*. Pour cette raison déjà, l'Internationale ne pouvait conseiller en toutes occasions la guerre défensive. Il ne faut pas confondre les fâcheuses déclarations isolées de quelques leaders socialistes avec l'opinion de l'Internationale. L'Internationale s'est prononcée plus d'une fois pour le droit des nationalités à disposer d'elles-mêmes, il est vrai. Dès Copenhague (1910), elle recommandait de « défendre le droit de tous les peuples à disposer d'eux-mêmes. » L'ancienne Internationale, la première, a fait les mêmes déclarations. Mais peuvent-elles se rapporter à une guerre impérialiste aussi typique que celle de cette année 1914 ?

La différence entre une guerre offensive et la guerre défensive est, dans la majorité des cas, tout à fait douteuse, écrivait Kautsky lui-même en 1905. (Voir le *Patriotisme*). Et, en 1907, au congrès de la social-démocratie allemande, à Essen, Kautsky, répliquant à Bebel, disait encore :

> En réalité, la question ne se posera pas pour nous en cas de guerre par rapport à telle ou telle nation isolée, car la guerre entre les grandes puissances deviendra une guerre mondiale et ne se limitera pas à deux Etats. Il arrivera qu'un beau jour le gouvernement allemand tentera de

berner les travailleurs allemands, en leur assurant que la France est l'agresseur. Le gouvernement français fera de même de son côté. Et nous serons les témoins d'une guerre dans laquelle les ouvriers français et allemands, également enthousiastes et suivant leurs gouvernements, s'égorgeront entre eux.

Non, le critérium de la guerre défensive, c'est-à-dire de la « défense nationale », ne vaut rien pour des socialistes. Nous ne sommes pas contre *toute* guerre. En 1848, Marx et Engels préconisaient la guerre *révolutionnaire* offensive de l'Allemagne contre la Russie. La *Nouvelle Gazette Rhénane* écrivait : « Seule, la guerre contre la Russie serait une guerre de l'Allemagne révolutionnaire, une guerre dans laquelle elle pourrait racheter ses péchés, puiser des forces, vaincre ses propres autocrates. »

Que nous sommes loin de ce que font aujourd'hui les Sudekum et les Haase qui aident leurs « propres autocrates » à mieux étrangler le prolétariat allemand !

L'Internationale n'a jamais justifié ni préconisé ce qu'ont fait les social-chauvins en Allemagne, en Autriche, en France et en Belgique. Le simple recueil des résolutions de l'Internationale constituerait le meilleur réquisitoire contre les opportunistes qui les ont déchirées, amenant ainsi l'Internationale même au krach. Les opportunistes étaient *très forts* dans l'Internationale, mais pas assez pour affirmer, sous son égide, le patriotisme aujourd'hui claironné par Haase et Vaillant, Hervé et Sudekum. Au moment où l'opportunisme et le chauvinisme ont temporairement triomphé dans les plus grands partis européens, la II' Internationale a cessé de vivre.

Une autre Internationale la remplacera.

N. Lénine.

12 *décembre* 1914.

De l'orgueil national des Grands-Russiens

Combien l'on parle, discute et crie maintenant à propos de nationalité et de patrie ! Les ministres libéraux et radicaux anglais, comme une foule de publicistes « avancés » français, se révèlent parfaitement d'accord avec les publicistes de la réaction. Une foule de publicistes officiels, K.-D. (1) et progressistes russes (et même quelques populistes et marxistes) chante de mille façons l'indépendance de la « patrie », la grandeur du principe des nationalités. On ne peut pas discriminer où finit le panégyriste vénal de Nicolas Romanov, voire celui d'un bourreau de nègres ou d'Hindous, et où commence l'épais bourgeois, qui suit le courant par stupidité, sinon par manque de caractère. Il n'importe pas d'ailleurs de discriminer. Nous sommes devant un courant idéologique large et profond, dont les origines tiennent solidement aux intérêts de MM. les propriétaires fonciers et capitalistes des

----

(1) Cadets : constitutionnels-démocrates. — *Note du traducteur.*

grandes puissances. Des centaines de millions se dépensent chaque
année pour la propagande des idées utiles à ces classes : le moulin
est de belle dimension, il reçoit de l'eau de toutes parts. Il en reçoit,
pour commencer, de Menchikov, le chauvin convaincu et, pour
finir, des chauvins par opportunisme ou par manque de caractère
Plékhanov et Maslov, Roubanovitch et Smirnov (1), Kropotkine et
Bourtsev.

Essayons donc, nous aussi, social-démocrates grands-russiens,
de déterminer notre attitude à l'égard de ce courant idéologique.
Représentants d'une nation qui constitue une grande puissance de
l'Extrême-Orient européen et d'une bonne partie de l'Asie, nous
serions malvenus à oublier l'énorme importance de la question
nationale, surtout dans un pays qu'on appelle avec raison une prison de peuples, à un moment où, dans l'Extrême-Orient européen
et en Asie, le capitalisme appelle à la vie et à la conscience diverses
nations « nouvelles », petites et grandes, à un moment où la monarchie des tsars a mis sous les armes des millions de grands-russiens
et d'allogènes, afin de trancher diverses questions nationales conformément aux intérêts du conseil de la noblesse unifiée, des Goutchkov, des Krestovnikov, des Dolgoroukov, des Kutler, des Roditchev.

Sommes-nous, prolétaires conscients grands-russiens, étrangers à l'orgueil national ? Certes non. Nous aimons notre langue et
notre pays. Nous travaillons surtout pour élever les masses laborieuses de notre pays (c'est-à-dire les neuf dixièmes de sa population) à la vie consciente des démocrates et des socialistes. Nous
souffrons surtout de voir et de sentir quel arbitraire, quel joug,
quelles humiliations les bourreaux impériaux, les nobles et les
capitalistes font subir à notre si belle patrie. Nous sommes fiers
de ce que cet arbitraire a suscité, parmi nous, grands-russiens, des
résistances; nous sommes fiers de ce que notre milieu a produit
Raditchev, les Décembristes, les révolutionnaires déclassés de 1870-
1880; nous sommes fiers de ce que la classe ouvrière grand'rus-
sienne a constitué, en 1905, un puissant parti révolutionnaire de
masses et de ce que le moujik grand-russien a commencé, à la
même époque, à devenir un démocrate, à s'affranchir moralement
du pope et du propriétaire.

Nous nous rappelons qu'il y a un demi-siècle, le démocrate
grand-russien Tchernychevsky, vouant sa vie à la cause de la révolution, disait : « Pauvre nation, nation d'esclaves, du haut en bas
tous esclaves ! » Les esclaves grands-russiens de la monarchie,
francs ou hypocrites, n'aiment pas à se souvenir de ces mots. A
notre avis, c'était le langage du véritable amour de la patrie, d'un
amour qui souffrait du manque d'esprit révolutionnaire dans les
masses de la population grande-russienne. Cet esprit n'existait pas
alors. Maintenant, il existe peu, mais il existe. Nous sommes péné-

____

(1) Socialistes-révolutionnaires connus. — *Note du traducteur.*

trés d'un sentiment de fierté nationale parce que la nation grande-russienne a, elle aussi, créé une classe révolutionnaire, elle aussi prouvé qu'elle était capable de donner à l'humanité de grands exemples de lutte pour la liberté et pour le socialisme, — et pas seulement de lui laisser le triste exemple des pogroms, des potences dressées en série, des repaires de bourreaux, des grandes famines et d'un grand avilissement devant les popes, le tsar, les propriétaires et les capitalistes.

Nous sommes pénétrés d'un sentiment d'orgueil national. Et c'est précisément pourquoi nous exécrons particulièrement notre passé d'esclaves, ces époques où les propriétaires et les nobles menaient les moujiks à la guerre pour étrangler la liberté de la Hongrie, de la Pologne, de la Perse, de la Chine, et notre présent esclavage, quand les mêmes propriétaires et les mêmes capitalistes nous mènent à la guerre pour étrangler la Pologne et l'Ukraine, étouffer le mouvement démocratique en Perse et en Chine, accroître la puissance de la bande des Romanov, des Bobrinsky, des Pourich-kévitch qui nous déshonorent. Nul n'est coupable d'être né esclave. Mais l'esclave qui a honte de ses aspirations à la liberté, qui justifie et embellit son esclavage, qui appelle par exemple l'étranglement de la Pologne et de l'Ukraine « défense de la patrie grande-russienne », cet esclave éveille un sentiment légitime de dépit, de mépris et de dégoût. Cet esclave est une brute servile.

« Un peuple qui opprime d'autres peuples ne peut pas être libre », disaient Marx et Engels, les plus éminents représentants de la démocratie conséquente du XIX° siècle, devenus les guides du prolétariat révolutionnaire. Ouvriers grands-russiens, pénétrés d'un sentiment d'orgueil national, nous voulons à tout prix une Grande-Russie libre et indépendante, démocratique, républicaine, établissant ses relations avec ses voisins sur le principe humain de l'égalité, et non sur le principe, humiliant pour une grande nation, du servage et des privilèges. C'est pourquoi nous disons : on ne peut pas, au XX° siècle, en Europe, même en Europe extrême-orientale, « défendre la patrie » autrement qu'en mettant en œuvre tous les moyens révolutionnaires contre la monarchie, les propriétaires et les capitalistes de *sa* patrie, c'est-à-dire, contre les pires ennemis de notre patrie. Les grands-russiens ne peuvent pas « défendre la patrie » autrement qu'en souhaitant la défaite du tsarisme dans toute guerre, comme constituant le moindre mal pour les neuf dixièmes de la population grande-russienne. Car le tsarisme opprime économiquement et politiquement ces neuf dixièmes, les démoralise, les humilie, les déshonore, les prostitue, les habitue à opprimer d'autres peuples, les habitue à dissimuler leur honte sous une rhétorique hypocrite, faussement patriotique.

On nous objectera peut-être que sous l'aile du tsarisme, une autre force historique a grandi et s'est déjà affermie, le capitalisme grandissant qui accomplit une œuvre progressive, en centralisant économiquement et en cimentant de vastes régions. Mais cette objection, loin de justifier nos socialistes chauvins, leur fait honte plus encore; il faudrait les appeler les « socialistes du tsar et de Pourichkévitch », comme Marx appelait les lassaliens des « socialistes du roi de Prusse ». Admettons même que l'histoire donne raison au capitalisme grand-russien contre cent et une petites nationalités. Ce n'est pas impossible, car toute l'histoire du capital est faite de violences et de rapines et s'écrit avec du sang et de la boue. Nous ne sommes d'ailleurs pas du tout partisans de petites nations. Nous sommes indiscutablement, *toutes autres conditions étant égales*, pour la centralisation, contre le fédéralisme, idéal petit-bourgeois. Pourtant, dans ce cas même, ce n'est pas notre affaire, ce n'est pas l'affaire des démocrates, — sans parler des socialistes, — d'aider les Romanov-Bobrinsky-Pourichkévitch à écraser l'Ukraine, et autres nations. Bismarck a accompli à sa façon, à la façon d'un hobereau, une œuvre historique de progrès, mais le « marxiste » auquel serait venue l'idée de justifier par là le concours des socialistes à Bismarck eût été bien bon! Bismarck, cependant, contribua au développement économique de l'Europe en unifiant les Allemands éparpillés, opprimés par d'autres peuples. Mais la prospérité économique et le développement rapide de la Grande-Russie exigent que ce pays libère de l'oppression les peuples qu'il écrase. Cette différence, nos adeptes des sous-Bismarck, « vrais russes », l'oublient.

En second lieu, si l'histoire tranche la question en faveur du capitalisme de la grande puissance grande-russienne, il en résultera que le rôle socialiste du prolétariat grand-russien, moteur principal de la révolution communiste engendrée par le capitalisme, sera d'autant plus grand. Or, il faut à la révolution prolétarienne une longue éducation des ouvriers dans l'esprit de la plus complète égalité et de la plus complète fraternité internationale. Du point de vue des intérêts du prolétariat grand-russien s'impose donc une longue éducation des masses, dans le sens de la revendication la plus énergique, la plus conséquente, la plus hardie, la plus révolutionnaire de l'égalité complète des nationalités, et du droit de toutes les nationalités opprimées par les grands-russiens à disposer d'elles-mêmes. Le souci de la dignité nationale des grands-russiens, compris autrement qu'à la façon des larbins, concorde avec l'intérêt *socialiste* des prolétaires grands-russiens et de tous les autres prolétaires. Marx reste notre modèle. Ayant vécu des dizaines d'années en Angleterre, devenu à demi anglais, Marx revendiquait la liberté et l'indépendance nationale de l'Irlande, au nom des intérêts socialistes du mouvement ouvrier anglais. Quant à nos socialistes chauvins, Plékhanov et consorts, ils seront, dans l'hypothèse que nous venons d'examiner, des traîtres non seulement à leur patrie, la Grande-Russie libre et démocratique, mais à la fraternité prolétarienne de tous les peuples de Russie, c'est-à-dire à l'œuvre du socialisme.

N. LÉNINE.

12 décembre 1914.

Et quoi donc ensuite ?

Les tâches des partis ouvriers en présence de l'opportunisme
et du social-chauvinisme

La plus grande crise provoquée par la guerre mondiale dans le socialisme européen a d'abord causé — comme il arrive dans toutes les grandes crises — un grand désarroi; puis elle a permis de voir toute une série de regroupements parmi les tendances, les nuances et les opinions du socialisme; enfin, s'est posée, aiguë, impérieuse, la question de modifier les *bases* de la politique socialiste, selon que l'exigeait la crise même. Ces trois stades, les socialistes russes les ont aussi passés manifestement, entre août et décembre 1914. Nous savons tous que le désarroi fut grand au début, et qu'il fut encore accru par les persécutions de l'autocratie, par l'attitude des « Européens », par le bouleversement des premiers jours de la guerre.

Ce fut en septembre et octobre, à Paris et en Suisse, où il y avait le plus d'émigrés, le plus de relations avec la Russie et le plus de liberté, que la discussion dans les réunions, les conférences et la presse, des questions posées par la guerre, fut la plus large et la plus complète.

On peut dire avec certitude qu'il n'y a plus aucune nuance, dans aucune tendance ou fraction du socialisme ou de *l'a-peu-près-socialisme* russe, qui n'ait trouvé son expression et son évaluation. Tout le monde comprend fort bien que le temps des conclusions précises, positives, susceptibles de servir de base à une activité pratique systématisée, à la propagande, à l'agitation, à l'organisation, est venu. La situation s'est éclaircie, tout le monde a dit son mot. Voyons enfin où l'on va et avec qui l'on marche.

Le 23 novembre (nouveau style), c'est-à-dire le lendemain de la publication à Pétersbourg de la note officielle sur l'arrestation de la fraction parlementaire du parti ouvrier social-démocrate russe, un incident se produisait à Stockholm, au congrès du parti social-démocrate suédois, et mettait à l'ordre du jour les deux questions que nous venons de souligner.

Pour la première fois, depuis le commencement de la guerre, au congrès socialiste d'un pays neutre, se rencontraient un représentant du Comité central de notre parti et un représentant du Comité unitaire des liquidateurs. Qu'y a-t-il de particulier dans leurs déclarations ? Le représentant du Comité central bolchévik, Bélénine, adoptait une attitude très nette à l'égard de questions pénibles, douloureuses, mais qui sont aussi les plus importantes du mouvement socialiste contemporain, et, citant l'organe central du parti, le *Social-Démocrate*, déclarait carrément la guerre à l'opportunisme, qualifiait de trahison l'attitude des chefs socialistes allemands (et « de beaucoup, beaucoup d'autres »). Le représentant du Comité unitaire des liquidateurs, Larine, n'a pas pris position, a fait le silence sur les choses essentielles et s'est borné à fournir

quelques clichés creux et pourris de l'arsenal des opportunistes et
des social-chauvins du parti. Bélénine n'a rien dit de notre attitude
envers les autres partis social-démocrates et les autres groupes
russes. Notre attitude serait telle qu'il la présente; quant aux autres, attendons pour voir comment ils préciseront la leur. Larine,
au contraire, a déployé le drapeau de l' « unité », il a versé une
larme sur les « fruits amers » de la scission en Russie, il a dépeint
en couleurs vives le travail « unitaire » du C. O. (1) qui unit Plékhanov, les Caucasiens, les Bundistes (2),· les Polonais et bien
d'autres. Nous en reparlerons. C'est le principe même de l'unité qui
nous intéresse.

Nous voici devant deux mots d'ordre; l'un : guerre aux opportunistes et aux social-chauvins, car ce sont des traîtres; l'autre :
unité en Russie, en particulier avec Plékhanov — dont l'attitude est
chez nous identique à celle de Sudekum en Allemagne et de Hyndman en Angleterre. N'est-il pas évident que Larine, craignant
d'appeler les choses par leur nom, a fait en réalité le jeu des opportunistes et des social-chauvins ?

Mais réfléchissons à la portée du mot d'ordre d'unité, vu à la
lumière des événements actuels. L'unité du prolétariat est son arme
la plus grande dans la lutte pour la révolution socialiste.

De cette vérité indiscutable, il suit tout aussi indiscutablement
que, lorsque des éléments petits-bourgeois, capables d'entraver la
lutte pour la révolution socialiste, adhèrent en grand nombre au
parti prolétarien, l'unité avec ces éléments est nuisible, mortelle
pour la cause du prolétariat. Les événements contemporains ont
justement montré que, d'une part, les conditions objectives d'une
guerre impérialiste, c'est-à-dire correspondant à la plus haute, à la
dernière phase du capitalisme, avaient mûri, — et que, d'autre part,
des dizaines d'années de paix avaient accumulé dans tous les pays
d'Europe, dans tous les partis socialistes, une énorme quantité de
fumier opportuniste petit-bourgeois.

Déjà, depuis quinze ans, depuis la *Bernsteiniade* (3) en Allemagne, — et depuis plus longtemps, dans d'autre pays, — la question de cet élément opportuniste, étranger, qui était présent dans
le parti prolétarien, se posait; et l'on trouvera difficilement un
marxiste de quelque renom qui n'ait pas reconnu maintes fois que
les opportunistes sont un élément non-prolétarien, réellement hostile à la révolution socialiste.

La croissance particulièrement rapide de cet élément, au cours
des dernières années, est hors de doute : fonctionnaires syndicaux,
parlementaires, intellectuels, commodément et tranquillement installés dans le mouvement légal des masses ouvrières, certaines
couches ouvrières mieux rémunérées, certains petits employés.

------

(1) C. O. Comité d'Organisation. C'était le comité dirigeant des menchéviks.
— *Note du traducteur.*

(2) *Bund*, union de la social-démocratie juive. — *Note du traducteur.*

(3) Ou idéologie du fameux Bernstein, contre lequel Lénine a si énergiquement bataillé. — *Note du traducteur.*

La guerre a fait ressortir que dans les moments de crise (et l'ère impérialiste sera une ère de crises) une imposante masse opportuniste, soutenue et, en partie, dirigée par la bourgeoisie, — ce qui est surtout important, — passe à l'ennemi, trahit le socialisme, nuit à la cause ouvrière, la perd.

Dans toute crise, la bourgeoisie aidera toujours les opportunistes à réprimer, sans s'arrêter devant rien, sans reculer devant l'illégalité et devant de dures mesures militaires, le mouvement prolétarien révolutionnaire. Les opportunistes, confortablement installés dans le parti ouvrier, sont des ennemis bourgeois de la révolution prolétarienne qui, en temps de paix, accomplissent dans le mystère leur travail bourgeois de pénétration et, aux époques de crise, se manifestent aussitôt comme des alliés de toute la bourgeoisie, de tout le bloc bourgeois, des conservateurs comme des radicaux, des démocrates, des libres-penseurs, des religieux et des cléricaux.

Qui ne l'a pas compris *après* les événements que nous vivons se trompe désespérément et trompe de même les travailleurs.

Des évolutions personnelles sont inévitables, mais il faut se rappeler que leur portée est définie par l'existence d'un milieu et d'une tendance opportuniste petite-bourgeoise. Les social-chauvins Hyndman, Vandervelde, Guesde, Plékhanov, Kautsky n'auraient pas la moindre importance si leurs panégyriques, incolores et tout remplis de la rhétorique du patriotisme bourgeois, n'étaient répétés en chœur par des milieux sociaux-opportunistes et par des milliers de journaux et de politiciens bourgeois.

Le prototype des partis socialistes de l'époque de la II° Internationale était un parti qui tolérait dans son sein l'opportunisme; celui-ci s'y était accumulé depuis des dizaines d'années de paix, mais s'y tenait coi, s'adaptait aux ouvriers révolutionnaires, leur empruntait la terminologie marxiste, éludait toute nette divergence de principe.

Ce type de parti s'est survécu. Si la guerre se termine en 1915, se trouvera-t-il, parmi les socialistes ayant leur tête à eux, des amateurs pour recommencer, en 1916, la construction de partis ouvriers *avec* les opportunistes, en *sachant par expérience* qu'à la prochaine crise, quel que soit son caractère, tous ceux-ci se rangeront (et, avec eux, tous les invertébrés et les désorientés) du côté de la bourgeoisie, qui trouvera certainement un prétexte pour interdire les palabres sur la lutte des classes et les haines de classe?

En Italie, le parti socialiste était, à l'époque de la II° Internationale, de qualité exceptionnelle : il avait exclu Bissolati et les opportunistes. Pendant la crise, les résultats de cette opération se sont révélés *excellents* : les représentants des diverses tendances n'ont pas leurré les ouvriers, n'ont pas fait miroiter à leurs yeux les couleurs éclatantes de l'unité; mais chacun d'eux a poursuivi son chemin. Les opportunistes (et avec eux les transfuges du parti ouvrier, tel Mussolini) se sont livrés aux exercices du social-chau-

vinisme, glorifiant — comme Plékhanov — la Belgique « héroïque », et dissimulant ainsi la politique bourgeoise et point du tout
héroïque de l'Italie qui voudrait piller... l'Ukraine et la Galicie...
pardon! l'Albanie ou la Tunisie... *Contre eux*, les socialistes ont
fait la guerre à la guerre, ils ont préparé la *guerre civile*. Nous
n'idéalisons pas le parti socialiste italien, nous ne jurons pas qu'il
résistera à toute épreuve, au cas où l'Italie se mêlerait à la guerre.
Nous ne parlons pas de l'avenir de ce parti, mais de son présent.
Nous constatons un *fait* indéniable : que les ouvriers de la majorité des pays européens ont été *trompés par l'unité fictive* des opportunistes et des révolutionnaires, et que l'Italie fait, à cette règle,
une heureuse exception. Ce qui a été une exception heureuse pour
la II⁰ Internationale doit devenir, et *sera*, la règle pour la III⁰ Internationale. Le prolétariat voisinera toujours — tant que durera le
capitalisme — avec la petite bourgeoisie. Il serait sot de sa part de
renoncer à conclure des alliances temporaires avec elle, mais
l'unité avec elle, l'unité avec les opportunistes ne peut être *maintenant* défendue que par les ennemis du prolétariat ou par des hommes qui restent abrutis dans la routine de leur fin d'époque.

L'unité de la lutte prolétarienne pour la révolution socialiste
exige maintenant, après 1914, la séparation absolue des partis
ouvriers et des partis opportunistes. Ce que nous appelons opportunisme, nous l'avons clairement dit dans le Manifeste de notre
Comité central (et dans notre article sur *la guerre et la fraction
parlementaire du parti ouvrier social-démocrate russe*).

Et que voyons-nous en Russie? L'unité entre des hommes qui,
d'une façon ou d'une autre, avec plus ou moins d'esprit de suite,
combattent le chauvinisme — celui de Pourichkévitch et celui des
K. D. (cadets) — et des hommes qui, comme Maslov, Plékhanov,
Smirnov, apportent à ce chauvinisme leur concours. Est-elle utile
ou nuisible au mouvement ouvrier de notre pays, cette unité entre
des hommes opposés à la guerre et des hommes qui déclarent ne
pas s'y opposer? Seuls peuvent hésiter à répondre ceux qui fer-
ment volontairement les yeux.

On nous objectera peut-être que Martov a, dans le *Goloss*,
mené une certaine polémique contre Plékhanov, et qu'il a, avec
d'autres amis et partisans du Comité unitaire, rompu des lances
contre le social-chauvinisme. Nous ne le contestons pas et nous en
avons déjà félicité Martov dans ce journal. Nous serions très heureux qu'on ne le fît pas « évoluer » (1). Nous souhaiterions ardemment que le Comité unitaire adoptât une attitude nettement anti-
chauvine. Mais il ne s'agit pas de nos vœux ni des vœux de qui que
ce soit. Objectivement, quels sont les faits? En premier lieu, le représentant du Comité unitaire, Larine, garde on ne sait pourquoi
le silence sur le *Goloss*, mais nomme Plékhanov, et nomme Axelrod,
qui a écrit, dans la *Berner Tagewacht*, un article où il n'y a pas un

____

(1) *Le même numéro contenait une note sur l'évolution de Martov. — Note
du traducteur.*

mot qui veuille dire quelque chose. Or, Larine, sans compter sa situation officielle, se trouve, par rapport au centre influent des liquidateurs de Russie, dans un voisinage qui n'est pas uniquement celui de la situation géographique. Considérons ensuite la presse européenne. En France et en Allemagne, les journaux se taisent sur le *Goloss* hérétique, mais parlent de Roubanovitch, de Plékhanov et de Tchkhéidzé. (Le *Hamburger Echo*, un des organes les plus chauvins de la presse social-démocrate chauvine d'Allemagne, citait, le 12 décembre, Tchkhéidzé comme un coréligionnaire politique de Maslov et de Plékhanov; des journaux russes ont aussi donné de discrètes indications dans ce sens. On comprend que les amis conscients de Sudekum apprécient à sa juste valeur le concours de Plékhanov). En Russie, les journaux bourgeois ont répandu à des millions d'exemplaires, à l'usage du brave peuple, la bonne nouvelle de cette alliance Maslov-Plékhanov-Smirnov, et n'ont rien dit de la tendance du *Goloss*. Enfin, l'expérience du travail légal de la presse ouvrière, en 1912-1914, a pleinement démontré que la source des forces et de l'influence de la tendance liquidatrice n'est pas dans la classe ouvrière, mais qu'elle se trouve chez les intellectuels démocrates bourgeois, qui ont constitué le groupe principal des écrivains socialistes adaptés à la légalité. Toute la presse russe atteste l'état d'esprit chauvin de ce milieu considéré dans son ensemble. Il se peut que de sérieuses modifications dans le groupement des personnalités s'y produisent, mais il est tout à fait improbable que ce milieu, en tant que couche sociale, puisse rester étranger au patriotisme et à l'opportunisme.

Tels sont les faits. Ne les perdant pas de vue et nous rappelant qu'il est avantageux à tous les partis bourgeois qui veulent exercer une influence sur les ouvriers d'avoir une gauche démonstrative — surtout si elle n'est pas officielle —, nous devons considérer l'idée de l'unité avec le Comité unitaire comme une illusion nuisible à la cause ouvrière.

La politique du Comité unitaire qui, dans la Suède lointaine, se prononce, le 23 novembre, pour l'unité avec Plékhanov et tient des propos fort agréables à tous les social-chauvins, tandis que ce même Comité, à Paris et en Suisse, ne trouve pas un mot à dire, ni depuis le 13 novembre, jour de parution du *Goloss*, ni avant ni après le 23 novembre jusqu'à ce jour — 23 décembre — ressemble fort à la plus mesquine politicaillerie. Et les espoirs éveillés par ces *Echos* officiels du parti que l'on nous promettait à Zurich sont détruits par une note de la *Berner Tagewacht*, du 12 décembre, qui déclare que cet organe ne sera pas l'instrument officiel du parti... (à propos : dans le n° 52 du *Goloss*, la rédaction de cette feuille déclare que la prolongation de la scission avec les liquidateurs serait la preuve du pire « nationalisme » : cette phrase dépourvue de sens grammatical ne peut avoir qu'un sens politique : la rédaction du *Goloss* préfère l'unité avec les social-chauvins au rapprochement avec des hommes irréductiblement hostiles au social-chauvinisme. La rédaction du *Goloss* a mal choisi).

Il nous reste, pour achever le tableau, à dire deux mots de la *Mysl* (la *Pensée*), socialiste-révolutionnaire de Paris, qui glorifie, elle aussi, « l'unité », jette un voile sur le social-chauvinisme de son chef Roubanovitch, défend les opportunistes et les ministérialistes français et belges, tait les passages patriotiques du discours de Kérensky, homme de gauche, s'il en fut, parmi les travaillistes russes — et publie des sottises petites-bourgeoises tout à fait dévalorisées sur la revision du marxisme dans un esprit populiste et opportuniste. Cette attitude de la *Mysl* confirme absolument ce que disait des socialistes-révolutionnaires la résolution du parti ouvrier social-démocrate russe, adoptée par la conférence de l'été 1913.

Certains socialistes russes pensent, semble-t-il, que l'internationalisme serait d'accueillir avec joie la motion que préparent ensemble, pour justifier le nationalisme socialiste de tous les pays, Plékhanov et Sudekum, Kautsky et Hervé, Guesde et Hyndman, Vandervelde et Bissolati. Nous nous permettons de croire que l'internationalisme consiste en une politique nettement internationaliste, poursuivie par chacun dans son parti. On ne peut faire avec des opportunistes et des social-chauvins une politique prolétarienne réellement internationaliste. On ne peut préconiser avec eux l'action contre la guerre et grouper des forces pour cette action. Taire cette vérité, amère sans doute, mais dont il est nécessaire aux socialistes de se bien pénétrer, la taire ou l'éluder est nuisible, mortel même, pour le mouvement ouvrier.

N. LÉNINE.

12 décembre 1914.

Ce ne sont pas des héros...

Le 2 décembre restera dans l'histoire de la social-démocratie allemande une date aussi honteuse que le 4 août. Ce jour-là, 110 députés social-démocrates ont voté 5 nouveaux milliards de crédits, pris sur l'argent du peuple allemand, pour l'extermination des ouvriers et des paysans français, belges, anglais et russes, et la satisfaction des appétits impérialistes de la bande des *junkers.*

L'attitude de la fraction social-démocrate du Reichstag, le 2 décembre, révèle la niaiserie de ceux qui affirmaient que le vote du 4 août ne résultait que d'un fâcheux malentendu : les députés social-démocrates ayant été, disait-on, surpris et supposant que l'Allemagne ferait réellement la guerre au tsarisme.

Le 2 décembre, les députés social-démocrates allemands n'ont pas été surpris. M. de Bethmann-Hollweg a dit dans son discours que l'ennemi principal de l'Allemagne n'était point le tsarisme, mais que c'était l'Angleterre. Et pourtant..., pourtant..., tous ces représentants du prolétariat — si l'on peut dire — ont servilement baisé la main du Kaiser et béni d'avance les futurs exploits des

Hindenbourg et des von Klück. Depuis le 4 août, personne n'attendait rien de mieux de la majorité de la fraction social-démocrate du Reichstag. MM. les révisionnistes et ces messieurs du centre, si chers au cœur de Kautsky, ne sont évidemment bons à rien d'autre qu'à servir de laquais à l'impérialisme. Mais parmi ces 111 députés, il y avait au moins 20 ou 25 radicaux de gauche. Que sont-ils devenus? Qu'est devenue leur conscience socialiste? Qu'est devenu leur dévouement à la démocratie?

Car enfin des voix ont élevé, parmi les social-démocrates de gauche allemands, une honnête protestation socialiste contre l'orgie chauvine à laquelle se sont livrés les premiers les Sudekum, les Haase, les Kautsky. Nous avons entendu les protestations des ouvriers de Hambourg, de Stuttgart, de Berlin. Et que dire des députés de gauche? Ils s'en tiennent à « la discipline » à l'égard des majoritaires qui se sont moqués des décisions de l'Internationale et de celles de leur propre parti. Pareille « discipline » ressemble parfaitement à une trahison.

Parmi les 111 députés social-démocrates, il ne s'est trouvé qu'un seul (un seul!) honnête socialiste, Karl Liebknecht (1), le fils du grand révolutionnaire socialiste Guillaume Liebknecht. Karl Liebknecht a osé remplir le devoir le plus élémentaire, il a voté contre les crédits de guerre, seul contre 110. Telle est la proportion des socialistes contre les traîtres et les chauvins, parmi les dirigeants du parti social-démocrate allemand. Il n'y a plus qu'à tirer l'échelle. On dit que l'ancien chancelier, le comte de Bülow, s'exclama un jour, enviant la France bourgeoise : « Ah! s'il y avait seulement un Millerand parmi les social-démocrates allemands! » Un Millerand! c'est-à-dire un traître, un renégat. Les Bülow doivent maintenant être satisfaits. L'Allemagne des *junkers* n'a plus rien à envier à la France bourgeoise. A quoi leur servirait un Millerand, maintenant qu'ils ont 110 Sudekum? En se soumettant à la bande des chauvins qui fait ce qu'elle veut dans la social-démocratie allemande, les députés de la gauche ont commis une faute impardonnable envers le drapeau social-démocrate. Ils se sont, à la face du monde, solidarisés avec ceux qui ont trahi le socialisme. Ils ont couvert ce ramassis de chauvins, au lieu de le démasquer impitoyablement.

Un organe des social-démocrates allemands de gauche, la *Bremener Burgerzeitung*, consacre à l'arrestation de nos cinq camarades, députés de la fraction parlementaire social-démocrate russe, un vibrant article intitulé : « *Des Héros* ». Les héros dont il est

---

(1) La déclaration de Liebknecht est maintenant publiée. Excellente dans sa première partie qui flétrit l'impérialisme de brigandage de la guerre, elle se termine, dans la seconde, par un mot d'ordre de paix. Cette conclusion découle si peu des prémisses, qu'elle est on ne peut plus choquante. Si tout ce que le camarade Liebknecht dit du caractère et des causes de la guerre est vrai — et c'est incontestable — il n'y a, pour les socialistes, qu'une conclusion : transformation de la guerre impérialiste en guerre civile.

question, ce sont nos camarades Pétrovsky, Badaïev, Mouranov, Chagov et Samoïlov; et l'on nous dit que ce sont des héros parce qu'ils ont honnêtement rempli leur devoir. Hélas! Nous ne pouvons en dire autant des social-démocrates allemands de gauche qui accordent cet éloge. Nous ne pouvons leur rendre la pareille : non, vraiment, ce ne sont pas des héros!

Combien peu d'héroïsme il fallait pour se résoudre à dire au Reichstag ce seul mot : Non! Mais vous, camarades de la gauche, vous n'avez même pas eu ce peu de courage!

Non, ce ne sont pas, vous n'êtes pas des héros! Pour caractériser des hommes qui se conduisent comme vous, il faudrait bien plutôt dire... autre chose...

G. ZINOVIEV.

12 décembre 1914.

9 janvier 1905, 9 janvier 1915

C'est sans joie que le prolétariat mondial et nous les premiers, prolétaires de Russie, nous commémorons le 10ᵉ anniversaire du 9 janvier 1905. Dix années se sont écoulées, pleines de vicissitudes, de victoires et de revers, d'un court triomphe et de longues, de douloureusement longues persécutions. Qui pouvait penser, en 1905, qu'il s'écoulerait encore dix années avant que le pays fût libéré de la honte séculaire du tsarisme, que le 9 janvier 1915 trouverait les élus de la classe ouvrière russe en prison, menacés des travaux forcés, notre parti saigné, toute la Russie sous le talon de Nicolas Romanov. Et telle est pourtant la réalité... Le 9 janvier 1915 se passe à une époque de fléchissement et pas seulement en Russie. Nous assistons à une bacchanale universelle de la réaction, au déchaînement triomphal, dans toute l'Europe, des forces réactionnaires ennemies du prolétariat et de la démocratie.

Il y a une certaine similitude entre ce que le prolétariat russe a vécu le 9 janvier 1905 et les circonstances que le prolétariat européen traverse dix ans plus tard. Il y avait dans le mouvement du 9 janvier 1905, virtuellement, une formidable protestation contre l'ancien régime, contre l'autocratie, contre toute notre société de misère et d'esclavage. Mais il y avait aussi dans ce mouvement des éléments de faiblesse, des survivances du passé, la confiance laissée au tsar et au clergé qui est la force sociale la plus ténébreuse. Les masses ouvrières de Pétersbourg marchaient, le 9 janvier 1905, non sous le drapeau russe, mais portant des icones et des portraits du tsar, allant au tsar, à leur seigneur, implorer sa grâce.

Des centaines de milliers d'ouvriers pétersbourgeois furent, le 9 janvier 1905, mobilisés en un certain sens sous un drapeau autre que le leur, sous un drapeau étranger qui nous est profondément ennemi. Le 9 janvier 1915 trouve de même des millions d'ouvriers européens mobilisés sous un drapeau étranger, ennemi. Le puissant appareil de la bourgeoisie européenne, tout le mécanisme du pouvoir gouvernemental, la presse aux cent bouches, l'école, l'encens des cathédrales, tous les moyens sont mis en action, pour tromper les ouvriers, pour les convaincre que le drapeau de la « défense nationale », à l'époque des guerres impérialistes, est précisément notre drapeau prolétarien.

Quelle horreur! et quel immense pas en arrière!

Et pourtant... et pourtant elle tourne! Vous souvenez-vous du réveil tonnant de la classe ouvrière russe et de toute la démocratie russe après la saignée du 9 janvier 1905? Nous verrons un réveil non moins tonnant après la guerre de 1914-1915, après cette boucherie mondiale qui a abreuvé de sang humain des milliers de kilomètres sur les fronts de guerre, qui a rougi de sang des centaines de cours d'eau en France et en Pologne russe, en Serbie et en Turquie.

L'heure du règlement des comptes viendra. L'aube de la guerre civile se lèvera. Le jour de la vraie lutte finale et décisive se rapprochera. En attendant il fait noir, sans doute; sans doute, la trahison et la lâcheté nous guettent du côté où nous les prévoyons le moins. Nous avons foi pourtant en notre vieux drapeau. Et nous saluons avec ardeur les premières, les faibles lueurs de la lutte qui commencera après la catastrophe. Nous tendons une main fraternelle aux premiers tirailleurs noblement audacieux de notre grande cause.

Plus la nuit est noire, plus les étoiles brillent!

1er février 1915.   G. ZINOVIEV.

Les Sudekum russes

Le nom de « Sudekum » est devenu une épithète. Il désigne le type de l'opportuniste et du social-chauvin dépourvu de scrupules, satisfait de lui-même. C'est un bon signe que l'on parle avec mépris des Sudekum. Mais il n'y a qu'un moyen de ne pas tomber soi-même, ce faisant, dans le chauvinisme. Et c'est de contribuer, selon ses forces, à démasquer les Sudekum russes.

Par sa brochure *Sur la Guerre*, Plékhanov s'est décidément rangé parmi eux. Ses raisonnements substituent continuellement la sophistique à la dialectique. L'opportunisme allemand est sophistiquement incriminé pour camoufler l'opportunisme français et russe. Au total, il en résulte qu'au lieu de livrer combat à l'opportunisme international, Plékhanov lui donne son appui. C'est un sophiste qui déplore le sort de la Belgique, tandis qu'il passe sous silence le sort de la Galicie. L'époque impérialiste (c'est-à-dire l'époque à laquelle, de l'aveu général des marxistes, les conditions objectives de l'effondrement du capitalisme ont mûri et pour laquelle se sont déjà formées les masses d'un prolétariat socialiste) est sophistiquement confondue avec celle des mouvements nationaux bourgeois démocratiques; l'époque de la destruction des patries bourgeoises par la révolution internationale du prolétariat est confondue avec celle de la naissance et de l'agglomération territoriale de ces patries. La bourgeoisie allemande est sophistiquement accusée d'avoir violé la paix tandis que le silence est fait sur la longue et tenace préparation de la guerre par la bourgeoisie de la triple Entente. La résolution de Bâle est sophistiquement laissée de côté. La doctrine social-démocrate est sophistiquement remplacée par un libéralisme national. Les vœux pour la victoire du tsarisme sont motivés par les intérêts du développement économique de la Russie, sans qu'il soit fait la moindre allusion aux nationalités de la Russie ni à l'entrave que constitue le tsarisme pour le développement économique du pays, ni au développement infiniment plus rapide et plus heureux des forces productrices en Allemagne, etc., etc. L'examen de tous les sophismes de Plékhanov exigerait une série d'articles et l'on ne sait pas encore s'il vaut la peine de bien étudier ces ridicules absurdités. Arrêtons-nous seulement à une de ces arguties. Engels écrivait à Marx, en 1870, que W. Liebknecht commettait une erreur en adoptant l'antibismarckisme comme *seul* principe directeur. Plékhanov jubile d'avoir trouvé cette citation : « Les Russes n'en font-ils pas autant avec l'antitsarisme! » Mais essayez de substituer à la sophistique (c'est-à-dire à l'art de saisir des ressemblances extérieures en dehors de la liaison des événements) la dialectique (c'est-à-dire l'étude concrète d'un événement, de ses alentours et de son développement). L'unité allemande était nécessaire et Marx, avant 1848 comme plus tard, le reconnut toujours. Dès 1859, Engels conviait hautement le peuple allemand à la guerre pour l'unité nationale. L'unité révolutionnaire ayant échoué, Bismarck réalisa l'unité d'une façon contre-révolutionnaire, à sa manière de *junker*. L'antibismarckisme, comme *unique* principe, devenait absurde, la réalisation de l'unité nécessaire étant un fait. Mais en Russie? Notre brave Plékhanov eut-il le courage de proclamer d'avance la nécessité, pour le développement de la Russie, de conquérir la Galicie, Tsargrad (Constantinople), l'Arménie, la Perse, etc. A-t-il le courage de le dire maintenant? A-t-il songé que l'Allemagne, dont les nationaux étaient divisés et opprimés par la France et la Russie dans les deux premiers tiers du xix° siècle, devait unifier ses peuples tandis qu'en Russie les grands-russiens ont écrasé d'autres nationalités bien plus qu'ils ne les ont unifiées? Sans y avoir pensé, Plékhanov masque simplement son chauvinisme par une citation abusivement empruntée à l'Engels de 1870, de même que Südekum abuse d'une citation de l'Engels de 1891, lorsque ce dernier parlait de la nécessité pour les Allemands de résister à outrance aux armées de la France et de la Russie alliées.

Nacha Zaria (*Notre Aube*), dans ses numéros 7, 8 et 9, défend le chauvinisme en d'autres circonstances avec un autre langage.

M. Tchérévanine annonce et appelle la défaite de l'Allemagne, affirmant que « l'Europe (!) s'est insurgée » contre elle. M. A.P-v. tance les social-démocrates pour « une bévue pire que n'importe quel crime », etc. et nous certifie que le militarisme allemand a des tares spéciales, des tares exceptionnelles, alors que « les rêves panslavistes de certains milieux russes n'ont pas été une menace pour la paix européenne », etc.

N'est-ce pas reprendre les refrains de Pourichkévitch et des social-chauvins que de parler dans la presse légale de la culpabilité « exceptionnelle » de l'Allemagne et de la nécessité de la défaite de l'Allemagne ? De ce que le militarisme russe a cent fois plus de tares exceptionnelles, force nous est, sous le joug de la censure du tsar, de ne rien dire. Les gens qui ne veulent pas être des chauvins ne devraient-ils pas, dans cette situation, s'abstenir au moins de parler de la défaite de l'Allemagne et de ses torts exceptionnels ?

Nacha Zaria n'a pas fait qu'adopter une attitude de non-résistance à la guerre. Non, elle apporte de l'eau au moulin du chauvinisme grand-russien, celui du tsar et de Pourichkévitch; elle le fait en prêchant avec une argumentation social-démocrate la défaite de l'Allemagne et en tirant d'embarras les panslavistes. Or, ce sont justement les écrivains de *Nacha Zaria*, et non point d'autres, qui, en 1910-1914, firent, en faveur du liquidationnisme, parmi les ouvriers, une propagande visant les masses.

Prenons enfin Axelrod que Martov défend et protège avec tant d'humeur et d'insuccès, ainsi qu'il le fait d'ailleurs pour tous les écrivains de *Nacha Zaria*.

Les opinions d'Axelrod sont, de son consentement, exposées dans les numéros 86 et 87 du *Goloss (La Voix)*. Ce sont des opinions social-chauvines. L'entrée des socialistes français et belges dans des ministères bourgeois, Axelrod la défend au moyen des arguments que voici :

1° « La nécessité historique, que l'on aime maintenant à invoquer si hors de propos, ne signifiait pas pour Marx une attitude passive envers le mal concret dans l'attente de la révolution socialiste. » Quel est ce galimatias ? A quel propos ? Tout ce qui advient dans l'histoire, advient nécessairement. C'est élémentaire. Les adversaires du social-chauvinisme n'invoquent pas la nécessité historique, mais le caractère *impérialiste* de la guerre. Axelrod fait semblant de ne pas l'avoir compris, et de n'avoir pas compris l'appréciation du « mal concret » qui découle de ce fait : le mal concret, c'est la domination bourgeoise dans tous les pays et *il est temps* de commencer l'action révolutionnaire conduisant à la « révolution sociale ». Les « passifs », ce sont les social-chauvins qui le nient.

2° « On ne peut pas ignorer la question des responsabilités véritables de celui qui a commencé la guerre, mettant ainsi tous les pays assaillis dans la nécessité de défendre leur indépendance. »

Et nous trouvons à la même page l'aveu que les impérialistes français comptaient provoquer la guerre dans deux ou trois ans ! Dans cet intervalle, voyez-vous, le prolétariat et les chances de paix se fussent affermis !...

Mais nous savons que, dans cet intervalle, l'opportunisme cher à Axelrod se fût affermi et, avec lui, les chances d'une trahison plus vile encore du socialisme. Nous savons que, durant des dizaines d'années, trois des brigands en cause (bourgeoisies et gouvernements d'Angleterre, de Russie, de France) s'armèrent pour piller l'Allemagne. Est-il étonnant que les deux autres brigands aient frappé les premiers avant que ces trois-là aient reçu les couteaux neufs dont ils avaient passé commande ? N'est-ce pas se livrer aux sophismes que d'effacer, à l'aide de phrases sur les agresseurs, la culpabilité égale de la bourgeoisie de tous les pays, reconnue indiscutablement, unanimement, à Bâle par tous les socialistes ?

3° « Reprocher aux socialistes belges la défense de leur pays, ce n'est pas du marxisme, c'est du cynisme. » Marx qualifia de cynique l'attitude de Proudhon envers l'insurrection polonaise (1863). Du caractère historique avancé de l'insurrection polonaise contre le tsarisme, Marx parla sans cesse à partir de 1848. Personne n'a osé mettre en doute cette appréciation. La situation concrète était caractérisée par l'état indécis de la question nationale dans l'est de l'Europe, en d'autres termes par le caractère bourgeois, démocratique et non impérialiste, de la guerre faite au tsarisme. C'est élémentaire.

Le « pays » belge, dans la guerre actuelle, si l'on considère la révolution socialiste avec négligence et dérision — comme le font les Axelrod — ne peut être secouru qu'en aidant le tsarisme à étouffer l'Ukraine. C'est un fait. Nier l'évidence, pour le socialisme russe, c'est cynique. Crier à la Belgique envahie et se taire sur la Galicie, c'est cynique.

Que devaient donc faire les socialistes belges ? S'ils ne pouvaient faire la révolution sociale avec les Français, etc..., ils devaient se soumettre à la majorité de la nation au moment donné et aller à la guerre. Mais, se soumettant à la volonté de la classe esclavagiste, ils devaient rejeter sur elle toutes les responsabilités, ne pas voter les crédits, ne pas charger Vandervelde de voyages ministériels parmi les exploiteurs ; ils devaient faire de lui un organisateur (avec les social-démocrates révolutionnaires de *tous* les pays) de la propagande révolutionnaire illégale, de la « révolution socialiste » et de la guerre civile. Il fallait faire ce travail dans l'armée aussi (l'expérience a montré que la fraternisation des soldats ouvriers dans les tranchées est même possible). Bavarder sur la dialectique et le marxisme et ne pas savoir accorder la soumission nécessaire (si elle l'est temporairement) à la majorité avec le travail révolutionnaire dans n'importe quelles conditions, c'est se

moquer des ouvriers, se moquer du socialisme. « Citoyens belges !
une terrible calamité s'abat sur notre pays, provoquée par la bourgeoisie de tous les pays, la nôtre y comprise. Vous ne voulez pas
renverser cette bourgeoisie, vous n'avez pas foi en l'appel aux socialistes allemands. Nous sommes en minorité, je m'incline et je
vais à la guerre, mais, à la guerre, je ferai ma propagande, je prépa-
rerai la guerre civile des prolétaires de tous les pays, car il n'y a
pas de salut en dehors d'elle pour les ouvriers et les paysans de
Belgique et des autres pays ! » Après avoir prononcé un discours
de ce genre, le député français ou belge — ou autre — se trouverait en prison au lieu d'occuper un fauteuil ministériel, mais il
serait un socialiste et non un traître ; les ouvriers français et allemands, dans leurs tranchées, parleraient de lui comme d'un de
leurs chefs et non comme d'un traître à la cause ouvrière.

4. « Tant qu'il y a des patries, tant que la vie et le mouvement
du prolétariat seront encadrés comme aujourd'hui dans des patries,
tant que le prolétariat n'aura pas en dehors d'elles, indépendamment, un sol à lui, un sol international, la question du patriotisme
et de la défense nationale se posera pour la classe ouvrière. » Les
patries bourgeoises dureront tant que ne les détruira pas la révolution internationale du prolétariat. Le terrain de cette révolution
est déjà prêt, comme l'admettait Kautsky en 1909, comme l'ont
unanimement reconnu les socialistes à Bâle et comme le démontre
maintenant la profonde sympathie des ouvriers de tous les pays
pour ceux qui ne votent pas les crédits de guerre, ne craignent pas
la prison, ne craignent pas les sacrifices nécessités, en vertu de
« causes historiques », par toute révolution. La phrase d'Axelrod
n'est qu'une façon d'éluder l'activité révolutionnaire et ne fait que
répéter les arguments de la bourgeoisie chauvine.

5. Il faut en penser tout autant des paroles d'Axelrod lorsqu'il
dit que la conduite des social-démocrates allemands ne fut pas une
trahison, ayant été motivée par le « vif sentiment, la conscience
d'un lien organique avec le sol, la patrie, où vit et travaille le prolétariat allemand ». En fait, l'attitude des Allemands, comme celle
de Guesde, etc., est une trahison indéniable ; il est indigne de l'atténuer et de la défendre. En fait, les patries bourgeoises ruinent, dé-
forment, brisent, mutilent le « lien vivant » de l'ouvrier allemand
avec la terre allemande, créant le « lien » de l'esclave avec son
maître. En fait, seule la destruction des patries bourgeoises pourra
donner aux ouvriers de tous les pays le « lien avec la terre », la
liberté de parler la langue maternelle ; seule, elle lui donnera son
morceau de pain et les bienfaits de la culture. Axelrod n'est qu'un
apologiste de la bourgeoisie.

6. Prêcher aux ouvriers « de la circonspection quand il s'agit
d'accuser d'opportunisme des marxistes aussi éprouvés que
Guesde », etc., c'est prêcher aux ouvriers la servilité devant les
chefs. — Inspirez-vous de l'exemple de la vie entière de Guesde,

dirons-nous aux ouvriers, exception faite de sa trahison manifeste
du socialisme en 1914. Peut-être est-il des circonstances personnelles ou autres qui atténuent sa faute, mais il ne s'agit pas de
culpabilité personnelle; il s'agit du sens des événements pour le
socialisme.

7. Considérer comme « admissible la collaboration ministérielle
des socialistes », car il y a un paragraphe de résolution prévoyant
des « circonstances d'une importance exceptionnelle », c'est pratiquer des finasseries avocassières fort malhonnêtes; car le paragraphe en question vise évidemment l'occasion de *concourir* à la
révolution internationale du prolétariat et non de l'entraver.

La déclaration d'Axelrod : « une défaite de la Russie qui ne
léserait pas le développement organique du pays faciliterait la liquidation de l'ancien régime », est juste en elle-même, prise isolément,
mais comme elle suit une tentative pour justifier les chauvins allemands, elle n'a d'autre objet que d'*être agréable* aux Südekum.
Reconnaître l'utilité d'une défaite de la Russie, sans accuser de
trahison les social-démocrates allemands et autrichiens, c'est, en
fait, faciliter leur défense, leur dérobade; c'est les aider à duper
les ouvriers. Avec cet article, Axelrod exécute deux révérences, à
droite et à gauche : l'une adressée aux social-chauvins allemands,
l'autre aux social-chauvins français; prises ensemble, ces révérences nous offrent l'image modèle du social-chauvinisme « russe-
bundiste ».

Le lecteur appréciera maintenant lui-même l'esprit de suite de
la rédaction du *Goloss* qui, publiant ces inqualifiables réflexions
d'Axelrod, ne fait de réserves que sur « certaines de ses affirmations » et préconise ensuite dans l'éditorial du numéro 96 une
« rupture brutale avec les éléments actifs du social-patriotisme ».
La rédaction du *Goloss* est-elle si naïve ou si inattentive qu'elle ne
voie pas la vérité? Ne voit-elle pas que les réflexions d'Axelrod sont
d'un bout à l'autre des « éléments de social-patriotisme actif » (car
l'activité d'un *écrivain* est dans ce qu'il écrit)? Et les écrivains de
Nacha Zaria (*Notre Aube*), MM. Tchérévanine, A.-Pv, etc., ne sont-
ils pas des « éléments du social-patriotisme actif » ?

1er février 1915.   N. LÉNINE.

Le cas Weil et la social-démocratie allemande

Weil a été député au Reichstag, où il représentait l'Alsace,
faisant partie du groupe parlementaire social-démocrate. Peu de
temps après la déclaration de guerre, Weil s'est engagé dans l'armée française, en déclarant qu'il se sentait Français comme la majorité des habitants de l'Alsace et que, déposant pour cette raison
son mandat de député au Reichstag, il allait se battre sous les drapeaux français.

Sa déclaration est toute pénétrée de l'esprit du socialisme patriotique qui caractérise à la fois les attitudes de Vaillant et de Sembat, de Frank et de Haase, de Plékhanov et de Kropotkine. « Je suis russe, donc pour la victoire de la Russie » (de fait, pour celle du tsarisme russe) ; « Je suis allemand, donc pour la victoire de Guillaume II » ; « Je suis français, et c'est pourquoi je souhaite la victoire de la bourgeoisie française » : — toute la philosophie des social-patriotes tient dans ces mots. Il semble qu'ils devraient se reconnaître tous, les uns aux autres, les mêmes droits. Si Frank a le droit, étant allemand, de prendre le fusil pour aller exterminer les prolétaires français, Weil a évidemment le même « droit » ; et si Weil se sent « français », il peut très bien prendre le fusil pour massacrer les prolétaires allemands.

Il y a plus. Weil est alsacien et d'origine française. Il est le représentant d'une province que Bismarck annexa, il y a quarante-quatre ans, par la violence et malgré les protestations des socialistes allemands. Il est le représentant d'une province dans laquelle, durant quarante-quatre ans, les *junkers* prussiens ont foulé aux pieds le sentiment national de la population annexée, dans laquelle de nombreux éléments de la population ne peuvent encore se résigner à la domination allemande. Il représente cette Alsace à laquelle les social-démocrates allemands, eux-mêmes, avant de devenir des chauvins, consentaient à rendre l'autonomie complète, en laissant à la population même le soin de décider du pays auquel elle se joindrait. Tout ceci obligeait, semble-t-il du moins, les social-démocrates allemands à une certaine circonspection, à un minimum de correction et de bienveillance démocratique dans les appréciations qu'ils allaient porter sur le cas Weil.

Mais nous sommes loin de compte. Dès que le départ de Weil fut connu en Allemagne, toute la presse bourgeoise entreprit contre l'ancien député au Reichstag une abominable campagne. Et... la social-démocratie allemande s'y joignit. Le Comité central du parti et le groupe parlementaire prononcent « solennellement » l'exclusion de Weil, bien qu'il ait lui-même déclaré rompre avec la social-démocratie allemande. Ce n'est pas tout. Pendant plusieurs semaines, on lance sur les traces de cet homme des pelletées de boue et de pleins seaux d'ordurières invectives. Presque toute la presse social-démocrate d'Allemagne, l'écume à la bouche, si j'ose dire, clame que Weil a trahi la patrie allemande, que, s'il se considérait comme Français, il ne devait pas militer parmi les social-démocrates allemands, et ainsi de suite. Les journaux social-démocrates allemands rivalisent de zèle devant la bourgeoisie pour se faire pardonner ce « scandale inouï ». Les plus tristes ragots de la presse boulevardière sont déterrés. Et Ledebour même, dans le *Vorwaerts*, puisant à des « sources » d'information de cet ordre, prétend sonder les intentions de son ancien collègue et camarade de fraction.

Weil n'est pas de ces personnages que nous ayons à rendre

sympathiques. C'est un révisionniste avéré. Dans la social-démocratie allemande, il siégeait à l'extrême-droite. On le vit, lors de
l'affaire Landsberg, plaider même en faveur de manifestations mo-
narchiques. Mais il n'est pas plus mauvais que Noske, Haase ou
Frank. Quand on lit, dans la presse social-démocrate allemande, les
monstrueuses et malpropres accusations formulées contre lui, on
ne peut s'empêcher de se dire : Quelles écuries d'Augias, Seigneur!
que cette social-démocratie allemande de l'heure présente! Quel
tréfonds d'idées bourgeoises! Et à quel point lui fait défaut la plus
élémentaire honnêteté démocratique! Que de muflerie dans la politique de ses journaux et dans les actes de ses chefs!

Verrons-nous, en Russie, les social-démocrates de la nation
dominatrice traiter de même un socialiste finlandais ou bien polonais qui agirait comme Weil?

1ᵉʳ février 1915.   G. ZINOVIEV.

Les étudiants à genoux

L'intoxication politique des « pères » s'est communiquée aux
« enfants ». Une partie des étudiants russes se sont mis à genoux,
dans un accès de patriotisme, devant le trône de Nicolas Romanov.
Appelés à se rendre sous les drapeaux (pour compléter le cadre des
officiers), les étudiants ont répondu dans presque toutes les villes
universitaires par des manifestations. Ils ont poussé des *honrrahs*
et écouté les discours patriotiques des gouverneurs (préfets); ils
ont adressé au tsar et au généralissime des messages télégra-
phiques, ils ont défilé dans les rues avec des portraits du tsar; ils
ont chanté, agenouillés, l'hymne *Dieu sauve le tsar.*

Cette partie patriote du monde universitaire reflète l'état d'esprit actuel de toute la bourgeoisie russe, de tout le libéralisme
russe. Si le libéralisme russe n'était pas complètement pourri, si les
aspirations libératrices vivaient encore en lui si peu que ce soit, il
profiterait de la première possibilité offerte d'introduire, en qualité
d'officiers, dans l'antique citadelle de la noblesse ultra-réactionnaire, un nombre considérable de représentants des professions
libérales. Mais avec leur mentalité actuelle, les libéraux ne peuvent
qu'enseigner à leurs fils l'hymne des cent-noirs et apporter leurs
hommages patriotiques aux antichambres des tout-puissants gouverneurs.

Les étudiants honnêtes, les ouvriers avancés et toute la démocratie, flétriront comme il convient les rejetons des Menchikov et
des Milioukov prosternés devant Nicolas le sanglant. La jeunesse
pensante répondra avec indignation aux chauvins de tout acabit et
de toute marque, même lorsque le chauvinisme se recommandera
de « noms autorisés » du socialisme. Des cas de ce genre se sont
produits. Le professeur Grimm, constitutionnel-démocrate, parlant
à l'université de Pétersbourg (« Pétrograd »), a convié les étudiants

à saccager la Galicie, leur faisant valoir que le « patriotisme » est maintenant défendu par des hommes tels que Guesde et Vandervelde, Bourtsev et Kropotkine (M. le k. d. n'a pas mentionné Plékhanov, par simple oubli). L'autorité des Plékhanov, des Kropotkine et d'autres social-patriotes est maintenant au service des cent-noirs et du libéralisme nationaliste...

Les étudiants sont à genoux... Quand la classe ouvrière se redressera, quand elle réveillera la classe paysanne, quand se lèvera de nouveau dans notre pays la vivifiante tempête, un souffle relèvera aussi ceux d'entre les étudiants bourgeois qui sont encore bons à quelque chose de plus qu'à des beuglements patriotiques.

1ᵉʳ février 1915.   G. ZINOVIEV.

Encore une orientation de Martov

Martov vient de décrire sur lui-même un demi-tour de 90 degrés attesté par son article *Sur ma prétendue solitude* du numéro 87 du *Goloss* (*La Voix*). Martov a raison : il n'est décidément plus seul parmi les liquidateurs. Car il s'est joint au chœur des Maslov, des Smirnov, des Lévitsky, des Potressov. Si la montagne ne vient pas à Mahomet, Mahomet ira à la montagne...

Notre critique du manifeste déshonorant des liquidateurs, Martov l'appelle « un modèle de chicanes mesquines ». Et la tendance de ce manifeste est à ses yeux « nettement *antitsariste* » (c'est lui qui souligne). Pour défendre les liquidateurs, Martov veut blanchir ce qui est noir. L'esprit du manifeste des liquidateurs n'est pas antitsariste mais *tsariste profondément*. Les gens qui déclarent que « leur activité en Russie ne s'opposera pas à la guerre » (voir ce document), ces gens ont cessé d'être des social-démocrates et sont devenus des laquais du tsarisme. L'excellente rédaction du *Goloss* semble même l'avoir compris.

« Ne pas s'opposer » à la bande du tsar en guerre avec « l'ennemi extérieur », qu'est-ce à dire? N'est-il pas évident que cela veut dire « ne pas s'opposer à elle » quand elle fait aussi la guerre à l'ennemi « intérieur »? Une chose implique l'autre. La bande du tsar peut-elle, restant elle-même, ne pas coffrer des députés ouvriers et ne pas condamner des ouvriers de Moscou à six ans de bagne pour le seul fait d'appartenir à notre parti? Se lavant les mains comme Ponce-Pilate (« nous ne résistons pas »), affectant une attitude de fausse « neutralité », les liquidateurs trahissent en fait les ouvriers et se rangent du côté des impérialistes tsaristes.

Et c'est ce que Martov appelle une tendance « nettement antitsariste »! Point n'est besoin de s'étonner que les démonstrations d'Axelrod, ressemblant comme deux gouttes d'eau aux démonstrations « patriotiques » de Plékhanov (quoique avec plus de couardise), soient qualifiées par Martov d' « antichauvines ».

Oui, que L. Martov nous excuse de l'avoir supposé capable de

combattre seul le chauvinisme parmi les liquidateurs. — Vous
n'êtes plus seul! Votre intelligence et votre conscience vous ont
commandé de rester à tout prix à la remorque de ceux qui, au
temps présent, « ne résistent pas » à la bande de Nicolas Romanov.

Et la sage rédaction du *Goloss* ne va-t-elle pas deviner maintenant qui rétablit sous sa forme la plus fâcheuse « l'esprit de fraction »? De ceux qui condamnent le social-chauvinisme, où qu'il se
manifeste, ou de ceux qui, pour défendre des hommes de leur cé-
nacle, déclarent antitsariste une tendance tsariste?

Martov fait encore une réserve formelle. Le manifeste, sou-
tient-il, n'est signé que de quelques écrivains et n'a pas reçu de
sanction officielle. Nous le répétons, le manifeste exprime l'opinion
des liquidateurs qui ont créé la tendance en Russie et qui ont, pendant ces dernières années, travaillé parmi les masses de Russie. En
1910, le groupe *Nacha Zaria* (*Notre Aube*) dirigea sa politique contre le parti sans avoir non plus de « sanction officielle ». Au début,
Martov ne fut pas « tout à fait » d'accord, cette fois encore. De
bonnes gens « espérèrent » en lui, etc. Mais ce n'est guère la peine
de rappeler comment s'est terminée toute cette histoire.

1er février 1915.   G. ZINOVIEV.

La guerre et les destinées de notre émancipation

> « ...Tout Russe devenu chauvin s'inclinera
> tôt ou tard devant le tsarisme. »
>
> Frédéric ENGELS.

Frédéric Engels se plaignait, en 1891, de ce que « prédominât
souvent, même parmi les révolutionnaires russes, une grande ignorance de *l'autre aspect* de l'histoire russe », c'est-à-dire de la politique étrangère du tsarisme. Engels expliquait psychologiquement
ce fait en disant que, révolutionnaires russes, nous haïssions et
méprisions à ce point le tsarisme que nous commencions à le croire
tout à fait incapable, de par sa médiocrité et sa corruption, de faire
quoi que ce fût de raisonnable.

Rien ne serait plus fatal à notre mouvement que de mériter
aujourd'hui un semblable reproche.

« La politique extérieure, écrivait Engels, est indiscutablement
le côté par lequel le tsarisme est fort, très fort. La diplomatie
russe (... « une bande de coquins aussi peu scrupuleux que ma-
lins ») constitue une sorte d'ordre de jésuites modernes. Et cet ordre est assez fort pour, en cas de nécessité, faire violence aux ca-
prices du tsar et prévenir toute désagrégation à l'intérieur du
pays ».

Nous voyons maintenant de nos yeux cette « force, cette très
grande force du tsarisme », cette politique extérieure dont Engels
expliquait le succès par une situation géographique extrêmement
favorable, par les richesses naturelles du pays, etc. Ne nous leur-

rons pas. Dans la préparation de la guerre actuelle, dans le groupement de puissances qui a surgi, si conforme aux désirs du tsarisme, le mérite revient, pour une bonne part, à cet « ordre de jésuites » qui s'appelle la diplomatie russe. Le tsarisme joue une fort grosse partie: malheur à notre pays s'il la gagne! Sans aucun doute, si quelque chose peut retarder la chute de l'autocratie, c'est bien la guerre actuelle.

En Turquie, la politique *intérieure* d'Abdul-Hamid a causé l'absolue impuissance du pays dans les affaires *extérieures*, la Turquie étant réduite à se vendre par morceaux et en détail aux puissances étrangères; en Russie, les succès considérables qu'a remportés *au dehors* « l'ordre des jésuites » peuvent consolider pour de longues années cette politique intérieure de Nicolas Romanov dont notre pays a tant souffert.

Le régime du 3 juin, s'il est couronné par une victoire à l'extérieur, deviendra cent fois plus fort dans sa lutte contre la démocratie russe. Ce qu'on peut se représenter de plus dangereux pour le progrès d'un peuple, c'est une grande victoire extérieure du gouvernement réactionnaire qui le dirige et qui l'opprime. Un nouvel afflux de sang dans l'organisme sénile donnera à la main déjà raidie du tsarisme la force de serrer encore les doigts qui étranglent la Russie.

Jamais les rapports de la politique extérieure de la Russie avec les destinées de sa vie extérieure, avec celles de sa libération, celles de sa naissance à une vie nouvelle, n'ont été aussi évidents qu'aujourd'hui. Cinq années, de 1903 à 1908, depuis la préparation immédiate de la guerre russo-japonaise jusqu'à l'annexion de la Bosnie-Herzégovine, ont marqué le crépuscule de la politique extérieure du tsarisme; ce furent des années de défaite et d'humiliation pour « l'ordre des jésuites » en Russie. Nous nous sommes trop habitués, durant ces années, à penser que le tsarisme était devenu absolument incapable en matière de politique étrangère; nous nous sommes exagéré l'importance de ses défaites extérieures, bien que constatant, *de visu*, qu'il trouvait à l'étranger malgré tout, en 1905-1906, son arme principale pour réprimer la révolution (les emprunts français, l'appui de l'Allemagne, etc.). Mais il est aujourd'hui tout à fait clair que, de 1905 à 1914, le tsarisme s'est infassablement préparé à une revanche dans sa politique extérieure et que la lutte se déroule maintenant pour réaliser les bénéfices de ce travail préparatoire.

La poussée de chauvinisme qui a eu de si désastreuses conséquences pour toute l'Internationale, ne nous a pas épargnés, nous, socialistes russes. Nous avons payé à ce mouvement un fort tribut, quand ce ne serait qu'en la personne de Plékhanov. Nous en sommes arrivés à voir des socialistes russes offrir un armistice à l'autocratie et à nous entendre dire : « Nous consentons à subir, pendant quelques années encore, l'autocratie, pourvu que notre armée inflige une défaite au militarisme prussien ». Cela au moment où nos députés ouvriers sont emprisonnés, où nos camarades prolétaires de Moscou sont condamnés à six ans de travaux forcés pour le fait d'appartenir à notre parti!

— Nous sommes russes, et c'est pourquoi nous souhaitons la victoire de la Russie, nous dit-on. Comme si la victoire de « l'ordre russe des jésuites » devait être en réalité celle de la Russie, c'est-à-dire des ouvriers et des paysans, du peuple russe! Comme si le peuple russe avait besoin de l'annexion de la Galicie, de la conquête de Constantinople et des détroits, de l'annexion de la Perse! Nous en sommes arrivés là! Quand on parle de la victoire de la Russie, on oublie que ce serait, en premier lieu, celle du tsarisme russe.

— « Nous sommes russes, et c'est pourquoi nous sommes pour la défaite du tsarisme russe », voilà une formule qui nous convient beaucoup mieux, à nous, socialistes russes, s'il faut argumenter en commençant par nous reconnaître « russes ».

— Mais la victoire de la « Russie » aura pour conséquence un développement renforcé du capitalisme et, partant, du mouvement ouvrier. Il s'ensuit que, « marxistes, nous devons... », etc., etc... N'avilissez pas le grand enseignement marxiste, messieurs! Vous approuvez la pire caricature du marxisme, pire que toutes celles qu'en ont jamais faites ses ennemis. « *Puisque* le développement du capitalisme est un progrès, ouvrons des cabarets, installons le capitalisme, allons à son école, appuyons l'altesse impériale, le généralissime commandant en chef les armées qui frayent des voies au capitalisme de notre patrie... » S'il faut se placer à ce point de vue, Sudekum a raison et, en tout cas, n'a pas moins raison que nous. Car son capitalisme allemand n'est pas pire et est, à plusieurs égards, meilleur, plus puissant, plus avancé que le capitalisme russe. — La mission de la social-démocratie, c'est l'organisation de la classe ouvrière qui se développe sur les bases du capitalisme, pour la lutte contre la société capitaliste. Avons-nous si profondément oublié tout ce que nous devrions savoir, n'avons-nous rien appris, rien à ce point qu'il faille encore démontrer que le socialisme et l'impérialisme ne sont pas la même chose?

— Soit. Mais la défaite des armes russes pèsera sur le peuple russe. Peut-être des ouvriers et des paysans russes auront-ils à payer une contribution de guerre? Ce sont les pauvres qui seront ruinés. Et les soldats morts par milliers et par milliers sont aussi des ouvriers et des paysans... — C'est juste, répondons-nous. Mais la victoire de la Russie, c'est-à-dire du tsarisme russe, ne serait-elle pas payée par les mêmes pauvres? Ne coûterait-elle pas le même nombre de morts? Et pouvons-nous, social-démocrates internationaux, souhaiter que ce ne soit pas nous, mais les ouvriers et les paysans autrichiens et allemands, que ruine la « Russie »? Les sacrifices, les sacrifices formidables, innombrables, sont certains de toutes parts. La seule différence, c'est que, en cas de victoire de la « Russie », la situation intérieure de la Russie véritable deviendra plus navrante, plus difficile encore.

— Oui, mais, alors, vous vous solidarisez tout bonnement avec les *junkers* prussiens et la monarchie autrichienne? Vous faites la guerre à l'autocratie russe tout comme Sudekum et ses amis. Vous faites appel contre nous à des mots d'ordre dans lesquels le point de vue de la lutte des classes s'efface! — Ce n'est pas vrai. Ce serait vrai si nous pensions, avec Kautsky et Plékhanov, que tout ouvrier doit « défendre sa patrie » et reconnaître à tout autre le droit de défendre la sienne, et que la question est ainsi résolue. Ce serait vrai si nous ne flétrissions pas, comme une trahison du socialisme, cette comédie de « lutte contre le tsarisme » que nous jouent les social-démocrates autrichiens et allemands. Ce serait vrai si nous n'exigions pas de tous les partis socialistes qu'ils se soulèvent contre les gouvernements de leurs pays, si nous ne proclamions pas le mot d'ordre de « transformation de la guerre impérialiste en guerre civile » pour tous les pays où existe un mouvement ouvrier tant soit peu développé. Quand notre... zélé Parvus s'exclame : « Il ne peut y avoir pour nous qu'un mot d'ordre : « guerre au tsarisme », il ne s'adresse pas seulement aux partis socialistes d'Allemagne et d'Autriche-Hongrie, qui ont à défendre leurs patries « contre les armées du tsar », il s'adresse à tous les partis socialistes. (Voir son appel : *La Guerre au Tsarisme! —* Constantinople, 1914.)

Nous répondons :

— Non, notre mot d'ordre ne peut pas être « seulement » celui de la guerre au tsarisme! Et votre phrase sur la défense nationale est tout aussi mensongère que celle de Sudekum. *Contre le tsarisme*, oui! Mais pas *seulement* contre le tsarisme! Contre le *kaiserisme* aussi! Et, mieux, contre l'impérialisme allemand, anglais, français, belge! Nous résistons à une guerre typiquement impérialiste; à la guerre qui marque le commencement de la fin du capitalisme. Nous travaillons au renversement de l'autocratie russe qui déshonore l'humanité. Mais nous vous convions, camarades ouvriers allemands, français et anglais, à combattre avec nous cet impérialisme de chez vous qui jette sous le feu meurtrier du canon des millions d'hommes. Contre le tsarisme et contre l'impérialisme bourgeois! — telle est notre devise. Préparons-nous à transformer les guerres impérialistes en guerres civiles. La social-démocratie allemande — et française — est, en ce moment, sourde à nos appels. Nous ne pouvons cependant point trahir pour cette raison que Haase et Noske, ou Jules Guesde et Plékhanov, ont trahi. Nous sommes fermement convaincus que notre appel trouvera, tôt ou tard, un écho enthousiaste chez les travailleurs de tous les pays. Nous nous battons sur deux fronts. Contre Plékhanov et Guesde, contre Parvus et Sudekum.

— Bien, nous réplique-t-on. Mais vous vous trompez dans vos calculs. Si la « Russie » est défaite, l'Allemagne n'y tolérera pas de révolution et viendra à la rescousse du tsarisme.

— Peut-être bien, répondrons-nous. Une étroite alliance de la Russie et de l'Allemagne est, dans un cas comme dans l'autre, très probable. Nous ne croyons pas que le tsarisme, vaincu par les armes, n'ait aucun secours à attendre de l'étranger contre la révolution. Une révolution démocratique, en Russie, menacerait beaucoup trop la toute-puissante ploutocratie européenne pour que celle-ci ne vienne pas en aide au tsarisme à la minute fatale. Mais, à toutes conditions égales, notre situation, qui est celle de la vraie Russie, ou autrement dit, les chances de la révolution seront de beaucoup supérieures, après la défaite militaire du tsarisme, à ce qu'elles pourraient être après sa victoire. Et, en tout cas, nous ne pouvons oublier que la victoire de la « Russie » aurait pour conséquence immédiate une aggravation terrible de la situation de plusieurs millions d'habitants de la Galicie, que cette victoire serait une solution pour Pourichkévitch : ce serait, le knout et la potence aidant, la solution de la question nationale en Russie, question qui intéresse des millions et des millions d'Ukrainiens, de Polonais, de Juifs, etc.

On peut envisager trois hypothèses :

1° La Russie remporte la victoire. L'autocratie obtient la Galicie et, d'une manière ou d'une autre, Constantinople et les Dardanelles. La France dépend encore plus étroitement du tsarisme. L'étoile de notre « ordre de jésuites » brille de son plus bel éclat. Le militarisme russe prend des proportions que l'Allemagne n'avait jamais rêvées. La Russie du tsar, avec ses 200 millions d'habitants, peut fournir, comme chair à canon, des millions et des millions d'ouvriers et de paysans. La pluie d'or des contributions de guerre échoit en bonne part à la bourgeoisie russe, définitivement attachée au char du tsarisme. L'Ukraine est étouffée. La Finlande, qui avait obtenu un sursis, est exécutée. La question agraire, selon l'esprit de Stolypine, reçoit sa solution par l'égorgement d'une partie de la population paysanne : un million ou deux de paysans, des plus jeunes et des plus actifs, sont massacrés pour la gloire de la Russie. L'ordre russe des « jésuites » exerce une dictature internationale. Tout fléchit devant lui. Il suffit au tsarisme de vouloir pour que tout mouvement émancipateur, dans n'importe quel pays, soit étouffé. La réaction européenne fait reculer pour des dizaines d'années le mouvement ouvrier mondial, et, tout d'abord, le mouvement ouvrier russe. Le socialisme se heurte à de nouveaux obstacles, presque insurmontables.

2° La Russie ne remporte pas de victoire décisive, mais conclut, en temps opportun, sa paix avec l'Allemagne. Cela peut se produire, par exemple, après la prise de Varsovie par les Prussiens; alors, la diplomatie allemande trouvera le moment favorable pour une paix séparée avec la Russie. Il se peut que, se conformant au « glorieux enseignement des aïeux », la Russie tsariste trahisse, ainsi ou autrement, la Serbie, et la vende en quelque sorte, en échange de la Galicie. Il se peut qu'alliée à l'Allemagne, elle laisse à celle-ci toute liberté de se battre avec l'Angleterre, comptant voir l'un et l'autre pays s'affaiblir et espérant en profiter pour marcher sur Constantinople. Résultat : durant un certain temps, nous aurons une sainte alliance russo-prussienne. La Russie obtient un nouveau sursis pour remplir la « mission historique léguée par les ancêtres », c'est-à-dire pour s'emparer de Constantinople. Même sursis dans la guerre de la Russie officielle contre la Russie véritable. Les « Turcs de l'intérieur » restent maîtres de la situation.

3° Le tsarisme subit une défaite militaire. Quelles que soient les combinaisons internationales, l'indignation populaire allume dans le pays un vaste incendie. Le tsarisme tombe. La domination de « l'ordre des jésuites » est brisée. La Russie démocratique prend en mains les destinées de sa politique extérieure. L'alliance franco-russe, telle qu'elle se définit actuellement, réactionnaire et chauvine, n'a plus la moindre raison d'être. L'alliance « de la France et de la Russie » fait place à l'alliance des démocraties française et russe. L'initiative de l'action passe, dans une certaine mesure, au prolétariat russe, comme nous l'avons vu en 1905. De Russie, la révolution démocratique gagne d'autres pays et devient le prologue de la révolution sociale en Europe occidentale. De même que la révolution française a déclaré la guerre aux rois, nous déclarons la guerre au capital. Le prolétariat américain se joint au prolétariat européen. Le glas de nos oppresseurs a sonné...

Dans les trois hypothèses, nous voyons tomber nos frères par millions, les sacrifices des travailleurs sont innombrables, les souffrances incommensurables. Mais c'est seulement dans la troisième hypothèse que tant de sacrifices ne nous apparaissent pas vains. Quel révolutionnaire russe, quel socialiste, quel démocrate pourrait hésiter à choisir ?

Pour nous, social-démocrates révolutionnaires, une question domine ces trois hypothèses. Les forbans internationaux qui ont déchaîné le cataclysme s'en tireront-ils indemnes ? Les prolétaires de quelques pays ne réussiront-ils pas, indépendamment du cours des opérations militaires, à ouvrir l'ère de la guerre civile ? Leur protestation ne gagnera-t-elle pas d'autres pays ? Ne verrons-nous pas, dès maintenant, le mouvement prolétarien déjouer d'un seul coup tous les desseins impérialistes ? Notre tâche principale est de travailler, dès aujourd'hui, inlassablement, à ce qu'il en soit ainsi, à ce que la première guerre impérialiste devienne au plus tôt le commencement de la guerre civile.

Mais nous ne pouvons ignorer que l'issue des opérations militaires peut, ne serait-ce qu'en Russie, faciliter ou entraver notre action émancipatrice. Et nous disons :

— Nous sommes partisans de la défaite de la « Russie », car cette défaite facilitera la victoire de la Russie véritable, l'émancipation du pays, la rupture des chaînes du tsarisme. Y a-t-il, dans l'histoire de l'Europe contemporaine, des exemples d'une victoire extérieure d'un gouvernement réactionnaire qui ait amené la liberté démocratique à l'intérieur? Le contraire s'impose comme loi générale. Rappelons-nous la guerre de 1870-1871 : la victoire de la Prusse créa le régime des lois antisocialistes en Allemagne, et ce régime dura onze ans.

Guillaume Liebknecht n'avait-il pas raison d'écrire pendant la guerre franco-allemande : « A-t-on jamais entendu qu'un gouvernement despotique soit devenu libéral après des victoires militaires? Cela arrive parfois, pour peu de temps, à des gouvernements vaincus. On l'a vu pour la Prusse en 1806 et pour l'Autriche en 1866 ».

Ce que ferait l'autocratie russe pour exploiter, dans son pays, la victoire extérieure, nous pouvons le deviner dès à présent, alors que cette autocratie n'occupe encore qu'une partie de la Galicie : des députés ouvriers ont été arrêtés. C'est peu de chose en comparaison de ce que produirait la victoire militaire dans la politique intérieure. Le *Novoïé Vrémia* dit fort bien que la victoire militaire « pourra seule en finir à jamais avec la révolution ».

Quand on nous affirme que ce n'est pas le moment de combattre l'autocratie, l'ennemi étant à nos portes, nous nous souvenons de ce boyard du temps d'Ivan le Terrible, qui répondait à de semblables reproches, avec cette magnifique simplicité :

« Allemands, Polonais, Tartares, que sont-ils comparés au tsar?

« Que sont la faim et l'angoisse, si le tsar lui-même est un fauve? »

Voici trois siècles que la féroce dynastie des Romanov déchire notre peuple. Les meilleurs hommes de notre pays ont dû, à cause de ces carnassiers, déclarer qu'ils avaient honte d'être Russes. Et c'est à l'heure où le fauve se ramasse sur lui-même, pour bondir et planter ses crocs dans la chair de peuples autres que le sien, c'est à cette heure que nous, révolutionnaires russes, ennemis nés de ce fauve, nous, dont des générations entières sont tombées en le combattant, nous nous dirions : « N'y touchons pas, ce fauve est de chez nous, il est *russe!* »

Les socialistes russes, tombés dans le chauvinisme, n'ont tendu au tsarisme qu'un doigt. Puisse le tsarisme ne pas leur prendre toute la main. Souhaitons-leur de ne pas confirmer la prédiction de notre maître Frédéric Engels : « Tout Russe devenu chauvin s'inclinera tôt ou tard devant le tsarisme, comme nous l'a montré l'exemple de Léon Tikhomirov ».

Guerre à l'autocratie russe, guerre sans trêve ni merci, guerre

à outrance! — Tirer avantage des difficultés extérieures du tsarisme russe n'est pas seulement notre droit, c'est notre devoir. Car
lui, tsarisme, profiterait bien davantage de la victoire militaire
pour sceller sur la Russie entière la porte du cachot.

12 février 1915.   G. ZINOVIEV.

Les maraudeurs

Il ne s'agit pas de ces maraudeurs qui, lorsque la canonnade
a cessé, rôdent par les champs de bataille et dépouillent de ses
bottes le soldat mort. Il s'agit d'une autre race de maraudeurs :
de ceux qui sévissent en littérature.

On a vu, ces temps derniers, surgir pas mal de bandits des
lettres, disposés à démontrer que le krach actuel de l'opportunisme
socialiste allemand est en réalité celui de Marx et d'Engels, celui
du socialisme scientifique. À cette fin, ils ont cherché à « prouver »
que Marx et Engels étaient des chauvins.

C'est ainsi que M. Pierre Struhve « prouve », dans le *Messager
de la Bourse de Pétrograd*, organe du libéralisme national russe,
que Marx a toujours été l'ennemi des Slaves et que les Sudekum
actuels ne font que se conformer à ses dernières volontés. C'est
ainsi que le petit journal des socialistes révolutionnaires de Paris,
la Pensée (Mysl), est tombé au rang d'une feuille de bourse, en publiant divers articles d'un M. I. Gardénine, lequel écorne sans scrupule les cartes, — sans scrupule et d'ailleurs sans grande habileté
— en cherchant à nous « prouver » la même chose.

Rien ne saurait être plus agréable aux social-chauvins allemands qui, pour tromper les ouvriers, leur expliquent qu'ils se
conforment à l'enseignement de Marx. Et les augures mêmes de
la grande presse européenne (voir la *Frankfurter Zeitung*) ne
trouvent pas inutile de lancer dans le grand public la même version : Marx et Engels fournissent ainsi du renfort à Sudekum et
à Scheidemann.

Il n'est donc pas inopportun d'examiner les arguments de ces
maraudeurs littéraires. Pour considérer la variété russe de l'espèce,
arrêtons-nous aux articles de M. I. Gardénine (*La Pensée*, numéros
13, 16 et 50).

Il est question de l'attitude de Marx et d'Engels pendant la
guerre de 1870-1871. M. Gardénine formule en six points son acte
d'accusation contre les fondateurs du socialisme scientifique. Ces
six points, les voici : 1° ils considéraient (Marx et Engels), en dépit
des faits, la France comme responsable de la guerre et comme y
jouant le rôle d'agresseur; 2° ils souhaitaient la victoire de l'Allemagne; 3° ils justifiaient volontiers ce vœu par des arguments
théoriques, du point de vue du prolétariat; 4° au cours des événements ultérieurs, ils s'intéressèrent fort peu à la république française, qu'ils ne prenaient pas au sérieux et qu'ils traitaient en « canaille »; 5° leur opposition à l'annexion de l'Alsace et Lorraine fut

dans une large mesure platonique et tranquille, et ne fut jamais acharnée; 6° enfin, ils eurent à l'égard des projets de proclamation d'une Commune à Paris, c'est-à-dire à l'égard des méthodes d'action révolutionnaire, une attitude tout à fait négative, — tant que ces projets ne furent pas réalisés. Conclusion de M. Gardénine: « Le péché originel n'est pas chez eux (chez les Sudekum), il faut le rechercher chez leurs ascendants intellectuels (chez Marx et Engels) ».

Marx considérait la guerre de 1870-1871 comme une des dernières — ou comme la dernière — grande guerre *nationale* de l'Europe. Cette guerre, écrivait-il à Engels, le 8 août 1870, « amène enfin la réalisation des objectifs nationaux de 1848 ». Cette opinion de Marx était-elle, oui ou non, justifiée?

Tout socialiste convient évidemment que Marx avait raison, que la guerre de 1870-1871 fermait en réalité l'ère de l'affermissement national des grands Etats européens, qu'elle unifiait l'Allemagne, remplissant ainsi une grande mission historique et réalisant un progrès. La guerre de 1870-1871 se distingue ainsi essentiellement de la guerre typiquement impérialiste de 1914. La guerre de 1870-1871 terminait la première étape du développement capitaliste de l'Europe. La guerre de 1914 commence l'achèvement de sa dernière étape. 1870-1871 était la fin du commencement. 1914 est le commencement de la fin. Car l'impérialisme, dans ses proportions actuelles, est la dernière étape du capitalisme qui, à l'étroit dans les cadres nationaux, fait de suprêmes efforts pour s'adapter à un développement de la production conduisant inéluctablement à la révolution socialiste.

Telle est la « minime » différence entre les guerres de 1870 et de 1914. L'attitude des socialistes envers ces deux guerres ne peut évidemment pas être identique. Les socialistes sont seulement tenus de rester maintenant des socialistes, comme ils le restèrent il y a 44 ans.

Marx et Engels, examinant la situation du point de vue du prolétariat international, disaient : la défaite de la France dans la guerre franco-allemande de 1870-1871 serait conforme aux intérêts du prolétariat de tous les pays. Pourquoi? 1° Parce qu'elle entraînerait la chute de Louis-Napoléon dont le régime étouffait la France et constituait un rempart pour la réaction européenne; 2° parce que, même si une révolution ne se produisait pas en Allemagne et n'unifiait pas l'Allemagne par en-bas, l'unification de l'Allemagne s'accomplirait alors par en-haut, fût-ce, comme le voulait Bismarck, en créant une nouvelle base très large au mouvement ouvrier allemand et en donnant par là même une impulsion nouvelle à la croissance du socialisme dans tous les pays.

Marx et Engels avaient-ils raison?

Oui.

On pouvait alors discuter avec eux sur le fond même de la

question; on pouvait trouver fausse toute leur appréciation du groupement des puissances. On pouvait juger la situation tout autrement. Mais pouvait-on leur reprocher d'être chauvins parce qu'ils souhaitaient la défaite de la France? Non, certes. Pendant la guerre russo-japonaise, toute l'Internationale souhaitait la défaite de la Russie, pensant qu'elle serait conforme aux intérêts du prolétariat mondial. Les socialistes de partout étaient-ils alors coupables de chauvinisme nippon?

Marx et Engels « considéraient la France comme l'agresseur ». M. Gardénine, en le disant, nous révèle les abîmes de sa stupidité personnelle.

Que reproche-t-il à Marx et à Engels? De n'avoir pas vu pendant les événements mêmes que, du point de vue de l'histoire diplomatique, la Prusse était l'agresseur quoiqu'on sache que le Bonaparte n'était pas moins provocant que Bismarck? Certes, Bismarck réussit à tromper, avec tous les hommes politiques bourgeois, les socialistes, et même dans une certaine mesure Bebel et Liebknecht. Marx et Engels considérèrent à ce moment Bonaparte comme l'agresseur. Mais M. Gardénine s'intéresse-t-il à la question diplomatique ou à quelque chose de plus important? Trente ans après la guerre franco-allemande, Jaurès en écrivait l'histoire et hésitait à dire lequel des belligérants était le plus coupable, lequel avait été le plus provocant au dernier moment. Après la victoire de la Prusse sur l'Autriche (1866), quand Napoléon III vit Bismarck oublier les promesses de compensations faites à l'Empire français, le bonapartisme devait chercher à prendre sa revanche pour Sadowa. Après le conflit luxembourgeois, dans lequel Napoléon ne reçut rien non plus, ses tendances belliqueuses devaient s'accroître. Napoléon III ne pouvait tenir en France que grâce à des succès de politique extérieure. En 1868-1869, ses insuccès dans ce domaine déterminent un commencement de dissolution du bonapartisme même. Celui-ci doit jouer son va-tout. Le sol se dérobe sous ses pieds, il devient nerveux, il tombe dans le piège de Bismarck. Il pousse à fond un conflit fortuit au sujet de la vacance du trône d'Espagne, et, *le premier*, déclare la guerre à la Prusse.

Dans une œuvre inachevée, *Violence et Economie* (*Neue Zeit*, 1895-96), Engels, décrivant ces événements, reconnaît que Bismarck avait réussi à tendre un piège à Bonaparte et que, du point de vue de l'histoire diplomatique, l'erreur concernant l'agression directe s'expliquait ainsi. Il l'explique encore en montrant que toute la situation *obligeait* aussi Napoléon à vouloir la guerre. Notamment, parce qu'il espérait le concours de l'Autriche, désireuse de prendre une revanche, pour la guerre de 1866; du Danemark, revanche pour le Schleswig-Holstein, et même de l'Italie!

Mais pour Marx et Engels, comme pour les socialistes matérialistes, le conflit diplomatique précédant la guerre était loin d'être le plus important.

Le long procès historique, commencé au début du XIX° siècle, de l'émancipation de l'Allemagne du morcellement médiéval, de l'oppression et de la stagnation imposées par les rois et les empereurs français jusqu'à Napoléon III, voilà ce qui importait aux yeux de Marx et d'Engels. Mais tout cela n'existe guère pour les Jean Benêts de la sociologie « socialiste-révolutionnaire ».

Au lieu de considérer la guerre objectivement, comme une conséquence du mouvement national bourgeois démocratique, progressiste, du peuple allemand, ces Jean Benêts s'en tiennent à l'argument subjectif : Quel a été le plus malin des adversaires, lequel a devancé l'autre?

Pendant longtemps, Napoléon III opprima, outre la France, toute l'Europe, et empêcha l'unification de l'Allemagne. En finir avec cette oppression, même par la guerre, était important, était nécessaire, correspondait à un progrès historique. Vous ne le comprenez pas, monsieur Gardénine? Vous pensez, comme tous les petits bourgeois, que *toute guerre* est mauvaise, nuisible, réactionnaire, que, par exemple, la guerre offensive de l'Inde ou de la Chine actuelle à la Russie ou à l'Angleterre ne constituerait pas un progrès historique, ne signifierait pas la défense de l'indépendance nationale de 700.000.000 d'hommes contre le banditisme exploiteur de Nicolas II et de Georges V?

Marx et Engels ne pouvaient pas, en 1870, savoir avec quelle habileté Bismarck roulait les sots diplomates. Mais on peut être certain que, s'ils l'avaient su, leur point de vue sur la guerre de 1870-1871 n'en aurait pas été modifié et ils auraient continué à souhaiter la défaite de la France.

Car, répétons-le, ce n'était pas la question de l'agression au dernier moment et de la défensive qui était pour eux décisive; c'était une autre question, infiniment plus sérieuse... Marx et Engels considéraient justement la guerre de 1870-1871 comme une guerre *nationale*. En tiraient-ils pourtant des conclusions chauvines? En aucun cas.

Le 23 juillet 1870, aussitôt après la déclaration de guerre, paraît le premier manifeste du Conseil général de l'Internationale, *rédigé par Marx*. Marx y flagelle le despotisme prussien. Marx y engage les travailleurs allemands à être fraternellement solidaires des prolétaires français.

Le 9 septembre 1870, aussitôt après Sedan, deuxième manifeste de l'Internationale, rédigé également par Marx, consacré à une agitation passionnée *contre* l'annexion de l'Alsace-Lorraine, à la propagande de la solidarité avec la République française, à une impitoyable critique de la monarchie prussienne, à un appel aux travailleurs de tous les pays, conviés à agir dans un esprit internationaliste.

Il y avait alors en Allemagne des social-chauvins, Schweizer et

son groupe, qui votèrent au début les crédits de guerre, etc. Vit-on
Marx et Engels se solidariser avec eux? Non.

Dans sa lettre du 28 juillet 1870, Marx écrit à Engels :

« Par bonheur, toute cette manifestation (patriotique) part de
la classe moyenne. La classe ouvrière, à l'exception des adeptes de
Schweizer, n'y prend aucune part. Par bonheur la lutte des classes
dans les deux pays, France et Allemagne, est si fortement développée qu'aucune guerre actuelle ne peut plus obliger l'histoire à
faire machine en arrière. »

Est-ce le langage de Sudekum, monsieur Gardénine?

Quand l'oligarchie anglaise entreprend son agitation pour
l'intervention de l'Angleterre en faveur de la Prusse, Marx, dans
sa lettre du 1" août, s'insurge contre cette idée et menace la bourgeoisie anglaise d'un soulèvement populaire. Est-ce ainsi que se
comportent les Sudekum d'aujourd'hui?

Marx et Engels considéraient justement la guerre de 1870-1871
comme une guerre nationale. Conseillaient-ils aux socialistes allemands de soutenir Bismarck et de voter, par exemple, les crédits
de guerre? Pas le moins du monde. Ils approuvent Bebel et Liebknecht qui, dès le premier jour, ont refusé de voter ces crédits. Ils
demandent aux militants du Comité de Brunswick, lassaliens
d'hier, maintenant hésitants, d'en faire autant. « Marx s'est rangé
à notre avis », écrit Bebel dans une lettre de 1870 (voir le compte
rendu du procès de haute trahison des socialistes allemands, page
244). « La lettre de Marx m'a convaincu », reconnaît d'autre part
Bracke, un des brunswickois les plus en vue (idem, p. 406).

Marx et surtout Engels s'opposaient à G. Liebknecht qui, dans
son agitation, tombait parfois dans l'erreur de vouloir faire de
l'antibismarckisme une tactique exclusive. Ils avaient complètement raison. Le tort de Liebknecht était de ne pas tenir compte
du fait que la guerre de 1866 avait tranché la question contre
l'Autriche, alors que, dans son opposition à Bismarck, il tombait
encore dans l'austrophilie et dans une sympathie sentimentale
pour les petits Etats allemands. Il est vrai que, pendant la guerre
de 1870-1871, Liebknecht tomba beaucoup moins dans ce travers
que pendant les années précédentes. Et ce n'est pas sans raison
que Marx le défendit parfois contre Engels. Le débat, en tout cas,
n'avait nullement trait au nationalisme ni à l'internationalisme.

Marx et Engels ne protestèrent contre l'annexion de l'Alsace-
Lorraine que « platoniquement »! Mensonge impudent. Dans leurs
lettres privées de 1870, Marx et Engels considèrent cette annexion
comme « le plus grand malheur pour toute l'Europe et surtout
pour l'Allemagne ». Marx prévit, dès le premier jour, que cette
annexion rapprocherait la France de la Russie et provoquerait des
calamités incalculables. Dans les deux manifestes de l'Internationale, l'annexion est flétrie en termes impitoyables. Dans tous ses
articles ultérieurs, Engels ne trouva pas d'expression assez forte

pour exprimer son indignation en présence de cet acte de violence (1888-90-91).

Marx et Engels auraient eu une attitude négative envers les projets de proclamation de la Commune, c'est-à-dire d'action révolutionnaire des travailleurs français? M. Gardénine n'a pas réfléchi à ce qu'il écrivait. Sudekum et même, très probablement, le général von Klück, verraient maintenant avec satisfaction les travailleurs français agir *seuls* révolutionnairement. Après la chute de l'Empire (4 septembre 1870), il était du *devoir* de Marx de mettre en garde les travailleurs français contre des actes imprudents. Il était, disons-nous, du devoir de Marx de le faire surtout après l'infructueuse tentative d'octobre 1870, qui avait amené l'arrestation de Blanqui, de Flourens et d'autres militants. Marx, comme il ressort de sa correspondance et du deuxième appel de l'Internationale, ne le faisait que par crainte qu'une *action prématurée aidât l'absolutisme prussien* à écraser la république française. En d'autres termes, il était poussé par des mobiles tout à fait contraires au chauvinisme.

Et quand surgit la Commune, Marx, par son travail sur *la Guerre civile en France,* inscrivit ce nom en lettres d'or dans l'histoire du mouvement prolétarien international.

L'attitude de Marx et d'Engels pendant la guerre de 1870-71, noblement courageuse et profondément conforme aux principes de l'internationalisme, s'est d'ailleurs gravée dans l'esprit de tous les socialistes français. Vaillant même, malgré la frénésie patriotique qui s'est emparée de lui, s'est dernièrement élevé, dans *l'Humanité* — du 14 décembre 1914 — en sa qualité de militant de 1870-71, contre la calomnie qui fait de Marx et d'Engels des chauvins. Ils ont, a-t-il déclaré, agi en internationalistes, sans jamais manifester envers la France la moindre hostilité. Vaillant exècre l'Allemand et tout ce qui est allemand. Il n'a gardé de tendresse que pour deux « Allemands » : Marx et Engels.

« Des affirmations semblables, écrit M. Gardénine dans son premier article *La Révélation inattendue,* paraîtront, je le sais, au premier abord tout à fait invraisemblables. Je ne m'étonnerais même pas qu'on y vît une abominable calomnie contre les fondateurs du socialisme scientifique. » M. Gardénine a vu clair. Mais fallait-il qu'il fût prophète pour savoir qu'on l'appellerait par son nom et qu'on traiterait le calomniateur de calomniateur ?

Continuez, messieurs les *narodniki* (populistes). Profitez de la confusion pour accomplir vos maraudages littéraires et pour calomnier le marxisme, comme on calomnie les morts. Mais épargnez-nous, au moins, la rhétorique de Tartufe et vos douçâtres appels à l'union !

Et puis, ne vous imaginez pas faire preuve d'originalité, au moins dans votre calomnie contre Engels et Marx. Bien avant MM. Struhve et Gardénine, au temps de la Iʳᵉ Internationale, des

anarchistes fort pauvres d'idées démontraient, avec autant de brio,
que Marx était en réalité un bismarckien masqué et qu'il voulait
subordonner toute l'Internationale aux intérêts prussiens. Les
Struhve et les Gardénine se tressent les lauriers qu'auraient pu
réclamer jadis des hommes qui furent le rebut de l'anarchie.

3 mars 1915. G. ZINOVIEV.

Comment la police et les réactionnaires protègent
l'unité de la social-démocratie allemande

Le journal social-démocrate allemand *La Feuille Populaire de
Gotha* a publié, dans son numéro du 9 janvier, un article intitulé :
*La politique de la fraction parlementaire social-démocrate sous la
protection de la police.*

Les deux premiers jours de pratique de la censure préalable —
écrit ce journal placé sous l'agréable tutelle de l'autorité militaire —
montrent avec une clarté surabondante que le pouvoir central est surtout
soucieux de fermer la bouche aux critiques incommodes de la politique
de la fraction parlementaire social-démocrate dans nos propres rangs.
La censure se donne pour but de maintenir *la paix dans le parti social-
démocrate*, en d'autres termes de maintenir une social-démocratie puissante, *unifiée, compacte*. La social-démocratie sous la tutelle du gouvernement, voilà l'événement le plus important de la politique intérieure de notre « grande » époque.

Depuis plusieurs semaines les politiques siégeant dans notre fraction parlementaire social-démocrate se livrent à une intense agitation.
Dans plusieurs centres très importants du parti, ils se sont heurtés à
une forte opposition. Leur propagande a fait naître chez les ouvriers
un état d'esprit non favorable au vote des crédits de guerre, mais exactement contraire. Et c'est pourquoi les autorités militaires s'efforcent
de leur venir en aide, usant tantôt de la censure, tantôt de la suspension
du droit de réunion. Chez nous, à Gotha, la fraction parlementaire
social-démocrate est soutenue par la censure militaire. A Hambourg,
elle est soutenue par l'interdiction des réunions.

Citant ces lignes, l'organe social-démocrate suisse de Berne
retient le fait que de nombreux journaux social-démocrates allemands sont soumis à la censure préalable et ajoute de son côté :
« Ainsi rien n'entravera plus l'unanimité de la presse allemande.
Si quelque part des voix tentent de rompre cette unanimité, la censure militaire y mettra promptement et énergiquement fin sur la
dénonciation directe ou indirecte des *social-démocrates* partisans
de la paix dans le parti. »

Les journaux opportunistes social-démocrates dénoncent en
réalité, directement ou indirectement, les journaux radicaux !

Les faits montrent donc que nous avions pleinement raison
d'écrire, dans le n° 36 du *Social-Démocrate* : « Les opportunistes
sont les ennemis bourgeois de la révolution prolétarienne... A une
époque de crise, ils se révèlent tout de suite les francs alliés de
toute la bourgeoisie unifiée ». L'unité, mot d'ordre du parti social-
démocrate, signifie de nos jours l'unité avec les opportunistes et la

soumission aux opportunistes (ou au bloc qu'ils constituent avec la bourgeoisie). C'est un mot d'ordre utile en fait à la police réactionnaire, néfaste au mouvement ouvrier.

A ce propos, notons la parution de la très belle brochure de Borchardt en allemand : *Avant et après le 4 août 1914*, qui a pour sous-titre : *La Social-démocratie allemande s'est-elle reniée?* — Oui, répond l'auteur en montrant la contradiction criante des déclarations du parti d'avant le 4 août avec la « politique du 4 août ». Oui, elle s'est reniée. « Nous ne reculerons devant aucun sacrifice dans la guerre à la guerre », disaient les social-démocrates d'Allemagne (et des autres pays) avant le 4 août 1914. Et le 28 septembre 1914, Otto Braun, membre du comité central du parti, rappelait les 20 millions de capital de la presse légale du parti et les 11.000 employés du parti. Des dizaines de milliers de militants, de fonctionnaires et d'ouvriers privilégiés, démoralisés par la légalité, ont désorganisé l'armée, forte de millions d'hommes, du prolétariat social-démocrate.

De là découle un enseignement d'une évidence parfaite : la rupture décisive avec le chauvinisme et l'opportunisme s'impose. Les petits bavards à cerveau creux de la petite *Pensée* creuse de Paris (I. Gardénine et Cie), renient le marxisme en faveur des idées petites-bourgeoises! L'alphabet de l'économie politique est oublié comme le développement mondial du capitalisme qui ne fait naître qu'une classe révolutionnaire, le prolétariat. Oubliés, le chartisme, juin 1848, la Commune de Paris, octobre et décembre 1905. Les ouvriers ne marchent pas autrement vers leur révolution mondiale qu'à travers des défaites et des erreurs, des échecs et des faiblesses; mais ils marchent vers elle. Il faut être aveugle pour ne pas voir l'influence bourgeoise et petite-bourgeoise sur le prolétariat, cause essentielle et fondamentale du déshonneur et de la faillite de l'Internationale en 1914. Mais les phraseurs, Gardénine et Cie, entendent guérir le socialisme en lui faisant renier sa seule assise sociale historique, la lutte de classe du prolétariat, et en diluant le marxisme dans l'intellectualisme et le « populisme » des philistins. Pas de travail tenace pour la rupture complète du mouvement prolétarien révolutionnaire avec l'opportunisme, mais union de ce mouvement avec les opportunistes des types Ropchine et Tchernov, avant-hier libéraux armés de bombes, hier renégats du libéralisme, aujourd'hui grisés par les douces phrases de la bourgeoisie sur le principe du travail. Les Gardénine ne valent pas mieux que les Südekum; les s.-r. pas mieux que les liquidateurs : ce n'est pas pour rien que les uns et les autres s'embrassent avec tendresse dans la revue *Le Contemporain* dont la fusion des social-démocrates et des s.-r. est le programme spécial.

3 mars 1915.   N. LÉNINE.

La conférence de Londres

Donnons en abrégé la lettre du représentant du parti ouvrier social-démocrate russe à Londres.

« *Londres*, 14 *février* 1915. — J'ai reçu hier soir, du secrétaire de la section britannique de l'Internationale, l'adresse de la Conférence, en réponse à une lettre dans laquelle je donnais mon adresse sans demander d'invitation. Je résolus d'aller à cette Conférence pour tenter de lire une déclaration. J'y trouvai Roubanovitch, pour les socialistes-révolutionnaires (social-chauvin); Tchernov et Bobrov pour la *Pensée* s.-r. de Paris; M., qui était délégué avec Martov pour le Comité unitaire menchévik; cependant, Martov n'était pas venu, n'ayant pas reçu de laisser-passer. Il y avait onze délégués anglais (Keir Hardie, président, Macdonald, etc.), seize pour la France (Sembat, Vaillant, etc.), trois pour la Belgigque, dont Vandervelde.

« Le président ouvrit la conférence en déclarant qu'elle avait pour but un échange de vues et non l'adoption de résolutions. Un Français propose d'exprimer, dans des motions, l'opinion de *la majorité*, ce qui est adopté en silence.

« A l'ordre du jour : 1. le droit des nationalités, — Belgique, Pologne; 2. les colonies; 3. les garanties de paix. Une commission des mandats est constituée (Roubanovitch, etc.). Il est décidé qu'un représentant de chaque pays informera brièvement la conférence de ce que l'on pense, chez lui, de la guerre. Je prends la parole et je proteste contre ce fait que l'on n'a pas invité notre délégué officiel au Bureau socialiste international. (Le camarade Maximovitch, fixé à Londres, est depuis plus d'un an mandaté par notre parti au Bureau socialiste international). Le président m'interrompt, en disant que les invitations avaient été envoyées à tous ceux dont les noms étaient connus. Je proteste à nouveau contre ce fait que des représentants mandatés n'aient pas été informés. Puis je me réfère à notre manifeste — voir *la Guerre et la Social-démocratie russe* —, indiquant notre opinion générale sur la guerre, et qui a été envoyé au B. S. I. Avant de parler des conditions de la paix, il importe de savoir par quel moyen nous obtiendrons la paix et il est, par suite, indispensable d'établir s'il y a une base de discussion social-démocrate révolutionnaire; si nous délibérons en qualité de patriotes, de pacifistes ou de social-démocrates. Je donne lecture de notre déclaration, mais le président m'interrompt, en déclarant que ma situation de délégué n'est pas encore élucidée (!) et que la conférence ne s'est pas réunie « pour se livrer à la critique des partis » (!). Je déclare que je continuerai mon discours après le rapport de la commission des mandats.

« Vaillant, Vandervelde, Macdonald, Roubanovitch font de courtes déclarations sur l'attitude générale. Après le rapport de la commission des mandats, le délégué menchévik M. est invité à décider lui-même s'il peut représenter seul le Comité unitaire, et je suis autorisé à participer à la conférence. Je remercie la conférence pour tant d'amabilité, et veux continuer la lecture de ma déclaration, afin de savoir si je puis rester. Le président m'interrompt, ne voulant pas me permettre de poser des conditions à la conférence. Je demande alors à déclarer pour quelle raison *je ne participerai pas à la conférence*. Refus. — Permettez-moi alors de déclarer que le parti ouvrier social-démocrate russe ne participe pas à cette conférence et j'expose ses raisons dans une déclaration écrite déposée entre les mains du président. Je ramasse mes papiers et je m'en vais.

« Le président a reçu du Comité central de la Social-démocratie lettonne une déclaration de solidarité avec nous. »

Les délégués de la conférence ne peuvent naturellement rien communiquer à la presse; mais l'interdiction ne concerne évidemment pas la sortie du camarade Maximovitch dont le *Labour-Leader*, auquel collabore Keir Hardie, a parlé en indiquant, dans les grandes lignes, le point de vue de Maximovitch.

Nous reviendrons sur la conférence de Londres. Retenons seulement aujourd'hui l'inanité complète de ses résolutions qui ne font que masquer le social-chauvinisme.

La délégation russe offre le spectacle suivant : le Comité central de la social-démocratie et la social-démocratie lettonne se déclarent résolument et nettement contre le social-chauvinisme; le Comité unitaire des liquidateurs est en plein confusionnisme. Dans le « parti » socialiste-révolutionnaire, Roubanovitch est social-chauvin; — *La Pensée* (de Tchernov et Bobrov) fait une opposition que nous aurons à apprécier lorsque nous connaîtrons leur déclaration.

3 mars 1915.   N. LÉNINE.

Ce qu'a prouvé le procès de la fraction parlementaire social-démocrate russe

Les juges du tsar viennent de juger cinq membres du groupe de la fraction parlementaire du parti ouvrier social-démocrate russe et six autres membres du parti arrêtés dans une conférence, aux environs de Pétrograd, le 4 novembre 1914. Tous ont été condamnés à l'exil en Sibérie. Les journaux légaux ont donné un compte rendu du procès, dans lequel la censure a découpé avec soin les passages désagréables au tsarisme et aux patriotes. Les « ennemis de l'intérieur » ont été promptement châtiés, et l'on n'entend plus rien dans la vie sociale russe, si ce n'est le hurlement des chauvins bourgeois et les faibles voix de quelques social-chauvins bourgeois qui se joignent à eux.

Que nous a donc démontré le procès du groupe parlementaire social-démocrate? D'abord, le manque de fermeté de l'avant-garde révolutionnaire de la social-démocratie russe traduite devant le tribunal. Les accusés se sont efforcés d'empêcher le procureur impérial de découvrir quels étaient, en Russie, les membres du Comité central, et quel était le représentant du parti chargé d'entretenir certains rapports avec les organisations ouvrières. Ils y ont réussi. En pareil cas, demain comme aujourd'hui, on devra s'en tenir à un moyen depuis longtemps recommandé officiellement par le parti : le refus de déposer. Mais quand on essaie de se montrer solidaire du social-patriote Jordansky, comme l'a fait le camarade Rosenfeld, ou bien quand on se déclare en désaccord avec le Comité central, c'est là un procédé qui ne vaut rien, un procédé inadmissible du point de vue de la social-démocratie révolutionnaire.

Dans le compte rendu des *Dni* — il n'y a pas eu de compte rendu officiel et complet du procès — le camarade Pétrovsky déclare : « Je reçus en novembre la résolution du Comité central et en même temps celles des ouvriers de sept localités différentes, qui, toutes, concordaient avec la résolution du Comité central. » Cette déclaration fait honneur à Pétrovsky. Le chauvinisme était très fort dans les milieux environnants. Pétrovsky note dans son journal que même Tchkhéidzé, d'humeur radicale, parle avec enthousiasme de la guerre libératrice. A ce chauvinisme, les députés social-démocrates se sont opposés tant qu'ils ont été libres. Mais leur devoir était de s'en défendre aussi devant les juges. L'organe de la bourgoisie constitutionnelle démocrate, la *Retch*, remercie servilement la justice de l'autocratie d'avoir dissipé la légende selon laquelle les députés social-démocrates souhaitaient la défaite des armées impériales. Les K.-D., bénéficiant de ce que les social-démocrates russes ont pieds et poings liés, feignent de prendre au sérieux le conflit apparent entre le parti et sa fraction parlementaire, et nous assurent que l'intimidation n'a aucune part dans la déclaration des accusés. La belle candeur ! Ces gens paraissent ignorer que dans la première phase de l'affaire, nos députés étaient menacés du conseil de guerre et de la peine de mort.

Nos camarades auraient dû refuser de faire des dépositions sur l'organisation illégale et, comprenant la gravité de l'heure historique, tirer parti de la tribune que leur offrait le procès au grand jour pour exposer l'opinion de la Social-démocratie ennemie de l'autocratie et de toute espèce de social-chauvinisme.

Peu importent les attaques furieuses dont le groupe parlementaire social-démocrate est l'objet de la part de la presse gouvernementale et bourgeoise. Peu nous importe que les socialistes-révolutionnaires, les liquidateurs, les social-chauvins notent avec joie la moindre faiblesse, le moindre désaccord apparent de nos députés avec le Comité central. Il faut bien, n'est-ce pas, qu'ils nous combattent sur le terrain des principes. Le Parti du prolétariat révolutionnaire est assez fort pour se critiquer ouvertement lui-même, pour dire d'une faute que c'est une faute et qu'une faiblesse est une faiblesse. Les ouvriers conscients de Russie ont formé un parti et une avant-garde qui, pendant la guerre mondiale et l'effondrement de l'opportunisme international, se sont montrés plus que tous autres capables de remplir leur devoir de social-démocrates révolutionnaires internationalistes. Le chemin que nous avons suivi a été essayé dans la plus grande des crises et s'est avéré, une fois de plus, l'unique bon chemin : nous y persévérerons avec d'autant plus de résolution et de fermeté, nous y formerons de nouvelles avant-gardes, et nous exigeons de celles-ci, non seulement qu'elles continuent notre œuvre, mais encore qu'elles la fassent mieux et l'achèvent.

En second lieu, le procès nous a donné le tableau, encore inconnu dans l'histoire du socialisme international, de l'utilisation *révolutionnaire* du parlementarisme par la social-démocratie. L'exemple en dira plus que de longs discours au cœur et à l'esprit des masses prolétariennes; cet exemple, plus persuasif que tout autre argument, infligera le démenti qui convient aux légalitaires et aux phraseurs de l'anarchisme. Le compte rendu qui nous est donné du travail illégal de Mouranov et le carnet de notes de Pétrovsky resteront des modèles de l'action à laquelle doivent se livrer nos députés, et que, longtemps, nous avons dû dissimuler avec soin; tous les ouvriers conscients, en Russie, y réfléchiront. A une époque où presque tous les députés socialistes — excusez-nous de profaner ce mot! — d'Europe se sont révélés chauvins et larbins de chauvins, alors que ce fameux « esprit européen » qui séduisait nos libéraux et nos liquidateurs n'apparaît plus que comme l'habitude de se soumettre, stupidement, servilement, à la légalité, il s'est trouvé, en Russie, un parti ouvrier dont les députés ne brillaient pas par l'éloquence, par les bonnes manières dans les salons de bourgeois et d'intellectuels, par l'habileté pratique de l'avocat ou du parlementaire européen, mais se maintenaient en contact avec les masses ouvrières, travaillant avec le plus entier dévouement dans ces masses, remplissant, dans l'ombre, les modestes, pénibles, ingrates et dangereuses fonctions du propagandiste illégal et de l'organisateur. Gagner en grade, devenir député ou ministre, et influent dans « la Société », tel était, *en fait*, le sens du parlementarisme « socialiste » « européen », lisez : du parlementarisme des larbins. Descendre, aider les exploités et les opprimés à s'instruire et à s'unir, voilà ce que nous prescrit l'exemple de Mouranov et de Pétrovsky.

Et ce mot d'ordre aura une portée historique mondiale. Pas un ouvrier pensant, dans aucun pays, ne se contentera plus de l'ancienne légalité parlementaire bourgeoise, depuis que cette légalité a été, dans tous les pays avancés, supprimée d'un trait de plume et n'a assuré que la plus étroite alliance entre les opportunistes et la bourgeoisie. Celui qui rêve l'unité des ouvriers social-démocrates révolutionnaires avec les légalitaires social-démocrates d'hier et d'aujourd'hui, n'a rien appris; il a tout oublié; c'est en réalité un allié de la bourgeoisie et un ennemi du prolétariat. Celui qui n'a pas compris pourquoi le groupe parlementaire social-démocrate russe s'est détaché du groupe parlementaire social-démocrate légalitaire et opportuniste, doit s'en rapporter à la leçon que nous donne le compte rendu judiciaire du travail de Mouranov et de Pétrovsky. Ces deux députés n'ont pas été seuls à agir et il faut être bien naïf pour imaginer qu'un pareil travail s'accommode d'une certaine bienveillance ou d'une certaine tolérance à l'égard de *Notre Aurore*, de la *Gazette Ouvrière du Nord*, du *Contemporain*, du Comité unitaire ou du Bund.

Le gouvernement croit-il intimider les ouvriers, en exilant en Sibérie les membres de la fraction parlementaire social-démocrate ? Il se trompe. Loin de s'effrayer, les ouvriers comprendront mieux leur devoir, la tâche du parti ouvrier, qui n'est pas celle des liquidateurs et des social-chauvins. Ils apprendront à n'envoyer à la Douma que des hommes de la même valeur, chargés d'accomplir le même travail, et d'étendre encore leur sphère d'action dans les masses, et qui sauront encore mieux *dissimuler* leurs gestes. Le gouvernement croit-il tuer le parlementarisme illégal en Russie ? Il ne fera qu'affermir les liens du prolétariat avec ce parlementarisme, à l'exclusion de tout autre.

En troisième lieu, — et c'est le point le plus important — le procès de notre fraction parlementaire a, pour la première fois, répandu en Russie, à des millions d'exemplaires, une documentation objective sur la question capitale de l'opinion des classes sociales à l'égard de la guerre. N'en a-t-on pas assez du bavardage mortellement ennuyeux des intellectuels au sujet d'une prétendue conciliation de la défense nationale avec l'internationalisme « de principe », c'est-à-dire avec l'internationalisme hypocrite et verbal ? N'est-il pas temps de jeter un regard sur les faits concernant des millions d'hommes et non quelques dizaines de beaux parleurs ?

Plus de six mois se sont écoulés depuis le début de la guerre. La presse légale et illégale de toutes les tendances s'est exprimée. Tous les groupes de partis à la Douma se sont précisés et ce sont les seules indications objectives, quoique très insuffisantes, que nous ayons sur nos groupements de classe. Le procès de la fraction parlementaire social-démocrate nous permet de dresser le bilan de toute notre documentation. Il a montré que les représentants avancés du prolétariat russe sont hostiles au chauvinisme en général et partagent précisément le point de vue de notre organe central. Les députés social-démocrates ont été arrêtés le 4 novembre 1914. Pendant plus de deux mois, ils ont donc poursuivi leur travail. Avec qui et comment ? Quelle tendance du mouvement ouvrier ont-ils exprimée ou manifestée? Voici la réponse : la conférence, interrompue par des arrestations, discutait nos thèses et notre *Social-démocrate*. Le comité de Pétrograd de notre parti a lancé maintes fois des tracts dont le contenu était analogue. Il n'y avait pas d'autres documents à la conférence. Les députés n'avaient pas l'intention d'y parler d'aucune autre tendance ouvrière, car il n'y en avait pas d'autre.

Mais peut-être les membres de la fraction parlementaire social-démocrate n'exprimaient-ils que l'opinion d'une minorité ? Nous ne sommes pas en droit de le supposer, car, en deux ans et demi, depuis le printemps de 1912 jusqu'à l'automne de 1914, les quatre cinquièmes des ouvriers conscients de Russie se sont groupés autour de la *Pravda*, avec laquelle, en pleine solidarité idéologique, militaient ces députés. C'est un fait. Si une protestation tant soit peu importante s'était élevée parmi les ouvriers contre l'attitude de notre Comité central, elle aurait dû trouver son expression dans les projets de résolution. Le procès n'a rien révélé de semblable, quoiqu'on puisse dire qu'il ait « révélé » bien des choses sur le travail de la fraction parlementaire social-démocrate. Les corrections apportées de la main de Pétrovsky n'indiquent même pas de nuances idéologiques.

Les faits disent que, dans les premiers mois de la guerre, l'avant-garde consciente des ouvriers russes s'est *de facto* groupée autour de notre Comité central et de notre organe central. Si désagréable qu'il soit pour telle ou telle fraction, le fait est incontestable. La phrase citée dans l'acte d'accusation : « Il faut tourner les armes non contre nos frères esclaves salariés des autres pays, mais contre la réaction des gouvernements et des partis bourgeois de tous les pays », — cette phrase répandue par le tribunal a déjà apporté et apportera dans toute la Russie l'appel à l'internationalisme prolétarien, à la révolution prolétarienne. Le mot d'ordre de classe des ouvriers russes est maintenant, grâce au procès, parvenu jusqu'aux masses.

Le chauvinisme total de la bourgeoisie et d'une partie de la petite bourgeoisie, les hésitations d'une partie des classes moyennes et, finalement, cet appel de la classe ouvrière, tel est en fait le tableau de nos divisions objectives. C'est sur ce tableau de faits, et non sur les vœux des intellectuels et des fondateurs de petits groupes, qu'il faut régler nos vues, nos espérances, nos mots d'ordre.

Des journaux tels que la *Pravda* et le « travail à la Mouranov » ont réalisé l'unité des quatre cinquièmes des ouvriers conscients de Russie. Près de 40.000 ouvriers achetaient la *Pravda*. Beaucoup plus la lisaient. Que la guerre, la prison, la Sibérie, le bagne divisent ce nombre par cinq ou dix, on ne peut pas, néanmoins, anéantir ce milieu. Il est vivant. Il est pénétré d'esprit révolutionnaire, il est ennemi du chauvinisme. Il est seul debout parmi les masses populaires, au plus profond des masses, en propagandiste de l'internationale des travailleurs, des exploités, des opprimés. Il est seul resté debout quand tous les autres s'effondraient.

Seul, il conduit les milieux demi-prolétariers du social-chauvinisme, des constitutionnels démocrates, des travaillistes, de Plékhanov, de *Notre Aurore*, au socialisme. Son existence, ses idées, son travail, son appel à la « fraternité des esclaves salariés des autres pays » ont été révélés à la Russie entière par le procès de la fraction parlementaire social-démocrate.

Il faut travailler avec cet élément ouvrier et défendre son unité contre les social-chauvins; dans cette seule voie peut se développer, vers la révolution sociale et non vers le type « européen » national libéral, le mouvement ouvrier russe.

29 mars 1915.   N. LÉNINE.

A propos de la conférence de Londres

La déclaration que nous publions du camarade Maximovitch, représentant du Comité central du parti ouvrier social-démocrate russe, donne l'expression complète de l'opinion du parti sur cette conférence. La presse bourgeoise française a parfaitement fait ressortir la portée de cette conférence, en tant que manœuvre de la bourgeoisie anglo-française. Les rôles étaient ainsi distribués : le *Temps* et l'*Echo de Paris* attaquaient les socialistes français pour leurs concessions, trop grandes paraît-il, à l'internationalisme. Leur but était de préparer l'intervention connue du président du Conseil Viviani, à la Chambre, dans un esprit patriotique et conquérant. D'autre part, le *Journal des Débats* démasquait le jeu en disant qu'il fallait que les socialistes anglais, Keir Hardie en tête, jusqu'à présent adversaire de la guerre et de la conscription, donnassent leur voix à la guerre jusqu'au bout. Ce but est atteint. C'est important. C'est le résultat politique du passage des socialistes anglais et français à la bourgeoisie anglo-française. Quant aux phrases sur l'internationalisme, le socialisme, le referendum, etc., ce ne sont que phrases absolument creuses!

Sans nul doute, les réactionnaires intelligents de la bourgeoisie française ont vendu la mèche. La guerre qui a pour but de ruiner et de piller l'Allemagne, l'Autriche, la Turquie, est faite par la bourgeoisie anglo-française, aidée de la bourgeoisie russe. Cette bourgeoisie a besoin de racoleurs; elle a besoin du consentement des socialistes pour combattre l'Allemagne jusqu'à la victoire. Et le reste n'est que vain et indigne bavardage, prostitution de ces grands mots : socialisme, internationalisme, etc. En fait, suivre la bourgeoisie, l'aider à piller les pays étrangers, mais offrir aux masses la reconnaissance hypocrite du socialisme et de l'internationale, tels sont précisément le crime fondamental de l'opportunisme et la cause principale du krach de la II° Internationale.

Le devoir des adversaires des social-chauvins à la conférence de Londres était donc clair : sortir de cette conférence, en vertu de principes nettement antichauvins, *sans tomber dans la germa-*

nophilie. Car les germanophiles sont justement par chauvinisme, et non pour d'autres motifs, adversaires de la conférence de Londres! Le camarade Maximovitch a rempli sa tâche en qualifiant nettement la trahison des socialistes allemands.

« Le social-patriotisme officiel » est le plus grand mal du socialisme contemporain. Pour le combattre (et non pour se réconcilier avec lui et non pour nous amnistier les uns les autres internationalement), toutes les forces doivent être préparées et concentrées (1).

29 mars 1915.   N. LÉNINE.

A propos du mot d'ordre de guerre civile

Le 8 janvier, on écrivait de Berlin aux journaux suisses :

Les journaux ont récemment relaté, à diverses reprises, les tentatives de fraternisation qui se sont produites entre Français et Allemands en première ligne. La *Taeglische Rundschau* nous informe qu'un ordre aux armées du 29 décembre interdit la fraternisation et, d'une façon générale, tout contact avec l'ennemi dans les tranchées; les infractions à cet ordre seront assimilées au crime de haute trahison.

Ainsi, la fraternisation et les tentatives de rapprochement sont un fait. Le commandement allemand s'en inquiète : c'est qu'il prend cela au sérieux. Dans le *Labour Leader*, organe ouvrier anglais, du 7 janvier 1915, nous trouvons plusieurs extraits de journaux bourgeois anglais, concernant des cas de fraternisation de soldats britanniques et allemands, concluant des armistices pour quarante-huit heures (à Noël), se rencontrant amicalement entre les tranchées, etc. Par un ordre spécial, le commandement anglais interdit toute fraternisation. Les opportunistes socialistes et leurs défenseurs (ou leurs serviteurs, tel Kautsky) affirment cependant avec suffisance, avec le calme le plus parfait, sachant qu'ils ne recevront pas de démenti de la censure militaire, que tout accord contre la guerre entre socialistes des pays belligérants est impossible (textuel : l'expression est de Kautsky dans la *Neue Zeit*)!

Figurez-vous que Hyndmann, Guesde, Vandervelde, Plékhanov, Kautsky, au lieu de servir, comme ils font, platement la bourgeoisie, aient constitué un comité d'agitation pour la fraternisation et les tentatives de rapprochement entre socialistes des pays belligérants, tant dans les tranchées qu'en général dans les formations militaires. Quels eussent été les résultats de cette action, après quelques mois, si maintenant, six mois après le commencement de la guerre, malgré tous les chefs, tous les leaders, toutes les étoiles de première grandeur, l'opposition grandit partout contre ceux qui votent les crédits de guerre et contre les ministérialistes, tan-

____

(1) Nous avons supprimé dans cet article de polémique plusieurs alinéas, consacrés à la discussion du point de vue des tendances social-démocrates russes, qui seraient difficilement intelligibles pour le lecteur français. — *Note du traducteur.*

dis que l'autorité militaire châtie de la peine de mort la fraternisation !

« La question pratique est uniquement celle-ci : victoire ou défaite de notre propre pays ! » écrivait le larbin des opportunistes, Kautsky, à l'unisson d'ailleurs avec Guesde, Plékhanov et autres. C'est vrai, si l'on oublie le socialisme et la lutte des classes. Ce n'est pas vrai dans le cas contraire. Tomber dans la guerre entre esclavagistes, tomber en esclaves aveugles et impuissants — ou tomber pour des « tentatives de fraternisation » entre esclaves, dans le but d'en finir avec l'esclavage ? Ainsi se pose en réalité la question pratique.

29 mars 1915.   N. Lénine.

Le 1ᵉʳ Mai fête de la bourgeoisie

Le prolétariat international a fêté en 1914 le 25ᵉ anniversaire de sa fête du 1ᵉʳ mai. Voici que celle-ci est devenue, en 1915, la fête de la bourgeoisie. Il est pénible, il est amer de le dire, mais il faut en convenir, pour chercher, avec pleine conscience de la gravité de la situation, une issue.

Nous avons sous les yeux l'organe central de la social-démocratie allemande et nous y trouvons cette petite note officielle :

LE PREMIER MAI

La direction du parti recommande, vu les circonstances particulières, de s'abstenir cette année d'interrompre le travail. Pour ces raisons, nos journaux ne paraîtront pas le 1ᵉʳ mai. Les cotisations usuelles ne seront pas perçues. Lorsqu'il sera possible de trouver des locaux, il est recommandé d'organiser le soir des réunions des membres du parti. Le parti ne fera pas d'édition spéciale de 1ᵉʳ mai.

Cette laconique petite note en apprendra plus à l'historien futur de notre temps sur la situation du socialisme et de l'Internationale pendant la guerre que toute une liasse de rassurantes brochures de Kautsky.

Les social-chauvins allemands prennent de nouveau la peu honorable initiative d'une trahison du drapeau international des ouvriers. Point n'est besoin d'être prophète pour deviner, hélas ! qu'ils ne seront pas les seuls et que les social-chauvins français, anglais, etc., les suivront. Et le 1ᵉʳ mai, fête du travail, fête des espérances socialistes, fête de combat contre l'esclavage capitaliste, la misère, le chauvinisme antihumain, sera saboté cette année.

Par cela même, le 1ᵉʳ mai devient, cette année, la fête de la bourgeoisie. Le démocrate bourgeois Jacobi disait autrefois que la fondation d'un syndicat ouvrier avait plus d'importance, pour la culture de l'humanité, que la bataille de Sadowa. Le parti du prolétariat allemand, fort d'un million de membres, trouve maintenant que les tueries qui se déroulent entre la Meuse et la Moselle, ou le succès des assassinats en masse sur un autre front, ont plus d'importance qu'une fête socialiste fêtée par des millions d'ouvriers.

La guerre dure depuis huit mois. La bourgeoisie n'a encore supprimé aucune de ses fêtes. Les fêtes religieuses, fêtes de l'ignorance et des préjugés, sont célébrées avec le plus grand zèle. La guerre a même puissamment renforcé la propagande religieuse. Le cléricalisme militant relève la tête. Bourgeois et réactionnaires distribuent d'une main large l'opium religieux aux millions de soldats courbés sous le faix de la guerre et à la population civile désespérée. Mais les ouvriers socialistes doivent renoncer volontairement à leur fête du 1ᵉʳ mai!

Le degré d'attention consacré par les ouvriers au 1ᵉʳ mai a toujours donné la mesure de leur degré de conscience socialiste, de leur internationalisme, de leur aptitude au sacrifice, de leur combativité anticapitaliste. Cette année, pour ce qui est des sommets de la social-démocratie allemande officielle, ce baromètre est tombé au-dessous de zéro. Les socialistes sont devenus des social-chauvins.

Le triste spectacle auquel nous assistons en ce 1ᵉʳ mai 1915 donne la meilleure réponse à cette question : Qui a besoin de la guerre actuelle? Indéniablement, un des buts de cette guerre — du point de vue de la bourgeoisie — c'est de porter un coup au mouvement ouvrier montant, c'est de rejeter en arrière l'organisation socialiste de la classe ouvrière, d'atténuer le péril rouge devenu imminent pour la bourgeoisie des pays avancés. Le 1ᵉʳ mai 1915 apportera à la bourgeoisie la rassurante nouvelle qu'elle a, dans une certaine mesure, — tout au moins pour l'instant — réussi. A la veille de la première fête du 1ᵉʳ mai en 1890, la bourgeoisie était inquiète et en proie à une peur toute physique. Les meilleurs représentants de la classe ouvrière étaient heureux et confiants dans le succès. Frédéric Engels attendait anxieusement cette première revue des forces ouvrières et écrivait à son ami Sorgue que la participation du prolétariat anglais à la fête du 1ᵉʳ mai marquerait toute une révolution intellectuelle...

Vingt-cinq années se sont écoulées, et le plus puissant parti social-démocrate invite, au nom de la paix sociale bourgeoise, les ouvriers à renoncer au 1ᵉʳ mai! C'est un symbole. Ce crime est beaucoup plus grand que le bombardement de la cathédrale de Reims. C'est l'apogée de la profanation du drapeau socialiste par les social-chauvins. Le calice de honte sera bu jusqu'à la lie.

N'est-ce pas une fête pour la bourgeoisie?

Un écrivain réactionnaire comparait dernièrement la situation de la social-démocratie internationale dans cette guerre avec celle de... l'Eglise catholique. Celle-ci constitue également une organisation internationale que la guerre a déchirée, en obligeant les bons catholiques français à tirer sur les non moins bons catholiques autrichiens, tout comme elle oblige les socialistes allemands à exterminer les socialistes français, et *vice versa*. Ce parallèle, esquissé par un réactionnaire, ne manque pas d'une certaine justesse. Mais il est assez venimeux. Cependant, les social-chauvins veulent dégrader plus encore le mouvement ouvrier. Le clergé catholique n'a pas supprimé ses fêtes. Dans la nuit de Noël, les soldats, des deux côtés du front, ont spontanément conclu une sorte d'armistice.

Après le 4 août 1914, quelques députés social-démocrates du centre allemand, qui avaient voté les crédits de guerre, racontaient quel serrement de cœur ils avaient éprouvé en levant la main pour ce vote. Combien plus seront navrés les prolétaires qui devront, en ce 1ᵉʳ mai, braquer leurs fusils sur leurs frères des autres pays!... Conçoit-on chose plus affreuse, plus tragique?

Ce 1ᵉʳ mai 1915, la bourgeoisie de tous les pays prend sa revanche sur le mouvement ouvrier international. La social-démocratie officielle renonce au 1ᵉʳ mai : c'est, pour la bourgeoisie, une bataille gagnée. C'est une victoire du principe bourgeois, c'est donc une fête de la bourgeoisie de *tous* les pays. Rira pourtant bien qui rira le dernier. Peut-on imaginer que les ouvriers avancés subissent longtemps encore le joug du social-chauvinisme, acceptent encore longtemps en silence toutes les humiliations que leur prépare l'alliance des opportunistes et de la bourgeoisie? Se peut-il qu'à la lecture de la circulaire qui supprime la fête du 1ᵉʳ mai, on n'entende pas s'élever, parmi les meilleurs des travailleurs, un murmure de protestation, qu'on ne voie pas leurs poings se serrer, qu'on n'entende pas maudire ceux qui ont amené la IIᵉ Internationale à cette honte?

C'est aujourd'hui votre fête, bourgeois! Mais nous aurons aussi la nôtre. La guerre enseigne à des millions d'ouvriers la haine de votre société de violence, de corruption, d'esclavage et d'assassinat. Ils comprendront bientôt que, s'il faut donner sa vie, c'est pour notre cause, pour le socialisme, dans la guerre civile contre toute la bourgeoisie et tous les gouvernements. Ils comprendront que seule la social-démocratie révolutionnaire exprime avec fidélité leurs intérêts. Et qui sait si la bourgeoisie fêtera avec autant de sérénité les prochains 1ᵉʳ mai, — quand ce ne serait que celui de 1916?

1ᵉʳ mai 1915. G. Zinoviev.

Les sophismes des social-chauvins

Naché Diélo (Notre Cause), organe édité à Pétrograd par les social-démocrates liquidateurs, publie une traduction de la brochure de Kautsky : *l'Internationale et la guerre*. G.-A. P-ov déclare, ce faisant, être en désaccord avec Kautsky, lequel s'exprime, à son avis, tantôt comme un avocat (c'est-à-dire comme un défenseur du social-chauvinisme allemand qui ne peut reconnaître la justesse du

point de vue social-chauvin franco-russe), tantôt comme un juge
(c'est-à-dire comme un marxiste appliquant impartialement la méthode de Marx).

En réalité, P-ov et Kautsky trahissent l'essentiel du marxisme
et défendent par des sophismes flagrants la politique ouvrière na-
tionale-libérale. P-ov détourne l'attention de ses lecteurs en discu-
tant avec Kautsky sur des questions de détail. L'attitude de la démocratie (ouvrière) anglo-française « donne en général une excellente solution du problème » (p. 69). Les démocraties franco-an-
glaises ont « bien agi »; quoique ce soit davantage par suite de
hasards heureux que par l'effet d'une volonté consciente que leurs
décisions concordent avec les décisions nationales.

Le sens de toutes ces expressions est clair. M. P-ov défend,
sous l'égide des anglo-français, le chauvinisme russe et justifie la
tactique patriotique des socialistes de la Triple Entente. Il ne discute pas avec Kautsky comme un marxiste contre un chauvin,
mais comme un chauvin russe contre un chauvin allemand. Le procédé est vieux et banal au possible. Il faut seulement remarquer
que M. P-ov embrouille et obscurcit de toutes façons le sens très
simple et très clair de ses propos. Il s'agit des points sur lesquels
P-ov et Kautsky sont d'accord. Ils s'accordent par exemple pour
dire que « l'internationalisme du prolétariat contemporain est
compatible avec la défense nationale ». P-ov parle de la situation
particulière de l'Etat « qu'on a dévasté ». Kautsky écrit : « Le peuple ne craint rien tant que l'invasion étrangère... Si la population
voit la cause de la guerre non chez son gouvernement, mais dans
les desseins de l'Etat voisin, — et quel est l'Etat qui ne tenterait,
à l'aide de sa presse et de tous ses moyens de persuasion, d'incul-
quer aux masses de la population une telle opinion? — elle n'aura,
toute, que le désir ardent de défendre ses frontières... La foule fu-
rieuse mettra en pièces ceux qui tenteront de s'opposer à l'envoi
des troupes à la frontière. » (Kautsky, p. 33, extrait d'un article
de 1911.)

Voilà une défense, soi-disant marxiste, de la thèse fondamentale de tous les social-chauvins.

Kautsky voyait lui-même, dès 1911, que le gouvernement et la
bourgeoisie tromperaient « le peuple, la population, la foule », en
rejetant les responsabilités sur la « mauvaise foi » des pays voisins. Il s'agit de savoir si la complicité à l'égard d'une pareille duperie est compatible avec l'internationalisme et le socialisme,
qu'elle se traduise par le vote de crédits, par des discours ou par
des articles, peu importe, ou si elle constitue une politique ouvrière
nationale libérale. Kautsky se comporte comme l'avocat le moins
scrupuleux, comme le dernier des sophistes en substituant à cette
question celle de savoir s'il est raisonnable pour des « isolés » d'entraver l'expédition des troupes, malgré la volonté de la majorité de
la population trompée par son gouvernement. Il ne s'agit pas de

cela. Les petits bourgeois trompés doivent être détrompés. Il faut parfois aller avec eux à la guerre et attendre que l'expérience du front agisse sur leurs cerveaux. Mais est-il permis à des socialistes de participer au bourrage de crânes que fait la bourgeoisie? Kautsky et P-ov justifient cette duperie. Ils savent parfaitement que la mauvaise foi de tous les gouvernements et des bourgeoisies de toutes les grandes puissances, Angleterre, France, Allemagne, Russie, est responsable au même titre de la guerre impérialiste de 1914. La motion du congrès socialiste international de Bâle (1912) le dit clairement.

Que « le peuple », c'est-à-dire la masse des petits-bourgeois et avec eux certains ouvriers bernés, admette la version bourgeoise de la mauvaise foi de l'ennemi, on n'en peut douter. Mais le devoir social-démocrate est de combattre la tromperie et non de l'entretenir. Longtemps avant la guerre, les social-démocrates de tous les pays disaient, comme ils l'ont solennellement affirmé à Bâle, que chacune des grandes puissances tend à affermir et à étendre sa domination sur les colonies, à opprimer les petites nations, etc. On se bat pour le partage des colonies et des terres étrangères. Des voleurs se battent. Et c'est un cynique mensonge bourgeois que d'invoquer la défaite de l'un des voleurs pour confondre l'intérêt des autres avec ceux du peuple ou de la patrie. Au peuple souffrant de la guerre, nous devons dire la vérité! Nous dirons qu'on ne peut se défendre contre les calamités des guerres sans renverser les gouvernements et les bourgeoisies de chaque pays belligérant. Défendre la Belgique en étouffant la Galicie ou la Hongrie, ce n'est pas « défendre sa patrie ».

« Marx, lui-même, en condamnant les guerres, comme il l'a fait en 1854 et en 1876, se plaçait du côté de l'un des belligérants lorsque, malgré les socialistes, la guerre devenait un fait ». C'est l'argument principal de la brochure de Kautsky. C'est aussi celui de P-ov qui, par « attitude internationaliste », entend l'estimation, du point de vue du prolétariat mondial, du caractère plus ou moins nuisible ou avantageux de la victoire de telle ou telle puissance. La guerre est faite par les gouvernements et la bourgeoisie. Le prolétariat doit se demander quelle victoire de gouvernement constituera pour lui le moindre danger.

Le sophisme, dans tous ces raisonnements, consiste à substituer une époque historique depuis longtemps passée à l'époque actuelle. Le trait caractéristique des anciennes guerres citées par Kautsky était le suivant : 1° ces guerres décidaient des transformations bourgeoises démocratiques et renversaient des absolutismes ou des jougs étrangers; 2° les conditions objectives de la révolution socialiste n'étaient pas encore mûres; aucun socialiste ne pouvait parler, avant la guerre, d'en tirer parti « pour hâter la chute du capitalisme » (motion de Stuttgart, 1907, et de Bâle, 1912); 3° il n'y avait pas encore dans les pays belligérants de grands partis socialistes de masses puissants, éprouvés par de longues luttes. Bref : quoi d'étonnant que Marx et les marxistes se soient bornés à rechercher quelle victoire de la bourgeoisie serait la moins nuisible (ou la plus utile) au prolétariat international, quand il ne pouvait encore être question d'un mouvement prolétarien général contre les gouvernements des bourgeoisies de tous les pays belligérants? Or, pour la première fois dans l'histoire, les socialistes de tous les pays belligérants, longtemps avant la guerre, se sont réunis et ont dit : « Nous tirerons parti de la conflagration pour hâter le krach du capitalisme » (1907, motion de Stuttgart). Ils pensaient donc que les conditions objectives de ce krach, c'est-à-dire de la révolution socialiste, étaient mûres. Ils dressaient donc devant les gouvernements la menace de la révolution. A Bâle (1912), ils s'exprimaient plus nettement encore en rappelant la Commune et la Révolution russe d'octobre-décembre 1905, c'est-à-dire la guerre civile.

Mais, quand la guerre éclate, les socialistes qui menaçaient hier de révolution les gouvernements, qui appelaient le prolétariat à la révolution, se mettent à invoquer des événements antérieurs d'un demi-siècle, et justifient par ce stratagème la défense des gouvernements et des bourgeoisies. Le marxiste Horter a mille fois raison de comparer dans sa brochure (*L'Impérialisme, la Guerre mondiale et la Révolution*) les radicaux du type Kautsky aux libéraux de 1848, forts en discours et traîtres en actes.

Pendant des dizaines d'années, l'antagonisme entre les éléments révolutionnaires social-démocrates et opportunistes a grandi dans le socialisme européen. La crise est survenue. La guerre a fait crever l'abcès. La majorité des partis officiels sont vaincus par des politiciens ouvriers nationaux-libéraux, entichés des privilèges de la bourgeoisie de leur patrie, et qui lui reconnaissent un droit de priorité à l'exploitation des colonies, des petites nationalités, etc. Kautsky et P-ov dissimulent, défendent, justifient la politique ouvrière nationale libérale qu'ils devraient démasquer. Tel est le sophisme des social-chauvins.

P-ov s'est trahi par inadvertance, en convenant de « l'inconsistance principielle de la formule de Stuttgart ». Fort bien! Les renégats démasqués sont préférables pour le prolétariat aux renégats inavoués. Continuez, reniez honnêtement Stuttgart et Bâle!

Le diplomate Kautsky est plus habile. Il ne renie rien. Seulement... citant le manifeste de Bâle, il en supprime toutes les allusions à la révolution!!! La censure, probablement, gênait P-ov et Kautsky. Ils sont, sans doute, disposés à parler de révolution quand la censure le permettra.

Espérons que P-ov, Kautsky ou leurs partisans, proposeront avec franchise de substituer aux résolutions de Stuttgart et de Bâle une résolution de ce goût :

« Si la guerre éclate malgré nos efforts, il sera de notre devoir de préciser du point de vue du prolétariat international ce qui est le plus conforme à ses intérêts : que l'Inde soit pillée par l'Angleterre ou par l'Allemagne, que les nègres soient spoliés et voués à l'alcoolisme par les Français ou par les Allemands; que la Turquie soit étranglée par les Austro-Allemands ou par les Anglo-Franco-Russes; que les Allemands étranglent la Belgique, ou que la Russie étouffe la Galicie; que la Chine soit la proie des Japonais ou des Américains », et ainsi de suite.

1er mai 1915. N. LÉNINE.

De la fusion des internationalistes

La guerre a provoqué une crise profonde du socialisme international. Comme toute crise, celle du socialisme a révélé avec plus de profondeur et de clarté ses contradictions intérieures, fait tomber bien des voiles faux et conventionnels, montré de la façon la plus brutale et la plus claire ce qui a pourri et vécu dans le socialisme, et où est la garantie de son développement ultérieur vers la victoire.

Presque tous les social-démocrates de Russie sentent que les anciens classements, les anciens groupements ont changé d'aspect, car nous ne voudrions pas dire qu'ils ont vieilli. Au premier plan se situent les groupements déterminés par la question fondamentale que pose la guerre : *internationalistes* et *social-patriotes*. Ces termes nous les empruntons à l'éditorial du numéro 42 de *Naché Slovo* (*Notre Parole*), sans nous arrêter sur la question de savoir s'il ne faudrait pas les compléter en opposant les social-démocrates révolutionnaires aux politiciens ouvriers du libéralisme national.

Il ne s'agit évidemment pas des étiquettes. *Notre Parole (Naché Slovo)* indique avec justesse la nature des groupements actuels. Les internationalistes, écrit ce journal, « sont solidaires, au sens négatif, du social-patriotisme représenté par Plékhanov ». Et la rédaction d'appeler « les groupes aujourd'hui éparpillés » à « s'entendre et à s'unir ne fût-ce que pour une seule action, pour que la social-démocratie russe précise son attitude vis-à-vis de la guerre actuelle et du social-patriotisme russe ».

Ne se bornant pas à une action littéraire, la rédaction de *Notre Parole* nous a écrit ainsi qu'au Comité d'Organisation, nous proposant une conférence à laquelle elle participerait. Nous lui avons indiqué dans notre réponse qu'il est nécessaire « d'élucider d'abord quelques questions préalables afin de savoir si nous sommes solidaires quant à l'essentiel ». Nous nous sommes surtout arrêtés sur deux questions préalables : 1° Aucune déclaration ne peut contribuer à démasquer « les falsificateurs de l'opinion du prolétariat avancé de Russie » (comme s'exprime la rédaction de *Notre Parole*), « social-patriotes » (la rédaction a nommé Plékhanov,

Alexinsky et un groupe connu de littérateurs-liquidateurs pétersbourgeois, amis du journal *X. Y. Z.*). Il y faut une longue lutte.
2° Quelle raison avons-nous de classer le Comité d'Organisation
parmi les *internationalistes?*

D'autre part, le secrétariat étranger du Comité d'Organisation
nous a envoyé une copie de sa réponse à *Notre Parole.* Cette réponse
revient à dire que la « sélection préalable » de certains groupes et
« l'exclusion de certains autres » ne sont pas admissibles et que
« doivent être invitées à la conférence les délégations étrangères
des centres et des groupes de parti représentés à la conférence du
Bureau Socialiste International de Bruxelles avant la guerre ».
(Lettre du 25 mars 1912.)

Ainsi le Comité d'Organisation se refuse en principe à participer à une conférence d'internationalistes, désirant conférer avec les
social-patriotes (on sait que les tendances Plékhanov et Alexinsky
étaient représentées à Bruxelles). La résolution social-démocrate
de Nervi (*Notre Parole*, n° 53), adoptée après le rapport de Ionov
(et exprimant manifestement les vues de ce représentant des éléments les plus à gauche ou les plus internationalistes du *Bund*)
s'exprime exactement dans le même sens.

Dans cette résolution, qui est en somme caractéristique au
plus haut point et précieuse en ce qu'elle esquisse la ligne de
« juste milieu » recherchée par bien des gens à l'étranger, s'exprime la sympathie aux « principes » de *Notre Parole* et s'affirme
ensuite le désaccord avec *Notre Parole*, dont la plate-forme implique « une séparation organique, d'union exclusive des socialistes internationalistes et la défense de la nécessité des scissions
au sein des partis socialistes prolétariens tels que l'histoire les a
formés ». Quant à l'interprétation, paraît-il, « unilatérale » de ces
questions par le journal *Notre Parole*, l'assemblée la considère
comme « extrêmement nuisible à l'éclaircissement des problèmes
connexes à la reconstruction de l'Internationale ».

Nous avons déjà indiqué que les vues d'Axelrod, représentant
officiel du Comité d'Organisation, sont social-chauvines. *Notre
Parole* n'a répondu ni dans la presse ni dans la correspondance.
Nous avons indiqué que la position du *Bund* est la même avec une
nuance prédominante de chauvinisme germanophile. La résolution
de Nervi nous a donné une confirmation indirecte en fait, mais
extrêmement importante : l'union des *seuls* internationalistes est
déclarée nuisible et scissionniste; la question est posée avec une
netteté qui mérite de la gratitude.

Plus nette est encore la réponse du Comité d'Organisation,
directe et non formelle sur le fond. Il faut conférer *avec* les social-
patriotes et non sans eux. Nous devons remercier le Comité d'Organisation d'avoir confirmé devant *Notre Parole* l'opinion que nous
avions de lui.

Est-ce à dire que *toute* l'idée émise par *Notre Parole* de l'union des internationalistes ait échoué? Non. Aucun échec d'aucune conférence n'empêchera l'union des internationalistes tant qu'ils sont solidaires dans le domaine des idées et sincèrement animés du désir de combattre le social-patriotisme. La rédaction de *Notre Parole* dispose d'un quotidien, arme puissante. Elle peut faire quelque chose d'infiniment plus efficace et plus sérieux que les conférences et les déclarations : elle peut, précisons-le, inviter *tous* les groupes à agir dans le sens que nous allons dire et s'y mettre immédiatement elle-même : 1° élaborer des réponses complètes, précises, dépourvues d'équivoque, absolument nettes, sur le contenu de l'internationalisme (car Vandervelde et Kautsky, Plékhanov et Lentsch, et Haenisch, se qualifient internationalistes!), sur l'opportunisme, sur le krach de la II° Internationale, sur les objectifs et les moyens de lutte contre le social-patriotisme; 2° rassembler les forces en vue d'une lutte sérieuse pour des principes définis, pas seulement à l'étranger, mais surtout en Russie.

Quelqu'un osera-t-il nier qu'il n'est pas d'autres chemins pour la victoire de l'internationalisme sur le social-patriotisme, et qu'il ne peut y avoir d'autres chemins? Un demi-siècle d'histoire de l'émigration russe (dont trente années d'histoire de l'émigration *social-démocrate*) n'a-t-il pas démontré que toutes les déclarations, toutes les conférences, etc., à l'étranger sont impuissantes, fictives, dépourvues de sérieux, si elles ne sont pas soutenues par l'action *prolongée* de telle ou telle couche sociale en Russie? La guerre actuelle ne nous enseigne-t-elle pas que tout ce qui n'est pas mûr et tout ce qui a pourri, tout ce qui est conventionnel ou diplomatique tombera en poussière au premier choc?

En huit mois de guerre, *tous* les centres social-démocrates, tous les groupes, toutes les tendances, toutes les nuances ont conféré avec qui ils ont pu ou voulu, ont publié des déclarations, c'est-à-dire proclamé en public leur opinion. La tâche est maintenant différente, *plus proche de l'action*. Défions-nous un peu plus de *l'apparat* des déclarations et des conférences. Un peu plus d'énergie dans l'élaboration des réponses aux écrivains, aux propagandistes, aux agitateurs, à tous les ouvriers pensants, des réponses et des conseils si précis qu'*il ne soit pas possible de ne pas les comprendre!* Un peu plus de clarté et de résolution dans le rassemblement des forces pour le travail tenace qui consistera à suivre ces conseils!

Nous le répétons, il est beaucoup donné à la rédaction de *Notre Parole* — un journal quotidien! — et il lui sera beaucoup demandé si elle ne réalise pas même ce programme minimum.

Ajoutons une remarque : il y a juste cinq ans, en mai 1910, nous attirions, dans la presse étrangère, l'attention sur un fait politique d'une extrême importance, plus sérieux que les conférences et les déclarations de beaucoup d'entre les centres les plus forts de la social-démocratie, à savoir la formation en Russie du groupe des écrivains légalistes du même journal *X. Y. Z.* Qu'ont montré les faits en ces cinq années d'histoire du mouvement ouvrier en Russie et du monde, assez riches en événements? N'ont-ils pas montré que nous sommes en présence d'un noyau social propre à rassembler en Russie les éléments d'un *parti ouvrier* national-libéral (du type « européen »)? Quelles conclusions s'imposent à tous les social-démocrates du fait que nous ne voyons maintenant en Russie d'autre action publique à l'exception des questions d'assurance sociale, que celle de cette tendance. *Notre Cause (Naché Diélo)*, *L'Assurance ouvrière*, *La Voix du Nord*, Maslov et Plékhanov? Une fois encore, défions-nous un peu plus des manifestations d'apparat, ayons un peu plus le courage de regarder bien en face les sérieuses réalités politiques!

1ᵉʳ mai 1915.   N. Lénine.

Les philanthropes bourgeois et la social-démocratie révolutionnaire

L'*Economist*, revue de millionnaires anglais, observe vis-à-vis de la guerre une attitude des plus édifiantes. Les représentants du capital avancé du plus vieux et du plus riche des pays capitalistes déplorent amèrement la guerre et souhaitent inlassablement la paix. Les social-démocrates qui, à la suite des opportunistes et de Kautsky, pensent que le programme socialiste se réduit à une prédication de paix, peuvent, en lisant l'*Economist* britannique, se convaincre de leur erreur. Leur programme n'est pas socialiste, mais pacifiste et bourgeois. Les rêves de paix sans propagande d'action révolutionnaire expriment une horreur de la guerre qui n'a rien de commun avec le socialisme.

Il y a plus. L'*Economist* est partisan de la paix justement parce qu'il a peur de la révolution. Nous lisons par exemple dans son numéro du 13 février 1915 :

Les philanthropes expriment l'espoir que la paix apportera une limitation internationale des armements... Mais ceux qui savent quelle force dirige en réalité la diplomatie révolutionnaire, ne se laissent séduire par aucune utopie. La perspective que nous ouvre la guerre est celle de révolutions sanglantes, de guerres acharnées du travail avec le capital, ou des masses populaires avec les classes dirigeantes de l'Europe continentale.

Et, dans le numéro du 27 mars 1915, nous voyons de nouveau des vœux pour une paix qui assurerait la liberté des nationalités (etc...) promise par Edouard Grey. Si cette espérance ne se réalise pas, la « guerre amènera un chaos révolutionnaire. Nul ne peut dire où commencera ce chaos et comment il finira... ».

Les millionnaires pacifistes anglais comprennent beaucoup mieux la politique contemporaine que les disciples opportunistes de Kautsky et autres socialistes, amants platoniques de la paix.

Messieurs les bourgeois savent : 1° que la paix démocratique n'est qu'une pauvre petite utopie vide et bébête tant que les forces anciennes « dirigent en réalité la diplomatie », c'est-à-dire tant que n'est pas expropriée la classe capitaliste; 2° messieurs les bourgeois discernent la perspective de « révolutions sanglantes », et du « chaos révolutionnaire ». La transformation socialiste apparaît toujours à la bourgeoisie sous les aspects du « chaos révolutionnaire ».

Nous voyons ainsi, dans la politique réelle des pays capitalistes, trois diverses aspirations à la paix :

1° Les millionnaires conscients voudraient hâter la paix par crainte de la révolution. La paix « démocratique » (sans annexion, avec limitation des armements, etc.), ils la considèrent, lucides et véridiques, comme utopique en régime capitaliste.

Cette utopie petite-bourgeoise est préconisée par les opportunistes, les disciples de Kautsky, etc.

2° Les masses populaires inconscientes (petite-bourgeoisie, demi-prolétaires, certains éléments ouvriers, etc.) manifestent, en souhaitant la paix de la façon la plus vague, une protestation grandissante contre la guerre et la croissance d'un état d'esprit confusément révolutionnaire.

3° Les éléments avancés conscients du prolétariat, social-démocrates révolutionnaires, suivant avec attention l'état d'esprit des masses, utilisent leurs aspirations croissantes à la paix non pour cultiver de plates utopies de paix « démocratique » en régime capitaliste, non pour entretenir l'espoir qu'inspirent à certains la philanthropie, les autorités ou la bourgeoisie, mais pour rendre conscient le sentiment révolutionnaire, pour *démontrer* systématiquement, obstinément, inflexiblement, en se servant de l'expérience des masses et de leur état d'esprit, en les éclairant au moyen des milliers de faits de la politique d'avant-guerre : la nécessité de l'action révolutionnaire des masses contre la bourgeoisie et les gouvernements de chaque pays, seul acheminement vers la démocratie et le socialisme.

1ᵉʳ mai 1915.   N. LÉNINE.

De « l'amnistie » et de ses prophètes

...« De toutes parts, et même de la part de quelques camarades, on entend affirmer que la social-démocratie a subi, dans la guerre actuelle, une grave défaite. » Quelle exagération! Il n'y a aucun krach de la II° Internationale. Tout est pour le mieux dans le meilleur des mondes! « Nous ne voyons, à la vérité, aucune raison de donner à notre parti une orientation nouvelle ». Ainsi s'exprime Kautsky, à la page 6 de sa brochure : l'*Internationalisme et la Guerre.*

Tout est pour le mieux... L'Internationale, il est vrai, n'a pas su empêcher la guerre européenne. Mais est-ce bien de sa faute? Les forces lui ont manqué. Avant la guerre, elle a fait tout ce qu'elle pouvait pour empêcher la guerre. Elle n'y a pas réussi. Qu'y faire? L'Internationale est en général « un instrument du temps de paix » (page 38). Quand la guerre éclate, il nous reste une chose à faire : « combattre pour la paix, différer la lutte des classes jusqu'au temps de paix » (page 40).

Toute la philosophie du social-chauvinisme tient dans cet aphorisme de Kautsky. La lutte des classes n'est possible qu'« en temps de paix ». Il faut, pendant la guerre, la paix sociale, la paix civique, l'*Union Sacrée* des ouvriers avec la bourgeoisie, les propriétaires, les clergés. La guerre impérialiste a éclaté en 1914; dès lors, le devoir des ouvriers est de renoncer à la lutte des classes et de faire des vœux pour la paix. En 1925, une nouvelle guerre impérialiste éclatera et, de nouveau, les ouvriers feront des vœux pour la paix. La bourgeoisie de tous les pays peut être bien tranquille. Jamais les travailleurs ne la gêneront quand elle fera la guerre. « Nous ne faisons pas obstacle à la guerre »; selon la formule des disciples russes de Kautsky (*Nacha Zaria*), la lutte des classes, nous la remettons à plus tard, nous la différons jusqu'à la paix. « La lutte des classes en temps de paix! »

Est-il besoin de dire qu'en s'assimilant pareille théorie, les ouvriers se mettraient à la merci de la bourgeoisie et de la camarilla militaire?

Admettre cette théorie, c'est garantir à la bourgeoisie et au gouvernement qu'ils auront toujours le parti ouvrier sous leur coupe, qu'ils peuvent se dispenser de compter avec la classe ouvrière, que celle-ci n'a pas de politique à elle, qu'ils peuvent faire la guerre quand il leur convient sans craindre le risque de complications à l'intérieur. La bourgeoisie et les gouvernements disposent alors du moyen le plus sûr pour détourner l'attention des ouvriers de toute crise intérieure devenue trop aiguë. Il suffit aux provocateurs internationaux qu'ils sachent, en temps voulu, déclancher la guerre; c'est assez qu'un Hindenbourg tire le premier coup de fusil : les ouvriers deviennent aussitôt les dociles instruments de l'impérialisme. Les travailleurs vont assassiner leurs frères du pays voisin, la lutte des classes est oubliée; dans toutes les nations, les travailleurs n'ont plus qu'à adopter la devise essentiellement bourgeoise : « *Right or wrong, my country!* » (*Qu'il ait tort ou raison, c'est d'abord mon pays!*)

Si l'on conçoit ainsi le socialisme, rien de particulier ne s'est passé dans l'Internationale. Il n'y a pas la moindre apparence de krach. Rien n'est plus facile que de revenir au passé de naguère, d'avant-guerre. La paix faite, on se réunira en congrès, les passions se tasseront, chacun de nous comprendra que les « vœux subjectifs » (sur lesquels Kautsky s'arrête longuement) des socialistes des pays ennemis valaient bien les nôtres; on rédigera quel-

que nouvelle motion, et le tour sera joué... Pour que tout marche
bien, il suffit que les socialistes, dans chacun des Etats belligérants,
reconnaissent les mêmes droits à ceux des autres pays. Les social-
chauvins allemands s'écrient : « Nous pouvons voter le budget
parce que notre patrie se défend, parce que nous devons écraser
l'impérialisme britannique. Mais les Français n'ont pas le droit de
voter les crédits de guerre! » Et les social-chauvins français
s'écrient : « Nous aussi, nous avons ce droit, parce que notre patrie
est assaillie, parce que nous devons en finir avec le militarisme
prussien! » Kautsky répudie le critérium de la guerre offensive et
défensive. Mais ce n'est que pour réconcilier les chauvinismes
français et allemand. « Vous avez raison tous deux, vient-il leur
dire. Les uns et les autres doivent défendre leur patrie, les uns et
les autres ont le droit de voter le budget, de se réconcilier avec
leur bourgeoisie, d'envoyer des travailleurs assassiner leurs frères.
Reconnaissez-vous ce droit les uns aux autres. Vous avez le droit
d'être de « bons Allemands » et eux d'être de « bons Français ».
Et si l'un d'entre vous y apporte quelque exagération, par zèle
patriotique, soyons tolérants. (C'est le mot préféré de Kautsky.)
Ne soyons pas rancuniers; nous nous accorderons en temps voulu
l'amnistie réciproque. Le malheur n'est pas grand si quelqu'un
déploie plus de zèle qu'il n'en faut dans la défense d'une bonne
cause. Soyons conciliants. Décrétons l'amnistie, et que tout soit
dit! »

Un autre des apôtres de l'amnistie, Victor Adler, s'exprime
avec plus de netteté encore (*Arbeiter Zeitung* de Vienne, n° 45) :
« Quand nous aurons traversé ces temps difficiles, notre premier
devoir sera de ne pas nous adresser de reproches les uns aux
autres », ou, en d'autres termes, de nous pardonner nos péchés,
d'oublier, socialistes, que nous sommes devenus, pendant la
guerre, et seulement en temps de guerre, des impérialistes; notre
devoir sera d'oublier que nous avons « un peu » aidé les impérialistes de notre pays à exterminer par le fer et par le feu des travailleurs des pays voisins. On ne saurait parler plus franchement.

La théorie de l'amnistie a, chez les social-chauvins de tous
les pays, le plus grand succès. Et plus la fin de la guerre se rapproche, plus les social-chauvins seront férus de cette théorie. Les
plus influents des anciens chefs de la IIe Internationale la défendent
dès à présent avec beaucoup de zèle. Considérez le président du
Bureau Socialiste International, M. Emile Vandervelde, ministre de
son roi. Le grand prophète de l'amnistie, Karl Kautsky, trouve
l'attitude de Vandervelde « extrêmement correcte » et souligne
l'importance de son mérite, la Belgique ayant grandement souffert
de l'invasion. Le fait est que Vandervelde a plus d'une fois déclaré
« comprendre » les social-démocrates allemands et leur situation
si difficile; il ne condamne personne; il se place en un mot sur le
terrain de l'amnistie.

L'argument principal de tous les social-chauvins allemands est invariablement le même. On nous reproche de trahir le socialisme. Mais les Français n'ont-ils pas agi comme nous? Et les Anglais, avec Hyndman? Et les Russes avec Plékhanov, dont le *Novoïé Vrémia* réactionnaire et la *Gazette de la Bourse* de Pétrograd, ainsi que Bernstein, Legien et Sudekum, font l'éloge? En quoi valons-nous moins que ces gens-là?

« L'attitude de la social-démocratie allemande et autrichienne est qualifiée, par les socialistes français, de trahison à l'égard de l'Internationale. Les Français ne comprennent pas que nous avons fait exactement ce qu'ils ont dû faire eux-mêmes. » Ces lignes sont du plus intelligent des opportunistes et des social-chauvins actuels, de Victor Adler. La ligne de la défense y est tracée. Les uns et les autres, nous avons dû faire la même chose, devenir les valets de la bourgeoisie. Avons-nous des raisons de nous en faire grief? Et si nous voulons faire semblant de reconstituer l'Internationale, quelle plate-forme pourrait nous réunir, si ce n'est celle de l'amnistie?

Prenez parmi les Allemands moyens n'importe quel renégat. Jetez un coup d'œil sur les écrits d'un Lensch, d'un Heinisch, d'un Scheidemann, d'un Pernerstorfer. Ils commencent tous par dire : « Nous avons trahi, bon. Mais les Français ont-ils fait mieux? Nous ne sommes pas sans péché. Mais ni les Anglais, ni les Français ne sont des justes ». « *Hund wir sind, ja alle!* » (1). Telle est leur psychologie. L'un d'entre eux, M. Heilmann, rédacteur à la *Chemnitzer Volkszeitung*, écrivait, le 27 mars : « Serons-nous assez sots pour implorer notre pardon à la porte de l'Internationale? Les socialistes français ne valent pas mieux que nous. Etre socialistes internationalistes, c'est, pour nous, être Allemands, puisque c'est, pour les Français, être Français ».

« Votre cœur est avec la France... Je respecte votre sentiment — écrivait récemment dans la revue *Marz* le leader des social-chauvins autrichiens, Pernerstorfer, répondant à une correspondante de la Suisse française qui lui reprochait son chauvinisme. — Je ne comprendrais pas un Français qui, en ces jours de crise nationale, ne serait pas avec sa nation. Mais, de même que vous êtes une bonne Française, je me considère comme un bon Allemand. »

Raisonnement typique d'un bon bourgeois bien éduqué. Mais qu'a-t-il de commun avec le socialisme et l'internationalisme?

Le révisionniste et monarchiste Heine raisonne aussi tout à fait à la Kautsky : « Il est tout à fait indifférent de savoir quelles aspirations ont donné naissance à cette guerre, écrit ce monsieur, dans sa brochure *Gegen die Quertreiber*. Pas plus que nos camarades des autres pays, nous n'avons manqué, nous Allemands, à nos obligations internationales de social-démocrates. Pourquoi ne

------

(1) Tous chiens au même titre! (Dicton allemand).

veut-on pas nous reconnaître les mêmes droits qu'aux Français? »

Il ne vient pas à l'idée de ces gens qu'on peut en arriver ainsi à reconnaître à un socialiste le droit d'être, pendant une grève, un « jaune », un « renard », *puisque d'autres le sont aussi...*

La théorie de l'amnistie avait, auprès de ces personnages, un succès assuré. Ils ne conçoivent évidemment la reconstruction de l'Internationale que sur la base de l'amnistie. La théorie de Kautsky est pour eux un trésor. Kautsky est leur prophète.

De fait, les social-démocrates allemands se placent sur le terrain du monarchisme le plus pur. Le député Heine invite les ouvriers à faire confiance au kaiser, et toute la social-démocratie officielle l'approuve. Le même Heine déclare : « Je le dis ouvertement : si le gouvernement allemand était vraiment le coupable, nous ne pourrions pas agir autrement que nous n'avons agi. Car lorsque la maison brûle, on combat l'incendie, quel que soit l'incendiaire ». (*Les Cahiers mensuels social-démocrates*).

Les socialistes français se placent de fait au point de vue de la bourgeoisie française. Tout comme Heine, Guesde parle de « la maison qui brûle ».

Et c'est à ce moment que survient Kautsky, le « tolérant » Kautsky, pour nous dire : « Jusqu'à présent, nous n'avons rien entendu d'un socialiste sérieux qui puisse nous alarmer au sujet du sort de l'Internationale » (page 36, même brochure).

Evidemment, ces déclarations rassurantes de Kautsky conviennent aux social-chauvins français et allemands, car l'amnistie sera certainement mutuelle. Mais qu'y a-t-il de commun entre tout cela et le socialisme? Et que devient, dans tout cela, l'élémentaire probité politique? L'attitude des socialistes russes et serbes qui ont voté contre les crédits de guerre ne cause pas la moindre gêne à nos social-chauvins. Kautsky survient ici encore très à propos avec son inépuisable réserve de phrases rassurantes. Il est toujours prêt à servir la théorie dont on a besoin. Certes, l'attitude des camarades russes et serbes mérite « l'estime générale ». Leur acte a été courageux. Mais il s'explique par la faiblesse et la jeunesse de leurs partis. « Plus un parti est fort, plus dans ses résolutions se mêlent, aux motifs de la propagande, des considérations d'ordre pratique, et plus il est malaisé de faire une juste part à chaque ordre de motifs ».

Les jeunes partis socialistes qui accomplissent leur devoir ne sont pas pour nous un exemple. L'exemple, demandons-le aux vieux partis séniles et décrépits!

(L'équité nous oblige à ajouter que cette théorie de la fidélité aux principes socialistes considérée comme un péché de jeunesse n'est pas l'invention du seul Kautsky. Bernstein la défend, ainsi que l'amnistie, avec beaucoup de zèle.)

Les faibles tentatives de reprise de relations internationales qui ont été faites jusqu'à ce jour, l'ont été dans la voie dangereuse de cette « amnistie ». La première conférence de Lugano a estimé que l'on ne pouvait condamner personne. Comme si l'on pouvait combattre une trahison énorme, monstrueuse, sans la condamner, sans l'appeler par son nom ! Quant à la conférence de Copenhague, ce fut tout bonnement une comédie; pas un mot n'y fut prononcé qui eût un sens un peu clair. La conférence de Londres s'est conformée aux vœux de la bourgeoisie anglo-française, mais, consciemment, a tenu à garder une voie de recours vers l'amnistie. La conférence féminine internationale de Berne a également pensé qu'on ne pouvait condamner personne. Ses résolutions tiennent tout entières dans le cadre de l'amnistie.

Et pourtant rien ne peut être plus mortel pour le socialisme international que la « solution » de la crise actuelle, par une amnistie réciproque. Que signifierait cela? La reconnaissance de ce qui s'est passé comme d'un fait normal et plus ou moins légitime? On admettrait que l'on peut voter les crédits de guerre et armer les ouvriers d'un pays contre ceux d'un autre, que des socialistes peuvent servir les impérialistes, entrer dans les ministères, recruter des soldats pour les armées des rois. Ce serait ravaler l'Internationale au rang d'une organisation dont la bourgeoisie de tous les pays se gausserait avec raison; ce serait avaler en silence la pilule de Sudekum, abaisser le socialisme au niveau d'une tendance bourgeoise, utilisant une phraséologie particulière; ce serait soutenir les courants les plus bourgeois des partis socialistes nationaux; ce serait réduire à moins que rien le socialisme.

Si l'on en vient à l'amnistie réciproque, la gangrène de l'Internationale doit infailliblement se déclarer. Nous n'aurons plus enfin qu'une Internationale de syndicalistes (ou trade-unionnistes) bornés et de social-réformistes bourgeois. Tout ce qu'il y a de vivant dans le mouvement ouvrier s'écartera d'elle. Il faudra, de toute nécessité, que les ouvriers brisent une Internationale indigne de son nom et fondent ailleurs la véritable et honnête association internationale des travailleurs.

La crise actuelle peut avoir son bon côté pour le mouvement ouvrier. Elle peut devenir le point de départ d'une rénovation, si nous écartons avec dédain la théorie d'amnistie dont nous gratifient les valets du chauvinisme. Les questions se posent en termes catégoriques. Les ouvriers de tous les pays ont reçu une formidable leçon. La lutte irréductible contre « l'amnistie », la scission à l'égard des opportunistes et des social-chauvins, voilà ce qui peut uniquement sauver l'Internationale.

Lorsque vous proposez de déclarer la guerre aux opportunistes et de rompre avec les social-chauvins, et que l'on vous répond : « Casse-cou! Chirurgie! Scission! », sachez que vous avez affaire à des social-chauvins peu conscients et peu sûrs de leur affaire. Ils vous opposeront des arguments apparemment impressionnants. Ils citeront quelques aphorismes rudimentaires sur le sectarisme. Ils

vous prouveront que 10 millions d'ouvriers organisés valent plus
que 100.000 (oubliant que 100.000 socialistes valent infiniment plus
qu'un million de social-chauvins). Ne vous laissez pas impression-
ner, camarade lecteur; exigez que l'on vous réponde nettement sur
la question de « l'amnistie »...

Nous sommes en ce moment peu nombreux. Mais la guerre
de 1914-15 apprend bien des choses aux ouvriers et aux soldats.
Les plus arriérés des prolétaires finiront par comprendre que les
guerres impérialistes ne sont pas nos guerres à nous, que ce sont
pour nous des guerres d'oppression et d'asservissement.

Une ancienne fable française le dit avec justesse :

> Une guerre plus légitime,
> C'est la guerre à qui nous opprime,
> Celle que nous ne faisons pas.

Le caractère monstrueux de la situation actuelle, où nous combattons *pour* nos oppresseurs et ne faisons pas la seule guerre
légitime, conforme à nos intérêts, contre nos ennemis, capitalistes
et gouvernements, l'énormité de cette situation apparaît avec évidence à tout ouvrier tant soit peu conscient. La guerre apprendra
aux ouvriers à préparer et à faire leur seule guerre légitime :
la guerre civile.

21 mai 1915.   G. ZINOVIEV.

Le krach de l'internationalisme platonique

Nous avons déjà dit (voir le n° 41 du *Social-Démocrate*) que
Notre Parole devait tout au moins donner une version précise de
sa plate-forme si ce journal voulait qu'on pût prendre son internationalisme au sérieux. Le n° 85 de *Notre Parole* publie une résolution adoptée par la rédaction et le groupement des rédacteurs
parisiens, résolution qui semble être une réponse pour nous.
« Deux membres de la rédaction, approuvant le contenu de la
résolution, ont déclaré réserver leur opinion sur les méthodes de
la politique intérieure du parti en Russie ». Cette résolution constitue un document remarquable de trouble intime et d'impuissance.

Le mot *internationalisme* y est répété de très nombreuses
fois : on y proclame une « complète rupture idéologique avec
toutes les variétés du nationalisme socialiste », on y cite les motions de Stuttgart et de Bâle. Bonnes intentions sans doute. Seulement..., seulement... c'est de la pure phraséologie, car la rupture
« complète » avec « toutes » les variétés du social-nationalisme
n'a pas été nécessairement formulée, de même que, pour devenir
l'ennemi du capitalisme, il n'est pas indispensable d'énumérer
toutes les variétés de l'exploitation capitaliste. Mais on peut et doit
sans équivoque rompre avec les principales variétés du social-
nationalisme, par exemple avec les tendances Plékhanov, Potres-

sov (*Naché Diélo*), le *Bund*, Axelrod, Kautsky. La résolution promet trop et ne donne rien. Elle menace d'une rupture complète toutes les variétés et craint de mentionner les plus importantes.

...La coutume du Parlement anglais considère comme impoli d'appeler un député par son nom. Il est admis de ne parler que des « nobles lords » et des « très honorables députés de tel comté ». Quels parfaits anglomanes, quels diplomates raffinés, ces gens de *Notre Parole!* Ils évitent avec tant d'élégance le fond de la cause, ils nourrissent si poliment le lecteur de formules qui dissimulent leur pensée! Ils proclament leur « attitude amicale » (— Guizot et c'est tout! — comme dit un personnage de Tourguéniev) envers toutes les organisations « dans la mesure où elles appliquent les principes de l'internationalisme révolutionnaire... » et ils gardent une « attitude amicale » avec ceux précisément qui n'appliquent pas ces principes.

La « discrimination idéologique » que le groupe de *Notre Parole* peut d'autant moins réaliser qu'il la proclame plus solennellement consiste à élucider *d'où* vient le social-nationalisme, *d'où vient* sa force, *comment* le combattre. Les social-nationalistes ne s'appellent pas et ne se reconnaissent pas tels. Ils font et doivent faire tout leur possible pour se cacher derrière des pseudonymes, pour jeter de la poudre aux yeux des masses ouvrières, pour effacer les traces de leur nouvelle liaison avec l'opportunisme, pour dissimuler leur trahison, c'est-à-dire leur passage effectif à la bourgeoisie, leur alliance avec les gouvernements et les états-majors. Appuyés sur cette alliance, tenant toutes les positions, les social-nationalistes crient maintenant plus que quiconque à l'unité des partis social-démocrates, accusant de scissionnisme les ennemis de l'opportunisme (voir la dernière circulaire officielle de la direction de la social-démocratie allemande contre les revues *authentiquement* internationalistes *Lichtstrahlen (Rayons de Lumière et die Internationale)*. — Ces revues n'ont pas eu besoin de proclamer leur « attitude amicale » envers les révolutionnaires, ni leur « séparation complète de toutes les variétés du social-nationalisme »; elles ont tout bonnement commencé à s'en séparer et commencé de telle façon qu'en vérité « toutes les variétés » de l'opportunisme se sont mises à pousser de furieuses clameurs, montrant ainsi que les flèches qui leur étaient destinées les avaient bien touchées.

Et *Notre Parole?*

Ce journal s'insurge, mais *à genoux*, contre le social-nationalisme, car il ne démasque pas les défenseurs les plus dangereux de cette tendance bourgeoise (tels que Kautsky), car il ne déclare pas la guerre à l'opportunisme, mais au contraire le passe sous silence, car il ne fait pas la moindre démarche réelle pour émanciper le socialisme de la déshonorante captivité que lui impose le patriotisme, car il n'indique même rien dans ce sens. Disant que l'unité avec ceux qui ont passé à la bourgeoisie n'est pas obligatoire, mais que la scission ne l'est pas non plus, *Notre Parole* se rend en fait à la merci aux opportunistes, mais avec un si beau geste qu'on peut croire qu'elle les menace de son courroux ou qu'elle leur fait un gentil signe de la main. Le plus probable est que les opportunistes vraiment habiles, sachant apprécier l'union des phrases de gauche avec une pratique modérée, eussent répondu à la résolution de *Notre Parole* (si on les avait mis en demeure d'y répondre) à peu près comme deux des membres de la rédaction : Nous sommes d'accord avec le « contenu général » du texte (car nous ne sommes nullement des social-nationalistes, loin de là !), mais nous nous réservons d'exposer en temps voulu « notre opinion particulière », sur « les méthodes d'organisation de la politique intérieure du parti ». Les loups sont rassasiés et les agneaux sains et saufs.

Il n'est rien resté de la diplomatie raffinée de *Notre Parole* dès qu'il a fallu parler de Russie.

« L'unification du parti s'est révélée impossible en Russie dans les conditions de l'époque précédente », déclare la résolution. Lisez : L'unification du parti ouvrier avec un groupe de liquidateurs légalistes a été impossible. Aveu indirect de la faillite du bloc de Bruxelles formé pour le sauvetage des liquidateurs. Pourquoi *Notre Parole* craint-elle de reconnaître ouvertement cette faillite? Pourquoi craint-elle d'en rechercher ouvertement les causes devant les ouvriers? Ne serait-ce pas que la faillite de ce bloc a démontré par les faits que la politique de tous ses participants était fausse, ne serait-ce pas que *Notre Parole* veut conserver des « relations amicales » avec deux « variétés » (pas moins de deux) du social-nationalisme, à savoir : avec le *Bund* et avec le Comité unitaire (Axelrod), qui ont donné à la presse des déclarations manifestant leurs espérances et leurs intentions quant à une résurrection du Bloc de Bruxelles?

« La nouvelle situation..., c'est un éboulement du sol pour les anciennes fractions... »

Mais n'est-ce pas plutôt le contraire? La nouvelle situation n'a pas fait disparaître la tendance liquidatrice, n'a pas même ébranlé, malgré toutes les hésitations et les variations personnelles, son noyau principal (*Notre Aube*), a approfondi et tendu les divergences de vues avec cette tendance devenue en outre social-nationaliste! *Notre Parole* élude la question désagréable du liquidationnisme, puisque le passé est ruiné par le présent, et fait le silence sur le *nouveau* terrain du social-nationalisme qui s'est créé *sous les pieds du vieux... liquidationnisme*. Amusante échappatoire. Nous ne dirons rien de *Notre Aube*, puisqu'elle n'existe déjà plus; et de *Notre Cause*, nous ne dirons rien non plus, parce que Potressov, Tchérévanine, Maslov et Cie peuvent être considérés, en politique, comme des nouveau-nés.

Mais il n'y a pas que Potressov et Cie que les rédacteurs de

Notre Parole voudraient considérer comme des nouveau-nés. Ils voudraient se présenter de même :

« Devant le fait que les fractions et les groupements interfractionnels formés à l'époque antérieure constituent encore dans la transition présente » (remarquez-le!) « les seuls points d'une concentration même très insuffisamment organisée des ouvriers avancés, — *Notre Parole* considère que les intérêts de son activité principale pour l'union des internationalistes excluent également la subordination directe ou indirecte du journal, en matière d'organisation, à un des anciens groupements du parti, et le groupement artificiel de ceux qui partagent sa pensée en une fraction distincte qui s'opposerait politiquement aux anciens groupements ».

Quoi? Comment? *Puisque* la situation nouvelle ruine les anciens groupements, nous reconnaissons ces groupements comme les seuls réels! *Puisque* la situation nouvelle exige un regroupement non sur le liquidationnisme mais sur l'internationalisme, nous nous refusons à grouper artificiellement les internationalistes! C'est une apothéose véritable de l'impotence politique.

Après deux cents jours de propagande internationaliste, *Notre Parole* avoue son krach politique complet : ne pas « se soumettre » (pourquoi ce mot empreint de frayeur? pourquoi ne pas parler de *se joindre*, de *soutenir*, de *se solidariser*?) aux anciens groupes, ne pas en créer de nouveaux. Nous vivrons comme par le passé groupés contre le liquidationnisme, « nous soumettant » à ces groupements; et que *Notre Parole* reste une sorte d'enseigne criarde ou qu'elle guide une promenade désœuvrée dans les jardins de la rhétorique internationaliste. Les écrivains de *Notre Parole* continueront à jeter de la copie, les lecteurs de *Notre Parole* continueront à lire.

Deux cents jours durant, nous avons parlé du rassemblement des internationalistes pour arriver à conclure que nous ne pouvons rassembler personne, absolument personne, ne pouvant même nous rassembler nous-mêmes, rédacteurs et collaborateurs de *Notre Parole*. Et nous déclarons ce rassemblement « artificiel ». Quel triomphe pour Potressov, pour les *bundistes*, pour Axelrod! Et quelle façon habile de tromper les ouvriers : à l'avers de la médaille, les brillantes phrases internationalistes de *Notre Parole*, organe libéré de l'esprit fractionnel et des vieux groupements surannés; au revers, les vieux groupements restant les « seuls » points de rassemblement.

Le krach idéologique et politique avoué maintenant par *Notre Parole* n'est pas un effet du hasard mais le résultat inévitable des efforts prodigués pour éluder par des habiletés verbales les véritables rapports de forces. Ces rapports, dans le mouvement ouvrier russe, se réduisent à la lutte des tendances liquidatrice et social-patriote (*Notre Cause*) avec le parti ouvrier social-démocrate marxiste reconstitué à la conférence de janvier 1910, affermi par les curies ouvrières lors des élections à la 4ᵉ Douma, fortifié par les *Pravda* de 1910-1914, représenté par la fraction parlementaire du parti ouvrier social-démocrate russe. Ce parti a *continué* sa lutte contre la tendance bourgeoise du liquidationnisme par une lutte contre la tendance non moins bourgeoise du social-patriotisme. La justesse de la politique de ce parti, de notre parti est confirmée par la vaste expérience, d'une portée historique mondiale, de la guerre européenne et par l'infime expérience de la nouvelle et mille et unième tentative d'unification en dehors des fractions, esquissée par *Notre Parole*. Cette tentative se termine par un fiasco, confirmant ainsi la résolution de la conférence de Berne sur les internationalistes platoniques.

Les vrais internationalistes ne consentiront pas à demeurer (en le cachant aux ouvriers) dans les vieux groupements de liquidateurs, ni à rester en dehors de tout groupement. Ils viendront à notre parti.

21 mai 1915.   N. LÉNINE.

La social-démocratie allemande et la future Internationale

La social-démocratie allemande, officiellement unifiée, met actuellement aux prises *deux* partis, *deux* idéologies de classe, *deux* programmes : celui de la politique ouvrière nationalo-libérale et celui de la politique ouvrière social-démocrate.

La bourgeoisie allemande et, d'une façon générale, toutes les couches dirigeantes de la société allemande, comprennent fort bien l'immense importance politique de cette lutte dans la social-démocratie allemande. Parbleu ! La social-démocratie tient en Allemagne le premier rang, par le nombre de voix réunies aux élections, elle constitue le parti politique numériquement le plus fort. D'après le calcul des social-démocrates allemands, les ouvriers membres du parti et des syndicats ne forment pas moins de 40 corps d'armée dans l'armée combattante actuelle. La social-démocratie allemande a donné à Guillaume II un million et demi de soldats. Ce million et demi de soldats décidera peut-être de l'issue de la guerre. Il est clair pour l'Allemagne gouvernante que rien n'est plus important que l'état d'esprit de ces quarante corps d'armée, le degré d'influence des opportunistes bourgeois sur eux, l'avance de la social-démocratie officielle dans la voie du libéralisme national. Entraîner définitivement la social-démocratie avec soi, obtenir qu'elle se fixe sans retour sur une idéologie nationale, c'est, pour la bourgeoisie, résoudre un problème politique d'une importance incalculable.

Et nous voyons la partie la plus clairvoyante de la bourgeoisie et des junkers pleinement consciente de la gravité du problème, appliquer toutes ses forces à provoquer la solution en sa propre faveur des luttes engagées dans la social-démocratie.

A cet égard, l'article remarquable *sur la Social-Démocratie et la Guerre mondiale*, paru en avril dans la revue *Preussische Jahrbücher*, présente une importance politique inappréciable. Cette revue est celle des conservateurs les plus éclairés. Des ministres et des anciens ministres y collaborent. Elle tient par nombre de fils au ministère allemand des Affaires étrangères. L'universitaire conservateur bien connu Delbrück la dirige. Beaucoup d'entre les *Weltpolitiker* (1) impérialistes les plus influents y collaborent. Or, cette revue influente (2) se demande ce qui se passe actuellement dans la social-démocratie allemande et quel doit être le programme de l'Allemagne gouvernante vis-à-vis de ce qui s'y passe.

Trois tendances sont aux prises dans la social-démocratie allemande. L'organe conservateur manifeste un dédain non dissimulé pour le centre. Les *Preussische Jahrbücher* sont rédigés par des politiques lucides qui ne comptent qu'avec la force réelle. On ne peut reconnaître d'influence pratique à la *Neue Zeit* (*Le Nouveau Temps*, organe du centre). Aussi est-il, à la vérité, assez indifférent de savoir quelle attitude adopte cette revue en présence des problèmes nationaux et internationaux posés par la guerre. La *Neue Zeit* a publié de nombreux articles sur la guerre, mais en évitant de s'y prononcer ouvertement contre la fraction parlementaire social-démocrate. Cela correspond à la position de son directeur, Karl Kautsky, qui n'est ni pour ni contre le vote des crédits... Le *Hamburger Echo* (le principal organe de combat de la majorité social-chauvine) s'est moqué avec raison et esprit de cette position de Kautsky avec qui aucun journal ne s'est solidarisé. (*Preussische Jahrbücher*, n° 4, 1915, p. 39).

Le centre, qui s'évertue à s'asseoir entre deux chaises, a bien mérité ce magnifique dédain des politiques des plus intelligents de la bourgeoisie. Vous ne savez pas vous-mêmes, messieurs, ce que vous voulez. Et vous ne nous êtes nullement dangereux puisque, n'osant pas vous dresser contre les Südekum et les Scheidemann, vous vous aplatissez devant eux, — voilà ce que dit à Kautsky et à ses amis la bourgeoisie allemande. Et elle a pleinement raison. Espérons que l'attitude du centre sera considérée avec un mépris tout aussi mérité par les ouvriers internationalistes conscients.

Deux forces sérieuses existent dans la social-démocratie allemande : la majorité officielle et l'opposition de gauche. Telle est la juste opinion de l'organe conservateur. La tâche de l'Allemagne gouvernante, nos conservateurs intelligents la voient comme

---

(1) Hommes politiques spécialisés dans la politique mondiale. — *N. D. T.*

(2) L'article est signé du pseudonyme *Monitor*. L'éditeur de la revue Delbrück, dit dans un article paru dans le même numéro : « Nous allons, sans nul doute, vers une transformation capitale du caractère de nos partis ou vers leur regroupement. Il est symptomatique que notre revue ait pu publier dans ce numéro un article dû à la plume d'un *social-démocrate*. » L'article est adopté par l'organe conservateur parce qu'il est en réalité dicté par les politiques de la bourgeoisie, parce qu'il expose le programme commun de la bourgeoisie et des opportunistes.

étant de contribuer à la victoire de la première et de réduire l'autre à l'impuissance de nuire.

L'union des social-chauvins allemands avec la bourgeoisie nationale libérale et les hobereaux en est déjà arrivée au point d'écarter toute diplomatie comme luxe superflu. Vous êtes venus à nous, vous êtes devenus un parti national authentique, il ne s'agit plus pour nous que de réunir nos efforts pour affaiblir et, si possible, anéantir les individus dénationalisés qui s'attaquent à la politique de la fraction parlementaire du parti inaugurée le 4 août 1914. La politique de la fraction social-démocrate du 4 août est la nôtre. C'est celle de la bourgeoisie et des opportunistes. Nous n'avons donc qu'un ennemi commun.

Telle est la franchise de la revue conservatrice.

Elle ne ménage pas les éloges à la majorité social-chauvine. Les discours de M. Scheidemann, elle les trouve superbes (*prächtig*). Les « instances responsables » du parti sont portées aux nues pour leur résistance aux « scissionnistes », à Stuttgart, pour leurs mesures énergiques contre « la guerre souterraine faite par d'obscurs anonymes à la politique de la majorité de la fraction parlementaire social-démocrate ». L'organe conservateur cite avec enthousiasme le témoignage élogieux du journal des patrons fauteurs de lock-out (*Deustche Arbeitgeberzeitung*, journal qui a bien voulu reconnaître que la social-démocratie officielle et ses syndicats se sont maintenant amendés, ayant compris « les grandes tâches de notre époque »). En un mot, « l'attitude de la fraction parlementaire social-démocrate est, depuis le commencement de la guerre, du point de vue de la patrie, tout à fait *irresponsable* » (1).

Pour les politiciens pratiques de la bourgeoisie et des hobereaux, une circonstance encore doit être élucidée : on se demande si la social-démocratie trouvera en elle-même, à l'avenir, dans le travail pacifique, la force de déduire de son attitude en temps de guerre toutes les conséquences politiques. Cette question inquiète fortement, comme il est naturel, les conservateurs des *Preussische Jarhbücher*. Ils se disent que cela dépendra d'eux dans une certaine mesure. « Nous » ne devons pas trop exiger de la social-démocratie officielle. Certes, nous ne pouvons consentir à de grandes ou sérieuses concessions. « Il va de soi qu'ayant rempli leur devoir envers la patrie, nos concitoyens social-démocrates ne peuvent exiger de compensation particulière. » Car « ils agissent avec un désintéressement complet, mus par le seul amour sacré de la patrie. Parler d'une rétribution quelconque serait une profanation ». On

---

(1) Il faut remarquer que le secrétaire de l'ancienne ligue d'action contre la social-démocratie (*Reischlügenderband*), dissoute comme inutile la social-démocratie ayant quitté le chemin de l'erreur, M. Ervin Bälger a déjà offert aux social-chauvins les mêmes marques de distinction. Dans sa brochure *La Social-démocratie après la Guerre*, ce monsieur déclare solennellement qu'à partir du 4 août l'attitude de la social-démocratie officielle a été « honorable et irréprochable » (*tadellos, ehrenhaft*).

peut cependant consentir à de petites concessions apparentes. Il ne faut pas être tatillon. Point n'est, par exemple, besoin d'empiéter encore sur le droit de coalition. D'autant que la social-démocratie officielle n'est plus dangereuse. Nul besoin d'être intraitable, puisqu'on n'a plus rien à craindre ; il est désormais hors de doute que « nous » amènerons la social-démocratie officielle à « abandonner son opposition de principe aux exigences du militarisme ». De sa mentalité républicaine, il ne restera pas non plus grand'chose. « L'expérience de la guerre n'a certes pas contribué à renforcer les dispositions antimonarchiques de la social-démocratie. Quiconque fréquente des social-démocrates s'aperçoit plutôt du contraire. »

Tout va bien « pour nous ». Seulement... seulement, pour l'amour de Dieu, ne soyons pas trop exigeants. N'oublions pas qu'il y a une opposition de gauche, n'oublions pas que nos amis Scheidemann, Südekum, Legien, Heine et d'autres ont tout de même affaire *à des ouvriers*. « Le processus de transformation » se poursuit avec rapidité dans le parti officiel. Il faut seulement se rendre compte de ce qu'on peut et ne peut pas en exiger. « On ne réussira naturellement pas à éduquer en lui (il s'agit du parti) un brave petit garçon parlementaire. Il doit garder le caractère d'un parti ouvrier aux idéaux socialistes. Car le jour où il y renoncerait, un nouveau parti surgirait, reprenant le programme que l'ancien aurait abandonné, pour le formuler en des termes encore plus énergiques. »

Ces mots sont remarquables, ils valent vraiment d'être retenus par l'histoire. Une main experte et ferme esquisse ici tout le programme, dicté à la social-démocratie officielle *par la bourgeoisie* et que les social-chauvins appliquent en entier dès aujourd'hui.

Des réactionnaires à tout crin, des idéologues de la grande propriété foncière et du capital, des ennemis jurés du socialisme, des hommes qui ne parlent des idéaux socialistes que l'écume aux lèvres pour peu que ces idéaux soient pris au sérieux, — disent tout haut : « Il *nous* serait désavantageux, à nous, bourgeoisie, que la social-démocratie officielle d'aujourd'hui répudiât ouvertement le programme social-démocrate ; bourgeoisie, *nous* avons besoin que la social-démocratie officielle, devenue en réalité un parti national-libéral, conserve en paroles « les idéaux socialistes ». Nous en avons besoin pour que ne surgisse pas un autre parti plus avancé, authentiquement socialiste. Il le faut comme une enseigne, comme un appât pour les ouvriers. Il le faut pour que les Scheidemann puissent plus commodément élargir sous le drapeau de la social-démocratie l'influence de la bourgeoisie. Il le faut pour tromper les ouvriers avec plus de succès. »

Ce programme *est appliqué en réalité* par tous les opportunistes. Les phrases sur le socialisme et les idéaux socialistes, ils les gardent. Oh! ils sont socialistes comme par le passé ! Ils ne proposent même pas de révision du programme. Voyons! quel politique réaliste se soucie d'un programme! Un programme n'a pas plus d'importance pour ces partis que le traité de la neutralité belge n'en a pour Bethmann-Hollweg : un chiffon de papier. Ils sont socialistes comme en France (surtout à la veille des élections) tout bourgeois ou presque se qualifie socialiste, à commencer par les « socialistes indépendants », Briand et Millerand, pour finir par les hommes d'affaires matois et par les requins de Bourse du parti radical-socialiste. MM. Heine et Scheidemann ne se distinguent en rien de ces socialistes-là.

On se demande jusqu'à quand durera cette grandiose duperie des ouvriers ?

Elle durera tant que la tendance de gauche, d'opposition, la seule tendance vraiment social-démocrate du parti allemand, ne s'unifiera pas, ne consommera pas la rupture avec les opportunistes et ne se mettra pas à dénoncer impitoyablement la grande duperie.

Il est beaucoup donné à la gauche du parti allemand, mais il lui sera beaucoup demandé. Nous voyons clairement que si l'Allemagne dirigeante craint quelque chose, c'est bien cette tendance. L'Allemagne dirigeante a une peur mortelle que les social-démocrates de gauche ne forment leur parti authentiquement ouvrier, car elle sait que les social-chauvins seront alors démasqués et que la masse ouvrière suivra le nouveau parti et non les social-impérialistes. C'est justement pourquoi la bourgeoisie recommande elle-même aux Scheidemann de ne pas renoncer aux « idéaux socialistes ». La bourgeoisie sera, sans réserve, d'avis, après la guerre, que les Scheidemann « s'orientent quelque peu à gauche » et que leur parti officiel adopte quelques résolutions pseudo-marxistes dans le goût de Kautsky. *Pourvu que les masses ouvrières n'aient pas à examiner elles-mêmes les questions litigieuses*, pourvu que la question — socialisme et nationalisme — ne se pose pas brutalement devant elles. A l'heure actuelle, pendant la guerre, la bourgeoisie protège l'unité de la social-démocratie allemande, à l'aide de mesures de police. Quiconque blâme la fraction parlementaire social-démocrate ou le comité wurtembourgeois du parti, ou Sudekum et Scheidemann, risque d'être l'objet de mesures de répression. La bourgeoisie n'aura plus besoin à l'avenir de recourir à des mesures aussi extraordinaires. Mais sa politique sera au fond la même, consistant à soutenir de toutes ses forces les social-chauvins actuels afin de ne pas laisser se former un vrai parti social-démocrate, consistant à tromper les ouvriers en leur persuadant que les social-impérialistes n'ont nullement renoncé aux idéaux socialistes.

La tendance de gauche est, en Allemagne, la seule espérance des éléments internationalistes de tous les pays. Mais dans quelle phase se trouve maintenant sa formation?

On ne peut douter que les éléments de gauche soient, au point

de vue numérique, en voie de croissance et qu'ils ne constituent
déjà en Allemagne une force considérable. Quelle que soit la haine
vouée par l'auteur de l'article des *Preussische Jarhbücher* à cet élément de gauche, quelle que soit sa façon de grincer des dents à
leur adresse, il faut bien qu'il reconnaisse que dix journaux quotidiens partagent dans l'ensemble les opinions des gauches. Dix
quotidiens, c'est une grandeur. Nous savons en outre qu'en d'autres endroits les ouvriers élèvent contre les journaux social-chauvins officiels leur protestation. A Stuttgart, les ouvriers social-démocrates ont rompu avec l'organisation social-chauvine officielle ;
à Hambourg, l'opposition grandit ; à Berlin, elle a la majorité manifeste; à Leipzig, Dusseldorf et Francfort, de formidables majorités se sont exprimées contre la politique du 4 août.

Mais, ni dans le domaine idéologique ni en politique, les gauches d'Allemagne ne se sont encore unifiées. La gauche est encore
en fermentation, en devenir. L'apparition de sa revue combative,
Die Internationale (rédigée par Rosa Luxembourg et Mehring),
qui flagelle d'excellente façon l'hypocrisie de Kautsky et C⁵, est un
grand pas en avant. Mais *Die Internationale* souligne elle-même,
dans un de ses articles, que l'unification des gauches ne fait que
commencer. Et pour peu qu'on porte attention à cette gauche, on
découvre aisément qu'elle embrasse à son tour deux tendances. L'une
semble enfin se résoudre à une rupture complète avec les social-chauvins. L'autre tient à rester absolument dans les cadres d'un parti
« unique », c'est-à-dire à demeurer plus ou moins une opposition
loyale. Cette division s'exprime en ce que, sur dix-sept députés tenant pour criminel le vote des crédits de guerre, deux seulement
votent *contre* au Reichstag et quinze votent *pour* afin de se montrer disciplinés envers la bande chauvine qui a depuis longtemps
rompu avec la social-démocratie. Les hésitations des gauches se
sont aussi exprimées aux récentes conférences internationales des
femmes et de la jeunesse à Berne où les gauches allemands eurent,
en fait, le rôle d'un « centre » et consentirent, au nom de « l'unité », à un compromis avec les opportunistes.

L'opposition dite « loyale » n'est nullement redoutée des social-chauvins. M. Heine lui-même, qui parle de la révolution et du
socialisme en des termes identiques à ceux de Struhve et d'Isgoïev,
est disposé à tolérer une opposition de Sa Majesté. Il donne aux
« scissionnistes » l'exemple des éléments loyaux : « Les prétendus radicaux et les prétendus modérés sont tombés d'accord sur
le vote de crédits et ceux qui ont leur façon de penser particulière
sont, à une insignifiante exception près, soumis à la majorité. »

L'insignifiante exception, c'est Liebknecht.

Dans de certaines situations, la scission, la rupture, au point
de vue de l'organisation, avec les anciens camarades qui ont trahi
le vieux drapeau, devient le premier devoir du révolutionnaire. Si
jamais telle situation fut donnée, c'est bien maintenant aux social-

démocrates révolutionnaires d'Allemagne. Bebel déclarait autrefois que, si les tendances révisionnistes aspirant à estomper la lutte des classes avaient triomphé au congrès, il eût été le premier à élever contre un tel parti le drapeau de l'insurrection. Quelque chose de beaucoup plus grave est maintenant arrivé. Des bourgeois typiques, tel que le monarchiste M. Heine contre lequel la social-démocratie officielle n'ose prononcer un mot, se sont mis à la tête du parti social-démocrate allemand naguère glorieux. La social-démocratie officielle est devenue *nationalo-libérale*. Et l'on ne s'insurgerait pas contre elle !

Aux social-démocrates allemands de gauche incombe le devoir de se placer au premier rang dans l'accomplissement de cette tâche honorable et qui impose de hautes responsabilités. Dans chaque pays, les éléments de gauche ont naturellement à décider eux-mêmes du rythme de leur action contre le social-chauvinisme, du moment et des formes de la rupture avec lui. Mais notre tâche est au fond unique. L'avenir le plus rapproché de la nouvelle Internationale dépend surtout de la lutte de la tendance allemande de gauche, de son degré d'unification, du degré d'énergie qu'elle mettra à creuser un fossé entre elle-même et les social-chauvins.

Les choses se présentent ainsi : ou nous justifierons les espérances de la *bourgeoisie* internationale et permettrons aux social-chauvins de tous les pays de reconstituer l'Internationale nationalo-libérale avec une teinture verbale « d'idéaux socialistes », comme le veut le programme des opportunistes, de Kautsky et de la bourgeoisie ; ou nous justifierons les espérances des *ouvriers* internationalistes et marcherons à pas résolus vers la création de l'Internationale socialiste sur les bases de la rupture avec les opportunistes.

Ou l'idéal socialiste cher à la bourgeoisie, ou l'idéal socialiste du prolétariat.

G. ZINOVIEV.

21 mai 1915.

De la lutte avec le social-chauvinisme

La documentation la plus intéressante et la plus récente sur ce sujet de brûlante actualité est donnée par la conférence internationale des femmes socialistes, récemment terminée à Berne. Les lecteurs trouveront plus bas le compte rendu de cette conférence et le texte des résolutions qu'elle a adoptées et repoussées. Dans le présent article, nous n'avons que l'intention de nous arrêter sur un aspect de la question.

Les déléguées des organisations féminines auprès du Comité unitaire, les Hollandaises du parti de Troelstra, les Suissesses de l'organisation qui combat énergiquement la *Berner Tagwacht* pour son orientation paraît-il trop à gauche, la déléguée française désireuse de ne se séparer sur aucune question tant soit peu importante de son parti officiel qui se place comme on sait sur une plateforme social-chauvine, les Anglaises, hostiles à la discrimination du pacifisme et de la tactique prolétarienne révolutionnaire, se sont unies avec les social-démocrates allemandes de gauche sur une résolution. Les déléguées des organisations féminines du comité central de notre parti se sont séparées de cette majorité, préférant demeurer temporairement isolées, plutôt que de participer à un tel bloc.

Quelle fut la nature du désaccord ? Quelle est sa signification sociale et de principe ?

A première vue, la résolution moyenne qui a réuni les suffrages des opportunistes et d'une partie des gauches produit une bonne impression et paraît juste en principe. La guerre y est reconnue impérialiste, la défense nationale y est condamnée, les ouvriers y sont appelés à des manifestations de masse, etc. Il semble que notre texte ne diffère de celui-ci que par quelques expressions plus brutales telles que « trahison », « opportunisme », « sortie des ministères bourgeois », etc.

Et c'est certainement de ce point de vue que sera critiqué le fait que la délégation des organisations féminines s'est séparée du comité central de notre parti.

Mais il suffit de considérer les choses avec un peu plus d'attention, sans se contenter d'une reconnaissance formelle de telle ou telle vérité, pour voir combien cette critique est inconsistante.

Deux conceptions générales philosophiques, deux appréciations portées sur la guerre et sur les tâches de l'Internationale, deux tactiques de parti prolétarien se sont heurtées au congrès. Une opinion soutient qu'il n'y a pas eu de krach de l'Internationale, qu'il n'y a pas d'obstacles sérieux et profonds empêchant le retour des chauvins au socialisme, qu'il n'y a pas dans le mouvement ouvrier d'ennemi intérieur redoutable incarné par l'opportunisme, que celui-ci n'a pas trahi manifestement, ouvertement, indéniablement le socialisme. D'où la conclusion : ne condamnons personne, amnistions les violateurs des résolutions de Stuttgart et de Bâle, contentons-nous de conseiller une orientation un peu plus à gauche et d'appeler les masses à manifester.

L'autre opinion est, sur tous les points énumérés, diamétralement opposée à celle-ci. Rien n'est plus nuisible et plus néfaste à la cause prolétarienne que la continuation, à l'intérieur du parti, du *jeu diplomatique* avec les opportunistes et les social-chauvins. La résolution de la majorité a été acceptable pour les opportunistes et les délégués attachés aux partis officiels actuels, parce qu'elle était profondément imbue d'un esprit diplomatique. Cette diplomatie sert à jeter de la poudre aux yeux des masses ouvrières *maintenant* dirigées par les social-patriotes officiels. On inculque aux masses ouvrières l'idée indiscutablement erronée et dangereuse que les partis social-démocrates actuels, avec leurs directions *actuelles*, sont *capables* d'adopter une nouvelle orientation et de faire, au lieu d'une politique fausse, une politique juste.

Il n'en est pas ainsi. C'est l'erreur la plus profonde et la plus néfaste. Les partis social-démocrates d'aujourd'hui et leurs directions sont *incapables* de changer sérieusement d'orientation. *En réalité*, tout restera comme par le passé. Et les vœux de gauche exprimés dans la résolution de la majorité resteront des vœux innocents, ce que le sûr instinct politique des délégués du parti de Troelstra ou de la direction actuelle du parti français, qui ont voté cette résolution, faisaient entrer en ligne de compte. L'appel adressé aux masses, les conviant à manifester, ne peut acquérir de signification sérieuse, pratique, efficace, que s'il est activement soutenu par les directions des partis social-démocrates actuels.

Peut-on s'attendre à ce qu'elles le soutiennent? Evidemment non. On conçoit que cet appel rencontrera non l'appui, mais l'opposition acharnée, et le plus souvent voilée, des directions de partis.

Si on l'avait dit tout net aux ouvriers, les ouvriers sauraient la vérité. Ils sauraient que pour réaliser les vœux des gauches, il faut une modification radicale de l'orientation des partis social-démocrates, il faut la lutte la plus opiniâtre avec les opportunistes et leurs amis du centre. Or, on a maintenant bercé les ouvriers de vœux radicaux, en se refusant à appeler hautement et clairement le mal par son nom, le mal sans la lutte contre lequel les vœux sont irréalisables.

Les leaders diplomates, protagonistes de la politique chauvine dans les partis social-démocrates actuels, tirent à merveille avantage de l'indécision et du manque de netteté de la résolution de la majorité. Habiles parlementaires, ils se partageront les rôles. Les uns diront : « Les arguments sérieux de Kautsky et Cie n'ont pas été appréciés, étudiés; reprenons-en l'étude dans un cercle élargi ». D'autres diront : « Voyez, n'avions-nous pas raison de dire qu'il n'existe pas de profonds désaccords parmi nous puisque les déléguées du parti de Troelstra et celles du parti de Guesde et de Sembat sont tombées d'accord avec les représentantes de la gauche allemande? »

La conférence des femmes devait, au lieu de venir en aide à Scheidemann, à Haase, à Vandervelde, à Hyndmann, à Guesde et Sembat, à Plékhanov, etc., — au lieu d'endormir les masses ouvrières, — s'efforcer de les réveiller et déclarer une guerre acharnée à l'opportunisme. Alors seulement l'espérance d'un amendement des chefs ci-dessus nommés en eût été le résultat pratique et l'on eût eu le rassemblement des forces pour une action sérieuse et difficile.

Considérez la question de la violation par les opportunistes et les centristes des résolutions de Stuttgart et de Bâle : *tout est là.*

Représentez-vous nettement et clairement, sans diplomatie, ce qui s'est passé.

Prévoyant la guerre, l'Internationale se réunit et décide à l'unanimité de travailler, en cas de guerre, à « hâter le krach du capitalisme », de travailler dans l'esprit *de la Commune, d'Octobre et de Décembre 1905* (termes textuels de la résolution de Bâle), de travailler dans un tel esprit que le fait pour « des ouvriers d'un pays de tirer sur les ouvriers d'un autre pays » soit considéré comme « un crime ».

Le sens du travail international, prolétarien, révolutionnaire est ici indiqué avec une complète netteté, si clairement qu'on ne pouvait dire mieux, du moins en observant la légalité.

La guerre éclate, justement telle que l'avait prévue la résolution de Bâle. Les partis officiels font exactement le contraire de ce qu'ils devaient faire, agissant non en internationalistes mais en nationalistes, non en prolétaires mais en bourgeois, non en révolutionnaires mais en ultra-opportunistes. Si nous disons aux ouvriers: « une trahison manifeste du socialisme a eu lieu », nous balayons d'un seul mot toutes les échappatoires, toutes les subtilités, tous les sophismes à la façon de Kautsky et d'Axelrod, nous indiquons clairement la profondeur et la force du mal, nous appelons clairement à la lutte contre le mal et non à la réconciliation avec lui.

Mais la résolution de la majorité bernoise? Pas un mot n'y condamne les traîtres, pas une syllabe n'y concerne l'opportunisme; une simple *répétition* des idées de la résolution de Bâle. Comme si rien de sérieux n'était advenu. Une faute occasionnelle a été commise. Il suffit de *répéter* l'ancienne résolution: un désaccord peu profond, qui n'est point de principe, s'est produit. Il suffit de *le masquer*.

C'est *se moquer* des résolutions de l'Internationale, se moquer des ouvriers! Les social-chauvins ne veulent en réalité rien d'autre que la simple *répétition* des vieilles résolutions pourvu que rien ne change dans les faits. C'est à la vérité *l'amnistie* tacite, hypocritement dissimulée, accordée aux partisans social-chauvins des majorités des partis actuels. Nous savons qu'une « foule de gens » sont précisément désireux de suivre ce chemin, se contentant de quelques phrases de gauche. Avec ces gens, nous n'avons rien de commun. Nous avons suivi et suivrons *un autre* chemin. Nous voulons aider le mouvement ouvrier, contribuer à la formation de partis ouvriers *en fait*, dans un esprit d'irréductibilité à l'égard de l'opportunisme et du social-chauvinisme.

Une partie des déléguées allemandes redoutait d'adopter une résolution parfaitement définie, pour des raisons concernant exclusivement *le mode* de développement de la lutte contre le chauvinisme dans un seul parti, le leur. Ces considérations étaient évidemment déplacées et erronées, car la résolution internationale ne touchait pas et ne pouvait pas toucher au mode de développement et aux conditions concrètes de la lutte avec le social-chauvinisme dans les différents pays; dans ce domaine, l'autonomie des partis est hors de discussion. Il fallait proclamer et appuyer du haut de la tribune l'Internationale, la rupture définitive avec le social-chauvinisme dans toutes les directions, dans l'intégrité du travail social-démocrate. Au lieu de le faire, la résolution de la majorité a renouvelé une fois encore la vieille erreur, l'erreur de la II° Internationale, qui consiste à couvrir diplomatiquement l'opportunisme et le désaccord entre la parole et l'action. Répétons-le : nous ne marcherons pas dans *cette* voie-là.

N. LÉNINE.

1er juin 1915.

Du défaitisme dans la guerre impérialiste

La classe révolutionnaire, dans une guerre de réaction, ne peut faire autrement que de souhaiter la défaite de son gouvernement.

C'est un axiome. Et il n'y a pour en contester la vérité que les partisans conscients ou les acolytes sans défense des social-chauvins. Au premier groupe appartient, par exemple, Semkovsky, du Comité unitaire (voir le numéro 2 de ses *Izvestia*). Parmi les seconds se trouvent Trotsky et Boukvoïed, et, pour l'Allemagne, Kautsky. Le désir d'une défaite de la Russie, — écrit Trotsky, — est « une concession que rien n'appelle et rien ne justifie à la méthodologie politique du social-patriotisme, lequel substitue à la lutte révolutionnaire contre la guerre et les conditions qui l'ont engendrée, une orientation extrêmement arbitraire, en pareille situation, sur la ligne du moindre mal. » (*Naché Slovo*, n° 105).

Nous avons là un spécimen des phrases ampoulées par lesquelles Trotsky justifie toujours l'opportunisme. L'appel à la « lutte révolutionnaire contre la guerre » n'est qu'une clameur vaine et dépourvue de signification, de celles que savent si bien pousser les héros de la II° Internationale, *si* l'on n'entend pas parler ainsi d'actes révolutionnaires contre le *gouvernement dont on est le sujet,* et d'actes en temps de guerre. Il suffit d'y réfléchir une seconde pour le comprendre. Or, quand on parle d'actes révolutionnaires en temps de guerre contre le gouvernement de son pays, il est indubitable, incontestable qu'il s'agit non seulement de souhaiter la défaite de ce gouvernement, mais d'y concourir effectivement. (Un « lecteur perspicace » verra bien qu'il n'est nullement question de « faire sauter des ponts », d'organiser des mutineries militaires vouées à l'insuccès et, en général, d'aider le gouvernement à écraser les révolutionnaires).

En cherchant à s'en tirer par des phrases, Trotsky a cherché midi à quatorze heures. Il lui semble que, si l'on souhaite la défaite de la Russie, *c'est que l'on veut* la victoire de l'Allemagne (Boukvoïed et Semkovsky expriment plus franchement cette *idée* qu'ils ont de commune avec Trotsky, ou plutôt cette *ineptie*). Et c'est en cela que Trotsky aperçoit « la méthodologie du social-patriotisme » ! Pour aider les gens qui n'ont pas le don de penser, la conférence de Berne (N° 40 du *Social-démocrate*) a pourtant bien dit que, dans *tous* les pays impérialistes, le prolétariat doit maintenant souhaiter la défaite de son gouvernement. Boukvoïed et Trotsky ont préféré passer à côté de cette vérité, et Semkovsky (opportuniste qui rend plus de services que tout autre à la classe ouvrière en ressassant, avec une franche naïveté, les sages leçons de la bourgeoisie). Semkovsky a gentiment déclaré que cette vérité était un non-sens, car la victoire doit forcément revenir soit à l'Allemagne, soit à la Russie (N° 2 des *Isvestia*).

Prenez l'exemple de la Commune. L'Allemagne a vaincu la France; Bismarck et Thiers ont vaincu les ouvriers ! Si Boukvoïed et Trotsky avaient réfléchi, ils auraient discerné qu'ils se placent au point de vue *des gouvernements et de la bourgeoisie* en guerre, c'est-à-dire qu'ils se mettent à plat devant « la méthodologie politique du social-patriotisme », pour nous servir du langage entortillé de Trotsky.

La révolution en temps de guerre, c'est la guerre civile; or, la transformation d'une guerre de gouvernements en guerre civile est facilitée par les revers militaires, par les *défaites*, des gouvernements; d'autre part, il est impossible de contribuer à cette transformation en guerre civile si l'on ne pousse pas, du même coup, à la défaite.

Le « mot d'ordre » de la défaite est bruyamment récusé par les chauvins (auxquels appartient le Comité unitaire avec la fraction de Tchkhéidzé) précisément parce que c'est *le seul* mot d'ordre qui fasse appel d'une manière conséquente à l'action révolutionnaire contre le gouvernement dont on est sujet, pendant la guerre. Pourtant, s'il n'y a pas d'action de cet ordre, des millions de phrases aussi révolutionnaires qu'on voudra sur la lutte contre « la guerre, les conditions, etc. » ne seront jamais que de la monnaie de singe.

Celui qui voudrait sérieusement réfuter le « mot d'ordre » de la défaite de son gouvernement dans la guerre impérialiste devrait démontrer un de ces trois points : que la guerre de 1914-1915 n'est pas réactionnaire; ou bien que la révolution, à l'occasion de cette guerre, est impossible; ou bien que la correspondance et l'entr'aide des mouvements révolutionnaires sont impossibles dans *tous* les pays belligérants. Cette dernière considération serait particulièrement importante pour la Russie, car c'est le pays le plus arriéré de tous, et une révolution immédiatement socialiste y est impossible. C'est précisément la raison pour laquelle les social-démocrates russes ont dû, les premiers, faire valoir, « en théorie et en pratique », le « mot d'ordre » de la défaite. Et le gouvernement du tsar avait parfaitement raison d'affirmer que l'agitation de notre fraction révolutionnaire social-démocrate russe donne, dans l'Internationale, *l'unique* exemple non seulement d'une opposition parlementaire, mais d'une action véritablement révolutionnaire dans les masses contre le gouvernement du pays, que cette agitation affaiblit la « puissance militaire » de la Russie et concourt à sa défaite. C'est un fait. Il n'est pas intelligent de vouloir l'ignorer.

Les adversaires du défaitisme ont tout simplement peur d'eux-mêmes, n'osant pas considérer en face la toute claire évidence de la relation qui existe entre l'agitation révolutionnaire contre le gouvernement et le concours que l'on doit apporter à la défaite de celui-ci.

Y a-t-il possibilité de correspondance et d'entr'aide entre un mouvement russe, révolutionnaire dans le sens bourgeois-démocratique, et le mouvement socialiste en Occident? De toutes ces dix dernières années, aucun socialiste ayant exprimé publiquement son opinion n'a mis en doute cette possibilité, et le mouvement qui s'est produit dans le prolétariat autrichien après le 17 octobre 1905 l'a *effectivement* prouvée.

Demandez à n'importe lequel des social-démocrates qui s'intitulent internationalistes s'il sympathiserait à une entente des social-démocrates de divers pays belligérants pour une action révolutionnaire commune contre tous les gouvernements qui font la guerre? Beaucoup vous répondront que cette entente serait impossible; c'est ce qu'a répondu Kautsky (*Neue Zeit*, 2 octobre 1914), *prouvant ainsi pleinement* son social-chauvinisme. Il y a là une contre-vérité évidente, criante, qui contredit à des faits connus de tous et au manifeste de Bâle. Mais, d'autre part, si c'était une vérité, *les opportunistes auraient raison en beaucoup de choses!*

Plus d'un répondra qu'il sympathiserait à pareille entente. A ceux qui répondront ainsi, nous dirons alors : si ce consentement n'est pas hypocrite, il est ridicule de penser qu'à la guerre et pour une guerre on a besoin de s'accorder suivant toutes « les formalités » : élection de délégués, rendez-vous, signature d'une convention, fixation du jour et de l'heure H ! Il n'y a que des Semkovsky qui soient capables de penser ainsi. Une entente pour des actes révolutionnaires même dans *un seul* pays, sans parler de ce qui pourrait être fait dans plusieurs pays simultanément, n'est réalisable que par *l'exemple* de sérieuses entreprises de cet ordre, bien *engagées* et qui *se développeraient*. Or, de semblables entreprises ne sont possibles que si l'on a le désir de la défaite, si l'on concourt à la défaite. La guerre impérialiste ne peut devenir une guerre civile « artificiellement », de même qu'une révolution ne peut être « artificielle »; *la transformation s'accomplit* en vertu de phénomènes multiformes, d'aspects, traits, valeurs et effets divers, résultantes de la guerre impérialiste. Et cette transformation croissante *n'est pas possible* s'il ne se produit une série d'insuccès et de revers militaires, atteignant les gouvernements que frappent d'autre part les classes opprimées par eux.

Récuser le mot d'ordre du défaitisme, c'est ramener tout l'esprit révolutionnaire que l'on prétend avoir à une phrase vide de sens ou à de l'hypocrisie.

Et par quoi donc nous offre-t-on de remplacer le « mot d'ordre » de la défaite? (Semkovsky, dans le n° 2 des *Isvestia*, c'est-à-dire *tout* le Comité unitaire dans le n° 1). Par cet autre mot d'ordre : « ni victoire, ni défaite! » Mais, voyons, ce n'est pas autre chose qu'une paraphrase de « *la défense de la patrie* »! On se met ainsi sur le plan de la guerre des gouvernements (qui, d'après ce mot d'ordre, doivent *rester* « sur leurs positions »); on ne parle pas du tout de *la lutte* des classes opprimées contre leurs gouvernements! On justifie ainsi le chauvinisme de *toutes* les nations impérialistes, dont les bourgeoisies sont toujours disposées à dire — *et disent au peuple* — qu'elles combattent « seulement pour prévenir une défaite ». « Le sens de notre vote du 4 août, c'est : non pour la guerre, mais contre la défaite », écrivait dans son livre E. David, leader des opportunistes. Les membres du Comité unitaire, avec Boukvoïed et Trotsky, se placent *tout à fait* sur le terrain de David quand ils défendent le mot d'ordre : « ni victoire, ni défaite »!

Cette formule, si l'on y songe, signifie « la paix civile » (1), l'abandon de la lutte de classe des opprimés dans tous les pays belligérants, car il n'y a pas de lutte de classe quand on renonce à porter des coups à « sa » bourgeoisie, à « son » gouvernement; porter des coups en temps de guerre à « son » gouvernement, c'est (que Boukvoïed le sache bien) une trahison d'Etat, c'est un concours apporté à la défaite du pays dont on est. Celui qui accepte la formule « ni victoire, ni défaite », ne peut qu'être hypocrite quand il prétend tenir pour la lutte de classe, pour la « rupture de l'union sacrée ». En réalité, il renonce à une politique indépendante, prolétarienne, subordonnant le prolétariat de tous les pays belligérants à une tâche absolument bourgeoise : celle de garder contre toute défaite les gouvernements impérialistes. La seule politique qui envisage effectivement, et non pas seulement en paroles, la rupture de « l'union sacrée », la reconnaissance de la lutte de classe, c'est celle qui demande au prolétariat *de mettre à profit les difficultés de son gouvernement et de sa bourgeoisie pour les renverser*. Et l'on ne peut arriver à cela, *l'on ne peut tendre vers cela* si l'on ne souhaite la défaite de son gouvernement, si l'on ne concourt à cette défaite.

Lorsque les social-démocrates italiens ont posé, avant la guerre, la question de la grève générale, la bourgeoisie leur a répondu, fort justement de son point de vue : ce sera trahir l'Etat et l'on vous traitera comme des traîtres. C'est vrai. Et il est vrai aussi que la fraternisation dans les tranchées, c'est encore une trahison envers l'Etat. Celui qui se prononce dans ses écrits contre une pareille « trahison », comme Boukvoïed, contre « la dislocation de la Rus-

---

(1) L'union sacrée. *(Note du traducteur.)*

sie », comme Semkovsky, se place à un point de vue bourgeois, et non prolétarien. Le prolétaire *ne peut* ni frapper dans la lutte de classe son gouvernement, ni tendre (vraiment) la main à son frère, le prolétaire d'un pays « *étranger* », qui « nous » fait la guerre, *sans commettre* « une trahison envers l'Etat », *sans concourir* à la défaite et sans collaborer à *la dislocation* de « son » pays, d'une « grande » puissance impérialiste.

Celui qui tient pour le mot d'ordre « ni victoire, ni défaite », est un chauvin conscient ou inconscient; dans le meilleur des cas, c'est un mince bourgeois disposé aux conciliations; mais c'est, dans tous les cas, *un ennemi* de la politique prolétarienne, un partisan des gouvernements actuels, des classes dirigeantes d'aujourd'hui.

Examinons encore la question d'un autre côté. La guerre doit forcément éveiller dans les masses des sentiments des plus violents, qui tirent les gens de leur ordinaire somnolence. S'il n'y a pas correspondance avec ces sentiments nouveaux, violents, la tactique révolutionnaire est *impossible*.

Quels sont les principaux courants de ces grandes émotions intimes? Ce sont : 1° l'épouvante et le désespoir; d'où un renforcement des religions; les églises se remplissent, les réactionnaires sont enchantés; « là où l'on souffre, dit à peu près l'archiréactionnaire Barrès, là est la religion »; et il a raison; 2° la haine de « l'ennemi », sentiment attisé par la bourgeoisie (non pas tant par les prêtres) et *qui n'est avantageux qu'à elle*, économiquement et politiquement; 3° la haine du gouvernement *qu'on a*, de la bourgeoisie *qu'on a*, sentiment de tous les ouvriers conscients qui comprennent que la guerre est « la continuation de la politique » de l'impérialisme et y répondent par une « continuation » de leur haine de classe, et qui conçoivent d'autre part que la « guerre à la guerre » est une phrase stupide si l'on ne fait pas la révolution contre *son* gouvernement. On ne peut éveiller la haine envers son gouvernement et sa bourgeoisie sans désirer la défaite de ceux-ci et l'on ne peut éviter l'hypocrisie en s'affirmant adversaire de la « paix civile », de la « paix des classes », si l'on n'attise pas la haine envers son gouvernement et sa bourgeoisie!

Les partisans du mot d'ordre « ni victoire, ni défaite » se rangent en réalité du côté de la bourgeoisie et des opportunistes, « ne croyant pas » en la possibilité d'une action révolutionnaire internationale de la classe ouvrière contre les divers gouvernements, *ne désirant pas* contribuer au développement d'une pareille action, — tâche indiscutablement difficile, mais la seule qui soit digne d'un prolétaire, d'un socialiste.

C'est précisément le prolétariat de la plus arriérée des grandes puissances belligérantes qui a dû, surtout devant la honteuse trahison des socialistes allemands et français, mettre en œuvre par l'intermédiaire de son parti la tactique révolutionnaire, laquelle est absolument impossible si l'on « ne concourt pas à la défaite » de son gouvernement, mais laquelle seule conduit à la révolution européenne, à une solide paix socialiste; laquelle seule peut délivrer l'humanité des horreurs, des calamités, de la brutalité, de la sauvagerie qui règnent aujourd'hui.

26 juillet 1915.   N. Lénine.

De la situation dans la social-démocratie russe

Les seconds numéros des *Izvestia* du Comité d'Organisation et de *Notre Cause* (*Naché Diélo*) élucident cette situation avec une rigueur édifiante. Ces deux organes vont, chacun à sa façon, selon les différences des lieux de publication et des destinations politiques, d'un pas ferme vers l'affermissement du social-chauvinisme.

Notre Cause, s'abstenant d'informer ses lecteurs des désaccords ou des nuances existant à l'intérieur de la rédaction, et de formuler la moindre réserve contre la « tendance Potressov », se solidarise avec cette tendance dans une déclaration signée de « la rédaction ». Cette déclaration expose que « l'internationalisme » exige « une orientation précise dans la situation internationale », en ce sens qu'il y a lieu de décider *à qui* le prolétariat doit souhaiter la victoire dans la guerre actuelle. C'est dire que, dans l'essentiel et le fondamental, toute la rédaction est social-chauvine. En outre, la rédaction, ne se séparant de Kautsky que sur des nuances du social-chauvinisme, loue comme « brillante », « épuisant le sujet », « précieuse en théorie », la brochure que Kautsky a consacrée en entier à sa justification devant le public international. Quiconque ne veut pas fermer les yeux, ne peut pas ne pas voir que la rédaction de *Notre Cause* consacre ainsi, en premier lieu, le chauvinisme russe et se montre, en second lieu, prête à « l'amnistie » et à la réconciliation avec le social-chauvinisme international.

Sous la rubrique *En Russie et à l'étranger*, sont exposées les opinions de Plékhanov et d'Axelrod entre lesquels la rédaction ne fait, avec raison, aucune différence. Dans une note spéciale, signée encore une fois de la rédaction, il est déclaré que les opinions de Plékhanov concordent sous bien des rapports avec celles de *Notre Cause*.

Voilà qui est d'une clarté idéale. La « tendance » légaliste incarnée par *Notre Cause* et qui, grâce aux milliers de fils la rattachant à la bourgeoisie libérale, fut la seule du bloc de Bruxelles à avoir en Russie une existence réelle entre 1910 et 1915, a pleinement consolidé et achevé son développement opportuniste, complétant avec bonheur le liquidationnisme du social-chauvinisme. Le vrai programme du groupe exclu de notre parti en janvier 1912 s'est enrichi d'un point extrêmement important : l'introduction dans la classe ouvrière de la notion de la nécessité de défendre et d'affermir, même au prix d'une guerre, les privilèges de grande puissance de la Russie et, en Russie même, ceux de la bourgeoisie et des propriétaires fonciers grands-russiens.

Dissimuler cette réalité politique sous des phrases de gauche et sous une idéologie pseudo-social-démocrate, tel est le véritable sens politique de l'activité légale de la fraction Tchkéidzé et de l'activité illégale du Comité d'Organisation. Au sens idéologique, le mot d'ordre : « ni victoire ni défaite » et, dans la pratique, la lutte contre le « scissionnisme », voilà ce qui pénètre tous les articles du numéro 2 des *Izvestia*, surtout ceux de Martov, de Ionov et de Machinadzé; voilà le programme pratique, tout à fait juste du point de vue des opportunistes, de la paix avec *Notre Cause* et Plékhanov. Lisez la lettre de l'ex-révolutionnaire Alexinsky dans le numéro 143 de *La Parole* (*Retch*) du 27 mai 1915 sur « la défense nationale, tâche de la démocratie », et vous verrez que cet écuyer rétif du chauvin actuel Plékhanov admettra dans son intégrité le mot d'ordre « ni victoire ni défaite ». C'est bien le mot d'ordre commun de Plékhanov, de *Notre Cause*, d'Axelrod et de Kossovsky, de Martov et de Semkovsky, entre lesquels il restera, bien entendu, (oh! bien entendu!) des « nuances légitimes » et des « désaccords partiels ». Toute cette confrérie se satisfait idéologiquement, dans l'essentiel et le fondamental, d'admettre pour terrain d'entente le : « ni victoire ni défaite ». (Observons par parenthèse : ni victoire ni défaite *de qui*? Évidemment des *gouvernements actuels*, des classes gouvernantes actuelles!) En politique pratique, elle se satisfait du mot d'ordre de l' « unité ». Cela veut dire l' « unité avec *Notre Cause* », c'est-à-dire le consentement sans réserve à la continuation en Russie de l'activité de *Notre Cause* aidée de la fraction parlementaire Tchkhéidzé, cet organe faisant, comme par le passé, une politique sérieuse, et poursuivant un travail sérieux (bourgeoisement sérieux), parmi les masses, tandis qu'à l'étranger et dans l'illégalité le Comité d'Organisation et Cie se permettront de faire des réserves radicales de gauche, de proférer des phrases presque révolutionnaires, etc., etc. Ne nous faisons pas d'illusions : le bloc de Bruxelles, qui s'est tout de suite effondré, montrant ainsi que son contenu n'était qu'hypocrisie, est précisément bien propre à voiler une situation politique pourrie. En juillet 1914, il couvrait *Notre Aube* et *La Gazette Ouvrière du Nord* à l'aide de résolutions presque de gauche qui n'obligeaient à rien. En juillet 1915, il n'a pas encore de « rencontre d'amis » et de « procès-verbaux », mais le consentement de principe des principaux acteurs à couvrir en commun le social-chauvinisme de *Notre Cause*, de Plékhanov et d'Axelrod par des phrases presque de gauche, de telle sorte ou de telle autre, est déjà acquis. Une année s'est écoulée, grande et terrible dans l'histoire européenne. Il est apparu que l'abcès de la politique ouvrière nationale libérale a étouffé la majorité des partis social-démocrates d'Europe et qu'il a pleinement mûri dans le liquidationnisme, tandis que ces « amis », pareils aux musiciens de la fable de Krylov, n'ont fait que changer de place pour entonner de nouveau de leur voix de fausset : « l'unité, l'unité... » (avec *Notre Cause*).

L'exemple du journal parisien *Notre Parole* (*Naché Slovo*) est surtout édifiant pour les partisans sincères de « l'unité ». Le numéro 2 des *Izvestia* du Comité d'Organisation a porté un coup mortel à *Notre Parole*, dont la fin (politique ou physique, cela importe peu) n'est plus qu'une question de temps. Les *Izvestia* du *Comité d'Organisation* (numéro 2) ont tué *Notre Parole* en déclarant avec simplicité que Martov (qui s'est révélé membre du secrétariat du Comité d'Organisation, ayant été manifestement coopté à l'unanimité par Senkovsky et Axelrod, sans doute pour son consentement à ne plus répéter des phrases irréfléchies sur la mort du *Vorwaerts*), que « Martov et une bonne moitié des collaborateurs de *Notre Parole* adhérant par des liens d'organisation au Comité d'Organisation « *constatent leur faute*, n'ayant considéré *Notre Parole* comme « l'organe commun des internationlistes russes » que par « naïveté », (Martov dans un rôle d'ingénu, ce n'est pas mal !) tandis qu'en réalité *Notre Parole* était un organe « scissionniste, fractionnel », (Senkovsky ajoute de son côté « anarcho-syndicaliste ») « se justifiant devant le *Social-Démocrate* de Lénine. »

Trois parties de *Notre Parole* s'étant unies sans résultat, il y a sept ou huit mois, ont parlé devant le public. Ce sont : 1° Deux gauches, membres de la rédaction (n° 107 du journal) sincèrement attachés à l'internationalisme et tendant à se rapprocher du *Social-Démocrate* (voir la résolution de bienvenue que leur adresse la section parisienne de notre parti dans le n° 132 de *Notre Parole*); 2° Martov et les membres du C. U. (une bonne moitié); 3° Trotsky, lequel n'est, comme toujours, nullement en désaccord de principe avec les social-chauvins, mais est pratiquement d'accord en tout avec eux (grâce, entre autres, à l'heureuse intervention, — c'est, je crois, ainsi qu'on s'exprime en langage diplomatique — de la fraction Tchkhéidzé).

La question se pose pour les partisans sincères de l'unité : pourquoi *Notre Parole* a-t-elle abouti à ce krach et à cette scission? Le plus souvent, les scissions s'expliquent par le « scissionnisme haineux » des méchants « léninistes » (voir Semkovsky, n° 2 des *Izvestia*; Axelrod dans *Notre Parole*, etc., etc.). Mais ces méchants n'ont pas appartenu à *Notre Parole*, dont ils ne pouvaient donc partir et qu'ils ne pouvaient donc scinder.

De quoi s'agit-il donc ? D'un fait fortuit ou de l'impossibilité et de la nocivité de l'unité des ouvriers social-démocrates avec les porteurs de l'influence bourgeoise (en fait avec les agents de la bourgeoisie libérale et chauvine) de *Notre Cause* ?

Que les partisans de « l'unité » y réfléchissent !

Dans la social-démocratie européenne, Kautsky et Haase, et

Bernstein même, se sont maintenant exprimés, en des circonstances et sous des formes quelque peu différentes, pour « l'unité ». Sentant que les masses vont à gauche, ces autorités proposent la paix aux social-démocrates de gauche, sous condition tacite de se réconcilier avec les Sudekum. Renier verbalement la politique du 4 août, replâtrer la lézarde entre les politiques ouvrières nationalo-libérale et social-démocrate, au moyen de quelques phrases n'engageant à rien (et point désavantageuses à certains égards pour Hindenbourg et d'autres) sur la paix (à quoi le mot d'ordre de paix convient tout juste) et sur la condamnation platonique des annexions, tel est à peu près le programme de Kautsky et de Bernstein, auquel les social-chauvins français ne seraient pas éloignés de se rallier comme le montrent certaines notes de l'*Humanité*. Les Anglais de l'*Independent Labour Party* seront certainement partisans à tous crins de cette amnistie à accorder au social-chauvinisme sous le couvert de révérences à gauche. Il va de soi qu'aux gens du C. O. et à Trotsky, le Tout-Puissant lui-même prescrit maintenant de se cramponner aux basques de Kautsky et de Bernstein.

Nous considérons cette évolution à gauche du leader opportuniste et du leader des chauvins hypocrites du camp radical comme une comédie ne tendant qu'à sauver par une révérence à gauche ce qu'il y a de pourri dans la social-démocratie pour affermir en fait la politique ouvrière nationalo-libérale au prix d'infimes concessions verbales aux « gauches ».

La situation objective en Europe est telle que grandissent dans les masses la déception, le mécontentement, la protestation, l'indignation, l'esprit révolutionnaire, susceptibles, à un certain degré de développement, de passer avec une rapidité fulgurante à l'action. En fait la question se pose maintenant ainsi et rien qu'ainsi : il faut aider à la croissance et au développement des actions révolutionnaires contre la bourgeoisie et le gouvernement *du pays dont on est*, ou entraver, étouffer, calmer l'humeur révolutionnaire. Pour atteindre cette dernière fin, les bourgeois libéraux et les opportunistes consentiront (et *doivent* consentir, leurs intérêts l'ordonnent) à n'importe quelle phraséologie de gauche, aux promesses les plus abondantes de désarmement, de paix, de renonciation aux annexions, de réformes de toute espèce, de tout ce qu'on voudra, pourvu que soient écartés la rupture des masses avec leurs chefs opportunistes et le passage des masses à des actions révolutionnaires de plus en plus sérieuses.

N'accordez pas la moindre foi aux programmes grandiloquents, dirons-nous aux masses, mais comptez sur vos actions révolutionnaires d'ensemble contre *votre* gouvernement et *votre* bourgeoisie, efforcez-vous de développer de telles actions. En dehors de la guerre civile pour le socialisme, il n'y a pas de salut devant le retour à la barbarie et il n'y a pas en Europe de possibilité de progrès.

P.-S. — Le présent article était déjà composé quand nous avons reçu le livre de Plékhanov, de l'ex-révolutionnaire G. Alexinsky et *tutti quanti* : *La Guerre*. Voilà bien une collection de sophismes et de mensonges social-chauvins représentant la guerre réactionnaire, la guerre de brigandage du tsarisme, comme une guerre « juste » et « défensive », etc. Nous recommandons ce déshonorant chef-d'œuvre de servilité envers le tsarisme à l'attention de tous ceux qui veulent sérieusement y voir clair dans les causes du krach de la II° Internationale. Il est notamment intéressant que ces social-chauvins avérés sont *entièrement* satisfaits de Tchkhéidzé et de toute sa fraction parlementaire. Cette fraction contente le C. O., Trotsky, Plékhanov et Alexinsky, et *tutti quanti*, et c'est chose naturelle car elle a montré, par des années de service, son aptitude à couvrir les opportunistes et à leur être utile.

Quant à la fraction parlementaire du parti ouvrier social-démocrate de Russie envoyée en Sibérie, Plékhanov et Alexinsky mentent à ce sujet sans la moindre honte. Mais le temps n'est probablement plus loin où nous pourrons, preuves à l'appui, démentir les menteurs.

N. Lénine.

26 juillet 1915.

Comment Vandervelde et le prince Koudachev
ont « travaillé » l'opinion des socialistes russes

Les *Moskovskia Viédomosti* (*Nouvelles de Moscou*) (1), d'après les termes du prince Koudachev, ministre de Russie en Belgique, ont raconté l'histoire de la fameuse lettre de Vandervelde aux socialistes russes. Nous reproduisons quelques passages de cette histoire indubitablement véridique, suivant le texte du journal *Dienn* (*Le Jour*, n° 134) :

Le leader socialiste Vandervelde, — raconte le prince Koudachev, — a été appelé à faire partie du cabinet comme ministre sans portefeuille. Ce même jour est venu chez moi le ministre de la guerre qui m'a dit qu'au sujet des socialistes, ils étaient déjà tranquilles, mais qu'ils étaient inquiets de savoir comment se conduiraient nos socialistes russes. Vandervelde se dispose à envoyer à vos socialistes de la Douma un télégramme; n'aurez-vous pas l'obligeance de faire en sorte que cette dépêche soit autorisée au passage par votre censure?

J'ai répondu que, ne connaissant pas la teneur du télégramme, je ne pouvais intervenir. Il a été décidé que le chef de cabinet du ministre de la guerre me ferait faire connaissance avec Vandervelde dans son bureau, et que nous étudierions ensemble le texte du télégramme. Le len-

---

(1) C'était le journal de la police, à Moscou, sous le régime des tsars, comme aujourd'hui la *Liberté*, en France. — *Note du traducteur.*

demain, j'ai fait connaissance avec Vandervelde, sans le secours de ce monsieur, dans son salon d'attente où nous avons été obligés, tous deux, d'attendre quelques minutes, le chef de cabinet étant occupé. La question du télégramme est venue entre nous et Vandervelde m'en a lu le texte primitif. Cela commençait ainsi : « Nous luttons contre le militarisme et l'impérialisme... »

« A mon grand regret, je dois vous dire qu'un pareil télégramme ne passera pas. Vous appelez les sujets de l'Empire russe à lutter contre l'impérialisme...

— Mais, me dit-il, m'interrompant, en toute hâte, pas contre l'impérialisme russe! Contre l'impérialisme allemand, belliqueux, qui menace tout le monde...

— Et pourquoi ne diriez-vous pas : « contre les *junkers* prussiens »?

— Ah! quelle bonne idée! Bien entendu, « contre les *junkers!* »

C'est ainsi que le télégramme a été rédigé, en attendant que le chef de cabinet du ministre de la guerre vint nous présenter l'un à l'autre.

Ce télégramme, on le sait en effet, est arrivé à destination et a été remis entre les mains du député Tchkhéidzé par l'intermédiaire du ministère des affaires étrangères de Russie.

Les faits dont on vient de lire le récit n'ont pas besoin d'être commentés en détail. Dans l'antichambre du ministre de la guerre de « l'héroïque » Belgique se sont rencontrés le président de la II° Internationale et l'ambassadeur du tsar, et ils ont entrepris ensemble de « travailler » l'opinion des socialistes russes. C'est un symbole !... Tel est le niveau auquel sont tombés les social-chauvins, dans la personne de leurs représentants les plus distingués.

Par le truchement de Vandervelde, la bourgeoisie de la triple entente et la diplomatie du tsar russe ont lancé aux jobards l'hameçon de « la lutte contre les *junkers* prussiens ». Le poisson pouvait mordre. Or, imaginez ça, il a mordu ! Rappelez-vous seulement la réponse du très influent centre des liquidateurs russes.

— Venez à nous messieurs les socialistes, pour lutter ensemble contre « les *junkers* prussiens ».

— Trop heureux de vous servir, sérénissime prince Koudachev, « nous ne nous opposons pas à la guerre », nous nous souvenons « des innombrables fautes du militarisme prussien »; car c'est ainsi qu'a répondu à la dépêche Koudachev-Vandervelde le centre russe des liquidateurs. Trop heureux de vous être utiles, ont dit à leur tour, en chœur, les Plékhanov, Alexinsky, Roubanovitch et Cie. Quant à la fraction Tchkhéidzé — oh ! ce sont de terribles internationalistes que ceux de cette fraction ! — et demandez à Trotsky lui-même ce qu'il en pense — elle a simplement gardé un silence diplomatique... comme si elle était sourde-muette. Tandis que le Comité unitaire a envoyé à l'honorable Vandervelde, collaborateur de Koudachev, une très respectueuse dénonciation

contre les « scissionnistes du *Social-démocrate* » qui ne veulent
pas faire la paix avec les social-chauvins.

C'est un fait historiquement constaté qu'une riposte publique
n'a été envoyée à Vandervelde que par *notre* parti, dans la personne de son Comité central. Cette réponse brûle encore les joues
de tous les chauvins franco-russes.

Marionnettes du tsarisme, marionnettes des Sazonov et des
Koudachev, tels sont nos nationalo-liquidateurs et leurs avocats
de la fraction Tchkhéidzé et du Comité unitaire. D'un jour à l'autre, cela deviendra plus clair. Et nous serons témoins d'autres
désillusions que celles-ci.

G. Zinoviev.

26 juillet 1915.

Pacifisme ou Marxisme

(Les vicissitudes d'un mot d'ordre)

Le « mot d'ordre » de la paix est, pour les marxistes révolutionnaires, une question d'une importance beaucoup plus grande
qu'on ne le croit parfois. Le débat se ramène en réalité à un problème de lutte contre l'influence bourgeoise dans le mouvement
ouvrier, à l'intérieur du socialisme.

Le « mot d'ordre » de la paix est préconisé dans la littérature socialiste de deux points de vue différents. Les uns, sans admettre en principe le pacifisme, veulent considérer ce mot d'ordre
comme le plus compatible avec l'actualité, comme une consigne
qui doit réveiller les masses dès l'instant présent, comme un appel
qui n'aura de retentissement que pendant les derniers mois à cou-
rir jusqu'à la fin de la guerre. Les autres entendent par ce mot
d'ordre quelque chose de plus : ils en font tout un système de
politique étrangère du socialisme, à maintenir *après* la guerre,
c'est-à-dire la politique d'un pacifisme soi-disant socialiste.

En fait, les premiers viennent en aide aux seconds. Et il n'en
peut être autrement.

Le courant le plus sérieux, celui qui a un passé, une théorie
à lui, une base d'idée, c'est uniquement le second. La philosophie
de ce deuxième courant, la voici : le socialisme, jusqu'à présent,
n'a pas été assez pacifiste, il n'a pas assez prêché l'idée de la paix,
il n'a pas fait converger ses efforts dans le but d'amener le prolétariat mondial à s'assimiler le pacifisme comme un système général de politique étrangère de l'Internationale. De là l'impuissance
du prolétariat socialiste dans la guerre actuelle, de là la débilité de
l'Internationale devant cette tourmente.

Ce point de vue est fortement mis en relief dans la récente
brochure de Max Adler : *Prinzip oder Romantik (Principe ou Ro-
mantique)* (Nuremberg, 1915). Max Adler, en paroles bien en-

tendu, est l'adversaire d'un pacifisme purement bourgeois, qu'il repousse de la façon la plus énergique. Ce n'est même pas un pacifiste du genre de ceux que nous trouvons en Angleterre, dans l'*Independent Labour Party*. C'est un « marxiste du centre », un kautskiste. Et voici la plate-forme qu'il adopte, en guise de leçon à tirer de la guerre 1914-1915 :

« La politique extérieure du socialisme ne peut être que pacifiste, non dans le sens d'un mouvement bourgeois vers la paix... et non pas non plus dans le sens d'un aveu de l'idée socialiste tel que nous l'avons entendu jusqu'à présent... autrement dit d'une idée qui était considérée jusqu'à ce jour comme une fin secondaire dans la lutte émancipatrice du prolétariat... Il est maintenant opportun de lancer cet avertissement : *Tout l'internationalisme de la social-démocratie devra rester et restera une utopie si celle-ci ne fait point de l'idée de la paix le point central de son programme de politique extérieure et intérieure... Le socialisme, après la guerre, deviendra un pacifisme international organisé, ou bien n'existera plus.* » (Brochure ci-dessus mentionnée, pages 61-62, italiques de l'auteur).

Sans aucun doute, c'est tout un programme. Mais ce n'est pas le programme du marxisme; c'est celui de l'opportunisme petit-bourgeois. De ce « pacifisme international », il n'y a qu'un pas à faire pour rejoindre le social-chauvinisme international. La logique de cette évolution est très simple : nous sommes pacifistes, l'idée de la paix est le point central de notre programme; mais, du moment que le pacifisme n'a pas encore poussé de racines assez profondes dans les masses, du moment que l'idée de la paix est encore faible, que nous reste-t-il à faire sinon de défendre chacun notre patrie ? Certes, cette décision ne peut être prise que provisoirement, et « d'un cœur lourd » ; certes, *après* la guerre, il faudra adopter comme « point central » de notre propagande l'idée de la paix. Mais, pour le moment, il faut défendre la patrie. Il n'y a pas d'autre issue.

Et pour les socialistes qui n'aperçoivent pas d'autre perspective... *révolutionnaire*, qui ne voient pas comment les guerres impérialistes peuvent en effet se transformer en guerres civiles, il n'y a pas réellement d'autre issue. Du pacifisme au social-chauvinisme, et du social-chauvinisme à un nouveau prêche pacifiste, — tel est le cercle vicieux, telle est la souricière dans laquelle se débat vainement la pensée des opportunistes et des marxistes du « centre ».

« Die *Friedens*idée zum Mittelpunkt »... « L'idée de *la paix* au centre de nos mots d'ordre ! »... On dit cela maintenant, après que la première guerre impérialiste de toute l'Europe a éclaté ! Voilà ce que nous ont appris les événements !

« *Nicht Friedensidee, sondern Bürgerkriegsidee* », non pas *l'idée de la paix, mais l'idée de la guerre civile*, a-t-on envie de crier à ces grands utopistes qui promènent une si petite utopie. La *guerre civile*, citoyen Adler ! Voilà quel sera le point central de notre programme.

Le malheur n'est pas en ceci que nous n'avons pas assez prêché l'idée de la paix avant la guerre; il est en ceci que nous n'avons pas trop, ni assez sérieusement, prêché l'idée de la lutte de classes, de la guerre civile. Car, *en temps de guerre*, la reconnaissance de la lutte de classes, de la part de ceux qui n'admettent pas la guerre civile est une pure phrase; c'est de l'hypocrisie; c'est un mensonge pour les ouvriers.

Dès 1900, quand, à la conférence social-démocrate de Mayence, le parti, à l'occasion de la prise de Kiao-Tchéou, a recherché pour la première fois des moyens de lutte contre les guerres impérialistes, Rosa Luxembourg a fort bien dit :

« Durant la paix, nous faisons chaque jour un bruit de tonnerre contre la politique étrangère de notre gouvernement; nous maudissons le militarisme en temps de paix. Mais, dès qu'il s'agit d'une véritable guerre, nous oublions d'en déduire les *conclusions pratiques* et de montrer que notre agitation de nombreuses années a porté ses fruits. » (Procès-verbaux, 165).

Le malheur n'est pas en ceci qu'en temps de paix nous avons peu prêché la paix. Il est en ceci qu'au moment de la guerre nous nous sommes trouvés prisonniers des opportunistes, de ceux qui désirent *la paix avec la bourgeoisie*, en temps de paix et surtout en temps de guerre. Le malheur est en ceci qu'ayant devant nous un ennemi aussi puissant que l'impérialisme international, nous n'avons pas pu préserver le prolétariat des transfuges bourgeois qui sortaient de nos propres rangs nous n'avons pas pu le défendre de l'opportunisme qui dégénère maintenant en social-chauvinisme.

Vous dites que le socialisme deviendra un pacifisme international organisé ou qu'il ne sera plus... Nous vous répondons : comprenez donc qu'en prêchant le pacifisme vous ne faites pas un seul pas en avant, que vous nous contez l'histoire de bonnet blanc et blanc bonnet, que vous allez du social-pacifisme au social-chauvinisme et du social-chauvinisme au social-pacifisme. Nous vous disons : *ou bien le socialisme deviendra la guerre civile internationale organisée, ou bien il ne sera pas...*

Max Adler n'est pas un isolé. Nous avons justement parlé de lui comme d'un interprétateur moyen de tout un courant d'idées politiques. Tout le jauressisme, et Jaurès lui-même, n'ont-ils pas plaidé dans l'Internationale précisément pour ce social-pacifisme ? Et y a-t-il quelqu'un qui puisse mettre en doute que le tribun français, si la balle de l'assassin ne l'avait emporté dans la tombe, serait maintenant membre du cabinet des ministres et prônerait, avec tout le parti français, le social-chauvinisme ? Et, restant fidèle à lui-même, Jaurès pourrait-il imaginer pour l'avenir autre chose que cette même perspective d'un « pacifisme international organisé » ?

Tel a été le malheur de la II⁰ Internationale, en cela a résidé son impuissance, que toujours y a existé — et prévalu ! — le courant qui, au lieu de lever le drapeau du socialisme de combat, au lieu d'enseigner la tactique de la guerre civile, prêche le pacifisme international, lequel conduit fatalement à la tactique de « l'Union sacrée ».

Nous applaudissons tous, maintenant, l'*Independent Labour Party* parce que, loin de tomber aux pieds du gouvernement anglais, ce parti a eu assez d'honnêteté et de courage pour refuser de s'enrôler dans le camp des impérialistes, pour ne pas se vendre au social-chauvinisme. Mais il ne faut pas se faire d'illusions. L'*Independent Labour Party* a été, est et sera partisan non du marxisme de combat, mais du « pacifisme international organisé ». L'*Independent Labour Party* est, pour un temps, notre compagnon de route, mais ce n'est pas pour nous un solide allié. S'il a de l'honnêteté et du courage, il lui manque un programme socialiste consistant. N'oublions pas qu'il a déjà donné son adhésion aux fameuses résolutions de la conférence de Londres, dans laquelle de désinvoltes social-chauvins ont fait ce qu'ils voulaient.

Dans le mouvement ouvrier anglais, il y a trois courants : celui du social-chauvinisme, suivi par le *Labour Party*, par la majorité des Trade-Unions, par la moitié du parti socialiste britannique (Hyndman), par les petits-bourgeois de la ligue fabienne, etc.; le courant social-pacifiste, représenté par l'*Independent Labour Party*, et le courant révolutionnaire marxiste, représenté par une très imposante minorité (presque la moitié) du parti socialiste britannique.

Mutatis mutandis, en définitive, nous trouvons le même partage dans la social-démocratie allemande. Le fameux « centre » kautskiste se prononce aussi, aujourd'hui, résolument pour la paix. En prônant le désarmement et les tribunaux d'arbitrage, en invitant les impérialistes à renoncer aux dernières extrémités et à pratiquer un certain impérialisme pacifique, Kautsky se rapproche depuis longtemps des social-pacifistes. Et, de même que ces derniers, il se montre en fait, dans toutes les choses sérieuses, l'allié des opportunistes en temps de paix, l'allié des social-chauvins en temps de guerre.

Le social-pacifisme repousse, en paroles, le pacifisme « humanitaire » des petits-bourgeois. Mais, en réalité, l'un et l'autre sont frères de la même couche. Et l'autre partie s'en aperçoit parfaitement. L'organe international des pacifistes, *Die Menscheit*, écrivait assez récemment, avec toute raison :

« Remarquables sont les décisions de la conférence de Pâques de l'*Independent Labour Party*. On peut penser qu'elles sont empruntées, mot à mot, à nos écrits (c'est-à-dire à la littérature pacifiste)... Kautsky a publié une brochure intitulée : *L'Etat national, l'Etat impérialiste et l'union des Etats*. Le titre seul suffit à montrer à quel point Kautsky se trouve dans le cercle des idées pacifistes. »

Un notable représentant du pacifisme humanitaire petit-bourgeois, le professeur A. Forel, déclare nettement qu'il est « socialiste » depuis des dizaines d'années. Et quand on lit ses projets d'organisation d'un « aréopage supranational » (voir sa curieuse brochure *Les Etats-Unis du Monde*, 1915, pages 99-196 et ailleurs) pour la solution des conflits internationaux, quand on le voit exhortant les impérialistes à pratiquer une politique coloniale « de civilisés », on a constamment dans l'esprit cette pensée : après tout, nos social-pacifistes, par toutes leurs dispositions d'esprit, par tout leur scepticisme à l'égard de *la lutte révolutionnaire des masses*, sont bien plus proches des bons petits-bourgeois que des prolétaires révolutionnaires.

« Le pacifisme de principe a toujours été étranger à la social-démocratie, dans la mesure où elle s'appuyait sur le marxisme orthodoxe », écrivait récemment, en blâmant les marxistes, M. Struhve, qui félicite les social-chauvins français (et avec eux Plékhanov) de maintenir, par leur conduite actuelle, la tradition du « grand orateur pacifiste Jean Jaurès ». Struhve a raison. *Oui*, le principe du pacifisme a toujours été étranger au marxisme orthodoxe. En 1848-1849, Marx appelait nettement l'Allemagne révolutionnaire, après sa victoire sur l'absolutisme dans le pays, à engager, conjointement avec la Pologne révolutionnaire, une guerre *révolutionnaire* d'agression contre le tsarisme, contre ce gendarme international, contre cette redoute de la réaction internationale. De la part de Marx, pareille conduite n'a évidemment rien de commun avec le pacifisme de principe. En 1885, Jules Guesde se réjouissait des menaces de guerre qui s'affirmaient alors entre la Russie et l'Angleterre, espérant que, de cette catastrophe, sortirait une révolution sociale. Lorque Guesde se conduisait ainsi, lorsqu'il appelait le prolétariat à utiliser la guerre entre deux puissances géantes pour hâter le déclanchement de la révolution prolétarienne, il était bien plus marxiste qu'en ce moment, où, avec Sembat, il continue la tradition du « grand orateur pacifiste Jean Jaurès ». En 1882, Frédéric Engels (voir sa lettre à Kautsky, du 12 septembre 1882, sur la lutte contre la politique coloniale, dans la brochure de Kautsky *Le Socialisme et la Politique coloniale*, page 79 de l'édition allemande) écrivait : « Un prolétariat vainqueur ne peut essayer de faire par la violence le bonheur d'un autre peuple sans compromettre par là sa propre victoire. Mais cela n'exclut en aucun cas, bien entendu, certaines guerres défensives », (c'est-à-dire les guerres de tel ou tel prolétariat vainqueur dans son pays contre des pays qui se battent pour soutenir le capitalisme). Engels, en parlant ainsi, se donnait pour adversaire du principe pacifiste et parlait en marxiste révolutionnaire.

Oui, nous sommes autres que des pacifistes de principe, nous ne nous déclarons nullement opposés à toutes les guerres. Nous sommes ennemis de *leurs* guerres, nous sommes contre les guerres d'oppresseurs, contre les guerres impérialistes, contre les guerres qui ont pour but la réduction en esclavage d'innombrables millions de travailleurs. Mais « les social-démocrates ne peuvent nier l'importance positive des guerres révolutionnaires, c'est-à-dire des guerres non impérialistes, et, par exemple, de celles qui ont eu lieu de 1789 à 1871 pour briser une oppression étrangère et créer, sur des parcelles féodales, des Etats nationaux capitalistes, ou de celles qui peuvent avoir lieu pour sauvegarder les conquêtes réalisées par un prolétariat dans sa lutte contre la bourgeoisie » (voir notre résolution sur le pacifisme dans le n° 40 du *Social-démocrate*).

Mais tout cela a-t-il un rapport quelconque avec nos discussions russes, avec les désaccords qui existent entre nous sur la question de la paix, entre nous, par exemple, et le journal du « centre » russe, *Naché Slovo (Notre Parole)* ?

Indubitablement, ce rapport existe. Nous ne trouvons pas dans *Naché Slovo* de plaidoirie *suivie avec esprit de conséquence* pour le principe du pacifisme selon Adler; c'est la vérité. Mais la théorie de « la paix démocratique » est entièrement défendue par ce journal, qui rejette absolument notre point de vue, quand nous affirmons que « l'on se trompe profondément si l'on croit à la possibilité d'une paix démocratique sans une série de révolutions » (voir notre résolution dans le *Social-démocrate*, n° 40). Et ce journal n'établit sûrement pas de différence bien tranchée entre les deux philosophies, les deux tactiques du pacifisme international organisé et de la préparation internationale organisée de la guerre civile...

Nous mettrons d'abord de côté un point de la discussion qui n'est que *d'apparence*. A en croire *Naché Slovo*, le *Social-démocrate* commet « une grosse faute politique » quand il prétend ignorer le mouvement des masses qui a lieu sous le mot d'ordre de la paix, par exemple la manifestation des socialistes allemands devant le Reichstag, etc. (*Naché Slovo*, n° 100). C'est certainement faux. La manifestation dont on nous parle a été un événement des plus importants, et qui nous réjouit. Cette manifestation est devenue un événement politique parce qu'elle *ne s'est pas bornée* à proclamer le mot d'ordre de la paix, parce que les manifestants ont nettement protesté contre le social-chauvinisme, en sifflant Scheidemann. Et, du point de vue des marxistes révolutionnaires, on se demande pourquoi le mot d'ordre de cette manifestation aurait dû être seulement « la paix ». Pourquoi pas « du pain et du travail » ? Pourquoi pas « A bas le Kaiser » ? Pourquoi pas « La république en Allemagne » ? Pourquoi pas un « Vive la Commune à Berlin, à Paris et à Londres » ?

On nous dira : Le mot d'ordre de la paix est plus accessible aux masses; l'immense sacrifice de sang leur pèse, les privations causées par la guerre sont incalculables, la coupe de souffrance est plus que pleine; assez de sang ! Que nos fils et nos maris rentrent à leurs foyers ! C'est ce que les masses comprennent le plus facilement.

Admettons ! Mais depuis quand la social-démocratie révolutionnaire adopte-t-elle les mots d'ordre les plus « faciles à comprendre » ?

La social-démocratie ne doit certainement pas ignorer le mouvement qui se dessine pour mettre fin à la guerre ; elle doit utiliser pour éclairer les masses, l'aversion croissante que cause le carnage impérialiste de 1914-1915; elle doit elle-même éveiller cette aversion et semer la haine de ceux qui sont responsables du massacre. Mais cela veut-il dire que son *mot d'ordre*, la déduction politique qu'elle tirera de la grandiose leçon sanglante, le mot de son drapeau sera tout bonnement, tout simplement, « la paix » ?

Non, et mille fois non! Les social-démocrates prendront aussi part à une manifestation pour la paix. Mais ils y auront à dire *leur mot*, et, *du simple désir* de la paix parmi les masses, ils appelleront à *la lutte révolutionnaire*. Ils dénonceront les petits-bourgeois du pacifisme — ceux du camp de la bourgeoisie comme ceux du camp des faux socialistes — qui endorment les masses en leur promettant une paix « démocratique » sans action révolutionnaire.

Le « mot d'ordre » de la paix n'a par lui-même absolument rien de révolutionnaire. Il ne prend un caractère révolutionnaire qu'à partir du moment où il s'adjoint à notre argumentation pour une tactique de lutte révolutionnaire, quand il s'accompagne d'un appel à la révolution, d'une protestation révolutionnaire contre le gouvernement *du pays dont on est citoyen*, contre les impérialistes *de la patrie à laquelle on appartient*. Trotsky nous reproche de laisser ce « mot d'ordre » de la paix « à l'exclusive disposition des pacifistes sentimentaux et des popes » (*Naché Slovo*, n° 100). Qu'est-ce que cela signifie ? Nous nous sommes bornés à constater le fait le moins douteux, le moins contestable : ceux qui se prononcent uniquement pour la paix, sans donner aucun autre sens à ce « mot d'ordre », ce sont les curés (voir, par exemple, les nombreuses encycliques du pape) et les pacifistes sentimentaux. Cela ne veut pas du tout dire que nous parlions « contre la paix ». Il faut mettre fin le plus tôt possible au carnage : ce motif *doit* jouer son rôle dans notre agitation. Mais cela signifie que *notre mot d'ordre à nous*, c'est la lutte révolutionnaire, que l'agitation pour la paix ne devient social-démocratique qu'à partir du moment où elle s'accompagne d'une protestation révolutionnaire.

Posez-vous cette simple question de fait : *Qui donc*, actuellement, proclame comme un « mot d'ordre » suffisant à lui-même l'idée de la paix ? Essayons de dénombrer impartialement les groupes sociaux et politiques qui veulent la paix. Ce sont : les social-pacifistes bourgeois anglais, Kautsky, Haase et Bernstein, le Parteivorstand (direction du parti) allemand (voir son récent manifeste), diverses Ligues bourgeoises pour la Paix, dont celle de Hollande, le chef de l'Eglise catholique, une partie de la bourgeoisie anglaise (voir les révélations faites, il y a quelque temps, sur les démarches anglaises dans ce sens) et c'est encore, en Russie, une partie « avancée » de la classe des marchands, c'est, à Pétrograd, toute une coterie de gens de la cour, etc. Naturellement, chacun de ces groupes, chacun de ces partis sont poussés par des motifs qui ne sont pas ceux des autres, et posent la question à leur manière.

Et *c'est précisément ce qui montre* que le « mot d'ordre » de la paix, à lui tout seul, ne peut être celui de la social-démocratie révolutionnaire en ce moment.

Autre chose dont on ne saurait non plus douter : ce « mot d'ordre » sert le jeu de divers états-majors et gouvernements, suivant son opportunité dans les combinaisons de leur stratégie et de leur politique. Cela s'est produit non seulement pendant la guerre, mais en temps de paix. Le leader des opportunistes allemands, M. Edouard David, dans sa bible du social-chauvinisme, a fait récemment la révélation suivante, qui est d'importance : il paraît que la conférence de Berne pour la paix, en 1914, n'était pas exempte d'une certaine participation... du gouvernement allemand.

« On a su plus tard, écrit David, que les tentatives interparlementaires pour un arrangement entre la France et l'Allemagne ont été soutenues par Bethmann-Hollweg. Comme l'a déclaré le député Gothein, la participation de délégués des partis bourgeois à la conférence de Berne, en 1914, a été formellement recommandée par le ministère des affaires étrangères de Berlin. » (*Die Sozialdemokratie im Weltkrieg*, page 81).

Ainsi agissent, dans l'intérêt de leur jeu diplomatique, les gouvernements bourgeois. Ils exploitent cyniquement les efforts pour la paix accomplis par les socialistes, ils manœuvrent ceux-ci comme des marionnettes. Qui serait capable de dire, par exemple, dans quelles conditions a pu paraître au soleil, récemment, le manifeste pour la paix du Parteivorstand allemand ? Y a-t-il eu pression de la part des ouvriers et de l'opposition social-démocrate ? Ou bien certaine « inspiration » n'est-elle pas venue du côté des « sphères » proches de Bethmann-Hollweg ? Cela ne serait nullement contredit par la répression exercée contre les journaux social-démocrates qui ont imprimé le manifeste. Tout le « jeu » des Bethmann-Hollweg consiste en effet à dire : *nous tenons* autant que jamais, même après l'affaire de Lemberg (1), pour la guerre jusqu'au bout, nous avons des munitions en veux-tu en voilà, mais « le peuple » est

---

(1) Lemberg (ou Lvov), capitale de la Galicie, fut prise par les Russes en 1914 et reprise par les Allemands en 1915. — *Note du traducteur.*

déjà saturé de victoires, il demande maintenant « une paix honorable ».

Il est remarquable que les partisans officiels du « mot d'ordre » de la paix proclament souvent, sans ambages, qu'ils tiennent compte de la situation stratégique de leur « patrie ». En publiant le manifeste du Parteivorstand pour la paix, les organes officiels du parti allemand nous disent ceci : « Nous sommes autorisés à déclarer que, dès le 7 mai, la direction avait approuvé ce manifeste à l'unanimité... Mais la publication en avait été différée par suite de l'entrée de l'Italie dans la guerre. Après les grands succès militaires (de l'Allemagne) en Galicie, la direction a décidé de procéder à la publication. » (*Hamburger Echo*, n° 147). Les mêmes organes officiels de la social-démocratie allemande ont reproduit, sans un seul mot de critique, les commentaires donnés sur le manifeste du Parteivorstand par le journal officieux du gouvernement, la *Norddeutsche Allgemeine Zeitung*. « La direction du parti social-démocrate, écrit ce journal de gouvernement, a lancé, de même que d'autres organisations, son manifeste, *appuyée sur notre entière certitude de victoire* »...

Telle est la franche logique du social-chauvinisme. Notre Hindenbourg ou notre Mackensen a remporté une victoire sur le champ de bataille; *c'est pourquoi* nous sommes partisans du « mot d'ordre » de la paix. Mais notre Joffre ou notre Kitchener n'ayant rien remporté, nous tenons, nous autres, *à cause de ça*, pour la guerre jusqu'au bout...

D'autre part, une grande défaite peut amener ceux qui sont chargés de ces affaires-là à cligner de l'œil du côté des « socialistes » : allez-y maintenant, les enfants, pour le « mot d'ordre » de la paix. Il en fut ainsi pendant la conférence de Vienne, quand les troupes du tsar passaient les Carpathes et que Cracovie était menacée.

Cela seul doit suffire à empêcher les internationalistes révolutionnaires de faire leur le « mot d'ordre » de la paix sans y rien ajouter.

Il a traversé, ce « mot d'ordre », de bien tristes vicissitudes — à ne considérer, par exemple, que ce qui lui est arrivé dans *Naché Slovo*. Il a été d'abord défendu dans ce journal par des motifs purement pacifistes, on y voulait la paix avec certaines « conditions », c'est-à-dire une paix démocratique; à présent, dans le même journal, on réclame la paix tout simplement, sans y mettre aucune condition car il devient trop clair que « le désarmement », « les tribunaux d'arbitrage » et autres desiderata ne vont guère à ceux qui veulent poser la question sur un plan révolutionnaire. Mais ce tout unique « mot d'ordre » de la paix n'a plus absolument aucun sens du point de vue de la social-démocratie. Nicolas II et Guillaume II sont, eux aussi, partisans de la paix « en général » : ils n'ont pas du tout besoin de la guerre pour la guerre...

Le « mot d'ordre » de la paix a été défendu dès le début de la guerre par Kautsky (« *Kampf für den Frieden, Klassenkampf im Frieden,* lutte pour la paix, lutte de classes *en temps de paix* »). Les Vandervelde comme les Victor Adler, les Sembat comme les Scheidemann, se donnent pour des internationalistes et des *pacifistes*, et il en est de même de tous les social-chauvins.

Plus sera proche la fin de la guerre, plus la filouterie diplomatique des cliques bourgeoises jouera dans les coulisses, et moins le simple « mot d'ordre » de la paix sera acceptable pour des socialistes-internationalistes.

Il est faux et particulièrement dangereux de penser que les internationalistes doivent s'orienter en considérant ceux qui sont pour le « mot d'ordre » de la paix et ceux qui sont contre. Si l'on veut que les internationalistes de différents pays soient dans *l'impossibilité* de s'entendre, de se serrer sous un même drapeau, d'adopter un même *programme*, si l'on veut *effacer* toute ligne de démarcation entre nous et le « centre », il faut *alors* accepter le « mot d'ordre » de la paix.

Les social-démocrates italiens ont fait connaître par la presse leur intention de convoquer une conférence ou un congrès d'internationalistes. Cette entreprise mérite d'être chaleureusement soutenue. Mais elle perdra presque tout intérêt si elle limite ses efforts à ce qui a déjà été fait par la conférence internationale des femmes, et par celle des jeunesses. Il ne s'agit pas, en effet, de rédiger avec des social-pacifistes une résolution « unanime », comportant le « mot d'ordre » de la paix, et de se congratuler mutuellement pour l'adoption unanime d'un *prétendu* « programme d'action », qui sera, en réalité, un programme d'inaction. Mais il s'agit de s'orienter dans la terrible crise du socialisme qui vient de se produire, de rassembler ce qui reste de l'armée marxiste, de mettre dehors les traîtres déclarés et les hésitants qui leur viennent en aide, de tracer la ligne à suivre pour notre génération socialiste dans l'époque impérialiste où nous devons combattre, et de créer un noyau international *marxiste*.

Innombrables sont déjà ceux qui ne demandent pas mieux que de parler du « mot d'ordre » de la paix. Et ils se multiplieront encore. La tâche des internationalistes révolutionnaires n'est pas la même. On ne peut sauver le drapeau du socialisme, on ne peut rassembler sous ce drapeau les larges masses ouvrières, on ne peut poser la première pierre de la future Internationale vraiment socialiste qu'en proclamant dès ce jour le programme marxiste intégral, en déclarant clairement et nettement, *en marxistes*, comment le prolétariat socialiste doit lutter à l'époque de l'impérialisme. La question qui se pose pour nous est beaucoup plus vaste que celle de la conduite à tenir durant les quelques mois qui restent à attendre jusqu'à la fin de la *première* guerre impérialiste mondiale. La question pour nous est celle de *toute une époque* de guerres impérialistes.

Ce n'est pas l'idée du pacifisme international, c'est par l'idée de la guerre civile internationale que nous vaincrons.

23 août 1915.   G. ZINOVIEV.

Sur le mot d'ordre des Etats-Unis d'Europe

Dans le numéro 40 du *Social-Démocrate*, nous avons dit que la conférence des sections de notre parti à l'étranger avait décidé de différer la discussion sur le mot d'ordre des « Etats-Unis d'Europe » jusqu'à l'examen dans la presse du côté *économique* de ce problème.

Au cours de notre conférence, les débats sur cette question ont pris un caractère exclusivement politique. Cela peut s'expliquer partiellement par le fait que, dans le manifeste du comité central, ce mot d'ordre est formulé dans un sens nettement politique (il y est dit : « le plus prochain mot d'ordre *politique* ») et l'on n'y parle pas seulement d'Etats-Unis républicains de l'Europe, mais on y souligne particulièrement « qu'à moins d'un renversement par la révolution des monarchies allemande, autrichienne et russe », ce mot d'ordre est dénué de sens et mensonger.

Si l'on s'élève contre cette façon de poser la question *dans les limites* de la seule politique, si, par exemple, on affirme que ce mot d'ordre masque ou affaiblit celui de la révolution socialiste, on a absolument tort. Les transformations politiques dirigées en un sens véritablement démocratique, et les révolutions politiques *a fortiori*, ne peuvent jamais, en aucun cas, masquer ou affaiblir le mot d'ordre de la révolution socialiste. Au contraire, elles contribuent toujours à rapprocher celle-ci, à lui faire une base plus large; elles entraînent dans la lutte socialiste de nouvelles couches de la petite bourgeoisie et des masses demi-prolétariennes. D'autre part, les révolutions politiques sont inévitables sur le chemin de la révolution socialiste, qu'il ne faut pas considérer comme un seul acte, mais comme une époque entière de tumultueux ébranlements politiques et économiques, d'extrême acuité de la lutte de classes, de guerre civile, de révolutions et de contre-révolutions.

Mais, si le mot d'ordre des Etats-Unis républicains de l'Europe, comportant le renversement par la révolution des trois monarchies les plus réactionnaires de l'Europe, du tsarisme avant tout, est absolument inattaquable comme politique, il reste encore à examiner une question des plus importantes, celle du contenu et de la signification économiques de ce mot d'ordre. Du point de vue des conditions économiques de l'impérialisme, c'est-à-dire de l'exportation du capital et du partage du monde par les puissances colonisatrices « avancées » et « civilisées », les Etats-Unis d'Europe, sous le capitalisme, sont impossibles ou seront réactionnaires.

Le capital est devenu international et détient les monopoles. Le monde est partagé entre un petit nombre de grandes puissances, c'est-à-dire de nations qui prospèrent dans le pillage et l'oppression des autres peuples. Les quatre grandes puissances de l'Europe, l'Angleterre, la France, la Russie et l'Allemagne, dont la population totale est de 250 à 300 millions d'âmes, dont la superficie générale est d'environ 7 millions de kilomètres carrés, possèdent des colonies dont la population est *presque d'un demi-milliard* d'âmes (494.500.000), dont l'étendue est de 64 millions 600.000 kilomètres carrés, c'est-à-dire de presque la moitié du globe terrestre (133 millions de kilomètres carrés, en exceptant les régions polaires). Ajoutez à cela trois des Etats de l'Asie, la Chine, la Turquie et la Perse, que déchirent maintenant les brigands qui font la guerre « d'émancipation » : le Japon, la Russie, l'Angleterre et la France. Dans ces trois Etats asiatiques, que l'on peut appeler des demi-colonies (et ce sont, en réalité, de véritables colonies pour les 9/10ᵉ) il y a des centaines de millions d'habitants et la superficie générale est de plus d'une fois et demie celle de l'Europe.

Continuons. L'Angleterre, la France et l'Allemagne ont placé au dehors au moins 70 milliards de roubles de capital (1). Pour prélever le revenu « légitime » de cette jolie somme, — un revenu qui excède 3 milliards de roubles par an, — il existe des comités de millionnaires, qui s'appellent gouvernements, pourvus d'armées et de flottes armées, qui « placent » dans les colonies leurs garçons et cousins du « seigneur milliard », en qualité de vice-rois, d'ambassadeurs, de consuls, de fonctionnaires de tout ordre, de curés et autres sangsues.

C'est ainsi qu'est organisé, à l'apogée du développement du capitalisme, le pillage d'environ un milliard d'habitants de la terre par quelques grandes puissances. Et, en régime capitaliste, toute autre organisation serait impossible. Renoncer aux colonies, aux « sphères d'influence », à l'exportation du capital... comment donc?... Songer à cela, ce serait se ravaler au niveau du curé de campagne qui, le dimanche, prêche aux gens riches la magnificence du christianisme et leur conseille d'abandonner aux pauvres... non des milliards, certes... mais quelques centaines de francs par an.

Les Etats-Unis d'Europe, en régime capitaliste, cela se ramènerait à une convention sur le partage des colonies. Mais, en pareil régime, il ne peut y avoir d'autre base, d'autre principe que

____

(1) En 1914, le rouble valait officiellement 2 fr. 65. — *Note du traducteur.*

la force pour un partage. Un milliardaire ne peut accorder à
d'autres que lui-même, sur le « revenu national » du pays capitaliste, plus qu'une part « proportionnelle » : « suivant le capital de chacun » (et encore à condition que le gros capital reçoive
beaucoup plus que sa part). Le capitalisme, c'est la propriété
privée sur les moyens de production; c'est l'anarchie de la production. Prêcher un « juste » partage du revenu sur cette base,
c'est du proudhonisme qui ne peut venir que de la balourdise du
petit-bourgeois, du philistin. Impossible de partager autrement
que « d'après la force ». Or, la proportion des forces se modifie
au fur et à mesure de l'évolution économique. Depuis 1871, l'Allemagne s'est renforcée trois ou quatre fois plus vite que l'Angleterre et la France; le Japon dix fois plus vite que la Russie.
Pour vérifier la force réelle d'un Etat capitaliste, il n'y a pas et
il ne peut y avoir d'autre moyen que la guerre. La guerre n'est
pas en contradiction avec les fondements de la propriété privée;
elle en est le développement direct et inévitable. En régime capitaliste, l'accroissement régulier de la puissance économique des
fortunes particulières et des Etats est impossible. En régime
capitaliste, il n'y a, pour rétablir, de temps à autre, l'équilibre
rompu, pas d'autres moyens que des crises dans l'industrie, des
guerres en politique.

Bien entendu, il existe des possibilités d'accords *temporaires*
entre capitalistes et entre puissances. C'est dans ce sens que l'on
peut concevoir des Etats-Unis d'Europe, comme une convention
entre capitalistes *européens*, mais... une convention portant sur
quoi? Uniquement sur une politique commune pour écraser le socialisme en Europe, pour conserver les colonies dont on s'est em-
paré par brigandage *contre* les entreprises du Japon et de l'Amérique : ces derniers sont, en effet, extrêmement vexés du partage
actuel et, depuis un demi-siècle, se sont fortifiés infiniment plus
vite que l'Europe arriérée, monarchique, qui commence à pourrir
de vieillesse. En comparaison avec les Etats-Unis d'Amérique, l'Europe, dans son ensemble, indique le marasme économique. Sur la
base de l'économie actuelle, c'est-à-dire en régime capitaliste, des
Etats-Unis d'Europe ne seraient qu'une organisation de la réaction
pour retarder le trop rapide progrès de l'Amérique. L'époque où la
cause de la démocratie et celle du socialisme n'étaient liées qu'avec
le sort de l'Europe, est définitivement révolue.

Les Etats-Unis du monde (et non seulement de l'Europe) :
voilà la formule étatiste de l'union et de la liberté des nations que
nous rattachons au socialisme, jusqu'au jour où la complète victoire du communisme amènera la définitive disparition de tout
Etat, même purement démocratique. Mais, comme mot d'ordre indépendant, celui des Etats-Unis du monde ne serait guère, pourtant,
justifiable : d'abord, parce qu'il se confond avec l'idée même du
socialisme; ensuite, parce que ce mot d'ordre pourrait occasionner

de fausses interprétations, parce que certains pourraient croire à l'impossibilité d'une victoire du socialisme dans un seul pays et se tromper sur les rapports prévisibles de ce pays avec d'autres.

L'inégalité de progression économique et politique est l'inéluctable loi du capitalisme. De là, il sied de déduire qu'une victoire du socialisme est possible, pour commencer, dans quelques Etats capitalistes seulement, ou même dans un seul. Le prolétariat vainqueur dans ce pays, après avoir exproprié les capitalistes et organisé, chez lui, la production socialiste, se lèverait *contre* le reste du monde capitaliste, attirant à lui les masses opprimées des autres nations, fomentant chez elles des insurrections contre les capitalistes, employant au besoin la force armée contre les classes exploitatrices et leurs Etats. La forme politique de la société où aura vaincu le prolétariat, en renversant la bourgeoisie, sera une république démocratique qui centralisera de plus en plus les forces du prolétariat de la nation, ou des nations ralliées dans la lutte contre les Etats non encore venus au socialisme. Il est impossible de détruire les classes autrement que par la dictature de la classe opprimée, du prolétariat. La libre union des nations dans le socialisme est impossible autrement que par une lutte plus ou moins longue et acharnée des république socialistes contre les autres Etats.

Tels sont les motifs qui, après de nombreuses délibérations, au cours de la conférence des sections du parti révolutionnaire social-démocrate russe à l'étranger, et après cette conférence, ont amené la rédaction de l'organe central à considérer comme injustifié le mot d'ordre des Etats-Unis d'Europe.

23 août 1915.   N. LÉNINE.

Les social-démocrates de Sa Majesté

La guerre nous a valu cette sorte aussi de « social-démocrates ». Et nul autre que Plékhanov ne s'est mis à leur tête. Les auteurs et les éditeurs du livre du groupe Plékhanov, *La Guerre*, ont un mérite tout au moins : ils n'ont pas osé mettre sur leur livre l'estampille de notre parti. Ils ont senti eux-mêmes que les mots : « Prolétaires de tous les pays, unissez-vous ! » eussent été par trop profanés d'être mis en épigraphe à cette publication ultraréactionnaire. Ils ont eu conscience que la devise vénérée ; « autocratie, orthodoxie, nation », eût été mieux à sa place dans leur œuvre.

Le principal article du recueil est celui de Plékhanov : *Encore sur la guerre*. L'ex-révolutionnaire Alexinsky impose sa présence dans les rôles bouffons. Quelques collaborateurs à demi illettrés constituent le digne entourage des Plékhanov et Alexinsky d'aujourd'hui.

Plékhanov a le langage d'un agent direct du ministère russe

des Affaires étrangères. La mission que remplit Milioukov dans la bourgeoisie libérale, Plékhanov la remplit volontiers parmi les ouvriers. Il blanchit sans le moindre scrupule la politique étrangère du tsarisme. Aux plumes défuntes de Menchikov et de Strouve s'ajoute la plume du « social-démocrate de Sa Majesté », Plékhanov.

Les ouvriers socialistes ont dû s'accoutumer à tout en notre triste temps. Mais le record du reniement est, croyons-nous, battu par Plékhanov.

Le tsarisme russe fait, à en croire Plékhanov, « une guerre juste. L'exploiteur opprime, c'est-à-dire attaque. L'exploité s'efforce de s'affranchir de l'oppression, c'est-à-dire se défend... Nous sommes moralement tenus de défendre notre patrie si elle est assaillie ou, en d'autres termes, si elle fait une juste guerre inévitable... Ce que la Russie exigeait pour la Serbie correspondait presque entièrement aux exigences de l'Internationale social-démocrate. C'est on ne peut plus vrai. »

Songez, lecteur, à ce que dit là Plékhanov ! Le tsar russe faisant une guerre « juste » et « nécessaire » ! Le tsar russe « exploité » qui « s'efforce de s'affranchir de l'oppression et, par conséquent, se défend... »

— Voyons, vénérable social-démocrate de Sa Majesté, il faut, même dans le reniement, observer quelque mesure. Le tsarisme russe qui foule aux pieds le sentiment national de dizaines de millions d'allogènes, dans notre propre pays, qui depuis plus d'un demi-siècle remplit les fonctions d'un gendarme international, qui opprime la Finlande, déchire la Perse, dévalise la Turquie qui, tous les cinq ans au moins, envoie en Asie une expédition pour soumettre des millions d'hommes, qui organise le massacre des Arméniens, qui, par sa sanglante politique, prive les peuples balkaniques de la possibilité de vivre tranquillement, ne serait-ce qu'un jour, le tsarisme russe, cet exploiteur le plus grand et le plus abominable des peuples, devient, sous la plume de Plékhanov, un innocent allié, un « exploité aspirant à s'affranchir de l'oppression et, par conséquent, se défendant ». On dit que les renégats, les néophytes voulons-nous dire, sont toujours immodérés dans l'adoration des idoles de leur nouvelle foi. Nous donnerons tout de même ce conseil aux nouveaux défenseurs du tsarisme : mentez, messieurs, mais avec mesure ! Croyez-vous vraiment qu'il se trouvera dans notre pays un seul ouvrier pour vous croire et admettre que le tsarisme russe est un exploité et non un exploiteur.

Le tsarisme russe fait une guerre « juste et » — de plus — « nécessaire ». Vive le tsarisme russe ! Plékhanov s'abstient d'achever sa pensée par cette exclamation. Car il est difficile d'inventer pour le tsarisme une plus grande justification que celle-ci : prétendre qu'il défend dans la guerre mondiale la justice et la nécessité historique. Le tsar Nicolas II, sous l'auréole d'un tsar « juste » faisant une guerre « nécessaire » ! Nicolas II ne rêva sûrement jamais de se l'entendre dire par un social-démocrate ! Ouvriers russes, citoyens russes, vous l'entendez ? Quand la bande de malandrins du tsar, vous menaçant de fusillades, vous envoyait piller et incendier la Galicie, brûler les livres ukrainiens, faire des pogroms antisémites, égorger des Turcs ; quand elle envoyait à la mort, par millions, les fils de la Russie, pour donner à une poignée de capitalistes la domination de Constantinople, c'était « nécessaire » et elle accomplissait « le vœu de l'équité » !

— Vive Hindenbourg ! instrument inconscient de la révolution sociale ! crient pour tromper les ouvriers allemands les social-démocrates de Sa Majesté Guillaume II.

— Vive Nicolas Nicolaïévitch, instrument inconscient de l'idée de justice ! crient, *pour tromper les ouvriers russes,* les social-démocrates de Sa Majesté Nicolas II.

Les uns valent les autres.

Ce que le tsarisme russe exigeait pour la Serbie « correspond presque entièrement aux exigences de l'Internationale social-démocrate ». C'est, voyez-vous, reconnu par Bernstein « lui-même » et Plékhanov trouve que c'est « on ne peut plus juste ». Triste comédien ! Il veut obliger les ouvriers russes à croire que les filous, les jésuites et les bandits qui dirigent la diplomatie russe, s'inspirent des « simples normes du droit et de la justice » telles que les comprend l'Internationale social-démocrate.

« Ici *notre* Plékhanov exagère », dira-t-on, nous en sommes sûrs, dans les bureaux de Sazonov, quand on y lira ces lignes non d'apologiste, mais de larbin. *Leur* Plékhanov. Ils ont raison. Il est maintenant prêt à les servir, non seulement en toute conscience, mais encore contre toute conscience. Que ce leur soit au moins une faible consolation après leurs défaites de Pologne et de Galicie. Nous craignons seulement que la consolation soit vraiment insuffisante. Le passage de Plékhanov au tsar « juste » servira autant au tsar contre la nouvelle révolution qu'il lui sert de changer, pour tenir tête au feu de l'artillerie prussienne, le procureur suprême du Très-Saint Synode et de multiplier les prières publiques.

Mais Plékhanov ne fait pas que chanter les louanges du « juste » tsar. Il pense aussi à la reconstruction de l'Internationale ouvrière.

Plékhanov ne ménage pas les social-chauvins allemands. Ce n'est pas parce qu'ils sont des chauvins et des traîtres à la cause ouvrière ! (Cela il l'approuve entièrement. « Dans la guerre défensive, écrit Plékhanov, la participation active des prolétaires conscients est obligatoire ». Ici, les *social-démocrates allemands ont parfaitement raison*). Mais c'est parce qu'ils sont des chauvins allemands. Parce qu'ils sont *Allemands.*

L'amnistie est pourtant nécessaire. Plékhanov l'accorde à

Sudekum, pour que Sudekum la lui accorde. Tous deux reconstruiront alors l'Internationale.

« Il nous sera pénible de serrer des mains souillées de sang innocent. Mais ce sera pour le cœur l'occasion de se soumettre à la raison... Songeant à sa grande cause, l'Internationale devra tenir compte même des repentirs tardifs. »

Pour ce qui est de la propreté des mains, vous n'êtes pas, messieurs les tsaristes russes, en meilleure posture, mais pas du tout ! Regardez donc vos propres mains. N'y voyez-vous pas de traces de sang ? N'avez-vous pas béni le brigandage « juste et nécessaire » des malandrins du tsar ?

Sur l'amnistie, vous avez raison. *Vous* ne pouvez pas vous en passer. Plékhanov et Vandervelde compléteront admirablement Sudekum et Scheidemann. Au nom des ouvriers russes, Plékhanov amnistiera volontiers ses « amis-ennemis » allemands. Mais que diront les ouvriers russes ? Amnistieront-ils Plékhanov, maintenant en congé volontaire et au service du tsarisme ? Ou lui diront-ils : tu as porté le nom de Plékhanov, tu es maintenant pour nous pareil à Struhve et à Menchikov ?

Plus Plékhanov mettra de zèle à écrire des articles du genre de ceux du *Novoïé Vrémia*, tels que nous venons d'en citer un, et plus la seconde hypothèse aura de chances d'être la bonne.

23 août 1915.   G. ZINOVIEV.

Le krach de la IIe Internationale

En parlant du krach de la IIe Internationale, on entend parfois le côté formel de la question, la rupture des relations internationales entre les partis socialistes des pays belligérants, l'impossibilité de réunir une conférence internationale ou un Bureau socialiste international, etc. Se placent à ce point de vue certains socialistes des petits pays neutres, probablement même la majorité des partis officiels de ces pays, puis les opportunistes et leurs défenseurs. Dans la presse russe, M. Vladimir Kossovsky s'est fait, avec une franchise qui mérite quelque gratitude, le défenseur de ce point de vue. Son article a paru dans le numéro 8 de la *Feuille d'Information du Bund*. Et la rédaction de la dite *Feuille* ne s'est pas déclarée en désaccord avec l'auteur. Il y a lieu d'espérer que la défense du nationalisme par M. Kossovsky, qui en est arrivé à justifier le vote des crédits de guerre par les socialistes allemands, contribuera fortement à convaincre les travailleurs du caractère nationaliste bourgeois du *Bund*.

Pour les ouvriers conscients, le socialisme est une conviction sérieuse, et non un masque commode, destiné à recouvrir des aspirations conciliatrices, petites-bourgeoises et nationalistes-oppositionnelles. Pour eux, le krach de la II° Internationale, c'est l'abominable trahison, par la majorité des partis social-démocrates, de leurs convictions, des solennelles déclarations des congrès internationaux de Stuttgart et de Bâle, des résolutions de ces congrès, etc. Seuls, ceux qui ne *veulent pas* voir cette trahison ou qui ont intérêt à ne pas la voir, ne la voient pas. Posant la question de façon scientifique, c'est-à-dire du point de vue des rapports entre les classes de la société actuelle, nous devons dire que la plupart des partis social-démocrates, et en premier lieu, le plus grand, le plus influent des partis de la II° Internationale, le parti allemand, se sont rangés du côté de leurs états-majors, de leurs gouvernements, de leurs bourgeoisies, contre le prolétariat. C'est un événement d'une signification historique mondiale qu'on ne peut se dispenser d'analyser, autant que possible, sous tous ses aspects. Il est depuis longtemps reconnu que les guerres, malgré toutes les horreurs et les calamités qu'elles entraînent, ont plus ou moins d'utilité en ce qu'elles découvrent, dénudent, détruisent une bonne part de ce qui pourrit, se survit, se fige dans les institutions humaines. La guerre européenne de 1914-1915 a commencé à rendre un service indéniable à l'humanité en montrant à la classe avancée des pays civilisés qu'un abcès purulent, écœurant, a mûri dans ses partis et qu'il en émane une insupportable odeur cadavérique.

1

La trahison de toutes leurs convictions et de tous leurs devoirs par les principaux partis socialistes d'Europe est-elle un fait? Ni les traîtres eux-mêmes, ni les hommes qui savent bien — ou pressentent — qu'ils auront à pactiser avec les traîtres, n'aiment à en parler. Mais si désagréable que ce soit pour diverses « autorités » de la II° Internationale ou bien pour leurs amis des fractions de la social-démocratie russe, nous devons regarder les choses bien en face, les appeler par leur nom, dire aux ouvriers la vérité.

Y a-t-il des arguments de fait sur la façon dont, avant la guerre actuelle, prévoyant la guerre actuelle, les partis socialistes considéraient leurs tâches et leur tactique? Indiscutablement. Il y a la résolution du congrès socialiste international de Bâle (1912) que nous reproduisons, avec la résolution du congrès de la social-démocratie allemande de la même année, à titre de rappel des « paroles oubliées » du socialisme. Dressant le bilan de l'énorme labeur de propagande et d'agitation contre la guerre accompli dans tous les pays, cette résolution donne l'expression la plus exacte, la plus complète, la plus solennelle, la plus formelle, des opinions socialistes sur la guerre et de la tactique socialiste vis-à-vis de la guerre. On ne peut pas ne pas considérer comme une trahison le seul fait que pas une des notabilités de l'Internationale d'hier et du social-chauvinisme d'aujourd'hui, — ni Hyndman, ni Guesde, ni Kautsky, ni Plékhanov, — ne se décide à rappeler à ses lecteurs cette résolution; que tous, ils la passent sous silence ou n'en citent — comme fait Kautsky —

que des passages secondaires. Les résolutions les plus extrémistes,
les plus archi-révolutionnaires ; puis, de ces résolutions, l'oubli le
plus éhonté ou le reniement: voilà encore une des manifestations les
plus frappantes du krach de l'Internationale, — et aussi une des
preuves les plus frappantes de ce que croire à « l'amendement » du
socialisme, à son « redressement » par des résolutions, n'est plus
permis qu'aux gens dont la naïveté sans exemple se confond avec
le désir de perpétuer à jamais l'ancienne hypocrisie.

Hier encore, peut-on dire, avant la guerre, lorsque Hyndman
se mit à défendre l'impérialisme, tous les socialistes « convenables »
le considérèrent comme un toqué et nul ne parlait plus de lui qu'a-
vec dédain. Or les chefs social-démocrates les plus éminents, dans
tous les pays, — ne différant les uns des autres que par des nuances
et par le tempérament — sont tombés au rang de Hyndman. Et nous
ne saurions apprécier ni qualifier en termes parlementaires le courage civique de gens tels, par exemple, que les écrivains de *Naché
Slovo* quand ils parlent sur un ton méprisant de « Monsieur »
Hyndman, alors qu'ils nomment le « camarade Kautsky » (à moins
qu'ils ne le passent sous silence) avec respect (ou servilité). Si vous
êtes convaincus de la fausseté et de la nocivité du chauvinisme de
Hyndman, ne devriez-vous pas diriger vos attaques et votre critique
contre Kautsky, défenseur plus *influent* et plus dangereux des
mêmes opinions?

Les opinions de Guesde ont, semble-t-il, été exprimées dans ces
derniers temps avec le plus d'exactitude par Charles Dumas, dans
sa brochure : *La paix que nous voulons*. Le « chef de cabinet de
Jules Guesde », qui se présente ainsi sur la couverture de cet opus-
cule, « cite » naturellement les anciennes déclarations patriotiques
des socialistes (de même que les cite, de son côté, le social-chauvi-
niste allemand David, dans sa brochure sur la défense nationale)
mais se garde bien de citer le manifeste de Bâle! Plékhanov, lui
aussi, fait le silence sur ce manifeste, tout en nous servant avec
une incroyable suffisance les truismes chauvins. Kautsky vaut Plékhanov. Citant le manifeste de Bâle, il en élague tous les passages
révolutionnaires (c'est-à-dire tout l'essentiel), sans doute sous le
prétexte d'une censure rigoureuse. La police et les autorités militaires viennent à propos, avec leurs interdictions de traiter de la
lutte des classes, en aide aux traîtres du socialisme!

Mais, peut-être, le manifeste de Bâle n'est-il qu'un appel incon-
sistant, sans contenu précis, ni historique, ni tactique, qui puisse se
rapporter avec certitude à la guerre que nous voyons?

C'est exactement le contraire qui est vrai. La résolution de Bâle
contient moins de creuses déclarations que toute autre; elle a plus
de signification concrète. La résolution de Bâle traite précisément
de la guerre qui a lieu, des conflits impérialistes qui ont éclaté en
1914-1915. Le conflit austro-serbe à cause des Balkans, austro-italien
à cause de l'Albanie, anglo-allemand à cause des colonies et des
marchés en général, russo-turc à cause de l'Arménie et de Constan-

tinople, voilà ce dont traite, prévoyant précisément la guerre actuelle, la résolution de Bâle. C'est *précisément* du conflit actuel entre les « grandes puissances de l'Europe » que la résolution de Bâle dit que cette guerre « *ne peut être justifiée par le moindre prétexte d'intérêt des peuples* » !

Et si Plékhanov et Kautsky — nous considérons les deux socialistes faisant autorité qui sont les plus à notre portée de militant écrivant en russe ou traduit en russe par les liquidateurs — cherchent maintenant (avec le concours d'Axelrod) des raisons « d'intérêt populaire » (de bien vulgaires raisons puisqu'elles sont tirées de cette presse bourgeoise qui infeste les rues) pour justifier la guerre, si, approvisionnés de fausses citations de Marx, ils invoquent doctoralement l'exemple des guerres de 1813 et de 1870 (Plékhanov) ou de 1854-1871, 1876-1877 et 1897 (Kautsky), il faut vraiment des gens dépourvus de toutes convictions socialistes pour prendre au sérieux des « arguments » de ce genre et ne point les qualifier de jésuitisme inouï, d'hypocrisie, de prostitution du socialisme! Que la direction du parti social-démocrate allemand maudisse le nouvel organe de Mehring et de Rosa Luxembourg (*L'Internationale*) pour avoir jugé comme il convient Kautsky, que Vandervelde, Plékhanov, Hyndman et Cie, appuyés par la police de la Triple Entente, traitent de même leurs adversaires, nous répondrons en reproduisant purement et simplement le manifeste de Bâle : il suffit à flétrir cette conversion des chefs à laquelle on ne saurait appliquer d'autre mot que celui de trahison.

La résolution de Bâle ne parle ni de guerre nationale, ni de guerre de peuples (telles que nous en avons eu en Europe, et même de typiques, de 1789 à 1871, ni de la guerre révolutionnaire que les social-démocrates n'ont jamais reniée, mais de la guerre *actuelle*, qui a lieu sur les bases du « capitalisme impérialiste », des « intérêts dynastiques », de la « politique de conquêtes » des deux groupes belligérants austro-allemand et anglo-franco-russe. Plékhanov, Kautsky et Cie trompent les ouvriers en répétant le mensonge intéressé de la bourgeoisie de tous les pays, laquelle s'efforce de présenter cette guerre impérialiste, coloniale, de brigandage, comme une guerre nationale, comme une guerre de défense (au point de vue des uns comme des autres), et en lui cherchant des justifications dans le domaine historique des guerres non-impérialistes.

La question du caractère impérialiste, spoliateur, antiprolétarien, de cette guerre, est depuis longtemps sortie du domaine de la théorie pure. L'impérialisme n'est pas seulement déjà jugé dans ses traits essentiels, comme la lutte d'une bourgeoisie vieillie, sénile, gangrenée, pour le partage du monde et l'asservissement des petites nations; les nombreux journaux socialistes du monde entier n'ont pas seulement répété cent fois ces conclusions; le Français Delaisi n'a pas été le seul à vulgariser dans sa brochure *La Guerre qui vient* (parue en 1911), le caractère de brigandage de la guerre actuelle pour la bourgeoisie française. Il y a beaucoup plus. Les représentauts des partis socialistes de tous les pays ont, à Bâle, exprimé unanimement et formellement leur inflexible conviction que la guerre qui venait serait impérialiste; et ils ont tiré de ce fait les déductions tactiques voulues. Aussi faut-il, entre autres, écarter tout de suite, comme sophismes, toutes les assertions suivant lesquelles la distinction entre les tactiques nationale et internationale n'a pas été suffisamment discutée (voir la dernière interview d'Axelrod dans les numéros 87 et 90 de *Naché Slovo*). C'est un sophisme : car l'étude détaillée de l'impérialisme est une chose qui ne fait que commencer et ne finira jamais, la science en général étant infinie. Et les fondements de la tactique socialiste contre l'impérialisme capitaliste, exposés dans les millions d'exemplaires des journaux socialistes et dans les résolutions de l'Internationale, en sont une autre. Les partis socialistes ne sont pas des clubs de discussion, mais des organisations du prolétariat combattant; et lorsqu'un certain nombre de bataillons passent à l'ennemi, il faut dire que ces hommes sont des traîtres, sans se laisser prendre à certains propos hypocrites sur les différentes façons de comprendre l'impérialisme, sans s'arrêter aux gros volumes que le chauvin Kautsky et le chauvin Cunow en peuvent écrire, ni à l'insuffisance des études qui ont été faites sur ce sujet... Le capitalisme, dans tous les aspects de son brigandage, dans tous les détails de son développement historique, et de ses particularités nationales, *ne sera jamais étudié à fond;* on ne cessera jamais — les pédants surtout — de discuter certaines particularités. Renoncer « pour cette raison » à l'action socialiste contre le capitalisme, renoncer à se dresser en face de ceux qui ont trahi cette action, serait ridicule. Kautsky, Cunow, Axelrod et Cie nous proposent-ils autre chose?

Personne, depuis la guerre, n'a même tenté d'analyser la résolution de Bâle et de démontrer qu'elle manquait de justesse!

II

Mais peut-être les socialistes sincères se déclaraient-ils pour la résolution de Bâle parce qu'ils prévoyaient que la guerre créerait une situation révolutionnaire? Peut-être les événements ont-ils démenti ces prévisions, rendant cette résolution impraticable?

Ce sophisme-là fournit à Cunow la justification de son passage à la bourgeoisie (voir sa brochure *Le Krach du parti* et ses articles). Sous forme d'« allusions », nous retrouvons les mêmes « arguments » chez presque tous les social-chauvins, chez Kautsky tout le premier. Les espérances révolutionnaires se sont avérées illusoires; défendre les illusions n'est pas une tâche marxiste, affirme Cunow. Et ce disciple de Pierre Struhve ne souffle mot des illusions communes à tous les signataires du manifeste de Bâle, mais, — le noble personnage! — il s'attache à accuser de tout le mal les éléments d'extrême-gauche, tels que Pannekoek et Radek.

Examinons l'argument selon lequel les auteurs du manifeste

de Bâle croyaient sincèrement à l'approche de la révolution, mais ont reçu un démenti des événements. Le manifeste de Bâle dit que :

1° La guerre provoquera une crise économique et politique;

2° Les ouvriers considéraient leur participation à la guerre comme un crime, — considéraient comme un crime « de tirer les uns sur les autres pour les bénéfices capitalistes, l'honneur des dynasties, l'exécution de traités secrets », et que la guerre provoquera parmi les ouvriers l'indignation et la révolte;

3° Cette crise et cet état d'esprit des ouvriers doivent être exploités par les socialistes afin de « soulever les peuples et de hâter le krach du capitalisme »;

4° « Les gouvernements » — tous sans exception — « ne peuvent commencer la guerre sans danger pour eux-mêmes »;

5° « Les gouvernements craignent la révolution prolétarienne »;

6° Les gouvernements « doivent se souvenir » de la Commune de Paris (c'est-à-dire de la guerre civile), de la Révolution russe de 1905, etc.

Autant d'idées tout à fait claires; on n'y trouve pas de *garantie* de révolution; on y insiste sur des définitions précises des faits et des tendances. Quiconque, à propos de ces idées et de ces raisonnements, dit que l'offensive attendue de la révolution ne s'est pas produite, prend vis-à-vis de la révolution une attitude non point marxiste, mais digne d'un Pierre Struhve, une attitude de mouchard, de renégat.

Pour un marxiste, il est certain que nulle révolution n'est possible à défaut de situation révolutionnaire. Toute situation révolutionnaire, du reste, n'aboutit pas à une révolution. Quels sont en général les indices d'une situation révolutionnaire ? Nous ne nous tromperons assurément pas en indiquant les trois indices suivants :

1° L'impossibilité pour les classes dominantes de maintenir intégralement leur domination; une « crise » des milieux dirigeants, crise politique de la classe exerçant le pouvoir, produit une faille dans laquelle pénètrent le mécontentement et l'indignation des classes opprimées. Pour qu'une révolution ait lieu, il est en général insuffisant que « l'on n'accepte plus en bas »; il faut aussi que « l'on *ne puisse plus* », en haut, vivre comme par le passé.

2° L'aggravation anormale des privations et des souffrances des classes opprimées.

3° L'augmentation sensible, en raison de ce qui précède, de l'activité des masses qui, « en temps de paix », se laissent paisiblement voler, mais, en temps d'orage, sont incitées par toute la crise et aussi par les « dirigeants » à prendre l'initiative d'une action historique.

A défaut de ces modifications objectives, indépendantes de la volonté des groupes isolés et des partis, comme des classes, une révolution est — en règle générale — impossible. L'ensemble de ces modifications objectives constitue précisément la situation révolutionnaire. Il y eut une situation de cet ordre en Russie en 1905 et, dans les pays d'Occident, pendant toute l'ère des révolutions: mais il y en eut une, aussi, en 1859-1860 en Allemagne et, en 1879-1880, en Russie, quoiqu'il n'y ait pas eu alors de révolution. Pourquoi ? Parce que toute situation révolutionnaire n'engendre pas nécessairement une révolution, — parce que celle-ci ne s'accomplit que lorsque s'ajoute aux facteurs énumérés le facteur subjectif, c'est-à-dire *l'aptitude* de la classe révolutionnaire à l'action révolutionnaire, l'aptitude de masses assez fortes pour briser ou ébranler l'ancien gouvernement, lequel, même à l'époque des crises, ne « *tombera pas si on ne le fait pas tomber* ».

Telles sont les opinions marxistes sur la révolution. Maintes et maintes fois elles ont été développées, admises par l'universalité des marxistes. Pour nous, Russes, l'expérience de 1905 les a confirmées avec éclat. Demandons-nous : que supposait à ce propos le manifeste de Bâle en 1912, et qu'est-il arrivé en 1914-1915?

On supposait une situation révolutionnaire, sommairement indiquée par les mots « crise économique et politique ». S'est-elle produite ? Assurément, oui. Le social-chauvin Lensch (qui défend le chauvinisme avec plus de franchise et d'honnêteté que les Cunow, les Kautsky, les Plékhanov et autres hypocrites) s'est même exprimé ainsi : « nous traversons une sorte de révolution » (p. 6 de sa brochure : *La Social-démocratie allemande et la Guerre*, Berlin, 1915). La crise politique est un fait : aucun des gouvernements n'est sûr du lendemain, aucun n'est sûr d'éviter la banqueroute, de ne pas perdre de territoires, de ne pas être chassé de son pays (comme l'a été le gouvernement belge). Tous les gouvernements vivent sur un volcan; tous font appel, *eux-mêmes*, à l'initiative et à l'héroïsme des masses. Le régime politique de l'Europe est, tout entier, ébranlé. Personne ne conteste que nous sommes entrés, que nous entrons tous les jours plus profondément — j'écris ces lignes le jour de l'entrée en guerre de l'Italie — dans une ère de formidables bouleversements politiques. Si Kautsky, deux mois après la déclaration de guerre, écrivait (20 octobre 1914, *Neue Zeit*) que « jamais un gouvernement n'est aussi fort, jamais les partis ne sont aussi faibles qu'au début d'une guerre », ce n'est là qu'un petit échantillon de sa façon de falsifier la science historique au gré des Sudekum opportunistes. Jamais un gouvernement n'a tant besoin que pendant une guerre du consentement de tous les partis des classes dirigeantes et de la paisible soumission de la classe opprimée. Ceci d'abord; ensuite, si, au début d'une guerre, « surtout dans un pays qui espère une prompte victoire, le gouvernement *paraît* tout-puissant », personne n'a jamais identifié l'attente d'une situation révolutionnaire avec le seul début d'une guerre, ni, à plus forte raison, *l'apparent* avec le *réel*.

Que la guerre européenne dût être beaucoup plus terrible que toutes les autres, tout le monde le savait et le reconnaissait. L'expérience le confirme de plus en plus. La guerre s'élargit. Les calamités qui frappent les masses sont effroyables; tous les efforts des gouvernements, des bourgeoisies et des opportunistes pour faire le silence sur ces malheurs sont de plus en plus vains. Les bénéfices de guerre de certains groupes capitalistes sont scandaleux. La tension des antagonismes est énorme. La sourde indignation des masses, le confus désir, qui naît dans les couches sociales inconscientes et brimées, d'une bonne petite paix « démocratique », l'effervescence commençante dans les masses d'en bas, tout cela est visible. Plus la guerre se prolonge et s'aggrave et plus les gouvernements doivent eux-mêmes développer l'activité des masses, en les sollicitant à une anormale tension de forces, à une abnégation sans bornes. L'expérience de la guerre, comme celle de toute crise de l'histoire, de toute grande calamité, de tout profond revirement dans la vie humaine, abrutit et brise les uns, mais en éclaire d'autres, ces derniers étant en fin de compte et en règle générale, dans l'histoire du monde, les plus nombreux — exception faite de quelques cas de déchéance et de disparition d'Etats.

Non seulement la conclusion de la paix ne peut pas mettre « instantanément » un terme à toutes les calamités, à cette tension d'antagonismes, mais au contraire : dans bien des cas elle rendra les calamités plus sensibles et surtout évidentes aux yeux des masses les plus arriérées.

En un mot, il existe, dans la plupart des Etats avancés et des grandes puissances de l'Europe, une situation révolutionnaire... A cet égard, la prévision du manifeste de Bâle s'est *pleinement* justifiée. Le nier, franchement ou non, ou le dissimuler comme font Cunow, Plékhanov, Kautsky et Cie, c'est commettre le plus grand des mensonges, c'est tromper la classe ouvrière et servir la bourgeoisie. Dans le *Social-Démocrate* (numéros 34, 40, 41), nous avons produit des documents prouvant que des hommes qui redoutent la révolution, membres du clergé, petits bourgeois dévots, états-majors, journalistes au service des millionnaires, sont obligés de convenir de la situation révolutionnaire de l'Europe.

Cette situation durera-t-elle longtemps et s'aggravera-t-elle encore? Mènera-t-elle à la révolution? Nous n'en savons rien et personne ne peut le savoir. Seule peut nous éclairer *l'expérience* qui nous vient d'une diffusion de l'état d'esprit révolutionnaire et de l'élan que mettra à s'engager dans l'action la classe d'avant-garde, le prolétariat. Il ne peut être ici question d' « illusions » ni de démenti à des illusions, car jamais aucun socialiste n'a affirmé que la révolution devait naître de cette guerre (et non de la suivante), de cette situation révolutionnaire (et non de celle de demain). Il s'agit en l'occurrence du plus incontestable, du plus primordial des devoirs de tous les socialistes : celui de révéler aux masses l'existence d'une situation révolutionnaire, d'en expliquer la profondeur et l'étendue, d'éveiller la conscience et la volonté révolutionnaire du prolétariat, de l'aider à passer à l'action et de créer à cette fin les organisations nécessaires.

Jamais aucun socialiste influent et responsable n'a osé mettre en doute que tel est précisément le devoir des partis socialistes. Le manifeste de Bâle, sans entretenir la moindre « illusion », n'a fait que traiter de ce devoir : soulever, « secouer » le peuple (au lieu de l'assoupir comme font Plékhanov, Axelrod, Kautsky), « exploiter » la crise pour « hâter » le *krach* du capitalisme en s'inspirant des *exemples* de la Commune et de la Révolution russe d'octobre-décembre 1905. Le manquement des partis socialistes actuels à ces devoirs constitue leur trahison, leur mort politique, leur renonciation à leur tâche, leur passage à la bourgeoisie.

III

Comment *a-t-il pu se faire* que les représentants et les chefs les plus qualifiés de la IIe Internationale aient trahi le socialisme? Nous nous arrêterons, plus loin, à cette question quand nous aurons examiné les essais de justification « théorique » de cette félonie. Essayons de caractériser les principales théories du social-chauvinisme dont Plékhanov (qui répète surtout les arguments des chauvins anglo-français, de Hyndman et de ses nouveaux disciples) et Kautsky (lequel produit des raisons beaucoup plus subtiles, présentant une apparence théorique bien plus solide).

Sans doute, la théorie de « l'agresseur » est-elle de toutes la plus primitive. On nous a assaillis, nous nous défendons; les intérêts du prolétariat exigent que les destructeurs de la paix européenne reçoivent la riposte méritée. C'est le refrain de tous les gouvernements, de toute la presse bourgeoise et jaune de l'univers. Plékhanov orne même ce piètre et vulgaire argument d'une référence jésuitique dont il a l'habitude : il prétend s'en rapporter à « la dialectique ». Si l'on veut, affirme-t-il, tenir compte de la situation concrète, il faut, à l'entendre, déterminer quel est l'agresseur, puis régler le compte de celui-ci, remettant à plus tard toutes autres besognes (voir la brochure de Plékhanov sur *La Guerre*, Paris 1914, et le raisonnement analogue d'Axelrod dans le *Goloss*, n° 86-87). Dans cet honorable métier qui consiste à falsifier la dialectique, Plékhanov a battu un record. Le sophiste se contente de répliquer à un seul « argument »; or, Hegel disait déjà avec raison que l'on peut trouver des « arguments » à toute cause, sans exception. La dialectique exige l'étude d'un fait social donné sous tous ses aspects, dans son développement, et la réduction de l'extérieur, de l'apparent, aux forces motrices profondes, au développement des forces productrices et à la lutte des classes. Plékhanov s'empare de quelques lignes cueillies dans la presse social-démocrate allemande : « Voyez, s'écrie-t-il, triomphant, les Allemands eux-mêmes s'accordaient à dire, avant la guerre, que l'Autriche et l'Allemagne étaient les instigatrices du conflit. » Il suffit! Quant aux abondantes révélations des socialistes russes concernant les visées impérialistes du tsarisme sur la Galicie, l'Arménie, etc., Plékhanov garde le silence sur ce sujet. Il ne tente même pas d'aborder l'histoire économique et diplomatique — quand ce ne serait que celle des trois dernières dizaines d'années —; or, cette histoire démontre irréfutablement que la conquête des colonies, le pillage de territoires étrangers, l'élimination et la ruine du concurrent avantagé ont dominé la politique des deux groupes de puissances aujourd'hui belligérantes (1).

Appliquée à la guerre, la règle principale de la dialectique, falsifiée par Plékhanov d'une façon aussi éhontée, par complaisance envers la bourgeoisie, nous apprend que « *la guerre n'est que la continuation de la politique par d'autres moyens* » (précisons : par la violence). Telle est la formule de Clausewitz, un des grands écrivains d'histoire militaire, et dont Hegel a fécondé les idées (2). A ce point de vue justement se sont toujours placés Marx et Engels en considérant *chaque* guerre comme la *continuation* de la politique

(1) Très édifiant, le livre du pacifiste anglais Brailsford, lequel joue volontiers au socialiste, *La Guerre de l'Acier et de l'Or* (Londres, 1914. L'ouvrage est daté de mars 1914!). L'auteur reconnaît tout à fait nettement que les questions nationales sont en général poussées au second plan, qu'elles sont résolues (p. 35), qu'il ne s'agit plus de cela, que la « question essentielle pour la démocratie actuelle » (p. 36), c'est celle du chemin de fer de Bagdad, de la fourniture de rails à ce chemin de fer, des mines du Maroc, etc. L'auteur voit — et il a raison — un des « incidents les plus édifiants de l'histoire la plus récente de la diplomatie européenne » dans la résistance des patriotes français et anglais à la tentative que fit M. Caillaux (en 1913 et 1914) pour réconcilier la France avec l'Allemagne sur les bases d'un partage de sphères d'influence coloniale et de l'admission des valeurs allemandes à la Bourse de Paris. La bourgeoisie *anglaise et française* a empêché cet accord (p. 38-40). Le but de l'impérialisme est l'exportation du capital dans les pays les plus faibles (p. 74). Le bénéfice du capital ainsi exporté a été, pour l'Angleterre, en 1899, de 90 à 100 millions de livres sterling (Giffaïn) et de 140 millions de livres en 1909 (Peitsch); Lloyd George — quant à lui, ajouterons-nous — l'estimait dans un récent discours à 200 millions de livres sterling par an. De malpropres affaires, la corruption de dignitaires turcs, l'octroi à des fils de famille de bons emplois en Egypte ou aux Indes, voilà ce dont il s'agit (p. 85-87). Une petite minorité profite des armements et des guerres, mais elle a pour elle la société et les financiers; la paix n'est défendue que par des populations sans unité ni homogénéité (p. 93). Le pacifiste qui parle aujourd'hui de paix et de désarmement appartiendra demain à un parti complètement dépendant des fournisseurs de guerre (p. 161). Si la Triple Entente — France, Angleterre, Russie — est la plus forte, elle prendra le Maroc et partagera la Perse. Si c'est la Triplice qui a l'avantage, elle prendra Tripoli, s'affermira en Bosnie, assujettira la Turquie (p. 167). En mars 1906, Londres et Paris ont donné des milliards au tsarisme, l'aidant ainsi à réprimer le mouvement libérateur (p. 225-228). L'Angleterre aide maintenant la Russie à étrangler la Perse (p. 229). La Russie a allumé la guerre des Balkans (p. 230). Tout cela n'est pas neuf, n'est-ce pas? Tout cela est bien connu: les gazettes socialistes l'ont répété mille fois. A la veille de la guerre, un bourgeois anglais voyait clairement tout cela. Mais à quel galimatias inconvenant, à quelle hypocrisie insupportable, à quel doucereux mensonge se réduisent, en face de ces simples faits, connus de tout le monde, les théories de Plékhanov sur la « culpabilité de l'Allemagne », comme celles de Kautsky sur la « perspective » de désarmement et de paix durable en régime capitaliste! (N. L.)

(2) Karl von Clausewitz, *Vom Kriege* (*De la Guerre*, œuvres, 1er vol., p. 28, et 3e vol., p. 139-140) : « Tout le monde sait que les guerres ne sont causées que par les relations politiques entre gouvernements et entre peuples; mais on se représente d'habitude les choses comme si, dès le commencement d'une guerre, ces relations cessaient, faisant place à une toute autre situation, soumise exclusivement à ses propres lois. Nous affirmons au contraire que la guerre n'est que la continuation de relations politiques, d'autres moyens intervenant. »

des puissances intéressées — et des différentes classes sociales dans
leur sein — à un moment donné.

Le chauvinisme grossier de Plékhanov occupe exactement la
même position théorique que le chauvinisme conciliateur, douçâtre,
beaucoup plus subtil, de Kautsky, quand ce dernier approuve le
passage des socialistes de tous les pays vers « leurs » capitalistes,
par le raisonnement que voici :

Tous ont le droit et le devoir de défendre leur patrie; le véritable
internationalisme consiste à reconnaître ce droit aux socialistes de
toutes les nationalités, y compris celles qui sont en guerre avec ma
nation. — *Neue Zeit* du 2 octobre 1914.)

Cet invraisemblable raisonnement est d'une si triviale dérision
à l'égard du socialisme que la meilleure réponse à y faire serait de
frapper une médaille portant à l'avers les profils de Guillaume II et
de Nicolas II et au revers ceux de Kautsky et de Plékhanov. Le
véritable internationalisme consiste à approuver que des ouvriers
français tirent sur des ouvriers allemands et des ouvriers allemands
sur des ouvriers français, au nom de la « défense nationale » !

Mais si l'on examine de près les prémisses théoriques de
Kautsky, on découvre justement l'idée ridiculisée par Clausewitz il
y a près de quatre-vingts ans : quand commence une guerre, les
relations politiques historiquement nouées des peuples et des classes
s'interrompent, une situation tout à fait nouvelle se crée : il y a
« simplement » des assaillants et des assaillis; il y a simplement
« défense nationale » ! L'oppression de nombreuses nations constituant plus de la moitié de la population du globe, par les grandes
puissances impérialistes, la concurrence entre les bourgeoisies de
celles-ci dans le partage du butin, la tendance du capital à scinder
et à réprimer le mouvement ouvrier, tout ceci a subitement disparu
du champ visuel de Plékhanov et de Kautsky, bien qu'ils aient précisément décrit cette politique pendant des dizaines d'années avant
la guerre.

Les renvois à Marx et Engels fournissent en cette occasion aux
deux chefs du social-chauvinisme leurs principaux atouts. Plékhanov évoque les guerres nationales de la Prusse en 1813, de l'Allemagne en 1870. Kautsky démontre, de l'air le plus savant, que Marx
songeait, lors des guerres de 1854-1855, de 1859, de 1870-1871, à
savoir pour quel côté (c'est-à-dire pour quelle bourgeoisie) il fallait
souhaiter la victoire; et que les marxistes en faisaient autant pendant les guerres de 1876-1877 et de 1897. Procédé de tous les sophistes, dans tous les temps : prendre des exemples s'appliquant
manifestement à des cas différents en principe. Les guerres antérieures que l'on nous cite ont été la « continuation de la politique »
des mouvements nationaux de la bourgeoisie, prolongés durant des
années, des mouvements contre un joug étranger et contre l'absolutisme (russe et turc). Aucune question autre que celle de la préférence à accorder au succès de l'un des deux belligérants ne pouvait

alors se poser : les marxistes pouvaient convier d'avance les peuples à participer à des guerres de ce genre, comme le faisait Marx en 1848 et, plus tard, pour une guerre avec la Russie, comme le faisait Engels en 1859, en excitant la haine des Allemands contre leurs oppresseurs, contre Napoléon III et le tsarisme russe.

Comparer la « continuation de la politique » mettant en présence la féodalité et l'absolutisme, politique de la bourgeoisie en voie de libération, à la « continuation de la politique » d'une bourgeoisie sénile, *c'est-à-dire* impérialiste, *c'est-à-dire* ayant pillé tout l'univers, réactionnaire en outre, et alliée aux féodaux dans l'oppression du prolétariat, c'est comparer des grandeurs différentes. Cela fait penser à une comparaison entre les « bourgeois » Robespierre, Garibaldi, Jéliabov et les « bourgeois » Millerand, Salandra, Goutchkov. On ne saurait être marxiste sans professer le plus grand respect envers les grands révolutionnaires bourgeois qui avaient le droit historique absolu de parler au nom des « patries » bourgeoises, quand ils appelaient des dizaines de millions d'hommes, de nouvelles nations à la vie civilisée, au combat contre la féodalité. On ne peut pas non plus être marxiste sans mépriser la sophistique de Plékhanov et de Kautsky qui parlent de « défense nationale » à propos de l'égorgement de la Belgique par les impérialistes allemands ou à propos des combinaisons des impérialistes anglais, français, russes et italiens pour le pillage de l'Autriche et de la Turquie.

Encore une théorie « marxiste » du social-chauvinisme : le socialisme se fonde sur le développement rapide du capitalisme; la victoire de « mon » pays hâtera, chez nous, le développement du capitalisme et par conséquent du socialisme; la défaite de « mon » pays aurait un effet contraire. Cette théorie à la Pierre Strubve est défendue chez nous par Plékhanov, chez les Allemands par Lensch, etc. Kautsky combat cette grossière théorie, combat Lensch qui la défend ouvertement et Cunow qui la défend avec moins de netteté, mais ne les combat qu'afin d'arriver à une réconciliation des social-chauvins de tous les pays sur les bases d'une théorie social-chauvine plus « subtile », plus jésuitique. Nous ne nous arrêterons pas longtemps à cette fruste conception. Les *Notes critiques* de Pierre Strubve ont paru en 1894, et les socialistes russes ont eu le loisir, en vingt années, de connaître à fond cette façon qu'ont les bourgeois russes bien instruits d'affirmer, sous les apparences d'un marxisme épuré de tout révolutionnarisme, leurs opinions et leurs vœux. Le « struhvisme » n'est pas une tendance russe, mais, comme le font ressortir avec évidence les derniers événements, une tentative internationale faite par les théoriciens de la bourgeoisie, pour tuer le marxisme « en douceur »; pour l'étouffer en l'embrassant, en reconnaissant tout ce qu'il a de « purement scientifique », hormis ce qu'il contient de « démagogique », « d'agitation », « d'utopisme blanquiste ». En d'autres termes : emprunter au marxisme tout ce qui convient à la bourgeoisie libérale, y compris la lutte pour les réformes, y compris la lutte des classes (sans dictature du prolétariat), y compris l'admission générale des « idées socialistes » et la substitution d'un « ordre nouveau » au capitalisme; n'en éliminer que l'âme vivante, l'esprit révolutionnaire!

Le marxisme est la théorie du mouvement émancipateur du prolétariat. Aussi comprend-on pourquoi les ouvriers doivent considérer avec la plus extrême attention cette falsification « struhviste » du marxisme. Les causes agissantes en sont nombreuses et variées. Nous en retiendrons surtout trois :

1. Le progrès de la science donne de plus en plus de matériaux qui confirment la justesse des conceptions de Marx. On se voit obligé de le combattre hypocritement, sans aller à l'encontre de sa doctrine, en la réduisant à une symbolique sacrée, inoffensive pour la bourgeoisie.

2. Le développement de l'opportunisme dans les partis social-démocrates concourt à ce « remaniement » du marxisme qui sert, dès lors, à justifier toutes les concessions faites à l'opportunisme.

3. La période impérialiste est celle du partage du monde entre les « grandes » nations privilégiées qui oppriment toutes les autres.

Les miettes des butins prélevés sur les opprimés parviennent sans nul doute à certains milieux de petite-bourgeoisie, d'aristocratie ouvrière, de bureaucratie ouvrière. Ces milieux, infime minorité du prolétariat et des masses laborieuses, inclinent vers la déviation d'un Struhve, parce que celle-ci justifie leur alliance avec la bourgeoisie de « leur pays » contre les masses opprimées de toutes les nations. Nous en reparlerons plus bas à propos du krach de l'Internationale.

IV

La théorie du social-chauvinisme la plus habile, celle qui a le plus d'apparence scientifique et internationale, c'est celle de *l'ultra-impérialisme*, produite par Kautsky. En voici l'exposé le plus clair, le plus exact, le plus récent par son auteur même :

L'affaiblissement du mouvement protectionniste en Angleterre, la réduction des tarifs douaniers en Amérique, la tendance au désarmement, la rapide diminution, dans les dernières années de l'avant-guerre, de l'exportation du capital de France et d'Allemagne, et, enfin, l'interdépendance croissante des différents groupes du capital financier, m'ont induit à me demander si la politique impérialiste actuelle ne pouvait pas être éliminée par une autre, ultra-impérialiste, qui substituerait à la lutte des groupements capitalistes financiers nationaux entre eux, l'exploitation commune du monde par le capital financier, internationalement uni. Cette nouvelle phase du capitalisme est en tout cas concevable. Se réalisera-t-elle ? Nous manquons encore de données pour le savoir. — (*Neue Zeit*, N° 5, 30 avril 1915.)

A cet égard le cours et l'issue de la guerre actuelle peuvent être décisifs. Cette guerre peut écraser définitivement les faibles pousses de l'ultra-impérialisme, excitant au plus haut point les haines nationales, même entre les groupes du capital financier, renforçant les armements et la course aux armements, rendant inévitable une nouvelle guerre mondiale. La prévision que je formulais dans ma brochure *Le Chemin du Pouvoir* se réalisera alors dans de terribles proportions; les antagonismes de classes s'aggraveront et avec eux s'accomplira la décadence (Abwirtsschaftung) (1) du capitalisme...

Faisons observer que ce terme peu banal sert tout bonnement à Kautsky pour désigner « l'hostilité » des « couches moyennes intermédiaires entre le prolétariat et le capital financier », c'est-à-dire « des intellectuels, des petits-bourgeois et même des petits capitalistes « vis-à-vis du capitalisme »... Mais la guerre peut aussi se terminer autrement. Elle peut affermir les faibles commencements de l'ultra-impérialisme.

Les leçons de la guerre — notez cela! — peuvent hâter une évolution qui se fût longtemps fait attendre en temps de paix. Si l'on en arrive à cela, à l'accord entre nations, au désarmement, à la paix durable, les causes qui, avant la guerre, déterminaient fatalement la déchéance morale du capitalisme, peuvent disparaître. La nouvelle phase amènerait naturellement de « nouvelles calamités » pour le prolétariat, « peut-être même les pires », mais l'ultra-impérialisme pourrait « temporairement » faire naître une nouvelle ère d'attente et d'espérances en régime capitaliste (page 145).

Comment déduit-on de cette « théorie » la justification du social-chauvinisme ? D'une façon plutôt singulière pour un « théoricien ». Voici comment :

Les social-démocrates allemands de gauche disent que l'impérialisme et les guerres qu'il provoque ne sont pas le fait du hasard, mais le résultat nécessaire du capitalisme, d'où procède la domination du capital financier. Aussi faut-il passer à l'action révolutionnaire des masses, l'ère de l'évolution relativement pacifique étant passée. Les social-démocrates de droite déclarent brutalement : Puisque l'impérialisme est « nécessaire », nous devons être impérialistes. Kautsky, centriste, s'efforce à concilier les uns avec les autres :

L'extrême-gauche, écrit-il dans sa brochure (*L'Etat national, L'Etat impérialiste et l'Union des Etats*, Nuremberg 1915) veut opposer le socialisme à l'impérialisme inéluctable, c'est-à-dire non plus la propagande du socialisme que nous dressons depuis un demi-siècle contre toutes les formes de domination capitaliste, mais la réalisation immédiate du socialisme. Ceci paraît très radical, mais ne peut que pousser vers l'impérialisme *quiconque ne croit pas* à la possibilité immédiate de réaliser le socialisme, — (p. 17; les mots en italiques ont été soulignés par nous.)

Parlant de la « réalisation immédiate du socialisme », Kautsky, grâce à la censure militaire allemande qui interdit de parler d'action révolutionnaire, tronque les textes. Il sait parfaitement que les gau-

____

(1) Le mot allemand, employé ici, *Abwirtsschaftung*, est à peu près intraduisible en russe et en français. Il signifie la décadence, la self-élimination économique du capitalisme. — *Note du traducteur.*

ches « exigent une propagande immédiate, une préparation immédiate de l'action révolutionnaire » et pas du tout « la réalisation pratique et immédiate du socialisme ».

De la nécessité de l'impérialisme, les social-démocrates de gauche déduisent celle de l'action révolutionnaire. La théorie de l'ultra-impérialisme fournit à Kautsky une justification des opportunistes; ceux-ci n'ont pas passé à la bourgeoisie; seulement, ils « ne croient pas » au socialisme immédiat, pensant que nous « pouvons être » sur le seuil d'une nouvelle « ère » de désarmement et de paix durable. Toute cette théorie se réduit à ceci, *uniquement* à ceci, que Kautsky justifie par des *espérances* de *nouvelle* ère pacifique du capitalisme l'adhésion des opportunistes et des partis social-démocrates officiels à la bourgeoisie, et leur renonciation aux tactiques révolutionnaires (c'est-à-dire prolétariennes), durant *cette époque orageuse*, en dépit des engagements solennels de la résolution de Bâle!

Remarquez-le, Kautsky ne déclare pas que la phase nouvelle dont il parle va avoir lieu, conditionnée par telles et telles circonstances. Au contraire, il nous dit tout net : « Je ne puis trancher la question de la probabilité de cette phase ». — Au surplus, considérez un moment les « tendances » à l'ère nouvelle désignées par Kautsky. On est stupéfié de le voir compter parmi les « faits économiques » « l'aspiration au désarmement »! C'est éluder des faits indubitables qui ne peuvent se concilier avec la théorie de l'atténuation des antagonismes; Kautsky se réfugie dans le maquis des rêveries et des bavardages petits-bourgeois. « Ultra-impérialisme » (ce mot, soit dit entre parenthèses, n'exprime pas ce que Kautsky voudrait dire) signifie une énorme *atténuation* des contradictions internes, inhérentes au capitalisme. On nous parle d'un « fléchissement du protectionnisme en Amérique et en Angleterre ». Montrez-nous-y le moindre indice d'une ère nouvelle! Poussé à l'extrême, le protectionnisme américain faiblit; mais le protectionnisme demeure, comme demeurent les privilèges et les tarifs spéciaux des colonies anglaises en faveur de la métropole. Rappelons-nous comment a disparu l'époque précédente, « pacifique », du capitalisme, faisant place à l'époque présente, impérialiste: la libre concurrence a cédé le pas aux monopoles capitalistes et le globe terrestre a été partagé. Ces deux faits (et facteurs) ont évidemment une portée mondiale : le libre-échange et la concurrence pacifique étaient possibles et nécessaires tant que le capital pouvait, sans rencontrer d'obstacles, agrandir ses colonies, s'emparer, en Afrique et ailleurs, de territoires inoccupés, la concentration des capitaux étant encore faible et ses monopoles n'étant pas encore assez étendus pour s'imposer à tout un ensemble de branches industrielles. La formation et la croissance de ces monopoles, processus qui ne se sont interrompus ni en Angleterre ni aux Etats-Unis, (et Kautsky lui-même se gardera sans doute de nier que la guerre les ait, au contraire, intensifiés et accélérés), exclut toute possibilité de libre concurrence; le terrain ne s'y prête plus; le partage du monde, étant achevé, *oblige* le capitalisme à abandonner les moyens pacifiques d'expansion; la lutte à main armée commence pour un nouveau partage des colonies et des sphères d'influence. Il est risible de penser que le fléchissement du protectionnisme dans deux pays puisse en rien modifier cette situation générale.

Voyons maintenant ce qu'il faut penser d'une exportation diminuée des capitaux de deux pays, France et Allemagne, depuis quelques années. D'après la statistique de Harms, ces pays comptaient chacun, en 1912, près de 35 milliards de marks-or de capitaux placés à l'étranger, et l'Angleterre, à elle seule, en avait le double (1). L'exportation des capitaux n'a jamais augmenté et ne peut s'accroître, en régime capitaliste, d'une façon régulière. Kautsky ne viendra certainement pas nous dire que l'accumulation des capitaux est en voie de faiblir ou bien que la capacité d'absorption du marché intérieur s'est sérieusement modifiée, grâce, par exemple, à une amélioration de la condition des masses. Dès lors, si l'exportation du capital a diminué depuis quelques années dans les deux pays dont nous parlons, on ne saurait en conclure que nous nous trouvons à l'aube d'une ère nouvelle.

« L'interdépendance internationale croissante des groupes du capital financier » constitue la seule tendance générale indéniable du capitalisme tout entier, et non pas seulement depuis quelques années. Mais pourquoi voudrait-on en déduire qu'il y a propension au désarmement, plutôt qu'aux armements, comme nous l'avons vu jusqu'à présent? Prenons quelqu'une des grandes firmes qui fabriquent des canons, armes et munitions, et qui sont de renommée mondiale, la firme Armstrong par exemple. Récemment, l'*Economist* britannique (1ᵉʳ mai 1915), publiait que les bénéfices de cette firme ont passé de 606.000 livres sterling en 1905-1906 à 856.000 livres en 1913, et à 940.000 livres en 1914. L'interdépendance du capital financier est ici croissante et très grande. Des capitalistes allemands « participent » aux affaires de la firme anglaise; des firmes anglaises construisent des sous-marins pour l'Autriche, etc. Le capital internationalement interdépendant fait de brillantes affaires grâce aux armements et aux guerres. Si de l'union et de l'interdépendance des différents capitaux nationaux en un tout international l'on conclut à une tendance au désarmement, c'est que l'on fait intervenir cette fade rêverie du petit-bourgeois qui voudrait bien voir s'atténuer les antagonismes de classes, au lieu d'avouer la réelle aggravation de ces antagonismes.

---

(1) Voir Berhard Harms, *Probleme der Weltwirtschaft*, Iéna, 1912. George Paish : *Great Britain Investments in Colonies, etc.*, dans le *Journal of the Royal Statistic Society*, vol. LXXV, 1910-11, p. 167. Lloyd George, dans un discours du début de 1915, évaluait les capitaux anglais placés à l'étranger à 4 milliards de livres sterling.

V

Kautsky traite des « leçons » de la guerre sur un ton de parfait philistin, comme si ces leçons devaient inspirer on ne sait quelle horreur morale devant les calamités de la guerre. Voici, à titre d'exemple, son raisonnement dans la brochure l'*Etat national*, etc. :

Sans aucun doute, il existe des couches sociales profondément intéressées à la paix et au désarmement. Le prouver serait superflu. Les petits bourgeois, les petits cultivateurs, bien des capitalistes même, bien des intellectuels, ne sont pas attachés à l'impérialisme par des avantages qui l'emportent sur les maux dont ils souffrent eux-mêmes, par suite de la guerre et des armements.

Ces lignes sont de février 1915 ! Les faits nous parlent de l'adhésion globale de toutes les classes possédantes, petits bourgeois et intellectuels y compris, à l'impérialisme. Kautsky, d'un ton de suffisance assez niais, écarte les faits par une doucereuse phraséologie. Il juge des intérêts de la petite bourgeoisie non d'après les *actes* de celle-ci, mais d'après les propos de certains petits-bourgeois, bien que ces propos soient à tout instant démentis par les actes. C'est absolument comme si nous jugions des « intérêts » de la bourgeoisie en général, non d'après ses actes, mais suivant les discours humanitaires des curés dont les pieux sermons nous affirment que la société contemporaine est toute pénétrée de christianisme. Kautsky applique le marxisme de telle façon que tout l'essentiel s'en évapore : il n'y subsiste plus qu'un mot, le mot *intérêt*, d'une signification surnaturelle, spiritualiste, puisque, au lieu de porter sur l'économie réelle, il résume d'innocentes aspirations au bien-être universel.

Le marxisme apprécie les intérêts sur la base des antagonismes de classes, de la lutte des classes, manifestés chaque jour par des millions de faits. La petite bourgeoisie rêve de voir s'atténuer les antagonismes sociaux, et « démontre » que leur aggravation a des « conséquences néfastes ». L'impérialisme est la soumission de toutes les couches des classes possédantes au capital financier et le partage du monde entre cinq ou six « grandes » puissances, dont la plupart sont en guerre aujourd'hui. Le partage du monde entre grandes puissances signifie que toutes les classes possédantes de ces puissances sont intéressées à la possession des colonies, des sphères d'influence, à l'oppression des autres nations, à l'obtention de privilèges, de postes, d'emplois avantageux, dont profitent les citoyens d'une nation d'oppresseurs, sujets d'une « grande » puissance (1).

____

(1) Schulze nous apprend qu'en 1915, on évaluait le total des valeurs financières émises dans le monde entier à 732 milliards de francs, y compris les emprunts des Etats et des communes, les actions des sociétés industrielles et commerciales, etc. De cette somme revenaient : à l'Angleterre, 130 milliards de francs; aux Etats-Unis, 115; à la France, 100; à l'Allemagne, 75; aux quatre puissances ensemble, 420 milliards, soit plus de la moitié du total. Ces données permettent d'apprécier l'importance des bénéfices et privilèges des grandes puissances, en avance sur les autres nations qu'elles oppriment et spolient. (Dr. Emil Schulze, *Das französische Capital in Russland*, dans *Finanz Ar-*

On ne saurait plus vivre à l'ancienne mode, dans le calme relatif d'une civilisation capitaliste évoluant régulièrement et gagnant peu a peu de nouveaux pays; car une autre époque a commencé. Le capital financier élimine et éliminera du nombre des grandes puissances le pays qui vivrait ainsi, lui prendra ses colonies et ses sphères d'influence (comme l'Allemagne menace de le faire en guerroyant contre l'Angleterre); le même capital ôterait aussi à la petite bourgeoisie les privilèges qu'elle détient de la « grande puissance », et les revenus qui en sont le complément. C'est un fait prouvé par la guerre. C'est à cela, en fait, que l'on est arrivé par l'aggravation des antagonismes que tout le monde a reconnus depuis longtemps et dont fait l'aveu Kautsky lui-même, dans sa brochure : *Le Chemin du Pouvoir*.

Et voici que, la lutte armée pour les privilèges des grandes puissances étant devenue un fait, Kautsky s'emploie à « raisonner » les capitalistes et la petite bourgeoisie. La guerre, leur dit-il, est une chose affreuse; le désarmement serait excellent. On croit entendre un pasteur chrétien rappelant aux capitalistes, du haut de sa chaire, que l'amour des hommes est conforme aux prescriptions divines, que c'est un besoin de l'âme et la loi morale de la civilisation. Ce que Kautsky appelle tendances économiques à l'*ultra-impérialisme* n'est, en réalité, qu'un argument pour sermonner, selon l'esprit petit-bourgeois, les capitalistes, et pour les engager à ne plus faire le mal...

L'exportation du capital? Mais il s'exporte davantage dans les pays indépendants, aux Etats-Unis, par exemple, que dans les colonies. Conquêtes coloniales? Mais les colonies sont déjà toutes conquises, presque toutes aspirent déjà à l'indépendance.

« L'Inde peut cesser d'être anglaise; jamais elle ne tombera tout entière sous un autre joug » (même brochure, page 49).

« Tout effort d'un Etat capitaliste industriel en vue d'acquérir un empire colonial suffisant pour le rendre indépendant de l'étranger quant à son ravitaillement en matières premières, devrait coaliser contre cet Etat l'ensemble des autres Etats capitalistes, l'obliger à des guerres infinies, ruineuses, sans le rapprocher de son but. Cette politique serait le plus sûr chemin de la banqueroute économique » (pages 72-73).

Qu'est cela, sinon un sermon pour les financiers, les conviant à renoncer à l'impérialisme? Or, prétendre intimider des capitalistes avec des perspectives de banqueroute, c'est comme de déconseiller aux boursiers de jouer à la Bourse, en alléguant cette raison que « bien des gens y laissent tout leur avoir ». La banqueroute d'un capitaliste concurrent ou d'une nation concurrente *profite* au capital dont elle accroît la concentration. C'est pourquoi, plus la concur-

---

chin, Berlin, 1915, 32e année, p. 127). La « défense nationale » des grandes nations n'est que la défense de leur droit au pillage des autres nations. La Russie est, comme on sait, plus faible que celles-ci au point de vue capitaliste, mais plus forte en revanche au point de vue de l'impérialisme militaire et féodal.

rence économique — c'est-à-dire la manière de se pousser les uns les autres à la banqueroute — est âpre, aiguë, plus fort est le penchant des capitalistes à y ajouter la pression *militaire* contre le concurrent qu'il s'agit d'amener à la faillite. Moins il reste de pays où l'on peut exporter du capital aussi avantageusement que dans les colonies et les Etats dépendants tels que la Turquie (le financier prélève dans ces pays des bénéfices *triples* de ceux qu'il peut avoir en exportant des capitaux dans un pays libre, indépendant, civilisé, tel que les Etats-Unis) et plus la lutte pour l'assujettissement et le partage de la Turquie, de la Chine, etc., est *acharnée*. C'est ce que nous enseigne la théorie économique à l'époque du capitalisme financier et de l'impérialisme. Ainsi parlent les faits.

Mais Kautsky transforme tout cela en une pauvre « morale » de petit-bourgeois ; il est bien vain de se donner tant de mal et à plus forte raison de faire la guerre pour le partage de la Turquie ou la conquête des Indes... Ni partage ni conquête « *ne subsisteraient longtemps*; mieux vaudrait développer pacifiquement le capitalisme... Naturellement, mieux vaudrait encore développer le capitalisme et les marchés en augmentant les salaires; c'est une solution fort « acceptable » ; c'est ce que l'on peut trouver de mieux pour prêcher les financiers... Ce bon Kautsky doit avoir déjà persuadé aux financiers allemands que ce n'est pas la peine de faire la guerre à l'Angleterre pour des colonies, puisque ces colonies doivent bientôt s'émanciper !...

L'exportation et l'importation anglaises en Egypte se sont développées, de 1872 à 1912, plus lentement que le commerce extérieur de l'Angleterre en général. Le « marxiste » Kautsky tire de ce fait la morale suivante :

« Nous n'avons aucune raison de supposer que, s'il n'y avait pas eu occupation militaire de l'Egypte, le commerce britannique avec ce pays eût moins augmenté, en vertu, tout simplement, de divers facteurs économiques » (page 72).

« Les besoins d'expansion du capital »... « peuvent le mieux être satisfaits non par les méthodes de violence de l'impérialisme, mais par celles de la *démocratie pacifique* » (page 70).

Et voilà bien une remarquable, une sérieuse et scientifique analyse « marxiste » ! Kautsky corrige admirablement l'histoire qui est si peu raisonnable; il démontre que l'Angleterre n'avait pas besoin de prendre l'Egypte aux Français; pour les financiers allemands, il démontre que ce n'était vraiment pas la peine de commencer la guerre et d'entreprendre, notamment, une campagne en Turquie pour chasser les Anglais de l'Egypte ! Purs malentendus : les Anglais n'ont pas encore deviné que « le mieux serait » de ne plus violenter l'Egypte et d'adopter (dans l'intérêt d'une exportation accrue du capital, *selon Kautsky*) les méthodes de la « démocratie pacifique » !...

C'était naturellement une illusion des *free-traders* bourgeois que de croire que la liberté de commerce écarte complètement les contradictions d'intérêts nées du capitalisme. Ni le libre-échange, ni la démocratie ne les peuvent écarter. Mais nous sommes à tous égards intéressés à ce que ces contradictions se résolvent par des formes de lutte imposant aux masses de travailleurs le moins de souffrances et de sacrifices (page 73).

Seigneur! Seigneur! pitié! Qu'est-ce qu'un philistin? demandait Lassalle. Il répondait en citant le poëte: « Le philistin est un boyau creux, rempli de crainte et d'espérance en la miséricorde divine. »

Kautsky, prostituant le marxisme à un degré invraisemblable, n'est plus qu'un curé. Ce curé exhorte les capitalistes à se convertir à une démocratie pacifique. Dialectique, dit-il : il y eut d'abord le libre-échange, puis les monopoles et l'impérialisme; pourquoi n'y aurait-il pas « l'ultra-impérialisme », puis de nouveau le libre-échange? Notre prédicant *console* les masses opprimées en leur dépeignant les bienfaits d'un « ultra-impérialisme » dont il n'ose affirmer la « possibilité ! ». A ceux qui plaidaient pour la religion en affirmant qu'elle donne des « consolations », Feuerbach répliquait avec raison que toute consolation est réactionnaire. Quiconque s'efforce de consoler des esclaves, au lieu de les inciter à la révolte, se fait l'auxiliaire des esclavagistes.

Toutes les classes d'oppresseurs ont besoin, pour la défense de leur pouvoir, de deux agents dans la société : le prêtre et le bourreau. Le bourreau réprime la protestation et la révolte des opprimés; le prêtre leur fait entrevoir (ce qui ne l'engage à rien) un adoucissement à leurs maux, la récompense de leurs sacrifices : cependant que se maintient la classe dominante, le prêtre enseigne la résignation aux opprimés et les détourne de l'action révolutionnaire. Kautsky a transformé le marxisme en la plus écœurante et stupide théorie contre-révolutionnaire, en un ignoble catéchisme.

En 1909, dans *Le Chemin du Pouvoir*, il reconnaissait l'aggravation — jamais niée, jamais démentie — des antagonismes de classe, l'approche d'une époque de guerres et de révolutions, l'approche d'une nouvelle « période révolutionnaire ». Il ne peut pas y avoir — déclarait-il — de révolution « prématurée ». Ce serait « une trahison évidente de notre cause » si nous refusions de compter avec la possibilité d'une victoire insurrectionnelle, bien qu'on ne puisse, avant la lutte, nier la possibilité d'une défaite.

La guerre est venue. Les antagonismes se sont encore approfondis. Les souffrances des masses populaires sont immenses. La guerre se prolonge, élargissant sans cesse l'ampleur de ses champs de bataille. Kautsky écrit brochure sur brochure, accepte humblement les indications de la censure, ne dit rien du pillage des territoires, des horreurs de la guerre, des bénéfices scandaleux que réalisent les fournisseurs des armées, de la vie chère, de « l'esclavage » des ouvriers mobilisés. En revanche, il prodigue au prolétariat des consolations. Il rappelle l'exemple des guerres dans lesquelles la bourgeoisie fut révolutionnaire ou facteur de progrès, au temps où Marx lui-même souhaitait la victoire de telle bourgeoisie sur telle autre.

Il console les prolétaires en alignant des colonnes de chiffres pour prouver la « possibilité » d'un capitalisme dépourvu de colonies, ne pratiquant pas le pillage, ne connaissant ni guerres ni armements; il démontre que mieux vaut s'en tenir à une « démocratie pacifique ». N'osant pas nier l'aggravation des souffrances des masses et la réalisation, sous nos yeux, d'une situation révolutionnaire (défense d'en parler! la censure...), Kautsky, s'aplatissant devant la bourgeoisie et les opportunistes, esquisse les « perspectives » (dont il *ne promet pas* la réalisation) d'une nouvelle phase de lutte, comportant « moins de douleurs et de sacrifices »... Franz Mehring et Rosa Luxembourg ont bien raison de lui jeter l'épithète de prostitué.

En août 1905, il y avait en Russie une situation révolutionnaire. Le tsar promettait, en manière de consolation, aux masses effervescentes, la douma de Bouliguine. Le régime législatif de Bouliguine aurait pu être appelé *ultra-absolutiste*, si l'on peut appeler *ultra-impérialisme* la renonciation des financiers aux armements et l'accord entre eux en vue d'une « paix durable ».

Supposons un instant que, demain, une centaine des plus gros financiers du monde, dépendant les uns des autres par leur participation à des centaines de colossales entreprises, *promettent aux peuples* de plaider, après la guerre, pour le désarmement (nous ne supposons cela que pour examiner les déductions politiques de la niaise théorie de Kautsky) : même dans ce cas, ce serait trahir le prolétariat que de lui déconseiller l'action révolutionnaire, sans laquelle toutes belles perspectives ne sont que mirages.

La guerre a procuré à la classe capitaliste (outre des bénéfices fabuleux et de merveilleuses promesses de brigandages en Turquie, en Chine et ailleurs), pour des milliards de commandes et de nouveaux emprunts à un taux élevé. Ce n'est pas tout. La guerre a procuré à la classe capitaliste d'autres avantages politiques : la division, la démoralisation du prolétariat. Kautsky concourt à cette démoralisation, Kautsky consacre cette scission internationale des prolétaires en lutte, au nom de l'unité avec les opportunistes de chaque nation, avec les Sudekum! Et il y a des gens qui ne comprennent pas que le mot d'ordre d'unité des vieux partis signifie l'union de chaque prolétariat national avec sa bourgeoisie, en même temps que, dans le plan international, la division des prolétariats!

VI

Les lignes qui précèdent étaient déjà écrites quand parut le numéro de la *Neue Zeit* du 28 mai (n° 9) contenant les conclusions de Kautsky sur le « *Krach de la social-démocratie* » (§7 de sa réplique à Cunow). Tous les vieux sophismes — plus un nouveau — en faveur de la social-démocratie, Kautsky les rassemble et les résume comme suit :

Il est simplement inexact que la guerre soit purement impérialiste, qu'il n'y ait eu à son début que cette alternative : impérialisme ou socialisme; que les partis socialistes et les masses prolétariennes d'Allemagne, de France et aussi, sous bien des rapports, d'Angleterre, se soient, sans réflexion, au seul appel d'une poignée de parlementaires, jetées dans les bras de l'impérialisme, trahissant le socialisme et provoquant de la sorte un krach sans exemple dans l'histoire.

Nouveau sophisme, pour berner à nouveau les ouvriers : la guerre, voyez-vous, n'est pas purement impérialiste!

Quant au caractère et à la signification de la guerre actuelle, les hésitations de Kautsky sont étonnantes. Toutes les déclarations précises, formelles, des congrès de Bâle et de Chemnitz, ce chef de parti les tourne avec autant de prudence qu'un voleur en met à éviter le lieu de ses derniers exploits. Dans l'*Etat national*, etc., sa brochure de février 1905, Kautsky affirmait que la guerre est pourtant, en fin de compte, impérialiste (page 64). Le voici qui ajoute à présent une nouvelle réserve : pas *purement* impérialiste. Mais qu'est-elle encore?

Elle est encore... nationale! Voilà. Kautsky en arrive à cette énormité par les voies d'une simili-dialectique à la Plékhanov que nous allons suivre :

La guerre actuelle n'est pas uniquement engendrée par l'impérialisme; elle l'est aussi par la révolution russe. Dès 1904, Kautsky prévoyait que la révolution russe ressusciterait le panslavisme sous une forme nouvelle, que « la Russie démocratique réveillerait certainement avec énergie les aspirations des Slaves autrichiens et turcs à l'indépendance nationale... La question polonaise se posera alors avec acuité... L'Autriche s'effondrera, car la chute du tsarisme brisera l'anneau de fer qui groupe aujourd'hui des éléments n'aspirant qu'à se séparer ». Cette dernière citation de son article de 1904, Kautsky la produit aujourd'hui lui-même. « La révolution russe... a donné une nouvelle et puissante impulsion aux aspirations nationales de l'Orient, a ajouté aux problèmes de l'Europe ceux de l'Asie. *Tous ces problèmes* se posent impérieusement, acquérant une portée décisive pour l'état d'esprit des masses *populaires* même *prolétariennes*, tandis que les tendances impérialistes l'emportent dans les classes dominantes ». (Page 243; les mots en italiques ont été soulignés par nous.)

C'est encore un petit exemple de la prostitution du marxisme! *Puisque* la « Russie démocratique » réveillerait les aspirations des nations de l'est européen à la liberté (ce qui est incontestable), la guerre actuelle, qui ne libère aucune nation, mais, en tout état de cause, en asservira un grand nombre, n'est pas une guerre « purement » impérialiste. *Puisque* le « krach du tsarisme » signifierait l'effondrement de l'Autriche, en raison de sa structure nationale non démocratique, le tsarisme contre-révolutionnaire, temporairement affermi, pillant l'Autriche et accablant d'une plus dure oppression les peuples de ce pays, confère à la « guerre actuelle » un caractère non purement impérialiste mais national dans une certaine mesure. *Puisque* « les classes dominantes » bernent les stupides petits-bourgeois et les paysans terrorisés, en leur faisant des boniments sur les buts nationaux de la guerre impérialiste, l'homme de science, le « marxiste » éminent, le représentant qualifié de la II° Internationale, est en droit de justifier devant les masses cette duperie, par la formule : Les classes dirigeantes sont mues par des tendances impérialistes; le « peuple » et les masses prolétariennes sont poussés par des aspirations « nationales ».

Cette dialectique n'est plus que la plus vile, la plus basse sophistique!

L'élément national n'est représenté dans la guerre actuelle *que par* la guerre de la Serbie contre l'Autriche (ce que signale notamment la résolution de la conférence de Berne de notre parti). En Serbie seulement, parmi les Serbes, nous voyons un mouvement national, ayant un long passé et qui entraîne des « masses nationales » formées de millions d'hommes, mouvement dont la guerre contre l'Autriche est la « continuation ». Si cette guerre était isolée, c'est-à-dire si elle ne se rattachait pas aux convoitises et aux intentions de brigandage de l'Angleterre, de la Russie et d'autres grandes puissances, tous les socialistes *devraient* souhaiter le succès de la *bourgeoisie* serbe, seule solution juste et absolument nécessaire à la question nationale dans la guerre actuelle. Mais le sophiste Kautsky, maintenant au service des bourgeois autrichiens, cléricaux et militaires, ne tire précisément pas cette conclusion.

Continuons. La dialectique de Marx, dernier mot de la méthode scientifique évolutionniste, interdit l'examen isolément, c'est-à-dire unilatéral et hideusement déformé, d'un sujet quelconque. Le caractère national de la guerre austro-serbe n'a *aucune* influence sérieuse dans la guerre européenne et ne peut pas en avoir. Si l'Allemagne remporte la victoire, elle étouffera la Belgique et quelque partie nouvelle de la Pologne et peut-être une partie de la France. Si la Russie l'emporte, elle étouffera la Silésie, et quelque autre partie de la Pologne, et l'Arménie... Si la partie reste nulle, les anciennes oppressions subsisteront. Pour la Serbie, c'est-à-dire pour le centième peut-être des belligérants actuels, la guerre est la « conséquence de la politique » du mouvement bourgeois d'émancipation nationale. Pour les quatre-vingt-dix-neuf autres centièmes de belligérants, la guerre est la continuation de la politique impérialiste, en d'autres termes de l'activité d'une bourgeoisie décrépite, capable de démembrer, mais non de libérer les nations. La Triple Entente, en libérant la Serbie, *vend* les intérêts de la liberté serbe à l'impérialisme italien qui paie en accordant son concours pour le pillage de l'Autriche.

Tout ceci est généralement connu; tout ceci est dénaturé sans vergogne par Kautsky afin de justifier les opportunistes. Ni dans la nature, ni dans la société, il n'y a et il ne peut y avoir de phénomènes « purs ». La dialectique de Marx nous l'enseigne, qui nous montre que l'idée même de pureté provient d'une certaine étroitesse, d'une certaine unilatéralité de la connaissance humaine, incapable d'embrasser le sujet jusqu'au bout, dans sa complexité. Il n'y a pas, il ne peut y avoir de pur capitalisme. Le capitalisme est toujours compliqué de féodalisme, de petite-bourgeoisie, d'autre chose encore. Aussi, se rappeler que la guerre n'est pas « purement » impérialiste, alors qu'il s'agit de la criante duperie des « masses populaires » par les impérialistes, et dissimuler sciemment les desseins de pillage de ces impérialistes sous une phraséologie « nationale », c'est prouver que l'on est ou bien un stupide pédant, ou bien un imposteur. Le fait est justement que Kautsky *soutient* le mensonge par lequel les impérialistes abusent les peuples quand il prétend que, « pour les masses populaires, les prolétaires y compris », les problèmes nationaux « ont une influence décisive », tandis que pour les classes dirigeantes, ce sont les tendances impérialistes qui décident — et quand il « appuie » cette affirmation d'une référence soi-disant dialectique à la « diversité infinie de la réalité » (page 274). Sans nul doute, la réalité est infiniment diverse, c'est là une vérité incontestable! Mais il est aussi certain qu'il y a, dans cette diversité infinie, deux courants essentiels : le sens objectif de la guerre, c'est la « continuation de la politique impérialiste », c'est-à-dire du pillage par la caduque bourgeoisie des « grandes puissances » (et par leurs gouvernements), du pillage, disons-nous, des autres nations; l'idéologie subjective qui prédomine est constituée par des phrases « nationalistes » qui ont pour but de duper les masses.

Le vieux sophisme repris par Kautsky et d'après lequel les « gauches » auraient parlé d'une alternative qui se posait au début de la guerre, impérialisme ou socialisme, nous l'avons déjà examiné. La déformation des faits est vraiment impudente : Kautsky sait parfaitement que les gauches exprimaient une toute autre alternative : l'adhésion des partis socialistes au brigandage et au mensonge impérialistes, ou la propagande et la préparation de l'action révolutionnaire. Kautsky sait également que *seule* la censure le protège contre le démenti que les gauches pourraient infliger, en Allemagne, aux méchantes histoires qu'il colporte par complaisance envers les Sudekum.

En ce qui concerne les rapports entre « les masses prolétariennes » et « une poignée de parlementaires », Kautsky nous sert un des arguments qui ont le plus traîné dans le ruisseau :

« Ecartons les Allemands, pour ne pas nous défendre nous-mêmes; qui pourrait soutenir avec sérieux que des hommes tels que Vaillant et Guesde, Hyndman et Plékhanov, trahissant le socialisme, sont, en un jour, devenus des impérialistes? Ecartons les parlementaires et les organes du parti... » (allusion évidente au journal de Rosa Luxembourg et de Franz Mehring, l'*Internationale*, qui traite avec le mépris qu'elle mérite la direction officielle et parlementaire de la social-démocratie)..., « mais qui osera affirmer qu'il a suffi de l'ordre d'une poignée de parlementaires allemands pour tourner, en vingt-quatre heures, contre leurs anciens buts, quatre millions de prolétaires conscients d'Allemagne? Si c'était vrai, ce serait la preuve d'un krach effroyable, mais non pas seulement de celui de notre parti : de celui des *masses* aussi (souligné par Kautsky). Si la masse était ce troupeau de moutons, nous n'aurions plus qu'à nous laisser enterrer » (page 274).

Karl Kautsky, homme politique et savant qui fait autorité, s'est déjà laissé enterrer, en recueillant les plus piètres arguties. Quiconque ne comprend pas cela, ou du moins ne le sent pas, est définitivement mort pour le socialisme. C'est pourquoi le seul ton juste est celui de Rosa Luxembourg, de Franz Mehring et de leurs partisans qui, dans l'*Internationale*, traitent Kautsky et Cie comme les plus méprisables personnages.

Songez-y seulement : n'ont pu s'exprimer tant soit peu librement (c'est-à-dire sans être empoignés, séquestrés dans les casernes, placés sous la menace directe du poteau d'exécution) sur leur attitude envers la guerre, *qu'une* « poignée de parlementaires » (ils ont voté librement; ils pouvaient très bien voter contre les crédits de guerre; même en Russie, les députés qui l'ont fait n'ont été ni assommés, ni traqués, ni arrêtés), une poignée de fonctionnaires, de journalistes, etc. Maintenant, Kautsky impute aux masses la trahison et le manque de caractère du milieu social dont il a montré des dizaines de fois, pendant des années, la *liaison* avec la tactique et l'idéologie de l'opportunisme! La première règle fondamentale d'une enquête scientifique en général, et de la dialectique marxiste en particulier, est que l'écrivain examine les *relations* de l'actuelle lutte des *tendances* du socialisme — lutte de la tendance qui crie à la trahison, sonne le tocsin pour dénoncer la trahison, contre celle qui ne voit pas de trahison — avec la lutte de tendances qui s'est déroulée auparavant pendant *des dizaines d'années*. Kautsky n'a garde d'en parler; Kautsky ne veut même pas poser la question des tendances et courants. Il y avait jusqu'à présent des courants; il n'y en a plus! Il n'y a plus que de grands noms, faisant autorité, devant lesquels s'inclinent toujours les âmes serviles. Il est surtout commode d'en référer, à ce propos, les uns aux autres et de se pardonner mutuellement les péchés commis, d'après la règle : on lave son linge sale en famille. « Quoi ! s'exclamait L. Martov dans une conférence à Berne, ce serait de l'opportunisme... lorsque Guesde, Plékhanov, Kautsky!... » — « Il sied d'être un peu plus circonspect avant d'accuser d'opportunisme... des hommes tels que Guesde », écrivait Axelrod (*Goloss*, n° 87). « Je ne me défendrai pas », répète Kautsky à Berlin, « mais... Vaillant et Guesde, Hyndman et Plékhanov!... » C'est dire que l'on peut toujours s'entendre entre bons voisins.

Dans son zèle servile, Kautsky en vient à baiser la petite main de M. Hyndman, qu'il représente comme rallié à l'impérialisme. *Pendant des années*, pourtant, la *Neue Zeit* et quantité d'autres journaux socialistes du monde, ont dénoncé l'impérialisme de Hyndman! Si Kautsky s'intéressait consciencieusement aux biographies politiques de ceux qu'il nomme, il devrait se demander si ces biographies ne contiennent pas de menus traits et des événements préparant, au cours de dizaines d'années, et non pas en un jour, l'adhésion de ces socialistes à l'impérialisme. Vaillant ne fût-il pas prisonnier des jauressistes et Plékhanov des menchéviks et des liquidateurs? La tendance guesdiste ne mourait-elle pas, sous les yeux de tous, dans le *Socialisme*, modèle d'inertie, de médiocrité, d'incapacité, qui ne sut adopter une position nette dans aucune question? Kautsky — ajoutons-nous, pour ceux qui le placent, fort justement, à côté de Hyndman et de Plékhanov — n'a-t-il pas révélé son manque de caractère dans la question du millerandisme, au début de la lutte contre la tendance Bernstein et en d'autres circonstances?

Mais nous ne trouvons pas la moindre velléité d'une étude scientifique de ces leaders. Pas la moindre tentative pour examiner s'ils se défendent aujourd'hui avec *leurs propres* arguments, ou bien s'ils reprennent, pour plaider leur cause, ceux des opportunistes et des bourgeois? Les actes de ces leaders ont-ils acquis une sérieuse importance politique à cause de la grande influence dont jouissaient ces personnages, ou parce que ces derniers se sont joints au courant social d'autre nature, en effet « influent », et soutenu par l'organisation militaire, nous voulons dire : au courant bourgeois? Kautsky n'a même pas la possibilité d'aborder la question. Il ne se soucie que de jeter de la poudre aux yeux des masses, de les étourdir d'un cliquetis de noms faisant autorité, de les empêcher de clairement poser la question et de l'étudier sous tous ses aspects (1).

...« Il a suffi de l'ordre d'une poignée de parlementaires allemands pour tourner en vingt-quatre heures contre leurs anciens buts une masse de quatre millions de prolétaires »...

Dans cette phrase, chaque mot est un mensonge. Le parti social-démocrate allemand ne comprenait qu'un million d'hommes, et non quatre. La volonté unique de cette organisation (comme de toute organisation) *n'était* exprimée que par son seul centre politique : la « poignée » de leaders qui a trahi le socialisme. Cette poignée d'hommes, on l'interrogeait, on lui demandait de voter, elle pouvait voter, elle pouvait écrire, etc. Quant aux masses, on ne les consultait pas. On ne leur permettait pas de voter, on les divisait, on les poussait *par ordre*, non par l'ordre d'une poignée de parlementaires, mais par l'ordre des autorités militaires. L'organi-

---

(1) L'usage fait par Kautsky des noms de Vaillant et de Guesde, de Hyndman et de Plékhanov est encore caractéristique sous un rapport. Les impérialistes avoués, tels que Lensch et Haenisch (sans parler des opportunistes), invoquent précisément, pour justifier leur propre politique, Hyndman et Plékhanov. Ils en ont le droit, car les uns et les autres font en réalité la même politique. Mais Kautsky ne nomme qu'avec dédain Lensch et Haenisch, radicaux passés à l'impérialisme. Kautsky remercie Dieu de ne pas leur être semblable, de n'être pas d'accord avec eux, d'être resté — ne riez pas! — révolutionnaire. Or, de fait, la position de Kautsky est la même. L'hypocrite chauvin Kautsky, avec sa phraséologie doucereuse, est pour nous plus écœurant que de grossiers chauvins, tels que David et Heine, Lensch et Haenisch.

sation militaire était là. Chez elle, pas de trahison de chefs. Elle appelait la masse, *homme à homme*, posant à chacun l'ultimatum : *A l'armée* (selon le conseil de tes leaders) *ou au poteau!* La masse ne pouvait pas agir de façon organisée, car l'organisation qu'elle avait créée d'avance, l'organisation incarnée par la poignée des Legien, des Kautsky, des Scheidemann, l'avait trahie et la création d'une organisation nouvelle exige du temps; il faut aussi du temps pour éliminer une ancienne organisation pourrie et qui a fait son temps.

Kautsky, pour battre ses adversaires de gauche, leur attribue des sottises : ils auraient posé la question comme si, « en réponse » à la guerre, « les masses » avaient dû faire la révolution « dans les vingt-quatre heures », opposant le socialisme à l'impérialisme, sous peine de prouver leur « manque de caractère et leur trahison »! Mais c'est pur galimatias dont se sont jusqu'à présent servis les barbouilleurs de papier pour combattre, dans les petits livres de la bourgeoisie et de la police, les révolutionnaires. Les adversaires de gauche de Kautsky savent fort bien qu'on ne peut pas « faire une révolution », que les révolutions *surgissent* des crises objectivement mûres (indépendamment de la volonté des partis et des classes) et des bouleversements de l'histoire, que les masses sans organisation n'ont pas de volonté unique, que la lutte contre la forte organisation militaire, terroriste, des Etats centralisés est longue et difficile. Les masses ne *pouvaient* rien faire, leurs chefs ayant trahi à la minute critique; mais de « petites poignées » de ces chefs *pouvaient* parfaitement et devaient voter contre les crédits de guerre, s'opposer à la « paix sociale », s'affirmer défaitistes vis-à-vis de *leurs* gouvernements, créer un organisme international pour la fraternisation dans les tranchées, organiser une presse illégale pour préconiser le passage nécessaire à l'action révolutionnaire (1).

Kautsky sait bien que les « gauches » d'Allemagne ne pensent qu'à cette sorte d'action mais qu'elles ne peuvent en parler nettement et ouvertement sous la censure militaire. Le désir de défendre à tout prix les opportunistes amène Kautsky à cette inqualifiable bassesse : à l'abri des censeurs militaires, il impute des niaiseries à ses adversaires, convaincu que la censure lui évitera les démentis mérités.

---

(1) Il n'eût du reste pas été indispensable de suspendre la parution de tous les journaux socialistes en réponse à l'interdiction de parler de la haine et de la lutte des classes. Accepter cette interdiction, comme l'a fait le *Vorwaerts*, a été une lâcheté doublée d'une félonie. Le *Vorwaerts* en la commettant est politiquement mort. L. Martov a eu raison de le dire. Mais on pouvait conserver des journaux légaux en les déclarant sans parti, apolitiques, répondant simplement aux besoins techniques des ouvriers. Une littérature socialiste illégale *jugeant* la guerre et une littérature ouvrière légale qui se fût *abstenue de la juger*, qui n'eût pas menti, mais eût fait silence sur la vérité, qu'y avait-il là d'impossible?

VII

La sérieuse question scientifique et politique que Kautsky s'évertue consciemment à éluder de toutes façons, pour le plus grand avantage des opportunistes, est celle-ci : comment les représentants les plus en vue de la II° Internationale *ont-ils pu* trahir le socialisme?

A cette question, nous ne devons évidemment pas chercher à répondre en étudiant les biographies de quelques notabilités socialistes. De futurs biographes s'attacheront à cette tâche. Le mouvement socialiste est en ce moment intéressé à connaître les origines historiques, la force, la signification — et les conditions de développement — de la tendance social-chauvine. 1° D'où vient le social-chauvinisme ? 2° D'où vient sa force ? 3° Comment le combattre? Cette façon de poser la question est la seule sérieuse. La reporter sur des « personnalités », c'est, dans la pratique, se dérober par un procédé de sophiste.

Pour répondre à la première question, il faut examiner, d'abord, si le contenu idéologique et politique du social-chauvinisme ne se rattache pas à quelque tendance antérieure du socialisme et, ensuite, quels sont les rapports entre l'actuelle division des socialistes en partisans et adversaires du social-chauvinisme et leurs divisions antérieures, historiques?

Par social-chauvinisme, nous entendons la reconnaissance de la défense nationale dans la guerre impérialiste actuelle, la justification de l'alliance des socialistes avec la bourgeoisie et les gouvernements de *leurs* pays dans cette guerre, le renoncement à la propagande et à l'encouragement des actions prolétariennes révolutionnaires contre *leurs* bourgeoisies, etc. Il est tout à fait évident que le contenu idéologique et politique fondamental du social-chauvinisme concorde en tous points avec les bases de l'opportunisme. C'est *la même* tendance. L'opportunisme produit, pendant la guerre de 1914-1915, le social-chauvinisme. Le principal dans l'opportunisme, c'est l'idée de la collaboration des classes. La guerre pousse cette idée jusqu'au bout, ajoute à ses facteurs et à ses stimulants habituels divers stimulants et facteurs extraordinaires, oblige, par des menaces et des violences particulières, la masse petite-bourgeoise éparpillée à collaborer avec la bourgeoisie, accroissant ainsi même le nombre des zélateurs de l'opportunisme, expliquant pleinement l'adoption de ce parti par de nombreux radicaux d'hier.

L'opportunisme consiste à sacrifier à l'intérêt momentané d'une infime minorité d'ouvriers les intérêts primordiaux de la masse; il est dans l'alliance d'une partie des ouvriers avec la bourgeoisie, contre la masse. La guerre rend cette alliance particulièrement évidente et impérieuse. L'opportunisme a été engendré, depuis des dizaines d'années, par les facteurs spécifiques d'une époque de développement du capitalisme, pendant laquelle l'existence, relati-

vement pacifique et cultivée, des ouvriers privilégiés les embour-
geoisait, les faisant bénéficier de quelques miettes des profits du
capital national, leur épargnant des malheurs, des épreuves, et les
tenant à l'écart de l'état d'esprit révolutionnaire de la masse indi-
gente. La guerre impérialiste est la continuation directe, l'achève-
men de cet état de choses, car c'est une guerre pour les privilèges
des grandes puissances, pour un nouveau partage de colonies entre
les grandes puissances, pour leur domination sur les autres nations.
Défendre et affermir une situation privilégiée de « couche supé-
rieure » de la petite-bourgeoisie, ou d'aristocratie (et bureaucratie)
de la classe ouvrière, — telle est la seule espérance opportuniste qui
dure, et aussi la seule continuation de la tactique correspondante
d'avant-guerre. Telle est la base économique du social-impérialisme
de nos jours (1). Et aussi, bien entendu, la force de l'habitude, la
routine d'une évolution relativement pacifique, les préjugés nationaux, la peur des changements brusques, le manque de foi en de si
promptes transformations, tels sont les facteurs complémentaires
qui ont contribué à renforcer l'opportunisme, qui ont permis tant
d'hypocrites et lâches compromissions avec lui, provisoires, affir-
mait-on, justifiées par des motifs particuliers, par des circonstances
spéciales. La guerre a donné un tout autre aspect à l'opportunisme
qui résultait de plusieurs dizaines d'années, l'a élevé à un degré
supérieur, en a multiplié les nuances et les partisans, a enrichi
leur argumentation de nouveaux sophismes; mais le courant principal est resté, accru, depuis la guerre, de ces nombreux affluents.
    Le social-chauvinisme, c'est l'opportunisme mûri à tel point

____

(1) Quelques exemples nous montreront à quel point les impérialistes et
les bourgeois apprécient la valeur des privilèges de « grandes puissances » et
des privilèges nationaux pour diviser la classe ouvrière et la détourner du
socialisme. L'impérialiste anglais Lucas, dans un livre intitulé *Rome, la Guerre
et la Grande-Bretagne* (Oxford, 1912), reconnaît l'inégalité des races blanche
et de couleur dans l'empire britannique actuel et remarque que « dans notre
Empire, quand les ouvriers blancs travaillent à côté d'hommes de couleur, ce
n'est pas en camarades; le blanc est plutôt le surveillant de l'homme de couleur ». Erwin Belger, ancien secrétaire de l'Union antisocialiste d'Allemagne,
loue dans sa brochure (*la Social-démocratie après la Guerre*, 1915), la social-
démocratie d'être devenue un « parti purement ouvrier », « national », « ouvrier allemand », sans « idées internationalistes, utopistes, révolutionnaires ».
L'impérialiste allemand Sartorius von Walterhausen, dans son livre sur les
Investissements de Capitaux à l'étranger (1907), blâme chez les social-démocrates allemands l'« ignorance de l'intérêt national », intérêt qui se manifeste
dans la conquête des colonies, et loue le « réalisme des ouvriers anglais »,
par exemple leur lutte contre l'immigration. Le diplomate allemand Ruedorfer,
dans son ouvrage sur les fondements de la politique mondiale, fait ressortir
ce fait bien connu que l'internationalisation du capital n'écarte nullement
l'âpre lutte des capitaux nationaux pour le pouvoir, pour l'influence par la
possession de « la majeure partie des actions », et note que les ouvriers
sont entraînés dans cette âpre lutte. Le livre est daté d'octobre 1913 et l'auteur
traite avec clarté des « intérêts capitalistes » comme de la cause des guerres
modernes; il dit que la question de la « tendance nationale » devient la
question principale du socialisme, que les gouvernements n'ont pas à craindre
les manifestations internationalistes de socialistes, ceux-ci devenant en fait
de plus en plus nationaux. Le socialisme international vaincra s'il arrache
les ouvriers à l'influence nationale, car la seule violence ne peut rien; mais il
sera vaincu si la tendance nationale a le dessus (même ouvrage).

que cet abcès bourgeois, dans les partis socialistes, est devenu intolérable.

Ceux qui veulent ignorer la liaison intime du social-chauvinisme avec l'opportunisme s'empressent de citer des cas individuels : un tel, opportuniste, est devenu internationaliste; tel autre, extrémiste, est devenu chauvin. Cette façon d'argumenter sur le développement des tendances n'a rien de sérieux. 1° La base économique de l'opportunisme et du social-chauvinisme, dans le mouvement ouvrier, est unique : c'est l'alliance de couches supérieures du prolétariat, fort peu considérables, avec la petite-bourgeoisie (celles-ci et celle-là recueillant les miettes des bénéfices de « leur » capital national) contre la masse des prolétaires, des travailleurs et des opprimés en général. 2° Le contenu idéologique et politique des deux tendances est le même. 3° En règle générale, l'ancien partage des socialistes, propre à la II° Internationale (1889-1914), en opportunistes et révolutionnaires, correspond à la nouvelle division en chauvins et internationalistes.

Pour se convaincre de la justesse de cette affirmation, il y a lieu de se souvenir d'une règle : la science sociale (comme toute autre science), traite du général et non du particulier. Prenons dix pays d'Europe : l'Allemagne, l'Angleterre, la Russie, la Hollande, la Suède, la Bulgarie, la Suisse, la France et la Belgique. Dans les huit premiers, la nouvelle division des socialistes (à l'égard de l'internationalisme) correspond à l'ancienne (par rapport à l'opportunisme); en Allemagne, citadelle de l'opportunisme, la revue *Sozialistische Monatshefte* est devenue la citadelle du chauvinisme. L'idée internationaliste est défendue par l'extrême-gauche. En Angleterre, il y a dans le *British Socialist Party* environ trois quarts d'internationalistes (66 voix contre 84) et dans le bloc opportuniste (*Labour Party, Fabiens, Independent Labour Party*), moins d'un septième d'internationalistes (1). En Russie, le noyau principal de l'opportunisme, l'organe « liquidateur » *Nacha Zaria* (*Notre Aurore*) est devenu celui du chauvinisme. Plékhanov et Alexinsky font plus de bruit, mais nous savons, du moins depuis l'expérience de 1910-1914, qu'ils ne sont pas capables d'une propagande systématique parmi les masses de Russie. Le noyau primordial des internationalistes en Russie, c'est le mouvement de la *Pravda* et le groupe parlementaire du parti ouvrier social-démocrate, représentant des ouvriers avancés qui ont ressuscité le parti en janvier 1912.

En Italie, le parti de Bissolati, purement opportuniste, est devenu chauvin. L'internationalisme est représenté par un parti ouvrier. Les masses ouvrières sont pour ce parti; les opportunistes,

----

(1) On compare habituellement le seul I. L. P. au B. S. P. C'est inexact. Il importe de considérer non les organisations, mais les faits; il y avait *deux journaux*, l'un, le *Daily Herald*, du B. S. P.; l'autre, le *Daily Citizen*, du bloc opportuniste. Les journaux quotidiens mesurent le travail effectif d'agitation, de propagande et d'organisation.

les parlementaires, les petits-bourgeois avancés sont pour le chauvinisme. On a pu, en Italie, pendant plusieurs mois, choisir librement. Le choix n'a pas été le résultat du hasard, mais a concordé avec la différence des situations du prolétaire, homme des masses, et des milieux petits-bourgeois.

En Hollande, le parti opportuniste de Troelstra s'accorde avec le chauvinisme en général (ne nous laissons pas tromper par le fait que les petits-bourgeois hollandais, comme les gros, vouent une haine particulière à l'Allemagne, capable de les « avaler »). Les internationalistes conséquents, sincères, ardents, convaincus, viennent du parti marxiste avec Goerter et Pannekoek. En Suède, le leader opportuniste Branting s'indigne d'être accusé de trahison par les socialistes allemands, tandis que le leader des gauches, Höglund, déclare que, parmi ses camarades, certains estiment précisément qu'il y a eu trahison. En Bulgarie, les *tiessniaki* (« les stricts »), adversaires de l'opportunisme, accusent dans leur organe, le *Novoïé Vrémia* (*Nouveau Temps*), les social-démocrates allemands d'avoir « commis une vilenie ». En Suisse, les partisans de l'opportunisme de Greilich sont enclins à acquitter les social-démocrates allemands (voir leur organe, le *Volksrecht*, de Zurich); les partisans de Robert Grimm, qui est beaucoup plus radical, ont fondé la *Berner Tagwacht*, devenue l'organe de la gauche allemande. Il n'y a d'exception que dans deux pays, la France et la Belgique, et nous y voyons, non point le manque d'internationalistes, mais leur extrême faiblesse qui s'explique par des raisons bien compréhensibles; n'oublions pas que Vaillant lui-même a reconnu, dans l'*Humanité*, avoir reçu de ses lecteurs des lettres d'esprit internationaliste dont il n'a pas publié *une seule* intégralement.

En somme, à considérer les tendances et les courants, on ne peut nier que l'élément opportuniste du socialisme européen n'ait précisément trahi le socialisme et ne s'en soit allé vers le chauvinisme. D'où est venue sa force, sa toute-puissance apparente dans les partis officiels? Kautsky, qui est fort habile à poser les problèmes historiques, surtout quand il s'agit de l'antique Rome et d'autres sujets assez éloignés de la vie contemporaine, feint, quand il s'agit de lui-même, de ne rien entendre. Mais c'est l'évidence. Les opportunistes et les chauvins sont terriblement forts par leur *alliance* avec la bourgeoisie, les gouvernements, les états-majors. On l'oublie trop souvent, chez nous, en Russie; on pense que les opportunistes *appartiennent* aux partis socialistes, qu'il y a toujours eu et qu'il y aura toujours deux ailes opposées dans ces partis, que le tout est d'éluder les dernières extrémités...; c'est là l'habituel langage des folliculaires petits-bourgeois.

En réalité, l'affiliation de forme des opportunistes aux partis ouvriers n'abolit nullement ce fait qu'ils constituent — objectivement — un des contingents politiques de la bourgeoisie, qu'ils en sont les agents dans le mouvement ouvrier. Quand l'opportuniste

Sudekum, dont la gloire est celle d'un Erostrate, eut démontré d'éclatante façon cette vérité sociale, cette vérité de classe, de braves gens en sont restés stupéfaits. Les socialistes français et Plékhanov dénonçaient Sudekum; pourtant, il eût suffi à Vandervelde, à Sembat, à Plékhanov, de se regarder au miroir pour apercevoir... *Sudekum*, le Sudekum d'un autre pays. Les membres du Comité central de la social-démocratie allemande qui font l'éloge de Kautsky, (avec réciprocité), se sont hâtés de déclarer, prudemment, modestement, poliment (sans nommer Sudekum) qu'ils « n'approuvaient pas » la conduite de Sudekum.

Cela est tout simplement ridicule, car dans la politique pratique de la social-démocratie allemande, Sudekum seul s'est révélé, au moment décisif, plus fort que des centaines de Haase et de Kautsky (de même que, dans le socialisme russe, l'organe *Nacha Zaria* est seul plus fort que tout le bloc de Bruxelles qui a peur de rompre avec lui).

Pourquoi? Mais justement parce qu'il y a, derrière ce Sudekum, une bourgeoisie, un gouvernement et l'état-major d'une grande puissance. Ces forces soutiennent de mille façons la politique de Sudekum ; toutes combattent, par tous les moyens, y compris la prison et les poteaux d'exécution, les adversaires de Sudekum. L'opinion de Sudekum est répandue, à millions d'exemplaires, par les journaux bourgeois, par ceux de Vandervelde, de Sembat et de Plékhanov; la voix de ses adversaires *ne peut pas* se faire entendre dans la presse légale, car il y a une censure militaire!

On s'accorde à reconnaître que l'opportunisme n'est ni le fait du hasard, ni un crime particulier, ni une aberration momentanée, ni la trahison de quelques personnes, mais le résultat de toute une époque de l'histoire. Mais cette vérité n'est généralement pas approfondie. L'opportunisme est issu du légalisme. Les partis ouvriers de 1889-1914 ont dû tirer parti de la légalité bourgeoise. Quand survint la crise, il leur eût fallu passer au travail illégal : ce n'était possible qu'à condition d'y employer la plus grande énergie, une absolue fermeté, et de recourir à diverses ruses de guerre. Pour empêcher cela, il suffit d'*un* Sudekum, tout le « vieux monde », au sens historique et philosophique, étant avec lui, car les Sudekum ont toujours livré et livreront toujours à la bourgeoisie tous les plans militaires de son ennemi de classe (ceci, selon le langage de la politique pratique).

C'est un fait que tout le parti social-démocrate allemand (et l'on peut en dire autant du parti socialiste français, ainsi que de tous les autres) ne fait que ce qui plaît à Sudekum ou ce que Sudekum peut tolérer. Rien d'autre n'est légalement permis. Tout ce qui se fait d'honnête et de vraiment socialiste dans la social-démocratie allemande, se fait *contre* ses dirigeants, contre son comité central, son organe central, *en infraction* à sa discipline, *par le moyen des fractions*, au nom des nouveaux centres anonymes d'un nouveau parti. L'appel des « gauches » allemandes publié par la *Berner Tagewacht* du 31 mai, est, à titre d'exemple, anonyme. De fait, un nouveau parti grandit, se fortifie, vrai parti ouvrier, vrai parti révolutionnaire, social-démocrate, fort différent de l'ancien parti tombé en pourriture, du parti national-libéral des Legien, des Sudekum, des Kautsky, des Haase, des Scheidemann et Cie (1).

Aussi est-ce une profonde vérité historique que formule, par mégarde, l'opportuniste Monitor, dans le *Preussische Jahrbuch*, quand il dit que l'opportunisme (lisez la bourgeoisie) souffrirait d'une *évolution à droite* de la social-démocratie actuelle, car alors les ouvriers abandonneraient celle-ci. Les opportunistes (et la bourgeoisie) ont précisément besoin du parti actuel, d'un parti *réunissant* une droite et une gauche, d'un parti officiellement représenté par Kautsky, l'homme qui saura tout concilier ici-bas avec des phrases bien faites, « absolument marxistes ». Socialisme et révolutionnarisme en paroles, pour le peuple, pour les masses, pour les ouvriers; en fait, Sudekum, c'est-à-dire l'adhésion à la bourgeoisie à l'heure de toute crise sérieuse. De toute crise, disons-nous, car ce n'est pas seulement en cas de guerre, c'est aussi en présence de toute grève politique sérieuse que l'Allemagne « féodale », comme l'Angleterre et la France, « pays de libre-parlementarisme », institueront l'état de siège. Quiconque est sain d'esprit, quiconque a bonne mémoire n'en peut douter.

De ce qui précède se déduit la réponse à la question posée plus haut : comment combattre le social-chauvinisme? Le social-chauvinisme est l'opportunisme tellement mûri, grandi, fortifié, enorgueilli depuis de longues années de capitalisme relativement pacifique, tellement déterminé au sens idéologique-politique, tellement rapproché de la bourgeoisie et des gouvernements, que l'on *ne peut pas* admettre l'existence d'un semblable courant dans les partis ouvriers social-démocrates. Si l'on se contente de minces semelles quand on doit marcher sur les trottoirs d'une petite ville de province, on ne peut, en montagne, se passer de semelles fortes à clous pointus. Le socialisme européen est sorti d'une époque de paix relative, pendant laquelle son développement fut limité à d'étroites frontières nationales. La guerre de 1914-15 l'a fait entrer

---

(1) Ce qui s'est passé à la veille du vote historique du 4 août est bien caractéristique. Le parti officiel a jeté sur ces faits le voile de l'hypocrisie officielle : la majorité ayant décidé, tous les députés ont voté *pour*. Mais Stroebel, dans l'*Internationale*, détruit l'hypocrite légende et dit la vérité. Il y avait dans le groupe parlementaire social-démocrate deux tendances qui se présentèrent chacune avec leur ultimatum, c'est-à-dire avec des motions de fractions, ou, autrement dit, de scission. La tendance opportuniste, une trentaine de députés, était résolue à voter *en tout cas* les crédits de guerre; la gauche, une quinzaine de députés, avait décidé de voter *contre*. Quand le « centre » ou « marais », qui n'avait aucune position ferme, vota pour les opportunistes, la gauche écrasée... se soumit! L'unité de la social-démocratie allemande n'est que dissimulation : elle nous cache un acte de soumission, en fait inévitable, à l'ultimatum opportuniste.

dans l'ère de l'action révolutionnaire; la rupture complète avec l'opportunisme, l'exclusion de l'opportunisme, pour les partis ouvriers, s'imposent indéniablement.

Il va de soi que cette définition des tâches assignées au socialisme par la nouvelle époque de son développement mondial ne permet pas de déduire avec quelle rapidité et de quelle manière s'accomplira, dans les différents pays, la séparation des partis ouvriers social-démocrates révolutionnaires et des partis opportunistes petits-bourgeois. Mais il n'en est que plus indispensable de concevoir nettement l'absolue nécessité de cette séparation et d'orienter, d'après ce point de vue, toute la politique des partis ouvriers. La guerre de 1914-1915 apporte un tel bouleversement dans l'histoire que l'*on ne peut plus* aujourd'hui considérer l'opportunisme comme on l'appréciait autrefois. On ne peut abolir ce qui a été, on ne peut effacer de la conscience des ouvriers, ni de l'expérience de la bourgeoisie, ni de l'acquis politique de notre époque, le fait que les opportunistes ont formé, à l'heure de la crise, le noyau des éléments qui, dans les partis ouvriers, ont passé à la bourgeoisie. L'opportunisme, d'une façon générale en Europe, vivait en quelque sorte son adolescence avant la guerre. Depuis, il a mûri et l'on ne saurait lui rendre l'innocence et la jeunesse. Un important groupe social de parlementaires, de journalistes, de fonctionnaires du mouvement ouvrier, d'employés et de prolétaires privilégiés, — ceux-ci bien moins nombreux, — a connu la maturité, a fait souche commune avec sa bourgeoisie nationale, et s'est fait apprécier comme il convenait par cette bourgeoisie, s'est laissé utiliser par elle. Il n'est pas possible de rétrograder, ni d'arrêter la roue de l'histoire; l'on peut et l'on doit hardiment aller de l'avant, établissant la transition des organisations primitives, légales de la classe ouvrière, qui étaient captives de l'opportunisme, aux organisations révolutionnaires, lesquelles *sauront sortir* de la légalité, sauront se prémunir contre la trahison opportuniste, étant les organisations d'un prolétariat qui entre dans la lutte pour le pouvoir, pour le renversement de la bourgeoisie.

On voit d'ici quel est l'aveuglement de ceux qui se demandent comment ils doivent se comporter à l'égard d'autorités aussi éminentes dans la II° Internationale, que Guesde, Plékhanov, Kautsky et autres; on voit comment ils peuvent tromper les ouvriers. En réalité, la question ne se pose pas. Si ces hommes ne comprennent pas leur tâche d'aujourd'hui, ils devront se cantonner à l'écart ou rester, comme ils le sont à présent, captifs des opportunistes. S'ils se libèrent de cette « captivité », aucune raison *politique* ne les saurait empêcher de rentrer dans le camp des révolutionnaires. Quoi qu'il en soit, il est absurde de faire état de quelques individus et d'oublier, à cette occasion, la lutte des tendances et le renouvellement qui se produit dans l'histoire du mouvement ouvrier.

VIII

L'existence d'organisations légales de masses de la classe ouvrière est probablement le plus important caractère distinctif des partis socialistes de la II° Internationale. Ces organisations étaient les plus fortes dans le parti allemand, et c'est ici que la guerre de 1914-1915 détermine le revirement le plus soudain, formulant le problème avec le plus de brutalité. Evidemment, le passage à l'action révolutionnaire amènerait la dissolution des organisations légales par la police; le vieux parti, de Legien à Kautsky inclus, a sacrifié les buts révolutionnaires du prolétariat à la conservation des actuelles organisations légales. Le fait subsiste, en dépit de toute contestation. On a vendu pour un plat de lentilles, pour sauvegarder les organisations autorisées par la police, le droit du prolétariat à la révolution.

Ouvrez la brochure du leader des syndicats social-démocrates d'Allemagne, Karl Legien, *Pourquoi les fonctionnaires syndicaux doivent prendre une plus large part à la vie intérieure du parti?* (Berlin, 1915, conférence faite le 27 janvier 1915 devant une assemblée de fonctionnaires syndicaux). Legien a lu, au cours de sa conférence, et publié dans sa brochure, un document extrêmement intéressant que la censure n'eût jamais laissé passer autrement. Ce document, intitulé : « Matériaux pour les conférenciers de Nieder-Barnim », expose le point de vue des social-démocrates allemands de gauche, leur protestation contre le parti. Les social-démocrates révolutionnaires, y est-il dit, n'ont pas prévu, ne pouvaient prévoir « que toute la force organisée du parti social-démocrate allemand et des syndicats se rangerait aux côtés du gouvernement qui fait la guerre; que toute cette force serait employée à contenir l'énergie révolutionnaire des masses ».

C'est indiscutable. L'affirmation suivante est également vraie :

Le vote du 4 août de la fraction social-démocrate du Reichstag signifiait qu'une autre opinion, si même elle s'était profondément ancrée dans les masses, n'aurait pu se faire jour que malgré la volonté des instances directrices du parti — et non sous la direction d'un parti expérimenté — à condition de surmonter la résistance du parti et des syndicats.

Vérité absolue.

Si la fraction parlementaire avait rempli son devoir le 4 août, la forme extérieure de l'organisation aurait probablement été anéantie, mais l'esprit eût survécu, l'esprit qui anima le parti sous le régime des lois antisocialistes et lui permet de surmonter toutes les difficultés.

Il est noté, dans la brochure de Legien, que l'intéressant auditoire de « chefs » réuni par le conférencier, auditoire composé de dirigeants et de fonctionnaires syndicaux, ponctua cette lecture de *rires*. L'idée que l'on puisse et doive constituer des organisations illégales révolutionnaires (comme sous le régime des lois d'exception) pendant la crise faisait rire ces gens. Legien, fidèle chien de garde de la bourgeoisie, s'exclamait en se frappant la poitrine :

L'idée est manifestement anarchiste : faire sauter l'organisation pour que la question soit tranchée par les masses. Je n'ai pas le moindre doute à ce sujet, cette conception est anarchiste.

« Très juste! » criait le chœur des laquais de la bourgeoisie, c'est-à-dire des prétendus chefs de la social-démocratie ouvrière allemande.

Spectacle édifiant. Ces hommes sont corrompus et abrutis par la légalité bourgeoise au point de ne pas même *comprendre* la nécessité *d'autres* organisations, *illégales*, pour diriger l'action révolutionnaire. Ces hommes en sont arrivés à s'imaginer que les syndicats légaux, autorisés par la police, constituent une limite infranchissable, comme si la *conservation* de ces syndicats, à une époque de crise, en qualité de syndicats *dirigeants*, était concevable! Voilà bien la vivante dialectique de l'opportunisme : la simple expansion des syndicats légaux, l'habitude, prise par des petits-bourgeois passablement stupides mais consciencieux, de tenir tout bonnement leur petite comptabilité, ont fait qu'au moment de la crise ces scrupuleux bonshommes trahissent et étouffent l'énergie révolutionnaire des masses. Est-ce un hasard? Non point. Il faut en venir à l'organisation révolutionnaire; la nouvelle situation historique le veut, l'époque de l'action révolutionnaire du prolétariat le réclame, mais cela ne se peut que *par-dessus les têtes* des anciens chefs, qui étouffent l'énergie révolutionnaire, *par-dessus* le vieux parti, par la *destruction* de celui-ci.

Et les petits-bourgeois contre-révolutionnaires crient, bien entendu, à l'anarchisme, de même que l'opportuniste E. David anathématisait l' « anarchisme » de Karl Liebknecht. Il n'est visiblement resté en Allemagne d'honnêtes militants socialistes que ceux dont les opportunistes condamnent l'anarchisme...

Considérons l'armée moderne, qui est un bon exemple d'organisation. Celle-ci n'est bonne que parce qu'elle est *souple*, tout en sachant communiquer à des millions d'hommes une *volonté unique*. Voici ces millions d'hommes chez eux, dans tous les coins du pays. Survient l'ordre de mobilisation; ils se rassemblent aux points désignés. Aujourd'hui, les voici dans les tranchées. Ils y restent parfois durant des mois. Demain, ils iront, dans une autre formation, à l'assaut. Ils font aujourd'hui des merveilles pour se dérober aux balles et aux obus. Demain, ils feront des merveilles en rase campagne. Aujourd'hui leurs sapeurs placent des mines sous terre. Demain ils franchiront des kilomètres, guidés par l'aviation. Lorsque, visant à un seul but, animés par une seule volonté, des millions d'hommes se déplacent, se séparent, agissent différemment, recourent aux procédés les plus divers, utilisent outillage et armes selon les circonstances, il y a vraiment organisation.

Tout ceci s'applique à la lutte de la classe ouvrière contre la bourgeoisie. Il n'y a point de situation révolutionnaire aujourd'hui; rien ne détermine une effervescence parmi les masses; rien ne les pousse à l'activité. Mais voici un bulletin de vote : prends-le, tâche de bien t'en servir, pour battre tes ennemis et non pour procurer, au Parlement, des places confortables à ceux que la peur de la prison tiendra cramponnés à leurs fauteuils. Demain, l'on te refusera le bulletin de vote; on te donnera un fusil, on te place près d'un beau canon à tir rapide, l'œuvre la plus parfaite de l'industrie moderne. Prends ces instruments de mort et de destruction, ne prête pas l'oreille aux âmes sentimentales qui redoutent la guerre; trop de choses encore *doivent* être détruites par le fer et par le feu pour l'affranchissement de la classe ouvrière. Et si le désespoir et la colère grandissent dans les masses, s'il en résulte une situation révolutionnaire, prépare-toi à créer de nouvelles organisations et à mettre en action ces instruments, fort utiles, de mort et de destruction, contre *ton* gouvernement, contre *ta* bourgeoisie.

Cela n'est pas facile, certes. Cela exige une préparation et de lourds sacrifices. C'est un nouvel aspect d'organisation et de lutte dont il faut acquérir la connaissance et nulle science ne s'acquiert sans erreurs ou défaites. Cet aspect de la lutte des classes est, par rapport aux élections, ce que l'assaut est aux manœuvres, aux déplacements de troupes, aux attentes dans les tranchées. Ce genre de lutte n'est *pas très fréquent* dans l'histoire; mais son retentissement et ses conséquences se prolongent ensuite durant des dizaines d'années. Les *jours* où l'on peut et doit adopter ces méthodes font époque pour longtemps.

Confrontez K. Kautsky avec K. Legien.

Tant que le parti fut petit, écrit Kautsky, toute protestation contre la guerre servait la propagande comme peut le faire un acte de courage... L'attitude des camarades serbes et russes dans ces derniers temps a rallié tous les suffrages. Mais plus un parti devient fort, plus doit intervenir dans ses décisions, à côté des motifs de propagande, la juste estimation des conséquences pratiques; et il est d'autant plus difficile de tenir compte, dans une égale mesure, de considérations si diverses, lesquelles, cependant, ne sont à négliger ni les unes ni les autres. Aussi, plus nous devenons forts, plus fréquents deviennent entre nous les désaccords, chaque fois qu'il y a lieu d'envisager une situation nouvelle particulièrement difficile. (*L'Internationalisme et la Guerre*, p. 30.)

Ces raisonnements de Kautsky ne se distinguent de ceux de Legien que par l'hypocrisie et la lâcheté. Au fond, Kautsky approuve, encourage l'apostasie d'anciens révolutionnaires tels que Legien; mais il le fait sournoisement, sans netteté, par allusions, dispensant des courbettes à ce Legien et n'oubliant pas de saluer aussi les Russes qui se conduisent en révolutionnaires. Pareille attitude à l'égard des révolutionnaires ne se voit chez nous autres, Russes, que dans le monde des libéraux, toujours disposés à s'incliner devant « l'héroïsme » des révolutionnaires, mais bien décidés aussi à conserver pour eux-mêmes, à tout prix, leur tactique archiopportuniste. Les révolutionnaires qui se respectent n'ont que faire de « la gratitude » de Kautsky et repoussent avec indignation des témoignages de ce genre. S'il n'y a pas eu de situation révolutionnaire, si nul n'était tenu d'en appeler à l'action révolutionnaire, les Russes et les Serbes se sont tout bonnement *trompés*, leur tactique a été fausse. Que les Legien et les Kautsky, en dignes chevaliers qu'ils se croient, aient au moins le courage de leurs opinions et parlent sans détours !

Mais si la tactique des socialistes russes et serbes mérite reconnaissance, il est inadmissible, il est criminel de plaider pour la tactique exactement *opposée* des « puissants » partis allemand, français, etc. Kautsky dissimule cette simple vérité que les partis grands et forts *ont eu peur*, qu'ils ont redouté la dissolution de leurs organisations, la confiscation de leurs caisses, l'arrestation de leurs chefs. C'est là ce qu'il essaie de faire entendre, sans oser le dire, quand il vient nous parler des « conséquences pratiques » de la tactique révolutionnaire, pour justifier la trahison du socialisme. N'est-ce pas ainsi qu'on prostitue le marxisme ?

« On nous aurait arrêtés », a déclaré, dit-on, dans une réunion ouvrière de Berlin, un des députés social-démocrates du Reichstag qui, le 4 août, ont voté les crédits de guerre. « Et après ? Qu'y aurait-il eu à cela de fâcheux ? », lui ont crié des ouvriers.

S'il n'y a pas d'autre moyen pour communiquer aux masses ouvrières d'Allemagne et de France un état d'esprit révolutionnaire, pour leur faire comprendre la nécessité de préparer l'action révolutionnaire, il est en tout cas certain que l'arrestation d'un député, à la suite d'un discours courageux, pourrait être de quelque utilité, en rappelant aux prolétaires de différents pays que le moment est venu de s'unir pour le travail révolutionnaire. Il est *difficile* d'arriver à cette union. D'autant plus impérieusement s'impose aux députés, placés au centre des affaires politiques, le devoir de prendre l'initiative.

Non seulement en cas de guerre, mais devant toute crise politique, — sans parler des cas d'action révolutionnaire des masses — le gouvernement du pays bourgeois *le plus libre* menacera toujours de dissoudre les organisations ouvrières légales, de confisquer leurs biens, d'arrêter leurs chefs, de prendre d'autres « mesures pratiques » de cet ordre. Alors que faire ? Acquitter pour cette raison les opportunistes, comme le fait Kautsky ? Mais c'est sanctionner la transformation des partis social-démocrates en partis ouvriers national-libéraux.

Il ne peut y avoir, pour le socialiste, qu'une conclusion : le pur légalisme, le légalisme exclusif des partis socialistes « européens » a fait son temps, est devenu, par suite de l'accession du capitalisme au stade impérialiste, la base de la politique ouvrière bourgeoise. Désormais la nécessité s'impose de compléter ce système en créant des bases illégales d'opération, des organisations illégales, en faisant un travail socialiste illégal, sans abandonner

pour cela une seule de nos positions légales. *Comment* devons-nous
nous y prendre? L'expérience le montrera, pourvu que l'on s'engage dans cette voie, pourvu que l'on comprenne la nécessité de s'y
engager. Les social-démocrates révolutionnaires de Russie ont montré, en 1912-1914, que ce problème peut avoir une solution. Le député ouvrier Mouranov, dont l'attitude devant les juges a été la
plus digne et qui, pour cela, a été déporté en Sibérie, a démontré
par son exemple qu'en dehors du parlementarisme des *ministrables*
(celui de Henderson, de Sembat, de Vandervelde, de Sudekum, de
Scheidemann, tous parfaitement ministrables, même quand on les
retient dans les antichambres de ministères), il peut exister un parlementarisme *illégal et révolutionnaire*. Que les Kossovsky et les
Potressov admirent à leur aise le parlementarisme « européen »,
le parlementarisme des larbins! Qu'ils s'en accommodent! Nous ne
nous lasserons pas, nous, de répéter aux ouvriers que *ce* légalisme,
que *cette* social-démocratie des Legien, des Kautsky, des Scheidemann, ne méritent que le mépris.

IX

Résumons.

Le krach de la IIe Internationale s'est exprimé avec le plus de
relief dans la flagrante trahison de la majorité des partis socialistes
d'Europe qui ont renié leurs convictions et leurs solennelles résolutions de Stuttgart et de Bâle. Mais ce krach, signifiant la complète victoire de l'opportunisme, la transformation des partis
socialistes en partis ouvriers nationaux-libéraux, n'est que l'achèvement logique de toute une époque de la IIe Internationale (fin du
XIXe siècle et début du XXe). Les conditions objectives de cette époque — transitoire entre le renversement en Europe occidentale des
révolutions bourgeoises et nationales, et le commencement des révolutions socialistes — engendraient et alimentaient l'opportunisme. Pour certains pays d'Europe, nous observons cependant des
scissions dans le mouvement ouvrier et socialiste qui suit, dans son
ensemble, une orientation opportuniste (Angleterre, Italie, Hollande, Bulgarie, Russie); en d'autres pays a lieu une lutte de tendances, longue et opiniâtre (Allemagne, France, Belgique, Suède,
Suisse). La crise de la guerre, arrachant les masques, abolit les
conventions, fait crever l'abcès mûr depuis longtemps, révèle l'opportunisme dans son rôle véritable d'allié de la bourgeoisie. La
complète rupture du mouvement ouvrier avec l'élément opportuniste est devenue nécessaire. L'époque impérialiste n'admet pas la
coexistence dans le même parti de militants d'avant-garde du prolétariat révolutionnaire et d'une aristocratie ouvrière, à demi
petite-bourgeoise, bénéficiant des miettes des privilèges dont jouit
« sa » nation, à titre de « grande puissance ». La vieille théorie de
l'opportunisme considéré comme la « nuance légale » d'un parti
qui se refuse à tout « extrémisme » sert maintenant à duper les

travailleurs et constitue le plus grand obstacle au développement du mouvement ouvrier. L'opportunisme franc, qui repousse d'emblée la masse ouvrière n'est ni si terrible ni si nocif que cette théorie du juste milieu, justifiant à l'aide de petites formules « marxistes » la pratique opportuniste, démontrant par des sophismes l'inopportunité de l'action révolutionnaire, etc. Le représentant le plus réputé de cette théorie, l'homme le plus éminent de la IIe Internationale, Kautsky, n'est qu'un hypocrite de la plus belle eau, passé maître en l'art de prostituer le marxisme. Le parti social-démocrate allemand, que suivent des millions d'hommes, ne renferme plus de socialistes honnêtes et conscients qui ne se détournent avec indignation de cette « autorité », si ardemment prônée par les Sudekum et les Scheidemann.

Les masses prolétariennes, dont les milieux dirigeants (pour neuf dixièmes environ) ont passé à la bourgeoisie, sont dispersées, impuissantes, devant l'orgie chauvine, sous le régime de la loi martiale et de la censure militaire. Mais la situation objectivement révolutionnaire créée par la guerre, de jour en jour étendue et aggravée, suscite aussi des sentiments révolutionnaires, trempe et éclaire les meilleurs, les plus conscients des prolétaires. Une transformation rapide de la mentalité des masses, analogue à celle que produisit en Russie, au début de 1905, l'aventure du pope Gapone, lorsqu'on vit une armée prolétarienne, forte de millions d'hommes, se constituer en quelques mois, sinon en quelques semaines, dans un peuple de travailleurs arriérés, et suivre l'avant-garde révolutionnaire, une transformation pareille est non seulement possible, mais de plus en plus probable. Un puissant mouvement révolutionnaire se développera-t-il peu *après* cette guerre ou bien durant les hostilités? On ne saurait le dire, mais il est certain que seule, l'action dirigée dans ce sens mérite de s'appeler travail socialiste. Le mot d'ordre qui la généralise et l'oriente, qui réunit et unifie tous les éléments désireux de concourir à l'action révolutionnaire, de chaque prolétariat contre son gouvernement et sa bourgeoisie, est celui de la guerre civile.

En Russie, la séparation totale des éléments révolutionnaires social-démocrates prolétariens et des éléments petits-bourgeois opportunistes est préparée par toute l'histoire du mouvement ouvrier. Ceux qui s'efforcent d'éluder l'histoire rendent à ce mouvement un fort mauvais service. Quand ils déclament contre le « caractère néfaste des fractions », ils se refusent à comprendre les faits, la formation d'un parti prolétarien en Russie, déterminée par de longues années de lutte contre les divers opportunismes. De toutes les « grandes puissances » belligérantes, la Russie est la seule qui ait récemment traversé une révolution. Le caractère bourgeois de cette révolution devait nécessairement, étant donné le rôle du prolétariat, provoquer la scission des tendances bourgeoises et des aspirations prolétariennes dans le mouvement ouvrier. Au cours des vingt années environ d'existence de la social-démocratie russe (1894-1914), organisation rattachée aux masses ouvrières (et non plus seulement tendance idéologique, ce qu'elle fut de 1883 à 1894), la lutte des tendances révolutionnaire-prolétarienne et petite-bourgeoise opportuniste n'a plus cessé. L'*économisme* de 1894-1902 était sans nul doute une tendance opportuniste. Nombre d'arguments et de traits caractéristiques de cette idéologie — la déformation du marxisme par Pierre Struhve, la justification de l'opportunisme par référence à l'état d'esprit des « masses » — ressemblaient d'étonnante façon au « marxisme » abject des Kautsky, des Cunow, des Plékhanov d'aujourd'hui. Il serait bien utile de rappeler à la génération social-démocrate actuelle l'ancienne *Rabotchaïa Mysl* (*Pensée ouvrière*) et l'ancienne *Rabotchéé Diélo* (*Cause ouvrière*), à mettre en parallèle avec les œuvres actuelles de Kautsky.

Le « menchévisme » de la période suivante (1903-1908) fut le successeur direct de l'*économisme* au point de vue de l'organisation et de l'idéologie. Pendant la révolution russe de 1905, il appliqua une tactique qui subordonnait objectivement le prolétariat à la bourgeoisie libérale. Quand, plus tard (1908-1914) le courant principal du « menchévisme » engendra le « liquidationnisme », le rôle de cette tendance dans la lutte des classes devint tellement évident que les meilleurs représentants du menchévisme ne cessèrent de protester contre la politique du groupe *Nacha Zaria* (*Notre Aurore*). Or ce groupe — le seul qui, pendant les cinq ou six dernières années ait combattu systématiquement parmi les masses le parti marxiste révolutionnaire de la classe ouvrière — s'est avéré, pendant la guerre de 1914-1915, *social-chauvin!* Ceci dans un pays d'autocratie, où la révolution bourgeoise est encore loin d'être achevée, où 43 % de la population oppriment une majorité de nations allogènes. Le type de l' « Européen » évolué, représenté par certains éléments de la petite bourgeoisie, composés surtout d'intellectuels, et par une infime aristocratie ouvrière, qui bénéficient quelque peu des privilèges de « grande puissance » de « leur » nation, a fait naturellement son apparition même en Russie.

Par toute son histoire, la classe ouvrière russe, avec son parti ouvrier social-démocrate, est amenée à une tactique « internationaliste », c'est-à-dire, effectivement et conséquemment révolutionnaire.

N. LÉNINE.

P.-S. — Cet article était déjà composé quand les journaux ont publié le manifeste de Kautsky et de Haase, signé aussi de Bernstein. Voyant les masses aller à gauche, les auteurs sont maintenant prêts à se réconcilier avec la « gauche » pourvu que l'on ne se brouille pas avec les Sudekum. *Mädchen für alle* (1) en vérité! N. L.

---

(1) En allemand : *filles des rues*.

La social-démocratie russe et le social-chauvinisme
I. *Plus on va vers l'Orient...*

Le social-chauvinisme, système idéologique, dérive de plusieurs « principes » fondamentaux, les mêmes pour tous les pays. Mais il a dans chaque pays ses particularités et ses nuances. Il y est toujours le produit de *sa patrie*. Aussi est-il compréhensible que le social-chauvinisme d'un pays soit d'autant plus antipathique, plus hostile au socialisme, que sa « patrie » fait une politique étrangère plus spoliatrice, qu'un régime plus réactionnaire domine la politique intérieure de ce pays.

Tout chauvin, quelles que soient ses intentions personnelles, est tenu en fait de prêter son concours au régime intérieur, au gouvernement qui opprime sa « patrie ». Il en est ainsi, en réalité, même lorsque notre chauvin, bien que soutenant la politique étrangère de « grande puissance » de son pays, appartient à l'opposition et veut combattre la politique intérieure de son gouvernement. Un exemple récent : les Jeunes-Turcs. Ils vouaient l'ancien régime du sultan à l'exécration. Contre ce régime ils préparèrent et accomplirent un coup de force. Mais ils furent dès le commencement, et sont restés, des chauvins; ils n'ont jamais accepté de mettre fin à l'oppression que le régime ottoman faisait subir aux Slaves; loin d'admettre l'idée de l'indépendance nationale des peuples slaves auparavant soumis à la Turquie, ils ne leur ont pas même reconnu une « autonomie » relative. La « grande Turquie » a été leur idéal, et la grandeur de leur patrie exigeait, suivant eux, que fût maintenue l'oppression des Slaves. Le chauvinisme des Jeunes-Turcs compte parmi les causes qui, en 1912, n'ont pas permis d'éviter la guerre des Balkans. Le chauvinisme des Jeunes-Turcs est le plus responsable (nous ne mentionnerons pas ici les responsabilités du capitalisme européen) de la restauration actuelle, de plus en plus marquée, du régime et des procédés de gouvernement d'Abdul-Hamid en Turquie. On ne s'étonnerait sans doute guère d'apprendre une complète victoire de l'ancien régime turc, qui pourrait être occasionnée par les difficultés extérieures. Le chauvinisme turc, *voulant* être révolutionnaire à l'égard de l'ancien régime, travaille en réalité pour celui-ci.

Ce que nous disons du chauvinisme en général s'applique au social-chauvinisme en particulier. Défendre à tout prix « sa patrie » pendant la guerre, *c'est* défendre son gouvernement. Car la guerre est faite par le gouvernement et par l'armée du gouvernement. Ce dernier décide de la guerre et de la paix. La « patrie », à ces moments critiques, est incarnée par le gouvernement et l'armée. Engels écrivit, dans son article mémorable sur la politique étrangère du tsarisme, que *tout* Russe devenu chauvin devait finir aux pieds du tsarisme. Durant un conflit, c'est absolument inévitable, même pour le chauvin le plus « révolutionnaire ». Quiconque considère en chauvin la « grandeur » de sa patrie, quiconque admet devoir, pendant une guerre, souhaiter la victoire de son pays uniquement parce que c'est *son* pays, quiconque a fait la moindre concession au principe purement chauvin : *Right or wrong, my country! (qu'il ait tort ou raison, c'est mon pays!)* devra infailliblement, dans la guerre de 1914-1915, se mettre aux pieds du tsarisme. De même, en Allemagne, la logique amène le social-chauvin à s'incliner devant la monarchie des Hohenzollern; en France, elle le conduit à servir la ploutocratie de la III° République. Pour Guesde, Plékhanov, Kautsky, c'est là l'aboutissement inévitable puisqu'ils sont entrés dans la voie du social-chauvinisme. Le risque de tomber dans les embrassements de « leurs » gouvernements n'est qu'un risque professionnel, inévitable, pour *tous* les socialistes devenus des social-chauvins. Et si notre social-chauvinisme russe se trouve ainsi mêlé à « l'élite » des Menchikov, des Pourichkévitch et des Struhve (1), c'est un plaisir qui lui est accordé par surcroît (quelque chose comme une plus-value exceptionnelle), notre « patrie » étant encore au pouvoir d'une autocratie, dont une des nombreuses qualités est de rassembler la plus répugnante lie de la politique et du journalisme.

« Plus on va vers l'Orient et plus la bourgeoisie est lâche et vile », a dit autrefois — du temps où il était socialiste — M. Struhve qui, dans sa propre carrière politique, nous a donné depuis une illustration remarquable de cette vérité. Plus on va vers l'Orient et plus la politique étrangère des gouvernements est vile, abjecte et sanglante, pourrions-nous dire aujourd'hui. D'autant plus avilissant est le rôle que jouent, dans ces pays, les social-chauvins complices des gouvernements de rapine, d'autant plus infamante est leur trahison du socialisme et de la démocratie.

Plus on va vers l'Orient et plus le chauvinisme est infâme. Pour s'en convaincre, il suffit d'examiner, ne serait-ce que très brièvement, la politique étrangère du tsarisme.

II. *Quelques mots sur la politique étrangère du tsarisme*

Une des affirmations principales de notre social-chauvinisme « vrai-russe », c'est que la politique étrangère du gouvernement allemand est particulièrement agressive, militariste, que le militarisme allemand — comme s'est exprimé M. A. P-ov, un des représentants autorisés du social-chauvinisme russe, dans *Nacha Zaria,* — comparé aux militarismes de toutes les autres puissances belligérantes, se caractérise par un « excès de crimes » bien à lui. (N° 2, pages 7, 8 et 9, 1914.)

Sans aucun doute, les impérialismes allemand et russe ont

---

(1) Pourichkévitch, ultra-réactionnaire russe, fut l'organisateur des bandes de cent-noirs qui se distinguèrent dans les pogroms antisémites et commirent divers assassinats politiques. Le plus véhément des démagogues de la réaction. Fut un des assassins de Raspoutine en 1917. — *Note du traducteur.*

« leur parfum » spécial. Il suffit, pour donner une idée du niveau
moral des gouvernements russe et allemand, de citer l'épisode littéraire suivant, qui se rattache à la question des responsabilités de
la guerre.

Une revue conservatrice allemande bien connue, les *Preussische Jahrbücher*, à laquelle collaborent les diplomates allemands
les plus en vue, et à laquelle collaborèrent avant la guerre de no-
tables représentants de la diplomatie et de l'aristocratie russes,
publiait, en novembre 1914, un article sur l'assassinat de l'archiduc
François-Ferdinand d'Autriche et de sa femme à Sarajevo. L'article était signé d'un haut personnage, le *Freiherr und geheimer
Legationsrat* von Hermann Reitti. L'auteur s'arrêtait longuement
sur les origines de l'agitation panserbe, étudiait minutieusement les
circonstances du crime, citait divers documents. Et il arrivait à cette
conclusion : « A la question : « Qui a organisé l'assassinat de l'ar-
« chiduc François-Ferdinand? » une seule réponse doit être faite :
« l'assassinat a été préparé, organisé par le gouvernement russe,
« sous la direction de l'ambassadeur russe Hartwig et de ses col-
« laborateurs les plus proches. »

Que croyez-vous maintenant? L'honorable *Freiherr*, conseiller
secret de légation, va-t-il s'indigner? Trouvera-t-il un langage assez
véhément pour flétrir ce crime? Pas le moins du monde. Affirmant
l'assassinat de l'archiduc, ce collaborateur d'une pieuse revue conservatrice continue comme suit :

La diplomatie russe croit avoir été la plus fine, en nous donnant,
à l'improviste, par cet assassinat, l'occasion de brusquer la guerre.
Allons donc! Diplomates allemands, nous nous préparions depuis
longtemps à la guerre préventive contre la triple Entente; nous étions
nous-mêmes intéressés à brusquer la guerre. A Londres, notre diplomatie faisait, dans les derniers temps, mine de pencher vers un accord
anglo-allemand, à seule fin d'obliger la diplomatie russe à recourir aux
moyens extrêmes pour hâter la guerre européenne. Nous y avons pleinement réussi. Les diplomates russes ont eu recours aux mesures extrêmes,
puisqu'ils ont fait tuer l'archiduc François-Ferdinand. Diplomates allemands de Londres, nous avons donc, nous aussi, notre part de mérite
dans cet événement. Que MM. les critiques allemands de la diplomatie
qui représentait les intérêts germaniques à Londres, où se décidait la
question de la guerre et de la paix, ne soient pas si sévères, « Nous ne
devons pas oublier que notre politique londonienne de conciliation n'a
pas eu le dernier rôle, qu'elle a mis dans la main des meurtriers l'arme
qui vient de se retourner contre eux-mêmes (*den Mordgesellen die Waffe
in die Hand drückte*) », écrit textuellement l'avocat de la diplomatie
allemande (*Preuss. Jahrbücher*, nov. 1914).

L'assassinat au coin d'un bois est ainsi considéré comme tout
à fait admissible par les représentants les plus honorables de la
diplomatie européenne. — Le tout est seulement de savoir pour
qui le crime constitue la manœuvre diplomatique la plus habile. Le
tout est de savoir à quelle clique diplomatique appartiennent l'honneur et le mérite d'avoir armé les assassins... On ne saurait, semble-
t-il, faire montre d'un cynisme plus écœurant.

L'assassinat de François-Ferdinand est-il réellement l'œuvre des Russes? On ne peut l'affirmer avec certitude. Au demeurant, la chose n'a pas grande importance. Elle n'a rien d'impossible. Le corps diplomatique russe a-t-il jamais reculé devant quelque crime de droit commun, devant quelque forfait ténébreux, devant quelque massacre? Le gouvernement bulgare n'a-t-il pas prouvé, dans un livre officieux paru en 1893 (*Les Documents secrets de la politique russe en Orient en* 1881-1890), d'après 240 dépêches chiffrées, saisies dans les archives secrètes du consulat russe de Roustchouk, que l'agent diplomatique russe en Bulgarie, M. Khitrovo, dirigé lui-même par le ministre des Affaires étrangères, M. Giers, et par le directeur du Département asiatique de Pétersbourg, Melnikov, a organisé, par l'intermédiaire du conseiller d'Etat Mistchenko un attentat contre M. Stamboulov, qu'il a procuré les bombes pour l'assassinat du prince Alexandre de Battenberg et ensuite pour l'attentat contre Ferdinand de Cobourg? La politique étrangère du tsar a-t-elle hésité à provoquer, en 1895, le massacre de 300.000 Arméniens? La bande tsariste n'a-t-elle pas organisé, à la veille de la révolution russe, une autre boucherie au Caucase?

Si le socialiste russe doit chercher quelque part « l'excès de crimes », c'est précisément dans le passif de notre propre gouvernement russe. L'histoire de la politique étrangère du tsarisme n'est faite que de boue et de sang, où l'on voit sans cesse la botte de la soldatesque écraser le sentiment national des petites nationalités.

L'impérialisme russe, par des traits nombreux, se distingue de l'impérialisme européen occidental. Ce n'est pas l'impérialisme de la phase la plus récente du développement du capitalisme. Il ne manifeste pas la domination du capital financier. La Russie est encore elle-même un pays où l'on importe des capitaux, un objet d'exploitation pour les pays exportateurs de capitaux. L'impérialisme russe est surtout un impérialisme féodal, militaire. Il ne connaît aucune loi écrite, il ne connaît que la violence pure, la violence cosaque. Il ne se laisse pas déconcerter par la difficulté d'assimiler des pays annexés, difficulté grande même pour les pays de haute culture capitaliste. Les expériences de l'Allemagne en Alsace-Lorraine et en Posnanie, ne comptent pas pour lui. Les différences de nationalités, de langues, de races, de religion ne comptent pas. Son principe est de tomber sur tous ceux qu'il rencontre. Finlande, Pologne, peu importe! Arméniens, Turcs, Bulgares, Persans, Chinois, Russiens, — le même nœud coulant pour tous! Pourvu qu'on élargisse le territoire! Pourvu qu'on fasse à l'extérieur une politique de « grande puissance » qui permette de tenir à l'intérieur!

La politique étrangère de la Russie s'adapte moins aux intérêts de la bourgeoisie russe que ceux-ci ne s'adaptent à elle. Il n'y a pas d'impérialisme plus brutal, plus barbare, plus sanglant que celui de la Russie. Sous ce joug écrasant gémissent des dizaines de millions d'hommes, appartenant à des nations asservies.

La politique étrangère de Catherine II contient déjà, comme

l'indiquait Engels, tous les germes de la politique étrangère actuelle du tsarisme. Tendance : 1° à annexer toute la Pologne; 2° à annexer la Finlande; 3° à prendre Constantinople; 4° à pousser les peuples des Balkans contre la Turquie, afin de se les asservir en paraissant les « libérer »; 5° à démembrer l'Allemagne; 6° à affaiblir la domination anglaise des mers; 7° à assembler heureusement les diverses phraséologies du libéralisme et du légitimisme (1).

Il serait difficile de citer, pour toute la durée du XIX° siècle, une période de cinq années pendant laquelle le tsarisme russe n'ait pas été en guerre ou n'ait pas, tout au moins, organisé quelque « expédition ». Ces expéditions avaient, parfois, des allures scientifiques ou commerciales assez « honnêtes »; elles se terminaient toujours par une extension de la « sphère d'influence » du tsarisme, c'est-à-dire par la conquête de nouveaux territoires et par l'asservissement de nouveaux peuples. (Voir Frantz Quadflieg : *Russische Expansionspolitik*, 1774-1914, Berlin, 1914.)

Par son avidité, par l'étendue de ses conquêtes, l'impérialisme russe peut même concourir avec l'impérialisme anglais.

La politique traditionnelle du tsarisme poursuit depuis toujours trois buts principaux. Dans les Balkans, elle tend à soumettre à son protectorat toute la péninsule et, couronnement de la tâche, à s'emparer de Constantinople et des détroits. En Asie méridionale et centrale, elle tend à déposséder la Turquie de ses territoires d'Asie Mineure, à asservir la Perse, à s'emparer du golfe Persique, à soumettre le Turkestan, l'Afghanistan, le Thibet, etc., pour s'ouvrir un chemin vers les Indes. En Asie orientale, elle tend, par le Thibet, la Mongolie, la Mandchourie, par la conquête de la Corée, à dominer les mers de la Chine.

Dans ces trois immenses domaines de sa politique étrangère, le tsarisme a déjà répandu des mers de sang. Dans aucun de ces domaines sa diplomatie n'a reculé devant l'imposture ou le crime.

La politique balkanique, surtout, a joué un rôle éminent dans la politique du tsarisme. Cette politique, on s'est appliqué à la colorer de l'idéologie d'une lutte « libératrice », d'une guerre sainte de « la croix » contre « le croissant », d'une guerre pour l'affranchissement des peuples slaves courbés sous le joug musulman, etc. A la vérité, nulle part le tsarisme n'a été aussi perfide, aussi déloyal, aussi dénué de scrupules, que dans les Balkans. Depuis le Congrès de Berlin (1878), toute la politique de la Russie vis-à-vis de la Bulgarie n'est que perfidie, violence calculée, mensonge. A partir du moment où le développement de la Bulgarie s'accélère, la Russie tsariste commence à craindre que ce pays ne lui dispute l'hégémonie dans les Balkans, pour laquelle elle a déjà versé à flots le sang du peuple russe. De là l'assassinat de Stamboulov par des

---

(1) Le « testament de Pierre-le-Grand » est très probablement apocryphe et doit avoir été rédigé longtemps après la mort de Pierre. Il n'en est pas moins un document caractéristique sur les plans et les rêves des représentants de la politique étrangère de la Russie. — G. Z.

agents russes, de là l'intervention brutale des camarillas russes
dans les affaires intérieures de la Bulgarie, de là tout un système
complexe d'intrigues qui définit toute la conduite de la Russie dans
la deuxième guerre des Balkans, terminée par la paix de Bucarest,
défavorable à la Bulgarie.

Telles furent les trahisons de la diplomatie russe à l'égard de
la Bulgarie. Jurera-t-on que demain, si la marche des opérations
militaires l'exige, le tsarisme ne traite pas de même ses « frères »
serbes? La Serbie était nécessaire à la Russie comme un avant-
poste contre l'Autriche. Si la fortune de la guerre abandonne décidément les armées du tsar, le tsarisme n'aura — on n'en peut douter — aucune hésitation à régler ses comptes avec le vainqueur au
plus grand dam de la Serbie (1). La main des diplomates russes ne
tremblera pas plus, ce faisant, qu'elle ne trembla lorsque, pour ré-
compenser la Roumanie du concours qu'elle leur avait prêté dans
la guerre russo-turque, elle lui arracha la Bessarabie.

Dans sa politique asiatique, le tsarisme a réalisé, depuis la
guerre russo-japonaise, d'immenses progrès. Sa défaite dans cette
guerre lui avait causé un grand préjudice, mais sans cependant
l'atteindre dans ses centres vitaux. Cette guerre n'a été pour
le tsarisme qu'une coûteuse aventure coloniale, rien de plus. La
victoire de la contre-révolution à l'intérieur assura à la politique
étrangère du tsarisme un prompt rétablissement. Le tsarisme fut
en état de partager des « sphères d'influence », avec l'Angleterre
impérialiste, en Perse et, avec le Japon, en Extrême-Orient. Le tsarisme étendit sa main avide sur l'Arménie, la Mongolie, l'Afghanistan.

En 1914-1915, il a risqué un enjeu énorme, à nombre d'égards
plus grand que ceux de toutes les autres puissances de la coalition
anti-allemande. En cas de victoire de cette coalition, le tsarisme
voit s'ouvrir devant lui des perspectives de conquête à peu près
illimitées. La Perse, la Mongolie, la Turquie d'Asie, Constantinople,
la Galicie *doivent tomber définitivement sous sa coupe*. Que se passera-t-il ensuite, dans quelques dizaines d'années? Le tsarisme n'y
pense guère. Après nous le déluge! A l'heure actuelle, la victoire
militaire marquerait aussi un grand succès dans la guerre inté-

---

(1) La Russie n'a-t-elle pas déjà trahi la Serbie? Nous n'en savons rien.
Sait-on de quel prix a été payée l'entrée en guerre de l'Italie aux côtés des
Alliés? Les organes officieux du gouvernement italien publient que l'Italie
fait la guerre pour devenir maîtresse des deux rives de l'Adriatique, et que
l'occupation de Vallona (Albanie) n'est qu'un commencement. Ce n'est pas
sans cause qu'une si grande inquiétude s'est emparée des Serbes, ce n'est pas
sans cause que les armées serbes s'efforcent de pénétrer au cœur de l'Albanie,
ce n'est pas sans raison qu'on vient de reparler d'une offensive des Monténé-
grins sur Scutari. Le correspondant viennois de la *Münchener Post* écrit qu'un
rapprochement assez rapide entre la Serbie et l'Autriche devient possible par
suite de ces événements. La Serbie en est réduite à se chercher des alliés contre
l'Italie, qui veut la séparer de la mer. En Autriche, le souvenir de l'assassinat
de Sarajevo s'efface. L'Autriche serait peut-être encline à donner à la Serbie
quelque port sur l'Adriatique. — G. Z.

rieure que le tsarisme fait à la démocratie russe; cette victoire comporterait l'affermissement de l'autocratie dans le pays, la solution à son gré des questions polonaise, ukrainienne, finlandaise et d'autres questions nationales. Le tsarisme a eu recours aux guerres chaque fois qu'il a senti mûrir une crise à l'intérieur. Contre l'orage révolutionnaire, susceptible d'emporter le trône, la monarchie des Romanov cherchait des diversions dans sa politique étrangère. N'a-t-elle pas, après la révolte des « décembristes », en 1825, organisé rapidement la guerre russo-turque de 1828-1829? Des motifs semblables n'ont-ils pas contribué à hâter, du côté du tsarisme, la guerre de Crimée et celle de 1877-1878? Dans la guerre russo-japonaise, l'existence de motifs analogues ne fait pas l'ombre d'un doute. Pour les gouvernements des Etats européens avancés, la guerre de 1914-1915 a notamment pour avantage de porter un coup, qu'ils escomptent irréparable, au mouvement ouvrier international. Mais, pour le tsarisme, victoire ou défaite posent très probablement la question : *être ou ne pas être.*

Aussi le tsarisme ne s'arrétera-t-il, dans sa volonté de faire la guerre jusqu'au bout, devant aucun épuisement des forces du peuple russe. Aussi la politique étrangère du tsarisme constitue-t-elle un danger extrême pour la Russie populaire, pour la démocratie, pour le développement du monde.

« La politique étrangère du tsarisme fait la force du régime », disait Engels avant 1890. C'est son seul côté fort, pourrions-nous ajouter maintenant. Point n'est besoin de se le dissimuler : dans la préparation diplomatique de la guerre de 1914-1915, la politique étrangère du tsarisme a fait preuve d'une habileté consommée. La diplomatie russe, écrivait jadis Engels, sait tromper les deux grands partis de la bourgeoisie européenne. Elle sait, sans se modifier en rien, paraître légitimiste, révolutionnaire, conservatrice, libérale, attachée à l'Eglise orthodoxe, favorable à la liberté religieuse. On comprend, continue Engels, pourquoi elle considère de haut, avec mépris, « l'Occident cultivé »... Nous avons grand peur que la diplomatie russe ne réussisse cette fois encore à se tirer d'affaire, même si la victoire ne restait pas à la coalition antigermanique.

Il est hors de doute que la victoire de la politique étrangère du tsarisme signifierait l'assujettissement de millions d'hommes. Cette politique a toujours bâti sa « grandeur » sur des monceaux de cadavres et d'ossements. Dans toute l'histoire moderne, aucun gouvernement ne se peut comparer au tsarisme pour ce qui est de la barbare oppression des peuples, des conquêtes menées par les Cosaques, de l'étouffement de l'esprit de liberté.

Défendre le social-chauvinisme en Russie, c'est plaider pour cette politique étrangère du tsarisme, politique d'étouffement, de brigandage, de trahison, de jésuitisme. Se joindre en Russie aux social-chauvins, c'est se joindre aux étrangleurs de la Turquie et de la Perse, aux étrangleurs des peuples slaves, « nos frères », aux

ennemis mortels de la liberté. Pour apprécier combien est profonde
la chute de Plékhanov et de ses coreligionnaires politiques, arrivés à défendre la diplomatie russe, arrivés à soutenir que le tsarisme fait une guerre « défensive », ou « libératrice », ou « juste »,
il suffit de rappeler en quelques lignes la vérité sur la politique
étrangère de l'autocratie russe.

III. *Du Libéralisme au National-Libéralisme*

L'évolution du liquidationnisme social-démocrate russe vers le
social-chauvinisme est liée de la plus étroite façon à l'évolution du
libéralisme russe vers le national-libéralisme. Nous avons toujours
considéré le liquidationnisme comme un produit de l'influence
bourgeoise sur certains milieux intellectuels en contact avec le
prolétariat et sur une mince couche de la classe ouvrière prédis-
posée à s'assimiler les idées bourgeoises.

La source de toutes les idées fondamentales du social-chauvinisme russe est dans les idées du national-libéralisme bourgeois.
C'est de là que viennent les inspirations « patriotiques » des liquidateurs, c'est là que les social-chauvins ont emprunté leurs opinions
politiques sur la guerre. Les social-chauvins ne font qu'adapter à
l'auditoire ouvrier les opinions du national-libéralisme, camouflées
de façon à ressembler à celles du socialisme. On ne peut pas comprendre l'évolution du liquidationnisme vers le social-chauvinisme
sans pénétrer celle du libéralisme vers le national-libéralisme.
Aussi devons-nous nous arrêter assez longuement sur ce dernier.

Dans aucune sphère de la vie politique, l'essence contre-révolutionnaire du libéralisme russe n'a été si manifeste qu'en politique
internationale. L'opposition faite par nos libéraux à la politique
étrangère du tsarisme, même dans les meilleurs jours du libéralisme, s'est toujours distinguée par une extrême timidité. Le plus
souvent d'ailleurs, cette opposition faisait défaut. Dans les questions essentielles, le libéralisme russe soutenait la politique étrangère du tsarisme et s'enorgueillissait d'être « patriote ».

A la veille et au début de la guerre russo-japonaise, le libéralisme russe fut à l'apogée de son intransigeance à l'égard du tsarisme. Les libéraux envoyèrent Pierre Struhve à l'étranger et fon-
dèrent, hors des frontières, un organe illégal, *Osvobojdénié*
(*L'Emancipation*). Mais lorsque la guerre éclata, cette revue ne sut
que s'exclamer : « Vive l'armée ! ». Ce n'est que plus tard, après
Moukden et Tsou-Shima, quand la coupe du mécontentement dé-
borda dans le pays, qu'une partie des libéraux perdit son ardeur
patriotique et finit par se réjouir, sans le dissimuler, des défaites
infligées aux armées impériales. On était à la veille d'une révolution; l'indignation populaire soulevait toute la Russie. Il suffit
pourtant que le flot révolutionnaire se retirât quelque peu et que le
tsarisme se raffermît, faisant les premiers pas vers l'organisation

de la contre-révolution, pour que le « patriotisme » subjuguât de nouveau les libéraux russes.

A la limite des années 1905-1906, et plus tard, à l'époque de la Douma, le libéralisme était déjà, avec la *grâce* de Dieu, commodément installé dans son fauteuil de patriotisme. Lorsque la réalisation de l'emprunt français, décisif pour le tsarisme, dépendit de ce qu'allait dire le parti cadet (constitutionnel démocrate), ce dernier, loin de protester, aida au contraire le tsarisme à contracter l'emprunt.

Examinez l'attitude des libéraux dans les quatre Doumas d'Etat. Si déterminée que fût leur opposition à la politique intérieure du tsarisme, les libéraux *ne refusèrent pas* au régime *un seul* crédit de guerre. Bien plus, en cette matière, ils rivalisèrent toujours de zèle patriotique avec les octobristes et même avec les cent-noirs.

A cet égard, notre jeune libéralisme s'était tout de suite assimilé la théorie et la pratique du vieux libéralisme européen. Il fut un temps, dans les pays d'Occident, où la bourgeoisie en lutte contre la féodalité se prononçait contre les armées permanentes, refusait de voter les budgets de guerre, défendait même le système des milices. Ce temps n'est plus, hélas ! Les désaccords entre bourgeois conservateurs et libéraux ont cédé le pas à la lutte contre l'ennemi commun, le prolétariat. L'armée et la marine sont devenues choses sacrées pour toutes les bourgeoisies d'Occident. Notre libéralisme russe a commencé par là. Le militarisme a tout de suite été pour lui le saint-des-saints. Le libéralisme russe est un enfant précoce.

Plus la contre-révolution devenait forte en Russie, mieux se dessinait la victoire du tsarisme sur la démocratie, et plus altière se montrait la diplomatie du tsar dans les affaires étrangères, et plus rapidement évoluait le libéralisme russe vers le national-libéralisme. Aux débuts de la IIIe Douma (1908), cette évolution se précise dans ses traits essentiels. La social-démocratie révolutionnaire de Russie s'en rend compte et en déduit les conséquences (1).

A la IIIe Douma, les octobristes et les cent-noirs sont les maîtres. Les cadets sont dans l'opposition. Sur un point cependant ils soutiennent le gouvernement : dans sa politique étrangère. Milioukov et Cie soutinrent de tout leur cœur Isvolsky, ministre des Affaires étrangères. Isvolsky était leur idole. Plus tard ils encensèrent Sazonov. Milioukov passait pour un agent du ministère des Affaires étrangères, ce qu'il était du reste en réalité. Les discours

----

(1) Dès 1908, l'auteur de ces lignes publiait dans le *Prolétaire* de Genève un article intitulé *Le National-libéralisme sur le terrain russe*. Les faits y étaient traités du même point de vue qu'aujourd'hui. A la même époque, les recueils d'articles publiés à Pétrograd par les bolchéviks touchaient à cette question. Aujourd'hui, étant donnée l'attitude des constitutionnels-démocrates (cadets) pendant la guerre, on peut considérer la discussion des bolchéviks et des menchéviks sur le rôle du libéralisme en Russie comme bien finie. Et pas conformément aux prévisions des menchéviks. Tous les menchéviks honnêtes en conviennent. — G. Z.

du ministre des Affaires étrangères étaient célébrés dans la presse libérale. La critique paraissait à nos libéraux pur sacrilège.

Il y eut ensuite le fameux voyage des libéraux, les octobristes et autres agents du ministère d'Isvolsky, à Londres, où Milioukov prononça la fameuse phrase sur les constitutionnels-démocrates russes, « opposition de Sa Majesté » dans un pays « pourvu, Dieu merci! d'une constitution! », etc. Tout ce qu'il fallait faire pour faciliter à la diplomatie tsariste un rapprochement avec l'Angleterre ou une manœuvre au sein de l'alliance franco-russe, les cadets le faisaient sans objection, avec enthousiasme même, comme on accomplit un grand devoir national.

Après le voyage à Londres, nous vîmes nos libéraux participer à la réception des « hôtes » français et anglais. Il y avait eu auparavant le voyage des représentants les plus marquants du libéralisme russe (Roditchev, Maklakov, Stakhovitch) à Prague, au congrès panslave. Puis ce fut l'arrivée de M. Kramarez en Russie. Puis la formation du groupe « national-démocrate ». Puis les *Jalons*. Puis le rôle important des idéologues du libéralisme dans ce qu'on appela le néo-slavisme.

Le panslavisme est un des plus vieux courants de la société russe. On attribue des idées panslavistes non seulement à Pierre le Grand mais aussi, à en croire certains amateurs d'histoire ancienne, au chroniqueur Nestor. Le panslavisme, facteur politique sérieux, jouant un grand rôle dans la politique étrangère du tsarisme et induisant systématiquement en erreur les citoyens russes, n'a pourtant fait son apparition que depuis la deuxième moitié du XIXᵉ siècle. En mai 1848 se tient, à Prague, grâce surtout aux efforts des Tchèques, le premier congrès panslave. Le deuxième se tient à Moscou en 1867; le Tchèque Palatsky y est présent. En 1858, un petit groupe de slavophiles, dirigé par M. Pogodine, fonde la *Société Slave de Bienfaisance* qui a joué un rôle appréciable dans les événements de 1860-1870 et contribué, en 1877-1878, à créer l'état d'esprit qui amène même des révolutionnaires à contracter des engagements volontaires pendant la guerre russo-turque. Pendant ses vingt-cinq premières années d'existence, la *société* réunit 2.500.000 roubles. Son président le plus connu (de 1888 à 1900) est le comte Ignatiev, diplomate renommé, ambassadeur de Russie à Constantinople, l'homme qui bénit l'assassinat de Stamboulov et fut lui-même, un moment, candidat au trône de Bulgarie.

A la fin du règne d'Alexandre III, le panslavisme ne faisait que végéter. L'avènement de Nicolas II déplaça le centre de gravité de la politique étrangère du régime, qui du Proche-Orient passa à l'Asie Centrale et à l'Extrême-Orient; le panslavisme dépérit d'autant plus. Le panslavisme avait été un mouvement nationaliste *grand-russien* bien caractérisé. Il reposait tout entier sur cette thèse que la politique balkanique de la Russie et toutes ses guerres avec la Turquie se justifiaient par l'idéalisme national, par le désir de libérer les peuples slaves qu'attachaient à la Russie des liens de parenté. Mais cette idéologie ne pouvait plus s'appliquer aux expéditions de brigandage en Asie Centrale et en Extrême-Orient. Le slavisme n'y était visiblement pour rien. Quels peuples frères l'autocratie russe allait-elle « libérer » dans ces contrées? Guillaume II concourut le plus à fixer sur l'Extrême-Orient l'attention de la Russie; il porta ainsi un coup au vieux panslavisme.

La guerre russo-japonaise éclata. Le tsarisme essuya une défaite en Extrême-Orient. Sa diplomatie subissait une grave déconvenue. Dans les sphères dirigeantes, un certain refroidissement devait se produire à l'égard de la politique d'Extrême-Orient. Un peu de temps s'écoula. Le tsarisme se remettant des coups reçus, songea à recommencer ses conquêtes. « L'opinion publique » retrouvait de l'intérêt pour les Balkans. La pensée des « sphères dirigeantes » se reporta sur le Proche-Orient. On revint une fois de plus à la politique traditionnelle du tsarisme, tendant à la conquête de Constantinople et des Dardanelles. Le mythe de la mission providentielle de la Russie, libératrice des Slaves des Balkans, ressuscitait.

Sur le terrain ainsi préparé naît le néo-slavisme. Les sociétés slaves « philanthropiques », mutualistes, scientifiques, se raniment. On voit, dans ces associations, se réaliser un cartel singulier de cent-noirs, d'octobristes, de constitutionnels-démocrates et parfois aussi d'éléments « plus à gauche ». Le panslavisme s'est embourgeoisé. La vieille idéologie aristocratique et bureaucratique est remplacée par une idéologie à laquelle la bourgeoisie octobriste donne le ton.

Les libéraux russes se rangent parmi les idéologues dirigeants du néo-slavisme. Le principal groupe idéologique du national-libéralisme russe — celui de Struhve —, avec la revue *La Pensée Russe* et son équipe de collaborateurs, réalise en politique étrangère une sorte de synthèse entre les politiques du Levant et de l'Extrême-Orient. La Russie doit naturellement « libérer » les Slaves et, pour ce faire, dominer Constantinople. Mais ce n'est pas une raison pour perdre de vue les « intérêts russes » en Perse, Mongolie, etc. Cette « synthèse » acquiert d'autant plus de popularité dans la grande bourgeoisie — de même que dans la noblesse propriétaire de grands domaines — qu'à l'époque impérialiste, qui met son empreinte sur toute la politique occidentale, les questions de politique étrangère s'enchevêtrent. À présent, comme l'a démontré la guerre, on ne peut toucher, par exemple, à la question serbe sans qu'il en résulte des répercussions dans l'Extrême-Orient asiatique (dans les relations entre la Chine et le Japon). Et vice-versa.

Le néo-slavisme et le national-libéralisme allèrent à grands pas au-devant l'un de l'autre, se rencontrèrent bientôt et se tendirent la main. Le national-libéralisme rendit, à l'intérieur, un immense service à la politique étrangère du tsarisme. On sait que l'un des éléments de la préparation d'une guerre, c'est, pour toute

« grande puissance », la préparation de « l'opinion publique » à l'intérieur. La politique de brigandage du tsarisme a aussi besoin de quelques justifications idéologiques. Dire au peuple : — nous allons faire la guerre parce que nous voulons piller, — ce n'est pas possible. Il faut, pour déclarer la guerre, avec des chefs militaires, des canons, des emprunts, etc., et une idéologie appropriée. En Russie, le national-libéralisme la créa en utilisant les vieilles défroques du néo-slavisme, les « principes » du patriotisme bourgeois en général, et même un peu de la philosophie religieuse orthodoxe de Berdiaev et de Boulgakov.

La théorie de la « grande Russie », les soupirs que l'on fait entendre en nous parlant de la nécessité d'un « Bismarck russe », la propagande d'un pouvoir fort et d'un « égoïsme sain », le désir de voir se révéler on ne sait quelle « capacité personnelle », de voir « s'affirmer le caractère national », et autres élucubrations patriotiques de nos « cadets », voilà toute l'idéologie du national-libéralisme.

On ne peut lire sans écœurement les dissertations nationalo-libérales des « cadets » en l'honneur de la guerre actuelle. On ne peut pas sans amertume penser qu'il n'y a en réalité, dans la propagande des social-chauvins russes, pas un motif essentiel qui ne reproduise les arguments du national-libéralisme. L'emphase patriotique de nos « cadets » est voulue, totalement artificielle. On sent que ces écrivains ne croient pas un mot de ce qu'ils impriment « pour le peuple ». Nous ne citerons ici que peu d'exemples, choisis dans les écrits des libéraux les plus « sincères » de l'école de Struhve.

Le prince Eugène Troubetskoï médite sur « la guerre et la mission mondiale de la Russie » :

Nous combattons pour le droit des nationalités en général, pour le principe national en politique, conçu dans toute son ampleur. La défense des faibles et le rappel à la vie des petites nations absorbées par les grandes, telle est la mission historique imposée par le destin à la Russie... La conservation de la Serbie et la résurrection de la Pologne, telles sont les fins de cette guerre. Le problème de la libération générale des peuples ne peut être résolu que par notre victoire, par une victoire qui nous donnerait (*qui donnerait au tsar!* G. Z.) l'hégémonie mondiale... Cette mission est en son essence supranationale, universelle, il s'agit de la renaissance politique de toutes les nations opprimées. Dans cette coïncidence de l'intérêt national avec l'idéal de justice, avec une conduite vraiment chrétienne à l'égard des autres nationalités, nous voyons le grand bonheur de la Russie. Sa mission internationale la plus importante est aussi la mission la plus morale, la plus religieuse, car c'est celle de la solution chrétienne de la question nationale (!). (*La Pensée Russe*, tome XII.)

Ira-t-on jamais plus loin dans le cynisme! Etrangler la Galicie, égorger les Turcs, c'est résoudre chrétiennement la question nationale! L'Histoire accomplit, par la main de l' « auguste généralissime Nicolas Nicolaïévitch » une mission morale et religieuse...

Cela vaut bien les propos de ce junker prussien qui, récemment, déclarait dans les *Preussische Jahrbücher*, que « l'esprit universel » et « notre bon vieux Dieu » sont avec l'Allemagne, puisque celle-ci défend une cause agréable à la divinité. Car le « Très-Haut » souhaitait, paraît-il, depuis longtemps, qu'il y eût entre les grandes puissances européennes un équilibre non seulement continental, mais aussi maritime. C'est ce que refuse d'admettre la perfide Albion. Elle entend garder la maîtrise de la mer. N'est-il pas évident que l'Angleterre poursuit une œuvre impie, tandis que Guillaume II et l'amiral von Tirpitz sont ici-bas les vicaires de la Providence?

M. S. Franck, « en présence du devoir, difficile et même poignant, de *justifier la guerre par l'idée*, de lui trouver un sens moral » (c'est lui qui souligne) démontre à ses auditeurs oisifs que la guerre met aux prises « non pas l'Orient et l'Occident, mais les défenseurs du droit et ceux de la force, les gardiens des sanctuaires de l'esprit humain et ses profanateurs, ses destructeurs ».

Nul n'ignore, évidemment, que « les défenseurs des sanctuaires de l'esprit humain » résident à Tsarskoié Sélo.

Voici enfin ce qu'écrit M. Struhve lui-même. Ecoutez bien!

Outre la Grande Russie, il y a la *Sainte-Russie* (c'est lui qui souligne). Si la Grande Russie manifeste pour nous le fait et l'idée de la force russe, nous exprimons dans la Sainte-Russie le fait et l'idée de la *vérité* russe... Après l'achèvement de sa mission de libératrice directe des peuples chrétiens soumis au joug turc, à la Russie incombe maintenant le rôle du plus puissant des pacificateurs et des arbitres parmi les peuples chrétiens, héritiers de l'empire ottoman... Notre redoutable armée incarne non seulement la puissance formidable de la Grande Russie, mais aussi la force spirituelle de la Sainte-Russie, la force de l'héroïsme, de la souffrance et de la résignation. Là-bas, sur les champs de bataille et de mort, dans l'infini sacrifice des innombrables héros inconnus de l'armée paysanne, s'accomplit l'union miraculeuse de la force et de la vérité, se résout la plus grande énigme de l'histoire.

Regrettons que M. Struhve ne nous ait pas précisé à quel moment des opérations militaires s'accomplit « l'union miraculeuse de la force et de la vérité ». Est-ce quand les généraux du tsar noient dans les marécages de Mazurie toute une armée de pauvres gars, fils d'ouvriers et de paysans, ou quand, à l'instigation de gentillâtres galonnés, de misérables soldats russes pillent et assomment les juifs en Galicie ou en Pologne?

M. C. Kotliarevsky affirme que la guerre se rattache « à cette conception de l'orthodoxie qui, dépassant les limites assignées aux confessions nationales, confère à cette foi un caractère universel »; il « sent déjà passer le souffle d'une vie nouvelle, où s'épanouiront dans leur plénitude, les forces matérielles et spirituelles du peuple russe, et qui serviront non seulement à l'affermissement de la puissance nationale mais à la réalisation de principes largement humains ». (*La Pensée Russe*, XI, 155-157.)

L'humain et le bourgeois sont, pour notre philosophe constitutionnel-démocrate, des notions équivalentes. Dieu est toujours du parti de la bourgeoisie nationale. La « politique sans Dieu » n'existe que chez les Allemands (P. Struhve). Dans la triple Entente, ni lord Grey, ni Sazonov, ni Millerand — ni Salandra, à plus forte raison — ne font un pas sans avoir consulté la volonté du « Tout-Puissant » !

Tels sont les propos amphigouriques, telle est la bigotterie des national-libéraux. Ce langage doit « élever les cœurs » et susciter le flot de patriotisme qui noiera les armées d'Hindenbourg! Telle est la face hypocrite, « orthodoxe et émancipatrice » que le national-libéralisme montre au peuple. (Il ne manque à nos social-chauvins que l'orthodoxie). Mais ce Janus a encore une autre face tournée vers les politiciens de la bourgeoisie, vers le sac d'écus. Ici le miracle religieux est insuffisant, le principe d'universalité n'intéresserait personne. Pour les gens d'affaires, il faut des arguments d'affaires; il faut faire ressortir les avantages matériels que présente la guerre pour les coffres-forts. Voici donc, quand on s'adresse à sa seigneurie, le Capital, ce que devient notre Grande et Sainte Russie. — « Qu'est-ce que la Grande Russie? Quel est le contenu, quelle est la portée de cette idée? », demande M. Struhve. Et de répondre :

La Grande Russie est la formule d'Etat de la Russie considérée comme Empire national.

A l'usage des propriétaires du magot les moins perspicaces, M. Struhve ajoute bien vite, en termes plus simples :

La « Grande Russie » c'est « *une justification idéologique de l'impérialisme national russe*, (*Pensée Russe*, XII, 176, je souligne, G. Z.), justification qui permet d'affirmer chez les Grands-Russiens la « faculté et la volonté d'expansion ».

N'est-ce pas assez clair?

Mais si vous voulez approfondir le programme impérialiste des national-libéraux russes, lisez ce qui suit :

La guerre de 1914 doit achever l'expansion de l'Empire russe, réalisant ses desseins de domination et sa mission panslave.

Avant tout la Russie doit rassembler et réunir à l'empire tous les peuples russes. De là la nécessité historique de rattacher à l'Empire la Galicie russe. Cette annexion est nécessaire... également pour l'assainissement *intérieur* de la Russie, car la sujétion du peuple petit-russien à l'Autriche a entretenu chez nous la monstrueuse question dite *ukrainienne*. En second lieu, la Russie est appelée à ressusciter plus ou moins la Pologne... Cette tâche est maintenant tout aussi claire pour le gouvernement russe (!) que pour la société. Enfin la Russie doit soumettre à son contrôle, ou bien à son influence et à son pouvoir, les détroits, c'est-à-dire l'issue de la mer Noire vers la Méditerranée. C'est pour la Russie une nécessité économique et politique... La possession des détroits est indispensable à la Russie pour elle-même; elle lui est nécessaire aussi pour l'accomplissement de sa mission civilisatrice et pacificatrice dans le Levant.

Voilà un exposé précis (et la défense) de la politique étrangère du tsarisme.

Désirez-vous connaître plus nettement les véritables mobiles des nationaux-libéraux dans leur apologie patriotique de la guerre? Lisez l'article de M. S. Boulgakov, *Méditations d'un Russe* :

Par ses causes immédiates, la guerre actuelle est avant tout le résultat d'une concurrence nationale et économique, de la lutte pour le pouvoir et la richesse, pour l'hégémonie mondiale, dans le but d'asservir politiquement et économiquement la terre entière — *orbis terrarum*. Le capitalisme, revêtu de l'armure de l'Etat national, aboutit à la rivalité des peuples, dans laquelle la première place revient naturellement à l'antique rivalité de l'Angleterre et de l'Allemagne. Le besoin d'expansion qui se manifeste dans la chasse aux marchés, aux territoires, aux sphères d'influence, devait, de par une nécessité historique intérieure, amener tôt ou tard le cataclysme mondial, de même qu'un excès de pression de la vapeur fait éclater une chaudière. (*La Pensée Russe*, XII, 109.)

Voilà qui est clair et qui a même un petit air marxiste. Avec cette différence toutefois que les marxistes, tenant le même langage, prononcent leur réquisitoire contre le capitalisme tout entier, tandis que les nationaux-libéraux et les social-chauvins en tirent l'apologie du capitalisme de *leur* patrie.

Le programme du national-libéralisme russe est d'une netteté absolue. But principal : Constantinople, les détroits. Pour commencer, « on pourrait, par exemple, préconiser la neutralisation des détroits, à l'instar du canal de Suez ». *La Pensée russe* y consent aussi généreusement (t. XII, 155) que le social-chauvin Alexinsky, partisan de la même solution. Car la *Pensée russe* sait bien que, pour neutraliser les Dardanelles, il faut vaincre et étouffer la Turquie. Ceci fait, il y aura toujours moyen de pousser plus loin.

D'abord Constantinople et les Dardanelles. En chemin, trancher, à la manière de Stolypine, les questions nationales, polonaise et ukrainienne. Tel est, dans la guerre actuelle, le programme du national-libéralisme russe.

Les députés libéraux de la Douma, la presse libérale, le professorat libéral avec Plékhanov, Maslov, Potressov, ont fait grand bruit, dans toute la Russie, du « caractère émancipateur » de cette guerre. Le journalisme libéral et social-chauvin n'a rien négligé pour édifier l'idéologie « émancipatrice » de cette guerre. Tous les politiciens de la revue nationalo-libérale *La Pensée russe* (Franck, Boulgakov, Berdiaev, Struhve), tous les poètes de la bourgeoisie (Brussov, Balmont, Blok), tous les politiciens et les publicistes du chauvinisme, depuis Menchikov jusqu'à Milioukov, se sont faits les prophètes de la mission « émancipatrice » du tsarisme.

Cette guerre est en somme faite pour la succession d'Autriche et de Turquie, c'est-à-dire pour la conquête de l'héritage des pays alliés à l'Allemagne... (*Nouvelles de la Bourse* du 3 mai 1915).

— Mais, dira-t-on, n'y a-t-il pas d'autres tendances dans le libéralisme russe? Le représentant le plus influent et le plus auto-

risé du parti cadet, M. Milioukov, ne fait-il pas des objections à
M. Struhve?

Celui-ci, en effet, « objecte » quelque chose, mais c'est encore
au nom du nationalisme libéral dont il présente la politique d'une
façon plus habile, plus circonspecte.

Les objections faites par Milioukov et le journal *Retch* (*La
Parole*) à Struhve et C* ont toujours tendu à démontrer que cette
« politique » est réalisable, mais que mieux vaudrait n'en rien
dire, qu'il faut se garder de soutenir trop ouvertement les procédés
de grande puissance du tsarisme, qu'il faut tenir compte de l'opinion démocratique et se garder d' « aller trop loin ». En réalité,
nulle différence entre Milioukov et Struhve. Les Milioukov sont les
politiciens et les praticiens du national-libéralisme dont les Struhve
sont les théoriciens.

Quiconque en douterait n'a qu'à considérer l'attitude prise
par Milioukov (et tout le centre cadet) à l'égard de la guerre.
Lisez les articles-programmes des nationaux-libéraux parus dans
le recueil intitulé : *Ce que la Russie attend de la guerre*, lisez-y le
principal article, celui de M. Milioukov, sur les *Acquisitions territoriales de la Russie*.

Vous n'y trouverez ni « miracle mystique », ni « principe
d'universalité », aucune de ces balivernes. M. Milioukov est moins
poëte que M. Struhve. A la vérité, il reprend avec émotion les
paroles du généralissime cent-noir, commandant en chef des armées
russes, paroles consignées dans un manifeste historique (I) : « Le
patrimoine de Saint Vladimir, la terre de Yaroslav Osmomysl et des
princes Daniel et Roman, ayant secoué le joug, nous planterons
l'étendard de la Grande Russie une et indivisible! » Mais là n'est
pas le sel de cet article; il est dans le programme pratique d'annexions formulé par Milioukov, au nom de la bourgeoisie russe.

Ce programme en huit points a été étudié dans ses moindres
détails. Les moindres cantons qu'il s'agit d'annexer sont men-
tionnés. L'article est soigneusement illustré de cartes. Une seule
chose fait encore défaut : la victoire. « Notre armée » n'a pas
encore réduit les « Teutons » à crier merci devant Nicolas Nicolaïévitch Romanov, Paul Nicolaïévitch Milioukov et Georges Valen-
tinovitch Plékhanov.

Résumons les huit points de Milioukov.

1. Annexion de la Galicie orientale et de la « Russie hongroise »
(petit territoire situé au delà des Carpathes, en Hongrie, peuplé
de Petits-Russiens). En style noble, cette conquête aurait pour

---

(1) Ce fameux manifeste suscite un enthousiasme scandaleux. La cynique
proclamation aventureusement lancée par la camarilla du tsar dans le but
évident d'exploiter le sentiment national des Polonais est considérée comme
une sorte de charte des libertés nationales. Le plus remarquable dans tout
ceci, c'est que les nationaux-libéraux et les social-chauvins, malgré la frénésie
d'admiration dont ils s'évertuent à donner des preuves, savent fort bien que
le manifeste n'a rien de sérieux pour ses auteurs qui n'hésiteront pas à se
parjurer une fois de plus, après mille autres.

objet « le regroupement définitif des peuples russes » et « l'achèvement de l'œuvre du grand-duc Ivan Kalita ».

2. Annexion de la Galicie orientale, de la Posnanie, etc., c'est-à-
dire « reconstitution de la Pologne ». « Que s'effacent les frontières
qui écartèlent le peuple polonais! Que se réunisse tout entier le
peuple polonais, *sous le sceptre du tsar de Russie* » est-il dit à ce
propos dans le manifeste du généralissime cent-noir. M. Milioukov
ajoute : « La délimitation des frontières orientales de la Pologne,
sous le sceptre du tsar de Russie, est, pour nous, dans une certaine
mesure, une affaire intérieure (!). La Pologne étant autonome, ses
acquisitions territoriales ne doivent naturellement pas (*naturellement!*) être considérées comme des acquisitions directes de la Russie. »

3. L'annexion d'une enclave allemande au nord de la Prusse
orientale, comprenant Kœnigsberg et peuplée de 1.500.000 âmes
environ. « Laisser cette oasis en possession de l'Allemagne ne sera
pas possible; il faudra que la Russie en forme un nouveau gouvernement balte », écrit M. Milioukov.

4. Annexion du Bosphore, des Dardanelles, de Constantinople et
d'un territoire côtier suffisant à assurer la défense des détroits.

5. Annexion d'Andrinople (« Andrinople doit être reconnu
comme faisant partie de l'hinterland de Constantinople ») au cas
où la Bulgarie continuerait à « nous » gêner.

6. Annexion des côtes de la mer de Marmara. (« Il appartiendra
aux autorités militaires de décider s'il nous suffit de la possession
des territoires côtiers avoisinant les détroits ou si nous avons également besoin des côtes de la mer de Marmara. »)

7. Au Caucase méridional, annexion d'une bande de territoire
entre Zivin et Bajazet.

8. Annexion de l'Arménie turque. Ici se pose la question des
possessions asiatiques de la Turquie en général. Certains hommes
d'affaires américains, explique M. Milioukov, ont envisagé une issue
de la guerre qui laisserait non seulement à la Turquie sa situation
d'Etat indépendant, mais encore ses territoires d'Asie. A cette possibilité, Milioukov en oppose, avec circonspection, une autre :
« L'abolition complète des droits souverains de la Turquie sur ses
provinces asiatiques et l'établissement du pouvoir suzerain de la
Russie en Arménie. Dans ce dernier cas, l'Arménie, délivrée du joug
des Turcs, entrerait dans l'Empire russe, sans préjuger, bien entendu, des modalités juridiques par lesquelles serait définie cette
vassalité. » Admirons les euphémismes de M. Milioukov! Ni rapine,
ni annexion, ni conquête; non point, mais « l'entrée de l'Arménie
dans l'Empire russe, sans préjuger des modalités juridiques... »

En voilà assez. Il n'est que trop évident que le chef reconnu
du libéralisme russe agit au cours de cette guerre comme le larbin
de M. Sazonov; il est l'esclave de nos patriotes en carton-pâte,

il est l'avocat d'une clique de cambrioleurs, de la camarilla du tsar.

Nous constatons en Russie une évolution, assez analogue à celle qui se produisit en Allemagne après 1870, lorsque l'ancien libéralisme de « libre-pensée » se décomposa, donnant naissance au noyau principal du national-libéralisme chauvin.

L'attitude du libéralisme russe tout entier et du parti cadet en particulier, dans la guerre actuelle, démontre définitivement que ce libéralisme s'est métamorphosé, qu'il doit s'appeler maintenant *national*-libéralisme. Loin de faire la moindre résistance à la politique criminelle du tsarisme, les cadets se sont mis à la tête du chauvinisme militant des cent-noirs. L'organe central des cadets, *Retch (La Parole)* est, avec le *Novoïé Vrémia*, l'organe officieux du ministère des Affaires étrangères. Milioukov, de même que Menchikov, écrit « au nom de la société russe » les articles que lui commande M. Sazonov, tantôt pour menacer l'Italie qui tarde à intervenir, tantôt pour encourager la France, tantôt pour intimider la Bulgarie, etc.

Le plus surprenant, c'est que personne ne s'étonne en Russie de cette conduite du parti constitutionnel-démocrate. Personne : ni le gouvernement, ni la société, ni la Douma, ni les gauches, ni les droites. L'attitude *nationale*-chauvine du libéralisme russe est donc devenue un fait indéniable; personne n'en doute. Jadis, une vive discussion eut lieu entre la gauche et la droite de la social-démocratie russe au sujet du libéralisme russe. Le désaccord de principe entre bolchéviks et menchévik portait sur l'appréciation du rôle de la démocratie paysanne bourgeoise et de la bourgeoisie libérale dans la lutte émancipatrice. Le menchévisme professait que la bourgeoisie libérale peut, en Russie, vu les particularités de notre situation, être encore la force motrice de la révolution bourgeoise. Le menchévisme affirmait que notre paysannerie, en raison de sa mentalité arriérée, serait beaucoup plus conservatrice que la bourgeoisie libérale. Le menchévisme affirmait que le libéralisme russe était, à la différence du libéralisme des pays occidentaux, encore pénétré d'esprit démocratique. La question est jugée. La guerre de 1914-1915 a clos la discussion. La transformation du libéralisme en national-libéralisme inflige au menchévisme un démenti définitif. En discuter encore, c'est contester l'évidence.

Et le national-libéralisme russe, comme le national-libéralisme « européen » approuve sans réserves les social-patriotes qui s'intitulent social-démocrates.

Ecoutez les spécialistes cadets parler du socialisme.

M. Isgoev écrit :

Les véritables forces historiques ont agi, et l'on a vu qu'il n'existait aucune social-démocratie internationale dressée en face du « monde bourgeois ». Il n'y a que des partis ouvriers nationaux dont les chefs se disent social-démocrates. (*La Pensée russe*, août-sept. 1914).

La social-démocratie internationale *n'existe pas*.

Mais des « partis ouvriers nationaux » pourquoi pas? Un parti ouvrier « national », c'est-à-dire national-libéral ne peut que mériter l'approbation de tout bourgeois sensé.

Plus franc encore, P. Pierre Ryss, autre spécialiste cadet, écrit :

> Du point de vue des intérêts politico-économiques de l'Allemagne, Rosa Luxembourg et ses rares amis politiques sont des gens auxquels fait défaut le sentiment du devoir patriotique. Et s'il faut voir la vérité en face, au lieu de se contenter d'une hypocrite phraséologie, il faut dire que l'attitude de la social-démocratie allemande est légitime et rationnelle autant que celle de la social-démocratie française, anglaise et belge. Par contre, Rosa Luxembourg et K. Liebknecht commettent une lourde faute objective, en manifestant leur ignorance des conditions de temps et de lieu. (*La Pensée russe*, 1915, t. IV).

Ils en sont arrivés là. C'est tout à fait remarquable.

« Patriotes », les libéraux russes se réjouissent de voir la gauche de la social-démocratie allemande combattre Guillaume II, affaiblissant d'autant, à l'intérieur, le militarisme allemand. Mais leur joie n'est pas sans mélange : l'attitude de la gauche allemande atteste la fidélité d'une partie au moins de l'ancienne social-démocratie au vieux drapeau révolutionnaire. Du point de vue des intérêts « supérieurs » de la bourgeoisie, cette dernière considération prime tout. MM. Scheidemann et Sudekum sont en ce moment mes ennemis, — se dit le banquier libéral russe — mais Liebknecht et Rosa Luxembourg sont, eux, mes ennemis *véritables et permanents*, puisqu'ils ne veulent combattre que pour la destruction de l'ordre capitaliste. Ils trouveront certainement des amis dans ma propre « patrie ». Donc.... » Et les bourgeois allemands en pensent tout autant des social-démocrates russes, patriotes ou révolutionnaires.

Le national-libéralisme et le social-chauvinisme sont alliés et frères. On le verra chaque jour mieux.

IV. *Les populistes prisonniers des chauvins*

Et les *narodniki*? (1) Quelle est leur position pendant la guerre? Ont-il résisté à l'épreuve?

Presque tous, ils sont entrés dans la voie du chauvinisme, à fort peu d'exceptions près, qui confirment la règle. Le mouvement « populiste », y compris son aile gauche — le parti socialiste-révolutionnaire — se place entièrement sur le terrain du chauvinisme franco-russe. De même que le libéralisme russe a dégénéré en libéralisme *national*, la démocratie populiste a dégénéré en démocratie *nationale*.

------

(1) Narodniki vient du mot russe *peuple, narod*, littéralement populistes : socialistes populistes. C'est le terme générique par lequel on désigne en Russie les libéraux socialisants, les socialistes paysans, les socialistes utopistes qui, groupés principalement autour du parti socialiste-révolutionnaire ont soutenu pendant de longues dizaines d'années une lutte acharnée contre le socialisme scientifique marxiste. — *Note du traducteur*.

Il eut d'ailleurs été difficile de s'attendre à autre chose. Au moment où la majorité des partis socialistes tombent dans le social-chauvinisme, c'eût été miracle que la démocratie bourgeoise ne payât pas tribut à son temps. Mais partout en Europe occidentale, elle a suivi le char du parti militaire. Nulle part, nous ne l'entendons formuler de protestation sérieuse contre la guerre. On entend bien en Angleterre et même chez nous en Russie des protestations isolées. Ce sont de ces rares hirondelles qui, précisément, ne font pas le printemps.

En outre des circonstances générales qui ont obligé la démocratie des pays occidentaux à capituler devant la soldatesque, une cause particulière a exercé, en Russie, son action : les dirigeants du populisme, des *narodniki* russes, étaient *essentiellement* des intellectuels. Avec les masses laborieuses, ce mouvement n'avait que le minimum de rapports. La prédominance de l'élément intellectuel dans ce mouvement comme dans le « liquidationnisme » social-démocrate a toujours joué un rôle important. Les intellectuels constituent en Russie le principal milieu social sur lequel s'appuie le social-chauvinisme « marxiste et « populiste ».

Nous nous bornerons ici à rappeler les principales manifestations de ce dernier dans la vie sociale au cours de la guerre.

A la Douma d'Etat. Le discours « patriotique » prononcé au nom du groupe travailliste entier, par le *narodnik* de gauche, presque socialiste-révolutionnaire, Kérensky, est dans toutes les mémoires. « Nous sommes inébranlablement convaincus que la grande démocratie russe, unie à toutes les autres forces du pays, résistera opiniâtrement à l'agresseur », était-il dit dans la déclaration des travaillistes. Le compte rendu sténographique porte que, à la lecture de ces mots par Kérensky, des applaudissements unanimes éclatèrent. Parbleu ! Kérensky certifiait ainsi l'indigence de la démocratie populiste. Il la rattachait solennellement aux autres milieux du pays, c'est-à-dire à Milioukov, à Pourichkévitch, au généralissime Nicolas Nicolaïévitch.

Le groupe travailliste s'est abstenu de voter les crédits de guerre. De bonnes gens comparent pour cette raison son attitude à celle du groupe social-démocrate à la Douma. La comparaison est absurde. Pour la clique du tsar, la déclaration de l'alliance de « la démocratie russe » avec les « autres forces du pays » est autrement importante que le vote des crédits assuré par ailleurs. Les réactionnaires sont pratiques. Peu leur importe le rituel. Volontiers ils pardonneront à Kérensky de se dérober honteusement au vote, si seulement son groupe proclame du haut de la tribune, au nom de la démocratie russe, le devoir de toutes les « forces vives » du pays d'aller s'unir aux impérialistes pour battre « l'Allemand ».

Dans la presse. Dans la presse légale et illégale des populistes, nous ne connaissons pas un groupe qui soit résolument et avec esprit de suite opposé à la guerre. Parmi les écrivains appartenant à cette tendance qui ont combattu le social-chauvinisme, on peut nommer N. Soukhanov, du *Contemporain*. Nous retenons d'autant plus le mérite de cet écrivain, qu'il nous est arrivé, avant la guerre, de polémiser vertement contre ce protagoniste du socialisme petit-bourgeois. Dans *La Richesse Russe (Rousskoïé Bogatstvo)*, on trouve des hommes qui ont conservé quelque conscience démocratique. Mais, à côté d'eux, se distinguent des personnages tels que M. S. Elpatievsky, pour lequel la guerre actuelle est un « spectacle grandiose » ou M. Dionéo, vulgaire « avaleur de Boches ». Dans son ensemble, cette revue, la plus ancienne du mouvement populiste, sait parfois se taire avec bienséance, mais n'est nullement en mesure de combattre le chauvinisme. Dans la presse socialiste-révolutionnaire à l'étranger, la situation n'est pas meilleure; elle est peut-être pire. Le groupe *Za Roubejom (Hors des frontières)* qui comprend des socialistes-révolutionnaires aussi influents que Avksentiev, Bounakov, Evguéniev, Bach, Bilit, Lazarev, Argounov, Savinkov, Netchetny, Voronov, Moisséenko, etc., est nettement chauvin. Il a publié, avec d'autres social-chauvins, une petite gazette quotidienne, d'un patriotisme vulgaire, *Novosti (Les Nouvelles)*. On a pu lire dans l'article-programme de cette gazette, cette déclaration de la rédaction : « Nous voulons la défaite de l'Allemagne réactionnaire et militariste », — « nous ne pouvons pas admettre en ce moment l'action révolutionnaire contre le régime (tsariste), parce qu'elle nuirait à la puissance militaire du pays ». Et si la même rédaction répond ensuite à la question : *Que sommes-nous?* : « Nous sommes des socialistes internationalistes », au lieu d'écrire : Nous sommes des social-monarchistes, cette boutade ingénue ne peut que faire sourire.

La position « moyenne » (*intégrale*, dirait M. Tchernov), est celle adoptée par un autre quotidien socialiste-révolutionnaire de Paris, *Jizn (La Vie)* — auparavant *Mysl (La Pensée)*. Ce journal combat les exagérations du social-chauvinisme. Mais on y considère les *patriotes* « socialistes-révolutionnaires » comme représentant une nuance légitime : on leur donne du « camarade »; on reçoit leur copie. La *Jizn* est bien capable de tancer les patriotes ses amis, quand ils exagèrent, mais non de les combattre. Car elle hésite, s'embrouille, se trompe et change de direction d'une semaine à l'autre. Sa tâche principale est pour elle d'exploiter, sans scrupules de principe, par les procédés les plus mesquins, la crise actuelle contre le marxisme. D'après M. Gardénine, ce serait la doctrine même du marxisme que les événements auraient mise en cause. Tout le malheur serait en ceci que la social-démocratie a cultivé le « socialisme industriel », s'appuyant sur le seul prolétariat. (Comme si la classe ouvrière ne restait pas, en dépit de la crise actuelle, la seule espérance des internationalistes! Dans quelle autre classe M. Gardénine trouvera-t-il un seul ennemi du chauvinisme? Quelle autre classe pourrait, en dépit de tout, paralyser l'action du virus social-chauvin?) (1).

Sous la plume de M. Gardénine, Marx et Engels deviennent les inspirateurs de Sudekum, en d'autres termes des chauvins. Les procédés les plus... déconcertants lui servent à défigurer le marxisme révolutionnaire et à défendre le vieux bric-à-brac des *narodniki*.

En somme, la presse des populistes nous révèle le triomphe complet du chauvinisme, sauf quelques tentatives isolées et vaines de protestation; et nous retrouvons partout, dans cette presse, le verbalisme « intégral » du groupe des « socialistes-révolutionnaires ».

A la Douma, dans la presse, le spectacle donné par les populistes n'est pas gai. Il n'est pas meilleur ailleurs. Le représentant officiel du parti socialiste-révolutionnaire au Bureau socialiste international, M. Roubanovitch, est le plus vulgaire des social-chauvins; mais son parti se garde bien de le révoquer; — le Comité central de ce parti évite en général de se prononcer; les s.-r. « intégralistes » n'osent eux-mêmes désavouer l'ignoble attitude de M. Roubanovitch. A la conférence de Londres, où se sont réunis les socialistes de la triple Entente, la moitié de la délégation s.-r. — l'autre moitié « intégraliste » hésitant et s'abstenant — s'est associée à la honteuse motion du ministre du roi des Belges, Vandervelde. L'ancien groupe terroriste de Savinkov en est arrivé à des reniements qui sont à peu près aussi graves que ceux de Tikhomirov (2). Dans l'émigration s.-r. dirigeante domine le chauvinisme, ou, dans le meilleur des cas, le désarroi. L'histoire a joué ce vilain tour aux « révolutionnaires issus du milieu bourgeois » qui n'ont point de contact avec les masses. Bourtsev, Kropotkine, Ropchine (3), Roubanovitch — autant de représentants typiques de cette intelligence bourgeoise « révolutionnaire », qui, en temps de paix, n'avait presque rien de commun avec le socialisme et qui, en temps de guerre, est fort capable de faire demi-tour pour se retrouver dans les bras d'un Menchikov. « Comment » lui advient cette mésaventure?

---

(1) M. Gardénine dit aussi que le socialisme ne doit pas être « industriel », qu'il est indispensable d'y mêler le « socialisme » paysan petit-bourgeois. Ce n'est pas nouveau. Cette Amérique avait déjà été découverte par l'opportuniste allemand Hildebrandt dans son livre *Die Erschütterung der Industrieherrschaft und das Industriesozialismus*. Par la même occasion, M. Hildebrandt invitait la social-démocratie a reconnaître comme nécessaire et légitime la politique coloniale. M. Gardénine le voit maintenant, rien de nouveau sous le soleil.

M. Hildebrandt a été, en 1912, exclu du parti social-démocrate allemand pour le livre que nous venons de citer. Ce parti n'était pas encore, cette année-là, national-libéral; Scheideman lui-même, insista sur l'exclusion de Hildebrandt.

(2) Léo Tikhomirov, un des fondateurs et des publicistes les plus remarquables du grand parti révolutionnaire de la *Volonté du Peuple* (la *Narodnaïe Volia*) qui a précédé les partis s.-r. et social-démocrate, finit par se convertir à l'absolutisme. — *Note du traducteur.*

(3) Pseudonyme de Boris Savinkov. — *Note du traducteur.*

Le mouvement populiste, y compris son extrême gauche — le noyau du parti s.-r. — est, à quelques rares exceptions près, prisonnier de l'opinion chauvine. Ce fait historique confirme à nouveau la justesse et l'appréciation portée par le marxisme sur ce mouvement. Le marxisme l'a toujours considéré comme une tendance démocratique bourgeoise. Avant la guerre, quelques social-démocrates de droite — Plékhanov et les rédacteurs de *Nacha Zaria* (*Notre Aurore*) préconisaient l'union des social-démocrates et des *narodniki*. Ces gens étaient faits pour s'entendre, les événements l'attestent. Les protagonistes de l'union avec les populistes se sont révélés aussi social-chauvins que ces derniers! Rien ne s'oppose évidemment plus à l'union de ces « social-démocrates » et de ces s.-r. Bon voyage! leur dira notre parti. Car il est plus évident que jamais qu'inviter les ouvriers social-démocrates à s'unir aux *narodniki*, c'était les inviter à trahir la cause ouvrière en faveur de la démocratie bourgeoise, à abjurer le socialisme et à se ranger sous les drapeaux de la bourgeoisie.

V. *La guerre et la social-démocratie russe*

La social-démocratie russe a supporté l'épreuve à son honneur, c'est maintenant hors de doute. Elle a tenu droit et ferme le drapeau de l'Internationale. Le noyau du parti est immunisé, il n'a pas subi la contagion du social-chauvinisme. Pourquoi? Comment expliquer que notre parti soit resté fidèle à lui-même, alors que la majorité des partis beaucoup plus forts en Occident a si évidemment trahi l'Internationale?

Il va de soi que ce fait ne peut s'expliquer par les particularités nationales des Russes ou par les qualités personnelles de leurs chefs. De sérieuses causes objectives ont évidemment amené notre parti à prendre vis-à-vis de la guerre cette position à l'exclusion de toute autre.

Les théoriciens du social-chauvinisme et les représentants du centre de la social-démocratie, en Allemagne, se sont maintes fois posé la question. L'attitude des social-démocrates russes (et avec eux des Serbes et des Italiens) offusque tout social-chauvin convaincu. De fait, si le vrai socialisme se réduit à la « défense nationale », à la défense de l'impérialisme national, les socialistes russes, serbes, italiens, n'ont-ils pas trahi le socialisme? Si la règle doit être en temps de guerre de voter les crédits pour l'armée, de soutenir le gouvernement et de faire « l'union sacrée », comment expliquer l'attitude exceptionnelle, invraisemblable, des socialistes de ces trois pays?

Pour cette raison ou parce que l'attitude de ces socialistes est un reproche permanent à la conscience chargée des gens passés au social-chauvinisme, les social-chauvins tiennent absolument à expliquer notre conduite. Ils s'appliquent surtout à observer la

social-démocratie russe. Kautsky, Bernstein, David et beaucoup
d'autres nous étudient.

Tous trois croient devoir commencer par saluer bien bas les
social-démocrates russes. — Ces Russes, voyez-vous, sont des hommes de courage et méritent la plus grande estime! *Mais*... mais leur
exemple ne doit en aucun cas être suivi par d'autres partis. Cet
exemple est surtout — le ciel nous en préserve! — inadmissible
pour la social-démocratie allemande.

Pourquoi donc?

Eh bien, voyez. Commençons par écouter l'explication certainement profonde de l'éminent Kautsky :

Plus un parti est fort, plus les considérations de propagande se
mêlent dans les motifs de ses déterminations à celles de conséquences
pratiques, et plus il lui est difficile d'attribuer son dû à chaque ordre
de mobiles. Et pourtant ni les uns ni les autres ne peuvent être dédai-
gnés. (*L'Internationalisme et la Guerre*).

Le parti russe pouvait se permettre le luxe de la fidélité aux
principes (attribuer leur dû aux « considérations de propagande »),
parce qu'il est faible, parce que ses décisions seront sans conséquence dans le pays. La fidélité à l'internationalisme est une sorte
de péché de jeunesse. On serait curieux de savoir à partir de quel
moment un parti social-démocrate acquiert le droit de ne pas
compter avec l'internationalisme... c'est-à-dire avec les « considérations de propagande ». Suffit-il, par exemple, d'avoir pour cela
50 députés? Ou n'en faut-il pas moins de 110? Car enfin nos camarades italiens ont près d'une cinquantaine de sièges à la Chambre
et nous mêmes avions à la Douma, le suffrage universel n'existant
pas, plus de 60 représentants; de sorte que nous avons également,
semble-t-il, « droit à l'opportunisme ». Mais peut-être un criterium
contraire est-il conforme aux opinions actuelles de Kautsky : le
parti socialiste sérieux et ferme dans ses opinions, est-ce le parti
qui se tire d'affaire en substituant le nationalisme à l'internationalisme?

Cette différence s'explique par celle de l'importance et de l'influence des partis socialistes ici et là. Les grands partis, ou les partis
exerçant une influence parlementaire, subissent, au moment de voter,
la pression de toutes les responsabilités pratiques attachées à cette
influence. Ils ne peuvent se déterminer à des manifestations aussi librement que les petits partis dont les votes n'ont pas d'influence directe
sur les événements. Tel est le revers du développement des forces parlementaires des partis. Il faut s'en accommoder si l'on ne veut pas
renoncer à ce développement. Il est de règle que dans tous les domaines
l'ampleur nuise à l'élasticité. (*Archiv für Wissenschaft und Politik*, tome
40, 2ᵉ cahier, p. 705-706).

N'est-ce pas profond? L'ampleur nuit à l'élasticité. Cela vous
a un petit air philosophique. La sagesse de ces social-démocrates
élastiques, c'est que plus le nombre des députés que la classe
ouvrière réussit, au prix de luttes difficiles, à faire entrer au Par-

lement est grand et plus ces députés doivent être proches de la bourgeoisie! — Vieux cliché ou révisionnisme? Une chose seulement est nouvelle : c'est qu'au temps présent, Karl Kautsky, lui aussi, ramasse ce pauvre cliché. Une chose seulement est nouvelle, c'est qu'à présent la majorité des « chefs » de la social-démocratie allemande ont « élastiquement » courbé l'échine devant le Hohenzollern et Hindenbourg.

Passons au politique le plus éminent du révisionnisme, Edouard David. Dans son livre tout récemment paru, la *Social-démocratie dans la Guerre mondiale*, il consacre tout un chapitre à « la tactique et à la théorie russes », c'est-à-dire à celles de notre Comité central. L'horreur sacrée d'un excellent bourgeois bourré de bonnes intentions s'empare de lui quand il cite le manifeste de notre parti sur le devoir des socialistes qui est de travailler à faire de la guerre impérialiste actuelle le début d'une ère de guerres civiles. E. David feint de croire que c'est là le fruit des réflexions des « barbares » russes, oubliant que les congrès internationaux de Stuttgart et de Bâle ont formulé le même mot d'ordre. Mais il ne sait pas rester dans la note. Quelques pages plus loin, nous le voyons identifier notre attitude à celle de la gauche social-démocrate allemande, et affirmer (avec son nouveau coreligionnaire politique Plékhanov) que « la théorie de Lénine, de Rosa Luxembourg, de Pannekoek, de Radek », et autres, concorde en tous points avec l'ancien hervéisme...

N'allez pourtant pas croire que David ait au moins le courage de dire nettement que les Russes sont dans l'erreur, qu'ils devraient, eux aussi, défendre leur patrie, etc. Pas le moins du monde. E. David s'empresse de témoigner du « grand respect » qu'il a des Russes, à cause de « leur courage et de leur abnégation ». Mieux : « Si, écrit-il, les Russes se bornaient à défendre leur tactique comme dictée par la situation de leur pays, personne n'y verrait à redire. Malheureusement, ils n'ont pas eu tant de réserve. Ils ont cru devoir montrer le bon chemin aux socialistes des autres pays qui ont agi autrement. Ils pensent que *leur* tactique n'est pas seulement la meilleure pour la Russie, mais encore la seule juste en général ». Bref : sain pour le Russe, mortel pour l'Allemand.

Si vous demandez à E. David pourquoi une tactique convenable à la Russie est inadmissible en Allemagne, il vous répondra que « l'Allemagne n'est pas la Russie » (*sic*). « Des rigolos affirment que la situation politique est en Prusse assez analogue à ce qu'elle est en Russie... Réfuter les assertions de ces toqués, ce serait s'avouer soi-même imbécile. » Nul n'ignore, n'est-ce pas? que le régime vrai-prussien est aussi éloigné du régime vrai-russe que la terre du ciel ?

Si l'on veut. Nous convenons volontiers avec E. David que le régime politique de la Prusse est de beaucoup supérieur à celui de la Russie. Est-ce à dire qu'on peut être socialiste en Russie et qu'on doit, en Prusse, devenir social-chauvin? Avec cette logique-là, les socialistes américains doivent être, en cas de guerre — puisque le

régime politique des Etats-Unis est meilleur encore que celui de la
Prusse — ultra-réactionnaires !

Qu'a découvert M. E. David, dans notre parti, de « spécifique-
ment russe » ? Les nombreux congrès socialistes internationaux
qui ont exigé le refus des crédits de guerre et la lutte contre l'impérialisme n'avaient-ils en vue que la Russie ? Les décisions des congrès d'Essen et de Chemnitz ont-elles été prises en Russie, et se rap-
portent-elles au régime russe ? Les régimes de la Serbie et de l'Italie
sont-ils également plus mauvais que celui de la Prusse ?

Kautsky, Bernstein, David n'ont même pas le courage élémentaire d'être honnêtes envers eux-mêmes. Ils créent volontairement
la confusion. Pour n'avoir pas à parler net.

Mais si « l'esprit russe » n'explique rien, si nous repoussons
nous-mêmes l'explication par les qualités morales des chefs, quelles
sont en réalité les conditions objectives qui ont sauvé notre parti
de la chute, qui l'ont aidé à maintenir le drapeau du socialisme ?

Ces conditions sont au nombre de deux. L'une, nous l'aperce-
vons dans la situation du prolétariat, considéré comme classe, en
Russie. L'autre dans le développement du parti de la classe ouvrière.

Le jeune prolétariat russe vient de vivre une révolution. Les
farceurs de la contre-révolution n'ont pas pu lui arracher son
âme révolutionnaire. La contre-révolution n'a su résoudre aucun
des trois problèmes essentiels de la vie russe : celui de la classe
ouvrière, celui du monde paysan, celui de la politique générale. La
situation dans le pays est restée objectivement révolutionnaire.
Dans les deux dernières années d'avant-guerre, la crise intérieure
n'a fait que s'aggraver. Notre mouvement, au cours des dernières
années, a eu pour caractère principal l'ampleur unique au monde
de ses grèves révolutionnaires. L'aristocratie ne forme chez nous
que la plus mince couche du prolétariat. Le légalisme ne pouvait
donc pas acquérir en Russie la solidité d'un préjugé. La guerre
a surpris la classe ouvrière russe dans sa lutte la plus âpre contre
la monarchie absolue, dans une lutte qui prenait déjà le caractère des batailles de barricades. Aussi la classe ouvrière était-elle
chez nous la seule sur laquelle le virus chauvin n'eût guère de
prise. Et notre parti, résolument ennemi du social-chauvinisme, a
indirectement prouvé, maintes fois, que ce n'est pas en Russie un
parti d'intellectuels comme l'affirment les liquidateurs, mais un
véritable parti ouvrier, la chair et le cœur de la classe ouvrière
russe.

Telle est la première des conditions auxquelles nous avons fait
allusion. La deuxième, avons-nous dit, réside dans le développement même de notre parti. Est-ce un bien ? est-ce un mal ? Nous
pensons que c'est un grand bien. Les révisionnistes en tous cas
n'entrent pas dans notre parti. Notre « scission », dont de bonnes
gens ont dit tant de choses en « Europe », a rendu un immense
service au mouvement ouvrier russe. Ce n'est que grâce à cette
scission que notre parti — voir aussi l'exemple du parti italien —

a pu prendre vis-à-vis du social-chauvinisme d'aussi fermes positions, ce n'est que grâce à elle que sa fraction parlementaire a pu accomplir le gros travail antichauvin dont le procès de nos députés a donné une faible idée.

Nos « conciliateurs » russes se plaisent à se dire exempts de péché : il n'y a pas, disent-ils, de révisionnisme dans la social-démocratie russe; la scission y est par conséquent un crime, un fait de sectarisme, de fanatisme. Ils se servent encore d'autres termes non moins impressionnants. L'un des représentants les plus bruyants de notre tendance conciliatrice, Trotsky, examinant les effets de la scission en Russie, motivait récemment encore son opinion (*Naché Slovo, Notre Parole*, n° 106), en disant que « dans les vieux partis socialistes, les internationalistes sont en minorité; en Russie leur majorité est indéniable ».

Indéniable? *Ça dépend.* Ça dépend de la façon dont on compte. Trotsky n'ignore pas, pensons-nous, que les liquidateurs dont *Nacha Zaria* (*Notre Aurore*) est l'organe, se considèrent comme des social-démocrates; que les milieux intellectuels groupés autour des revues le *Monde contemporain*, la *Pensée de Kiev*, se considèrent comme social-démocrates; que des gens dont les Prokopovitch, les Akimov-Makhnovetz, les Kousskova, etc. sont les coréligionnaires politiques, se considèrent comme social-démocrates. Et tous ces social-démocrates-là pataugent maintenant dans le social-chauvinisme.

Depuis des années, social-démocrates révolutionnaires, nous combattons pour que ces simili-social-démocrates — qui ne sont en réalité que des libéraux et des révisionnistes — ne soient en aucun cas considérés comme appartenant au parti ouvrier social-démocrate de Russie. Au fond, il s'agit de savoir si l'on reconnaîtra comme une « nuance légitime » de la social-démocratie cette amorphe tendance liquidatrice-révisionniste, si on lui accordera droit de cité dans le parti, si on lui permettra d'y accomplir son œuvre dissolvante, si on lui permettra de recruter sous le drapeau rouge du socialisme, des ouvriers pour la bourgeoisie? Eh bien! à qui la guerre et les événements qui s'y rattachent donnent-ils raison?

Trotsky se rappelle-t-il comment il plaida au congrès de Londres (1907), pour l'admission au parti de M. Prokopovitch? (Voir le compte-rendu de ce congrès. M. Prokopovitch y figure sous le pseudonyme de N. N.; nous ne commettons aucune imprudence en le nommant aujourd'hui, car il n'a rien à faire avec le parti ouvrier social-démocrate russe illégal). M. Prokopovitch n'a pas, évidemment, d'importance personnelle à nos yeux. Ce qui importe, c'est de savoir si le révisionnisme avéré doit, oui ou non, être une tendance légitime dans notre parti. Et Trotsky confirme en quelque sorte notre thèse quand, argumentant contre nous, il affirme qu'en Russie les internationalistes, au lieu d'être en minorité, sont incontestablement en majorité.

Le retentissement des phrases de Trotsky sur notre étroitesse

d'esprit, notre intolérance, notre scissionnisme, a été grand pendant
une dizaine d'années. L'esprit de discorde et de division régnait,
paraît-il, chez nous autres, barbares. Nous devrions rougir devant
l'Europe de n'avoir pas su réaliser l' « unité » en Russie. Mais voici
que se produit une crise historique. L'histoire soumet tous les partis
socialistes à la plus grande épreuve. Notre parti subit victorieusement l'épreuve, ce que doivent reconnaître même les partis chauvins si forts de leur « unité » avec les révisionnistes. Et Trotsky
ne semble pas même se demander s'il n'y a pas quelque rapport
entre le fait qu' « en Russie les internationalistes sont indéniablement en majorité », et cet autre fait qu'on soutient en Russie depuis plus de dix ans le combat le plus opiniâtre, le plus intransigeant, le plus scissionniste, contre le révisionnisme (le liquidationnisme lui étant identique)?

Ce rapport existe certainement. Il est évident qu'ici encore les
conditions objectives du développement de la classe ouvrière en
Russie ont eu une importance fondamentale. Les conditions sociales étaient hostiles au révisionnisme, lui suscitaient dans la social-
démocratie russe des ennemis irréconciliables. Mais le devoir des
militants de notre parti était aussi d'exploiter la triste expérience
des partis ouvriers d'Europe occidentale à cet égard. De cette
expérience, les uns concluaient que nous devions nous borner à
imiter le socialisme « européen », lequel s'identifie aujourd'hui
de toute évidence, à l'opportunisme. D'autres estimaient que nous
ne devions pas imiter le socialisme occidental dans sa tolérance à
l'égard du révisionnisme, que nous devions au contraire nous efforcer de fermer à ce dernier l'accès de notre parti. La lutte commença (et continue) parce que les amateurs d'unité proposaient à notre
parti de se mettre lui-même la corde au cou, c'est-à-dire de s'unir à
ces révisionnistes avec lesquels la rupture devient, après des dizaines d'années d'évolution, pour les socialistes européens qui n'ont
pas trahi le socialisme, la condition *sine qua non* de toute émancipation du joug nationaliste-bourgeois.

Certes, la succession des faits n'est pas toujours une preuve
de causalité. Certes, la scission avec les révisionnistes n'a pas été
la seule raison qui nous ait empêché de choir dans le social-chauvinisme. Mais elle nous a indiscutablement rendu de précieux services. Les partis socialistes, loin de s'unir aux révisionnistes, doivent s'éloigner d'eux, continuer leur tâche d'épuration, — et la
guerre l'a suffisamment démontré.

VI. *Le social-chauvinisme procède-t-il de l'opportunisme ?*

N'est-il pas vrai qu'entre le krach de la II° Internationale et le
triomphe de l'opportunisme dans la plupart des partis européens
il y a un certain rapport? Est-il vrai que l'union idéologique du
social-chauvinisme et du révisionnisme est indissoluble? Est-il vrai
que le krach de la II° Internationale est celui de l'opportunisme?

Déjà Lénine (voir son étude sur le *Krach de la IIe Internationale*) a fait la lumière sur cette question. Aussi nous borderons-nous à de succinctes notes complémentaires.

D'abord, où en est l'histoire, où en sont les faits?

Le pivot de la crise actuelle, c'est la question de l'attitude du socialisme à l'égard de l'impérialisme et de la politique coloniale des classes dirigeantes? L'Internationale a-t-elle discuté la question avant la guerre? Et si elle l'a fait, a-t-on pu observer, dans ses débats, quelques divergences de vues entre marxistes et révisionnistes?

Réponse : Le congrès socialiste international de Stuttgart (1907) a étudié ces questions. Et la division entre marxistes et révisionnistes y a été aussi nette que possible. Le compte rendu du congrès de Stuttgart constitue, à cet égard, un document extrêmement édifiant qu'il siérait d'étudier et de populariser.

Quand on nous dit : « Mais quel opportunisme est-ce, si Kautsky, Plékhanov, Guesde!... » nous répondons : Il ne s'agit pas de personnalités, cela n'aurait rien de persuasif. D'ailleurs il faudrait prendre des exemples non dans les derniers temps, en ce temps de guerre où, sous l'empire de l'horreur quotidienne, le sentiment a si souvent pris le dessus sur la raison, — mais à l'époque précédente, où chaque tendance pouvait paisiblement, minutieusement, peser les résolutions, sans subir l'influence déprimante de l'état de siège, de l'invasion, du chauvinisme bourgeois le plus éhonté, sans être « travaillée » par l'énorme fabrique de mensonges mise en activité par la bourgeoisie de tous les pays. Ce paisible examen de la question eut lieu au congrès de Stuttgart.

Il n'y avait pas d'équivoque. Les socialistes devaient-ils soutenir la politique coloniale de leurs gouvernements en s'efforçant seulement d'obtenir des adoucissements à l'oppression coloniale, ou devaient-ils « adopter une attitude brutalement négative à l'endroit de toute politique coloniale en général, en la répudiant au nom du socialisme? En d'autres termes, devaient-ils entrer dans la voie du réformisme colonial ou se placer sur le terrain de la social-démocratie révolutionnaire, ennemie déclarée de tout impérialisme, de toute politique coloniale bourgeoise?

Deux conceptions hostiles, s'excluant l'une l'autre, se heurtaient : social-démocrates et social-impérialistes. Quand on relit maintenant ces débats de Stuttgart sur la question coloniale, on s'exclame involontairement : Mais, toutes ces figures, nous les connaissons déjà! L'argumentation des social-impérialistes est mot à mot celle des social-chauvins d'aujourd'hui, mais plus diplomatique, plus calme, les passions n'étant pas comme aujourd'hui déchaînées. Les discours de Kautsky — encore marxiste alors, pas encore avili jusqu'à devenir le valet de Sudekum! — de Ledebour, de Quelch, de Karsky, de Bracke, exposent le point de vue de la gauche actuelle. Ceux de David, de Van Kol, de Bernstein, de Rouanet, de Mac Donald exposent le point de vue des Sudekum actuels et du « centre » qui s'adapte à eux.

A la commission qui élabora la résolution, les révisionnistes furent en majorité. Ils ne purent, il est vrai, réunir une majorité sur la plate-forme du social-impérialisme pur, net, combatif. Ils durent faire quelques concessions insignifiantes aux pacifistes, principalement à l'*Independent Labour Party*, représenté par Mac Donald, etc. Tout de même leur projet ne laissa subsister aucun doute : nous avions bien affaire à un social-impérialisme achevé.

Le point central de ce projet disait :

Le congrès reconnaît que l'utilité ou la nécessité des colonies en général, et pour la classe ouvrière en particulier, sont fortement exagérées. Mais... le congrès ne répudie pas en principe et pour tous les temps la politique coloniale qui, en régime socialiste (1), pourrait exercer une influence civilisatrice!

Venaient plus loin de bonnes paroles sur l'asservissement excessif des colonies. Les députés social-démocrates avaient le devoir de combattre « les méthodes actuelles de colonisation » (*rien que* les méthodes actuelles), de « proposer des réformes », etc. Enfin, pour séduire les pacifistes hésitants, la résolution proposait quelque chose comme le désarmement et les tribunaux d'arbitrage :

... A cette fin (la réforme des méthodes actuelles de colonisation) les députés des partis socialistes doivent proposer à leurs gouvernements de créer, par un traité international, un droit colonial défendant les droits des indigènes et garanti par les Etats signataires.

Si l'on en élimine les phrases nébuleuses, à prétention socialiste, ce programme des révisionnistes devient tout à fait acceptable pour n'importe quel impérialiste national-libéral. Améliorer, réformer, perfectionner le banditisme colonial, aucun bourgeois intelligent ne s'y refuserait.

Les marxistes, en minorité à la commission, concentrèrent leur attaque principale sur le passage essentiel, cité plus haut (« Mais..., le congrès ne répudie pas... etc.). Ils exigèrent la suppression de cette phrase, ainsi que du second passage cité par nous. Le premier devait être remplacé par un alinéa ainsi conçu :

Le congrès est convaincu que la politique coloniale capitaliste doit, par sa nature même, conduire à l'asservissement, au travail forcé ou à l'extermination des populations indigènes des pays colonisés. La mission civilisatrice invoquée par la société capitaliste ne lui sert qu'à masquer ses appétits et désirs de conquêtes...

Il fallut batailler, d'abord en commission où les révisionnistes-impérialistes eurent le dessus, puis en séance plénière où, grâce aux représentants des petites nations — qui ne sont pas des « puissances » — les marxistes obtinrent une majorité insignifiante.

Pendant les débats, les social-impérialistes formulèrent presque mot à mot les arguments « marxistes » dont se servent aujourd'hui Lensch, Plékhanov, Scheidemann, Maslov, pour défendre chacun « leur » patrie.

Les colonies, elles aussi, doivent passer par le stade capitaliste, disait David. Il ne peut y être question d'une progression subite de la sauvagerie au socialisme. Le chemin de souffrance qui passe par le capitalisme ne peut nulle part être épargné à l'humanité. D'après le socialisme scientifique, cette étape est une condition préalable à la création de l'économie socialiste.

Il doit pourtant être convaincu (*il* — c'était Kautsky) — disait le Hollandais Van Kol, autre chef des révisionnistes, — que le capitalisme est en Europe une phase de développement nécessaire et inévitable. La même chose n'est-elle pas vraie pour les colonies? Où mettra-t-il l'excédent de population de l'Europe? Que fera-t-il de la quantité sans cesse croissante de produits de notre industrie s'il s'oppose à ce qu'on cherche de nouveaux marchés *aux colonies?*

Avec ces arguments sur le « développement capitaliste », les chefs du révisionnisme défendaient, sous le nom de socialisme, le social-impérialisme. Leurs patries ne s'étaient pas encore prises à la gorge; ils n'avaient temporairement que la tâche de défendre en commun contre les marxistes le droit de brigandage colonial de toutes les « patries ».

Le troisième pilier de l'opportunisme, E. Bernstein, estimait que parler de l'indépendance des indigènes et du devoir de la bourgeoisie européenne, qui est de ne point attenter à la liberté des peuples coloniaux, ne pouvait être que le fait de personnes sentimentales. Voulez-vous donc que l'Amérique soit rendue aux Peaux-Rouges? s'exclamait-il « spirituellement », dans sa joute avec le Kautsky d'antan...

En commission comme au congrès, la lutte des deux tendances fut très nette : les révisionnistes de tous les pays étaient *pour* la politique coloniale, les marxistes *contre*.

En Allemagne, Kautsky et Ledebour contre, David pour. La majorité de la délégation allemande était avec David. A Stuttgart, les syndicats allemands (dirigés en fait par la bureaucratie) avaient pour la première fois autant de voix que le parti. Du coup, l'opportunisme submergeait la délégation allemande et donnait une majorité à David. Le projet de motion impérialiste fut présenté au congrès au nom des Allemands.

France. Les membres de la commission, Bracke et de la Porte, tous deux guesdistes, s'opposent au projet impérialiste; le jauressiste Rouanet, opportuniste extrême, est *pour.*

Angleterre. Le marxiste Quelch, représentant de la Fédération social-démocrate, est *contre;* le délégué de l'I. L. P., Mac Donald, opportuniste, est *pour*, avec des réserves. Il « demande que l'on souscrive à la résolution de la majorité, afin d'accomplir un travail vraiment pratique ».

Belgique. L'opportuniste Terwagne est nettement pour les révisionnistes.

On ne fait rien avec les seuls principes... En tous cas, on ne peut pas soutenir la possibilité de se passer d'une politique coloniale... Il s'agit pour nous de savoir si nous laisserons, au Congo, les choses comme elles sont, ou si nous les améliorerons.

Pépin déclare qu'après l'exposé de Terwagne, il ne peut pas voter le projet défendu par ce dernier.

Autriche. L'opportunisme, dont Victor Adler est le virtuose, y a toujours régné. Il n'y eut jamais dans ce pays, parmi les hommes politiques influents, de ferme noyau marxiste (sauf un petit nombre d'écrivains sans réelle importance politique). Au nom de tout son parti, Pernerstorfer se joint aux impérialistes.

Je ne puis pas, dit-il, admettre la thèse de Ledebour, qui nie tout obtusément... Les colonies existent, nous devons intervenir dans la politique coloniale et y faire un travail positif.

Le partage des forces au congrès même ne permit pas de douter qu'il s'agissait bien d'un partage en révisionnistes et marxistes. Quand on vota, la France donna les 12 voix de ses jauressistes au projet de la majorité (social-chauvine) et les 10 voix de ses guesdistes contre; l'Angleterre, les 14 voix de l'I. L. P. et des trade-unions pour, les 6 voix de la fédération social-démocrate (Quelch) contre; l'Italie, les 4 voix du futur parti Bissolati contre; l'Allemagne est tout entière pour le texte social-chauvin, car la « discipline » de la social-démocratie est telle que la minorité marxiste doit se soumettre. Pour la première fois, les opportunistes déshonorent le parti du prolétariat dans un solennel congrès international. Vote providentiel pour la social-démocratie allemande.

Le résultat final fut : 127 contre, 108 pour, 10 abstentions. Le projet des révisionnistes était repoussé, le projet des marxistes adopté. Il avait fallut bien des efforts pour éviter à l'Internationale la flétrissure du social-chauvinisme.

Il y a lieu de noter quels pays votèrent pour et quels pays votèrent contre. Pour : Allemagne, Autriche, Angleterre (majorité), France (majorité), Hollande, Danemark, Bohème, presque tous les pays de l'Europe occidentale et centrale, presque tous les pays de vieux mouvement ouvrier. Ce fait est d'une grosse importance. Dès 1907, le révisionnisme (avec le social-chauvinisme) avait la majorité dans presque tous les vieux partis ouvriers européens. Les pays de jeune mouvement ouvrier ne pouvaient, avec les minorités marxistes d'« Europe », qu'obtenir une majorité de 5 voix contre une résolution manifestement libérale et bourgeoise. (Votèrent contre : Russie, Pologne, Japon, Serbie, Roumanie, Bulgarie, Norvège, Finlande, Espagne, Argentine, etc.)

Fait plus remarquable encore : votèrent précisément pour la

politique coloniale les partis des pays dont les gouvernements sont les plus impérialistes : Angleterre, Allemagne, France, Belgique, Hollande, Autriche. Il est caractéristique que, parmi les pays scandinaves, le Danemark, possesseur de colonies importantes (Islande, Groenland, Antilles) vota pour. Et la Belgique! Il est maintenant d'usage parmi les social-chauvins franco-russes de déclamer sur « l'héroïsme belge » et d'oublier avec quelle barbarie « l'héroïque Belgique » traite la population du Congo. Or, l'auteur de la thèse social-impérialiste : « Le congrès ne répudie pas la politique coloniale en principe et pour tous les temps » n'était autre... qu'un représentant de « l'héroïque Belgique », l'opportuniste belge Terwagne. Il fit, dans son discours, de claires allusions aux mobiles qui le déterminaient. « Nous » aussi, notre « patrie » possède le Congo. On ne peut tout de même pas y renoncer!...

Dans les pays colonisateurs de la vieille Europe, une petite aristocratie ouvrière obtient jusqu'à ce jour les miettes de la plus-value tirée des colonies par le capital financier. Avec ce fin fil d'or, le capital attache au char de l'impérialisme l'infime aristocratie ouvrière, bouillon de culture de l'opportunisme et du social-chauvinisme auxquels les nombreux milieux petit-bourgeois, dont les chemins sont souvent parallèles à ceux de la social-démocratie, fournissent des réserves. Voilà ce qu'a démontré la division des tendances et des partis au congrès de Stuttgart, en 1907.

On se représenterait malaisément un groupement de tendances plus net, mieux délimité. D'un côté, tous, absolument tous les opportunistes de tous les pays, défendant la politique coloniale. De l'autre, le noyau marxiste et les éléments sympathiques au marxisme du jeune mouvement ouvrier, formant contre la politique coloniale un bloc compact. Les « conciliateurs » nous diront-ils que ces groupements étaient fortuits, qu'il n'y a en réalité aucun rapport entre le révisionnisme et la défense de l'impérialisme colonial? La présence de Guesde dans un ministère Briand-Millerand n'est pas fortuite, et le groupement des partis dans un congrès socialiste international, juste à propos de la question coloniale et quelques années avant la guerre, alors que toutes les tendances avaient paisiblement arrêté leur plate-forme, serait fortuit?

Même si nous n'en avions aucune autre preuve, l'étroite parenté du révisionnisme et du socialisme nous serait prouvée par ce qui s'est passé au congrès de Stuttgart.

Les débats passionnés du congrès de Stuttgart eurent peu après leur épilogue au congrès de la social-démocratie allemande, à Essen. Là se transporta naturellement le débat entre Kautsky et David, entre la minorité marxiste de la délégation allemande et sa majorité opportuniste. P. Singer, rapporteur, proposa au congrès de voter la résolution marxiste adoptée par la majorité de Stuttgart. C'était jeter le gant aux révisionnistes. Mais ce gant ne fut pas relevé. Pour des raisons « diplomatiques », les révisionnistes trou-

vaient préférable de ne pas accepter la bataille après la défaite de
Stuttgart. Ils préférèrent recourir à un de leurs procédés habituels
et annuler la motion en lui donnant leur adhésion. Ainsi firent-ils
souvent, même au fameux congrès de la social-démocratie allemande à Dresde, où ils votèrent des motions nettement dirigées
contre eux. David déclara qu'il voterait avec ses amis le projet
Singer.

Kautsky et Ledebour prononcèrent alors contre eux de vifs
réquisitoires, exigeant que le congrès précisât le point de vue auquel il se plaçait en réalité — point de vue marxiste ou révisionniste. Cette offensive se brisa contre la résistance des praticiens et
surtout de Bebel. Bebel considérait, semble-t-il, une grande discussion d'idées comme inopportune. Il dit :

Je considère le préambule proposé par Van Kol comme faux et
douteux; je suis d'avis qu'il fallait écarter ce texte. Mais je considère
la façon dont on l'a combattu comme erronée et nuisible. De là tout le
conflit... Il ne fallait pas se demander s'il y a ou non une politique
coloniale du socialisme, car c'est discuter pour le roi de Prusse, c'est
une question de lointain avenir... Que ferons-nous de nos colonies quand
nous prendrons le pouvoir (1)? Je l'avoue humblement : je n'en sais rien
moi-même. (*Rires et approbations dans la salle*).

Comme d'habitude, l'opinion de Bebel fut décisive. La résolution Singer (adhésion à la résolution de Stuttgart) fut votée à l'unanimité. Le parti ne s'était pas exprimé avec netteté, la question
était convenablement enterrée. La tactique d'étouffement et de
silence qui plaît tant au prophète actuel du « centre », au nouveau
Kautsky, triomphait. Et cette façon de trancher la question rendit,
on le vit par la suite, un signalé service aux révisionnistes. Qui
sait si la honteuse chute actuelle de la social-démocratie allemande
eût été possible si le parti ne s'était pas borné, pour dissimuler les
divergences de vues, à approuver « à l'unanimité », à Essen, un
chiffon de papier rédigé dans le goût du « centre », et avait affirmé
sans équivoque que les thèses du révisionnisme en politique étrangère n'étaient pas socialistes mais nationalo-libérales et social-
chauvines?

Les représentants instruits de la bourgeoisie comprirent et

_____

(1) En réalité, les opportunistes n'entendaient pas, par politique coloniale
« socialiste », celle que feraient les socialistes après avoir pris le pouvoir
et établi le socialisme en Europe. Ils entendaient par là une politique coloniale
adoucie, réformiste, faite par les *socialistes dès maintenant*, un « travail
positif » devant influencer les gouvernements. L'appellation est évidemment
fausse; mais du point de vue des révisionnistes, elle est bonne. Car ils entendent par socialisme le libéralisme réformiste. Lisez la *Politique Etrangère
du Socialisme*, dont les thèses principales sont maintenant répétées par les
social-chauvins de tous les pays, quoique l'auteur ait été, pour les avoir
émises, exclu de la social-démocratie allemande. Hildebrandt définit avec
franchise la « politique étrangère socialiste » : une politique de nature à
ne point léser la Triplice, à ne pas contrecarrer l'expansion impérialiste de
l'Allemagne, une politique qui reconnaît qu'il est injuste que le Portugal ait
en Afrique autant de colonies que l'Allemagne. David et van Kol entendaient
de cette façon la politique coloniale socialiste. — G. Z.

apprécièrent la portée de la victoire des révisionnistes allemands dans la question de politique coloniale. Ils se rendaient compte de l'importance de la victoire des social-chauvins dans le milieu socialiste pour le succès de *leur* politique impérialiste.

Un des spécialistes allemands les plus influents de la politique coloniale, homme politique et savant, auteur de nombreux rapports officiel, le D' Zœpfel, parle avec enthousiasme, dans son ouvrage fondamental sur la politique coloniale, de la position des révisionnistes à Stuttgart et de leur victoire dans la social-démocratie allemande. Il écrit :

> La lutte contre le dogmatisme socialiste hostile à la politique coloniale a jusqu'à présent été le fait de l'aile révisionniste du parti. Celle-ci a prouvé qu'elle est pleinement à la hauteur de sa tâche. Elle conquiert évidemment la majorité socialiste à sa conception de la politique coloniale.

Cet auteur loue surtout les « brillants » articles parus dans les *Socialistische Monatshefte*, principal organe théorique des révisionnistes.

Les politiques et les savants de la bourgeoisie — rendons-leur cette justice — comprennent beaucoup mieux que certains conciliateurs socialistes quel lien indissoluble existe entre le révisionnisme et le social-chauvinisme.

Erwin Berger, président de l'ancienne association antisocialiste d'Allemagne (surnommée l' « association du mensonge » ; cette association s'est déclarée dissoute, la social-démocratie s'étant, depuis la guerre, « amendée »), dans sa récente brochure : *La Social-démocratie après la déclaration de guerre*, rend aussi aux révisionnistes l'hommage qui leur est dû. Ils ont fait le plus pour dégriser la social-démocratie et l'amener à la défense nationale. « Les chefs eux-mêmes ont oublié les vieilles phrases et renvoyé « l'Etat futur » aux calendes grecques... C'est surtout évident depuis que le révisionnisme, originaire de l'Allemagne du Sud, a grandi, cherchant aux problèmes de la démocratie de toutes autres solutions que celles de l'extrémisme radical. Les opinions remarquablement claires et modérées défendues par le D' Frank sont combattues par des énergumènes munis des recettes de Rosa Luxembourg. »

L'intelligent politique conservateur Hans Delbrück est du même avis lorsqu'il se gausse de la « social-démocratie allemande, révolutionnaire en apparence », où prédominent en réalité les révisionnistes. Le révisionniste Monitor, collègue de Delbrück aux *Preussische Jahrbücher*, reste dans cette note quand il raille le « verbalisme » marxiste de la social-démocratie allemande. Et le professeur Schmoller, caractérisant la situation dans la social-démocratie du même pays, écrivait récemment :

> Une aristocratie bureaucratique de 5 à 10.000 chefs bien rétribués s'est formée dans le parti. Le parti allemand, qui se dit marxiste, est en voie de décomposition ou de transformation bourgeoise, quelque énergie qu'il mette à nier ce fait (*Schmollers Jahrbuch*, I, 1915).

Le diplomate allemand Rietzner (Ruedorfer) (voir son livre : *Grundzüge der Weltpolitik*) et l'écrivain bourgeois de politique sociale Walterhausen (voir : *Das Volkswirtschaftliche System der Kapitalanlage im Ausland*), comme nombre d'autres bourgeois, jugeaient la situation de même. La guerre a montré que la bourgeoisie avait malheureusement raison; Guillaume II avait certainement le droit de dire de « ses » social-démocrates qu'ils n'étaient pas aussi mauvais qu'on le croyait... La guerre a consacré la victoire du révisionnisme dans la social-démocratie allemande et la transformation, par le révisionnisme, du parti ouvrier en un parti au service de l'impérialisme.

Du reste, les révisionnistes eux-mêmes n'ont pas nié leur étroite parenté avec le social-patriotisme. Voici, à titre d'exemple, l'avis compétent de Ed. Bernstein. En 1911, Bernstein publiait un livre intitulé *De la Secte au Parti*, tendant à démontrer que le révisionnisme conquérait peu à peu tout le parti allemand, lequel, au fur et à mesure qu'il se transformait de secte en parti, devenait réformiste. Bernstein écrivait :

Il y a parmi les social-démocrates réformistes un groupe qui... pense... que la social-démocratie devrait sinon appuyer directement, du moins considérer avec beaucoup plus de sympathie qu'on ne l'a fait jusqu'à présent, les armements de l'Allemagne sur terre et sur mer. Les représentants de cette opinion ne sont pas non plus indifférents au système douanier du Reich.

D'autres réformistes, ajoutait Bernstein, visiblement conscients de l'impossibilité d'accorder l'orthodoxie avec le social-chauvinisme, restent, dans ces questions, orthodoxes. Ces autres réformistes, nous le craignons, n'ont existé que dans l'imagination de Bernstein (il y eut, peut-être, des exceptions individuelles). Pour ce qui est des premiers, Bernstein disait absolument vrai.

Un autre révisionniste notable, Paul Kampfmeyer, dès avant la guerre, indiquait triomphalement le même fait. En 1904, Kampfmeyer publiait ses *Excursions dans la Théorie et la Tactique de la Social-démocratie*, livre consacré au développement d'une conception analogue à celles de Bernstein : la social-démocratie, par la force des choses, cesse d'être un parti révolutionnaire pour devenir un parti de réformes pacifiques. Dans son chapitre *Militarisme et Social-démocratie*, Kampfmeyer démontre que la même évolution s'est produite chez les social-démocrates à l'égard du militarisme. « Réforme ou abolition du militarisme? » Ainsi se posait la question. Et notre auteur de constater, triomphant, que le révisionnisme a, sur ce point aussi, le dessus, que sur ce point aussi le parti social-démocrate s'engage dans la voie du réformisme.

Il faut que nous ayons les invertébrés du « centre » — ni chauds ni froids — pour nier l'évident, l'indiscutable rapport qui existe entre l'opportunisme et le social-chauvinisme. Le nationalisme, le patriotisme, l'incapacité de sortir des limites nationales de la « patrie » ne sont qu'autant de symptômes d'opportunisme. Un homme de la valeur de Lassalle ne faisait des concessions au point de vue « national » que dans la mesure où il en faisait à l'opportunisme. Le nationalisme fait partie intégrante de l'opportunisme, tout comme la tactique de collaboration de classe, le ministérialisme, le fétichisme de la légalité, etc. Les nombreuses déclarations de chefs de l'opportunisme, Branting, Auer, Troelstra, Vandervelde, Van Kol, David, ne laissent place sur ce point à aucun doute. (Si Bebel a fait des réserves dans le même esprit, il faut noter qu'elles ne se rattachèrent jamais à sa conception d'ensemble).

Les écrivains des *Sozialistische Monatshefte* ont mille fois raison de chanter victoire, quand ils affirment que le triomphe du social-nationalisme dans les partis social-démocrates européens est celui de leur tendance, celui du révisionnisme. La tactique d'union sacrée n'indique-t-elle pas en réalité le triomphe de l'idée essentielle du révisionnisme qui est celle de la collaboration des classes? Le ministérialisme socialiste pratiqué en France, en Belgique, ne réalise-t-il pas victorieusement la conception révisionniste pour laquelle Jaurès, Bernstein et bien d'autres ont rompu tant de lances? L'appui donné à l'impérialisme et au militarisme de leurs pays par les partis ouvriers ne procure-t-il pas au révisionnisme un éclatant succès? Le « socialisme de guerre » n'est-il pas salué par les révisionnistes comme la preuve de la victoire de leur principe?

La victoire du social-chauvinisme est *celle* de l'opportunisme. La faillite du social-chauvinisme sera celle de l'opportunisme. Aussi ne peut-on pas combattre le social-chauvinisme sans combattre l'opportunisme.

VII. *Le Social-chauvinisme en Russie* *Du liquidationnisme au national-liquidationnisme*

— Sans doute, diront certains lecteurs, mais quel rapport entre tout ceci et la Russie? — Car on sait qu'en Russie il n'y a pas de révisionnisme. Plékhanov l'a dit au congrès de Londres. Axelrod lui-même confirmait ces jours-ci, après le krach de la II⁰ Internationale, l'inexistence du révisionnisme en Russie.

Ce serait à la vérité un miracle si, dans notre pays où le prolétariat est si peu nombreux, où l'élément petit-bourgeois se devine à chaque pas, où il ne s'agit encore que de pousser à fond la révolution bourgeoise, il n'y avait pas de tendances révisionnistes, c'est-à-dire petites-bourgeoises, désireuses d'adhérer à tout prix à la social-démocratie, seul courant politique qui ne s'arrête pas à mi-chemin dans la lutte pour la liberté politique. Le révisionnisme existe en Russie. Il a même à peu près le même âge que la social-démocratie russe.

Assurément, il ne ressemble pas trait pour trait au révisionnisme allemand (pris à titre d'exemple). Il a ses particularités nationales. Il paraît souvent se tenir à gauche, si j'ose dire, de son frère aîné des pays d'Occident, ce qui s'explique facilement par la situation politique générale. On peut même trouver en Russie des révisionnistes armés de bombes (les socialistes-révolutionnaires); d'autres se cramponnent énergiquement à la phraséologie marxiste (les liquidateurs), etc. Mais le révisionnisme existe, avec toutes chances de prospérité, puisqu'il a des bases sociales : la petite bourgeoisie, les intellectuels, quelques groupes d'employés et d'ouvriers prédisposés à l'« économisme » et au trade-unionisme.

Par de nombreux traits de caractère, grands et petits, l'opportunisme russe s'est étroitement rapproché du classique opportunisme « européen », banal, stéréotypé, déjà vu et revu. Culte de la légalité, surestimation du parlementarisme, recherche zélée de « points de contact » avec la bourgeoisie, répugnance aux grèves de masses, propagande pour les blocs « nationaux » d'opposition, destinés à « isoler » la réaction, point de vue des libéraux sur l'armement et l'action armée des masses, révisionnisme agraire, neutralité bourgeoise vis-à-vis des syndicats et des coopératives, tous ces traits de l'opportunisme occidental sont depuis longtemps ceux du nôtre. Il n'y manquait que le nationalisme, la conception bourgeoise des devoirs d'une « grande puissance » nationale, l'appui accordé à la politique étrangère de la « patrie ». Cette lacune est comblée. Un cycle de l'évolution s'est achevé. Pendant la guerre de 1914-1915, l'opportunisme russe a subi le baptême du feu. Les opportunistes russes constituent aujourd'hui une filiale de l'Internationale opportuniste. Potressov, Plékhanov, Finn-Iénotaévsky, Smirnov, Lévitsky, Tchérévanine accomplissent en Russie la même besogne que Südekum, David, Scheidemann, Legien, Heine en Allemagne.

Le liquidationnisme est devenu un national-liquidationnisme. Fait de la plus grande importance politique pour la social-démocratie et pour le mouvement ouvrier russes.

Le lecteur sait que nous professions, avant la guerre, des opinions assez pessimistes sur le liquidationnisme. Les événements ont dépassé nos pires prévisions. En toute conscience, nous sommes tenus de reconnaître que, quelle qu'ait été notre clairvoyance à l'égard des liquidateurs, nous n'eussions pas cru, avant la guerre, que toute cette tendance s'enliserait dans la voie du social-chauvinisme le plus vulgaire. Il semblait tout de même que le dégoût inspiré par le plus écœurant des régimes réactionnaires — celui du tsarisme — préserverait nos liquidateurs d'une telle fin. Car enfin la réconciliation avec Poincaré, Asquith, Bethmann-Hollweg, en vaudrait une autre avec Maklakov, Pourichkévitch, Gorémykine. Hélas! l'expérience nous prouve que, tous, nous étions trop optimistes à l'égard du liquidationnisme!

En Russie aussi, le social-chauvinisme est une, conséquence indiscutable de l'opportunisme, un chaînon logique de la chaîne du révisionnisme. La parenté du social-chauvinisme et de l'opportunisme se voit en Russie tout aussi bien qu'en « Europe ». Plékhanov, et c'est remarquable, l'aperçoit... en Allemagne. Dans son fâcheux bouquin, triplement déshonorant, *De la Guerre*, Plékhanov note avec une parfaite intelligence des faits que la politique actuelle de la social-démocratie allemande « constitue le triomphe le plus éclatant de l'opportunisme », que nous y sommes en présence du « révisionnisme élevé à la quatrième dimension », que « l'internationalisme révolutionnaire y est devenu du réformisme nationaliste », que « jamais peut-être la victoire de la droite social-démocrate sur la gauche ne s'était mieux attestée en Allemagne », etc. Les derniers vestiges de sa conscience marxiste d'autrefois ne permettent pas à Plékhanov d'ignorer ces rapports entre les faits quand ils se présentent en Allemagne. Mais ses grandes réserves d'inconscience social-chauvine lui commandent de ne pas les voir en Russie (1). Et quel piteux, quel miteux sophisme sert d'échappatoire à cet ex-marxiste devenu le collaborateur involontaire du *Novoïé Vrémia!* Le pauvre sophisme tant de fois ridiculisé par les social-démocrates révolutionnaires — y compris Kautsky, avant sa chute aux pieds de Sudekum — de la guerre offensive et défensive *à l'époque impérialiste!* L'Allemagne a assailli cette infortunée Russie tsariste, dont la politique étrangère, d'une angélique douceur, était aussi pure d'intentions que la neige des cimes alpestres! — Quelle honte! Plékhanov, il y a douze ans, ne donna qu'un doigt aux futurs chefs de l'opportunisme russe; la conséquence en est qu'il doit à présent leur céder toute la main. On se figurerait malaisément chute plus profonde...

Quand on lit *De la Guerre*, ou bien ce qu'en a reproduit le *Monde contemporain* (2), on ne peut que se demander si elles sont bien de Plékhanov, ces lignes. Se peut-il que Plékhanov se

---

(1) Telle est aussi l'attitude du grand leader des social-chauvins du Caucase, Ann. Dans un article intitulé la *Tactique de la Social-démocratie allemande* (*Akhali Azzi*, n° 143), Ann démontre avec éloquence que la conduite actuelle des social-démocrates allemands fait la victoire du révisionnisme. « Les révisionnistes David, Legien, etc., sont maintenant à la tête du parti », écrit-il. Mais, arrivant aux choses russes, il recommande la tactique même suivie par David et Legien en Allemagne. Il trouve même dans son arsenal le surprenant argument que voici : « La différence entre les deux nations (!) — française et allemande — apparaît déjà dans ce fait que l'hymne national de la première est la *Marseillaise* et celui de la deuxième *Deutschland über Alles...* » Admirable façon « marxiste » de poser la question! Ann oublie que la *Marseillaise* est depuis longtemps devenue en France un hymne officiel, patriotique, l'hymne antisocialiste de la bourgeoisie; et que le *Deutschland über Alles*, œuvre du *démocrate* Hoffmann, exprima en son temps une protestation contre les survivances de la féodalité et le morcellement national. Du reste, que dira Ann du *Rule Britannia* de « nos » alliés anglais? Vaut-il vraiment mieux que le *Deutschland über Alles?*

(2) *Souvremenny Mir*, une des grandes revues russes légales d'avant-guerre. — *Note du traducteur.*

satisfasse, en de si sérieuses questions, de phrases si vulgaires et si creuses? (1).

Plékhanov n'a dans sa brochure, comme dans son article plus récent du recueil collectif *La Guerre*, qu'un argument : Sa « patrie » (la Russie) fait, comme la France, une guerre défensive. « La Russie a été assaillie. En outre, elle ne peut pas ne pas soutenir la Serbie ». Les perfides machinations du tsarisme qui prétendit « défendre la Serbie » et le panslavisme en général, ces calculs politiques qui ont duré de si longues années, Plékhanov paraît les ignorer. Il a l'air d'être venu au monde d'hier; il prend au sérieux tout ce que la démagogie de la bande criminelle du tsar offre au « peuple ».

Comment Plékhanov prouve-t-il que le tsarisme est engagé dans une guerre défensive? Etudie-t-il l'histoire diplomatique des dernières années? Examine-t-il concrètement le jeu des grandes puissances avant la guerre? Entre-t-il dans le détail de la politique étrangère du tsarisme avant et après 1905? Se demande-t-il tout au moins si les alliés de la Russie, l'Angleterre et la France, n'ont pas de mobiles impérialistes? Se souvient-il, si peu que ce soit, du ressort essentiel de la politique russe qui est le désir d'un partage de la Turquie?

Rien de pareil! Pas un mot. Le caractère défensif de la guerre que fait le tsarisme, Plékhanov le « démontre » exclusivement en citant les attaques du *Vorwaerts*, qui remplissait avant la guerre son devoir socialiste, contre *son* gouvernement allemand, formellement accusé de provoquer la guerre! A l'égard de l'attitude, alors honnête, du *Vorwaerts*, Plékhanov se comporte aujourd'hui avec aussi peu de scrupules et autant de malhonnêteté que les Sudekum et les Ebert envers nos camarades italiens. Ces derniers, accomplissant leur devoir socialiste, refusent de voter les crédits de guerre, démasquent l'impérialisme de *leur* « patrie ». Sudekum et Ebert montent alors à la tribune : Voyez, déclarent-ils, les socialistes italiens eux-mêmes reconnaissent que *leur* gouvernement rêve de conquêtes, les socialistes italiens eux-mêmes refusent les crédits de guerre... C'est pourquoi nous votons les nôtres, c'est pourquoi nous sommes avec les impérialistes de notre pays! — Il n'y a pas de plus cynique trahison de l'internationalisme socialiste.

Arrêtons-nous sur la question de la guerre défensive et offensive.

Wilhelm Liebknecht parlait, il y a un quart de siècle, à l'époque des guerres nationales, de « guerres justes » et admettait la participation des socialistes aux faits de guerre. Vingt-cinq ans après, le social-chauvin G. Plékhanov exhume quelques mots de

---

(1) M. Iordansky fait précéder ce texte, dans le *Monde Contemporain* d'un éloge emphatique de l'auteur. Plékhanov est « le plus profond », le « plus autorisé » des socialistes de notre temps — ou peu s'en faut. Il est des amis trop serviables, plus dangereux que des ennemis. — G. Z.

Liebknecht afin de s'exclamer : Précisément! Nous aussi nous sommes pour la juste guerre! Le tsar fait une guerre juste! Socialistes russes de Sa Majesté impériale nous devons être avec notre tsar, dans sa juste guerre! (1).

A Nicolas le Sanglant, l'auréole du tsar de la juste guerre! Plékhanov en est arrivé à écrire ça! On imagine combien s'amusent à ses dépens les diplomates de « l'ordre des jésuites ». Parbleu! Pendant plus de trente ans, Plékhanov fut l'ennemi irréductible de la monarchie tsariste. Le voilà répétant après Sazonov : « Le tsarisme fait une guerre juste! » La guerre pour le partage de la Turquie, pour l'oppression de la Galicie, pour la soumission au tsar de millions de nouveaux « sujets » est une guerre « juste »! — « Je n'ai pas encore pris du service chez les impérialistes allemands! » écrit fièrement Plékhanov. C'est sans nul doute louable. Mais pourquoi parle-t-il de la guerre absolument comme s'il avait « pris du service » chez le tsar russe, comme s'il était devenu un « social-démocrate de Sa Majesté impériale »?

Arguant d'une « juste guerre », Plékhanov nous facilite fort la réfutation de son social-chauvinisme. En effet, à quoi se réduit tout son jeu autour du criterium de la guerre défensive? A la confusion de deux époques : celle des guerres nationales et celle des guerres impérialistes.

Pouvait-il y avoir des guerres justes à l'époque des guerres nationales? Oui. Les guerres de la révolution française furent en majeure partie des guerres justes; les guerres nationales de l'Italie en furent d'autres.

Peut-il y avoir maintenant des guerres justes à l'époque impérialiste?

Oui. Mais dans deux cas seulement : 1. Guerres soutenues par le prolétariat vainqueur dans un pays, pour défendre l'ordre socialiste conquis contre d'autres Etats, défendant, eux, le régime capitaliste. — 2. Guerres de la Chine, de l'Inde, d'autres pays servant d'*objet* d'exploitation à l'impérialisme, guerres pour l'indépendance, guerres contre les gouvernements impérialistes d'Europe.

Une guerre « juste » entre les gouvernements impérialistes européens est tout aussi impossible que, du point de vue des honnêtes gens, une juste rixe entre bandits se querellant pour le partage du butin. Toute guerre autre que celles que nous venons de prévoir sera forcément, à notre époque, injuste, malhonnête; ce sera une guerre d'impérialistes entre eux, une guerre de coteries

---

(1) Voir l'article de Plékhanov : *Encore sur la Guerre,* dans le recueil *La Guerre* (Paris, 1915). M. Plékhanov n'a pas cru devoir reproduire dans son entier le discours de W. Liebknecht et l'a déformé. Ce discours fut prononcé par W. Liebknecht au congrès d'Erfurt en 1891. Il visait les jeunes anarchisants et le coréligionnaire actuel de Plékhanov, Vollmar. Nous le reproduirons ailleurs. Nous n'en citerons aujourd'hui que ces mots : « En aucun cas, la social-démocratie ne doit se laisser entraîner par le courant chauvin » *(Compte rendu du congrès d'Erfurt,* p. 206-207). — G. Z.

financières ploutocratiques et dynastiques une guerre toujours odieuse au prolétariat de tous les pays.

Pouvait-il, dans les « justes » guerres nationales, être question de l'action de la bourgeoisie contre le prolétariat en marche vers la révolution socialiste? Non. Or, maintenant, dans les guerres impérialistes et, surtout, dans celles qui embrassent toute l'Europe, l'action contre le prolétariat est un des grands buts de la bourgeoisie internationale.

Des guerres « justes » sont encore possibles, mais dans deux cas seulement : aucun des deux cas n'est donné en 1918.

Seul, un mercenaire de la bourgeoisie pourrait, semble-t-il, qualifier de « juste » la guerre de 1914-1915, typiquement impérialiste. C'est pourtant ce que fait Plékhanov! Et la « justice » qu'il invoque est naturellement du côté de « notre » patrie.

« Nous faisons une guerre juste », clament Sudekum et Hindenbourg.

« Non, c'est nous qui faisons une guerre juste » leur répliquent Plékhanov et Milioukov.

Sudekum et Plékhanov, ce faisant, s'en réfèrent à Wilhelm Liebknecht, lequel n'en peut mais... Admettons que la guerre de 1914-1915 soit pour l'Allemagne une guerre préventive — il y a, en réalité, bien des raisons de le penser. Qu'en résulte-t-il? Que les ouvriers de tous les pays s'épuisent vainement à combattre le « militarisme prussien »?

Evidemment non!

Qu'est-ce qu'une guerre *préventive*? L'idée implique que l'autre partie belligérante se prépare aussi à la guerre. La coalition A commence en 1914 une guerre préventive contre la coalition B, parce qu'elle est convaincue qu'une déclaration de guerre de la part de celle-ci n'est qu'une question de temps. Et le moment présent semble lui offrir le plus de chances de succès.

On peut, bien entendu, faire de l'éloquence et déclarer : Du point des vues des simples normes morales et de l'équité, point n'est indifférent que l'un se prépare à une agression et que l'autre la commette; A vient de prendre B à la gorge, il serait mal venu de se justifier en arguant que B l'aurait immanquablement assailli dans un an ou deux!

Bon. Nous consentons à nous placer au point de vue des simples normes morales et de l'équité. Il est parfaitement exact que le marxisme, loin de les exclure, les suppose acceptées. Seulement, la moralité et l'équité doivent être recherchées ailleurs que dans les cadres des impérialismes bourgeois; elles appartiennent au prolétariat en lutte pour le socialisme.

Continuons à tirer parti de notre exemple. Si l'on suppose A bandit et B excellent homme, comme l'affirme la bourgeoisie de la coalition B, les règles essentielles du droit et de l'équité nous ordonnent de prendre la défense de B et de nous jeter sur A. Si nous supposons le contraire — B étant un bandit et A le meilleur des citoyens, comme l'affirme la coalition de la bourgeoisie A — nous devons adopter le parti contraire. Car toute la différence entre les coteries impérialistes des deux coalitions, c'est que chacune des deux accuse l'autre et s'innocente elle-même.

Mais figurez-vous une minute, que nous discutions du point de vue *d'une toute autre classe*, qui n'est ni la bourgeoisie A ni la bourgeoisie B : du point de vue du *prolétariat international*.

Ce dernier est depuis longtemps convaincu — et l'a mille fois dit à haute voix — que A et B sont à titre égal des brigands. Depuis des années, A et B aiguisent leurs armes pour se disputer une proie qui est la vie même de peuples entiers. A achève le premier d'affûter son couteau d'assassin. B n'a pas eu le temps de terminer cette belle besogne. Du point de vue du brigand B, l'agression de A est indiscutablement contraire aux règles de l'équité et de la moralité dans une société de détrousseurs de grands chemins.

Mais, demanderons-nous, les honnêtes gens doivent-ils être du même avis? Nous pensons que non. Nous pensons qu'ils n'ont qu'un intérêt : mettre A et B dans l'impuissance de nuire, désarmer le bandit qui a fini d'aiguiser son couteau et celui qui ne s'est pas assez pressé — pour des raisons d'ailleurs tout à fait indépendantes de sa volonté.

Tout est là : les avocats de la théorie de la guerre défensive à l'époque impérialiste n'ont pas le choix. Ou ils doivent dire que « notre » impérialisme n'a rien de criminel, que « nos » impérialistes sont de doux agneaux, et abandonner sans retour le point de vue du prolétariat. Ou ils doivent convenir que, du point de vue du prolétariat, tout impérialisme est conquérant, oppresseur, spoliateur et renoncer, sans retour possible, à la théorie de la guerre de défense.

Essayez d'examiner, armé du criterium de la guerre de défense et des règles du droit et de la justice, la participation de l'Italie à la guerre de 1915. Où messieurs les impérialistes ont-ils fait plus grand bruit autour des fins nationales de la guerre, de la libération des frères opprimés (*Italia irredenta*), de la « guerre juste », etc.? Où ces phrases ont-elles été plus hypocrites, plus fausses, plus malhonnêtes qu'en Italie? En principe, l'Italie fait la guerre pour libérer les Italiens opprimés par l'Autriche. En réalité, un enfant le comprendrait, l'Italie fait la guerre pour asservir des millions de Slaves.

En Italie, la succession des deux époques est tellement évidente qu'un aveugle s'en rendrait compte. A l'époque antérieure, les guerres de l'Italie contre l'Autriche furent nationales, « justes ». Les guerres de l'Italie à l'époque actuelle, guerre avec la Turquie pour la Tripolitaine, avec l'Autriche pour l'Albanie, la Dalmatie, l'Istrie, les ports de l'Adriatique, pour quelques aumônes en Asie Mineure et en Afrique, promises par la France et l'Angleterre aux impérialistes italiens, sont des guerres iniques, impérialistes.

Nulle part, la tradition des guerres nationales n'est aussi vivante qu'en Italie. Ici, pendant de longues années, les guerres nationales (« justes ») ont rempli toute la vie sociale. Un revirement brusque s'est produit. A l'ère des guerres nationales succède celle des guerres impérialistes. La bourgeoisie et le gouvernement ne veulent pas renoncer à leur chance. Pourquoi n'exploiteraient-ils pas la tradition nationale, pourquoi ne justifieraient-ils pas par l'idéologie des justes guerres nationales l'inique guerre impérialiste? C'est l'unique moyen d'éveiller l'héroïsme des masses, de contraindre les masses à apporter avec enthousiasme leurs sacrifices sur l'autel de l'impérialisme. Si les masses populaires savaient toute la vérité, elles ne se mettraient pas la corde au cou. Les impérialistes italiens ont donc *absolument besoin* de présenter leur guerre comme une guerre de défense nationale, libératrice. Si le petit bourgeois ignorant se laisse tromper par eux, il est leur victime. Mais si Bissolati, Mussolini, Plékhanov et Cie affirment aux masses que l'Italie fait maintenant une guerre juste, ils sont eux-mêmes des fourbes, et commettent le pire crime.

Les simples règles du droit et de la justice! Essayez de les découvrir dans l'attitude de l'Italie.

La méthode diplomatique de l'Italie, en cette nouvelle époque d'impérialisme, a toutes chances de « faire école ». Les impérialistes d'un Etat ont de graves revendications « historiques » à défendre vis-à-vis de ceux d'un autre; mais ils n'ont pas la force de faire triompher leur cause par la force des armes. Ils sont trop seuls; ils ne seraient pas assez forts même s'ils s'alliaient aux ennemis de leurs ennemis. Ils recourent alors à une autre méthode. Ils *s'unissent* à leurs ennemis; ils font alliance avec eux. Pendant des dizaines d'années, ils sont leurs alliés, mais ce n'est que pour leur faire défaut au moment du danger, lâcher « l'ami ennemi », diminuer sa force de moitié. Car l'Italie ne s'est pas contentée de refuser son million de soldats à la Triplice; elle a fait marcher ce million d'hommes contre l'Autriche et l'Allemagne, d'où, pour les puissances centrales, une différence de *deux* millions de soldats.

Alexis Tolstoï, poète gentilhomme russe, a flétri en vers fameux l'abandon de la Russie par son allié l'Autriche, lors de la guerre de Crimée :

> A mes alliés je suis fidèle
> A l'Autrichienne, à l'Autrichienne !

Les poètes d'Allemagne pourraient dédier à la trahison et à la perfidie de l'Italie des vers non moins vengeurs. *A l'Italienne, à l'Italienne*, diraient-ils avec une amère ironie. Cette dispute d'impérialistes entre eux, nous la pourrions comprendre. Ils ont le droit de s'adresser des reproches du point de vue des normes fondamentales de *leur* droit et de leur moralité. Mais comment pourrions-nous chercher le droit et la morale là où il n'y a que sang et boue, lucre de négriers, brigandage impérialiste? Ne saute-t-il pas aux yeux que les esclaves salariés de toutes les nationalités ont de tout autres principes?

A l'Italienne, à l'Italienne! Voilà la devise des impérialistes de tous les pays. Sur leurs lèvres, ces mots signifient : Pas de duperie, pas de trahison, pas de violence, pas d'hypocrisie que nous ne commettions pour « chiper » quelque chose en Asie ou en Afrique, pour conquérir aux cliques du capital financier de nouvelles « sphères d'influence ».

Mais, par bonheur, le prolétariat international peut, lui aussi, dire : *A l'Italienne!* Car les socialistes italiens ont montré comment se doivent comporter en de pareilles circonstances les représentants du prolétariat. En Italie, le parti des esclaves salariés n'a pas soutenu le parti des négriers, mais s'est dressé contre lui.

Le criterium de la guerre défensive a fait son temps. S'il ne l'avait fait avant la guerre de 1914-1915, cette guerre l'eût enterré, en dépit du passé.

Qui a monté cette guerre? Qui a invoqué la guerre défensive? Tout le monde et personne. Tout le monde, car les impérialistes, les diplomates et les gouvernants de tous les pays y ont eu recours, comme les filous de la « grande » presse européenne rédigée en toutes langues. Personne, car personne n'a pris cet argument au sérieux.

Mais l'Internationale? Le criterium de la guerre défensive l'a-t-il sauvée, pouvait-il la sauver du krach? Tous les partis social-chauvins sans exception affirment qu'ils appliquent rigoureusement la thèse de la guerre défensive. Allemands et Français, Autrichiens et Italiens, tous respectent la guerre défensive. Lesquels ont raison? Tous et personne. Car le principe même n'a pas de valeur. Dans l'état actuel des choses, on en peut tirer tout ce qu'on veut. La théorie de la guerre défensive est-elle bien utile au prolétariat si elle aboutit à un krach de la II° Internationale qui élimine de tous les calculs, pour toute la durée de la guerre, les partis socialistes?

Il ne peut en être autrement quand on applique des mesures valables pour une époque à une époque radicalement différente. Plékhanov cite Feuerbach : *Vulgus non distinguit.* Justement! Vous êtes précisément un chauvin vulgaire, M. Plékhanov, parce que vous ne voulez pas distinguer entre l'époque des guerres nationales, close en 1871, et l'époque actuelle de guerres impérialistes. Il ne peut plus y avoir de justes guerres entre grandes puissances européennes faisant toutes une politique également impérialiste. La Triplice et la Triple Entente étaient les deux grands groupements de puissances déterminant le cours de la politique européenne. Ces deux groupements ont grandi, ont vécu et se sont développés sous l'égide de l'impérialisme, alors que — suivant une remarque exacte de Kautsky — l'assailli d'aujourd'hui est l'agresseur de demain et *vice versa.*

Dans cet état de choses, les socialistes qui, ne se bornant pas à répéter simplement les allégations de « leurs » gouvernements, ont voulu appliquer honnêtement la théorie de la guerre défensive, sont condamnés à l'impuissance des perpétuelles hésitations.

Ceux qui considérèrent jusqu'à présent le critérium de la guerre défensive comme valable devraient, s'ils étaient capables de profiter des enseignements de l'histoire, l'avouer eux-mêmes : ils arrivent à une infamie sans nom. *Tout, tout, mais plus ça!* devraient-ils s'exclamer. Tout, mais plus la honte de 1914-1915, la honte de devenir, en s'inspirant de la défense nationale des traîtres à la cause ouvrière, des agents de la bourgeoisie au sein de la classe ouvrière.

Plékhanov comprenait jadis que la guerre défensive ne peut mener bien loin. En août 1905, il écrivait :

L'opinion qui affirme que nous autres, socialistes, nous ne pouvons avoir de sympathie que pour des guerres *défensives* (souligné par l'auteur), n'est pas moins dogmatique. Elle n'est juste que d'un point de vue *conservateur*. A chacun son dû. Le prolétariat international, s'en tenant avec esprit de suite à ses propres raisons, doit considérer avec sympathie toute guerre *défensive ou agressive*, peu importe (souligné par nous, G. Z.), qui semble devoir écarter quelque grand obstacle du chemin du socialisme. (1)

Les termes dont se sert Plékhanov ne sont pas assez précis. Il n'établit pas de différence entre guerre défensive au sens diplomatique du mot et guerre offensive au sens historique. Mais on voit bien qu'il reconnaît la fausseté de la théorie qu'il nous sert aujourd'hui comme étant l'alpha et l'oméga de la pensée socialiste. Offensive ou défensive, peu importe, dit-il. Un esprit dogmatique peut seul s'imaginer que l'attaque ou la défense tranchent la question. Pour nous socialistes, la question est tranchée par un autre facteur : l'intérêt de la révolution sociale.

Nous sommes loin, on le voit, comme la terre du ciel, des opinions soutenues par Plékhanov dans sa « nouvelle manière ». Essayez d'appliquer la phrase que nous venons de citer à la guerre actuelle : aussitôt s'écroule comme un château de cartes la théorie actuelle de Plékhanov. En 1905, il disait : offensive ou défensive, peu nous importe. En 1915, il bâtit tout son système uniquement sur cette prétention que « nous » faisons une guerre défensive.

Nous ne devons considérer avec sympathie que la guerre qui promet d'écarter de la voie de la révolution sociale quelque obstacle important. A cet égard, où en sommes-nous? Quels obstacles à la révolution sociale seront écartés si la Galicie, l'Arménie, Constantinople, la Perse tombent aux mains des impérialistes russes? Les guerres impérialistes conduisent certainement au déclin du capitalisme et, dans ce sens, écartent quelques-uns des obstacles semés sur le chemin de la révolution sociale. Si Plékhanov, comme Guesde en 1885, « saluait » les guerres actuelles parce qu'elles nous rappro-

____

(1) Voir le *Journal d'un Social-démocrate. Patriotisme et Socialisme,* réponse à l'enquête de la *Vie Socialiste.*

chent dans une certaine mesure du socialisme, il agirait en socialiste. Ce n'est pas ce qu'il fait. Il se range du côté de l'une des cliques chauvines, il proclame « juste » la guerre la plus impérialiste. Pour autant qu'il adopte cette attitude, il cesse d'être un socialiste; c'est un chauvin.

Sur la « défense nationale » aussi, Plékhanov professait en 1905 d'autres opinions. Les mots du *Manifeste Communiste* : « Les prolétaires n'ont pas de patrie » ne lui paraissaient pas encore entachés d'hervéisme. Il pensait alors que « cette thèse doit être mise à la base de la politique internationale du prolétariat de tous les pays ». Argumentant contre Jaurès, il comparait les raisons de son contradicteur « au sophisme des économistes bourgeois d'après lesquels la suppression du capitalisme équivaudrait à l'arrêt de la production ».

Le capital est une chose. Les moyens de production en sont une autre, bien différente. De même les conquêtes culturelles d'un peuple, sa civilisation, n'ont rien à voir avec la notion de « patrie ». La condition nécessaire de l'existence du capitalisme, c'est le manque, chez la grande majorité de la population, de moyens de production. De même la condition nécessaire de *l'amour de la patrie* est dans ce dédain des droits *des autres patries* que Jaurès appelle *l'esprit d'exclusivité*. Et si le prolétariat révolutionnaire doit réellement « libérer toutes les volontés », il faut, par cela même, qu'il s'élève *au-dessus de l'idée de patrie* (1).

Ce n'est pas du tout ce que Plékhanov écrit aujourd'hui.

Mieux. En 1905, Plékhanov témoignait même de quelque compréhension de la différence existant entre l'époque des guerres nationales et celle de l'impérialisme, alors qu'il peut paraître aujourd'hui n'avoir jamais pensé à l'impérialisme.

Il écrivait en 1905 :

Le patriotisme pur n'est possible que dans deux conditions. D'abord, il sous-entend un état peu développé de la lutte des classes, et ensuite l'inexistence d'une grande similitude dans la situation des classes opprimées de deux ou de plusieurs « patries ». Lorsque la lutte des classes revêt des formes âpres, révolutionnaires, minant les notions héritées des générations passées, lorsque la classe opprimée peut facilement se convaincre que ses intérêts sont très voisins de ceux des classes opprimées des pays voisins, et, par contre, opposés à ceux de la classe dirigeante de son propre pays, *l'idée de patrie* perd beaucoup de son ancienne séduction (2).

Parbleu! Pendant des dizaines d'années les marxistes révolutionnaires ont travaillé à détruire la séduction de l'idée bourgeoise de patrie, montrant aux ouvriers la « similitude frappante de la condition des classes opprimées dans deux ou plusieurs patries ». Et maintenant que la première guerre mondiale impérialiste a éclaté, maintenant que les impérialistes de tous les pays ont besoin

____

(1) Tous les mots soulignés le sont par Plékhanov.

(2) Ouvrage déjà cité.

de l'idée de patrie pour tromper les ouvriers de tous les pays, l'ex-marxiste Plékhanov se met à préconiser la « défense nationale ». Quel coup de grâce divine! De Marx et Engels à Sudekum et Heine, tel est le chemin qu'a fait le représentant le plus qualifié du social-chauvinisme russe.

Appliquant à la situation de la Russie la théorie de Sudekum et de Heine, Plékhanov malmène ses propres maîtres avec une noire ingratitude. Ils ont, eux, beaucoup plus d'indulgence envers leur élève. Ils notent avec joie ses succès dans la science du social-chauvinisme. David (voir son livre) et Legien (voir sa brochure *Pourquoi les fonctionnaires des syndicats doivent participer davantage à la vie du parti*), Heine (dans les *Cahiers socialistes mensuels*), Keile (dans sa brochure *Le Peuple allemand et la Guerre*), Kampf-meyer (*Cahiers socialistes mensuels*), Hugo Petch (*idem*), tous élèves actuels de Plékhanov, déclarent avec satisfaction se placer sur le même terrain que ce « marxiste »; tous font son éloge, malgré sa rudesse à leur égard. Pourquoi? Parce qu'ils savent que la guerre passera, mais que la question des deux tendances — la Montagne et la Gironde — dans le mouvement ouvrier contemporain, restera. Et ils comprennent bien que celui qui défend aujourd'hui, en Russie, le social-chauvinisme ne pourra pas ne pas s'accorder pleinement demain avec le révisionnisme européen, ne pourra pas ne pas être à la minute décisive un girondin, ne pourra pas ne pas trahir la révolution de la classe ouvrière....

Tout ce qui vient d'être dit de Plékhanov s'applique sans réserves au grand quartier général idéologique et politique du liquidationnisme. Plékhanov est maintenant plus que quiconque le théoricien du national-liquidationnisme. Et l'organe des liquidateurs *Naché Diélo (Notre Cause)* s'est empressé de le publier. « Les opinions de Plékhanov sur la guerre coïncident en bien des points avec celles de la rédaction ». (*Naché Diélo*, n° 2, 1915).

Le social-chauvinisme russe tient au liquidationnisme parce qu'il a hérité de ses idées, de ses hommes et de ses organisations.

La principale conception politique du liquidationnisme, ce fut certainement celle-ci que la révolution bourgeoise était achevée en Russie, que nous aurions une évolution « à la prussienne », que la tâche de la classe ouvrière russe consisterait non dans la préparation d'une nouvelle révolution, mais dans la lutte pour des réformes partielles et pour la régularisation constitutionnelle de la vie russe en général, au sein du régime existant. Le social-chauvinisme continue incontestablement à s'inspirer de cette idéologie politique. A quelle nouvelle révolution démocratique pourrait penser celui qui travaille à la victoire des armées du tsar dans la guerre en cours? Qui ne comprend que cette victoire affermirait le tsarisme plus que n'importe quel autre événement ? De la victoire de la « Russie », on peut attendre un certain renforcement de la bourgeoisie, on est en droit d'espérer que se consolidera la « constitution » d'Octobre. En tout état de cause, on ne peut cependant attendre de la victoire qu'elle augmente les chances de la révolution. Accorder dans la guerre actuelle sa sympathie et son concours au tsar, c'est, dans le meilleur des cas, se prêter à l'action politique pour le triomphe de la constitution mais contre la révolution. La bourgeoisie entière — y compris les libéraux « extrémistes » — entend ainsi ses devoirs. C'est cette considération, avec quelques autres qui la détermine. Et les liquidateurs suivent le courant. Les vœux subjectifs de quelques personnalités n'ont pas d'importance. En politique, le liquidationnisme a rempli sa tâche bourgeoise-libérale. Considérez par exemple les manifestations de notre ancien camarade et ami, devenu aujourd'hui un liquidateur bien net, N.-A. Rojkov. Dans le *Monde Contemporain* de Plékhanov et des gens du *Novoié Vrémia*, il écrit :

La transition à un vrai capitalisme civilisé, étranger aux rapines brutales, accompagné de formes plus libres de gouvernement, est à l'ordre du jour dans notre patrie. Le drapeau du progrès national a été levé dans la prescience de ce fait. Les transformations objectives nécessaires sont déjà visibles dans la suppression (?) du monopole de l'alcool, dans l'inéluctabilité d'un impôt sur le revenu, dans la proclamation de réformes en Pologne.

Voilà le raisonnement typique du national-liquidateur franc et sincère. Dès avant la guerre Rojkov tenait exactement ce langage. Transition à un « capitalisme plus civilisé » accompagné de « formes plus libres de gouvernement », cela voulait dire, en termes plus simples : constitution et non révolution. Rojkov le disait carrément : nous ne devons même plus « songer à la violence », à l'action révolutionnaire; le chemin du « capitalisme cultivé » et d'une constitution accordant « plus de libertés » nous mène d'abord à des réformes partielles. C'était le réformisme le plus pur appliqué aux conditions de la vie russe.

La guerre est venue. Rojkov, logique, continue à suivre la voie du liquidationnisme. « Dans la prescience » du capitalisme cultivé et de la constitution, « le drapeau du progrès national a été levé ». Levé par qui? Evidemment par Milioukov, Plékhanov, Potressov, Struhve, Rojkov. Ce sont eux qui attendent de la guerre et de la victoire de la Russie « le progrès national d'un capitalisme cultivé (d'un « vrai » capitalisme, comme dit Rojkov) et un droit constitutionnel comportant pour ce capitalisme plus de liberté. Si Plékhanov, Maslov, Potressov, Rojkov invoquent encore à ce propos Marx et le « marxisme », tant mieux pour Milioukov et Struhve; car ces « marxistes » défendent la cause des nationaux-libéraux... Les « réformes » concrètes énumérées triomphalement par le nationaliste-liquidateur Rojkov éclairent encore la question. La suspension (suspension? il ne s'agit que d'une suspension!) du monopole de l'alcool, l'impôt sur le revenu (auquel on promet seulement de songer), la proclamation solennelle de réformes en Pologne (qui ressemble fort à une nouvelle façon solennelle de tromper la Pologne), mais tout cela ne sort pas du domaine de l'idéal bourgeois libéral! Y voit-on la moindre allusion à une solution révolutionnaire des questions de nouveau mises à l'ordre du jour en 1912-1914 par des millions d'ouvriers russes participant aux grèves révolutionnaires?

Le principal groupe des nationaux-liquidateurs, c'est, en Russie, celui de *Nacha Zaria* (*Notre Aurore*). *Naché Dielo* n'a pas la hardiesse de conclure à l'abandon pur et simple de toute action pour autre chose que la constitution et le « capitalisme cultivé ». Mais la somme des idées est la même.

« Nous vous déclarons que notre activité ne s'oppose pas à la guerre », écrit à Vandervelde le groupe principal des nationaux-liquidateurs russes. Il ne dit pas « nous collaborons »..., comme s'exprimerait peut-être franchement Rojkov. Il dit seulement (1) : « Nous ne nous opposons pas... » Mais, pour Milioukov et Pourichkévitch, c'est un début suffisant.

« La victoire de l'Allemagne déciderait de la dépendance économique et de l'exploitation de la Russie, alors que la victoire de *l'impérialisme britannique* assurerait la complète (!!!) liberté des conventions internationales et la complète (!!!) émancipation du pays de toute exploitation violente »; si les armées du tsar ne remportent pas la victoire, c'est-à-dire si elles n'étouffent pas la Galicie, si elles n'enlèvent pas Constantinople aux Turcs, le « progrès économique et politique de la Russie » sera inévitablement enrayé. L'Allemagne veut coloniser la Russie en modifiant les tarifs douaniers, en « détruisant l'industrie russe », etc. Ainsi écrit le national-liquidateur Maslov (*Les Causes économiques de la Guerre mondiale*, Moscou, 1915).

« L'Europe s'est insurgée » contre « le militarisme prussien », ce qui assure « la banqueroute des junkers prussiens dans la guerre actuelle », répète le citoyen Tchérévanine (*Nacha Zaria*).

Un troisième déplore que Jaurès ne puisse siéger maintenant dans le ministère Briand pour défendre les intérêts de la démocratie et de la classe ouvrière. « S'il était vivant, il siégerait certainement à côté de son perpétuel antagoniste dans les questions de politique générale, Jules Guesde, dans ce gouvernement, en qualité de délégué du prolétariat; il défendrait, avec Jules Guesde, les intérêts de la démocratie et du prolétariat. » M. V. L-y, lui-même, écrit ces lignes (*Nacha Zaria*).

Un quatrième affirme : « L'observation des perspectives nous oblige à reconnaître que le type d'organisation prusso-germanique a, par surcroît, ses inconvénients particuliers » (et le tsarisme n'en aurait pas?). Le même A. P-v, adoptant les procédés de tous les faux-monnayeurs qui appliquent à la guerre impérialiste les propos de Marx et d'Engels sur les guerres *nationales* d'une toute autre époque, enseigne aux ouvriers russes qu'ils doivent, dans l'intérêt

de la démocratie, de la civilisation, du socialisme, du marxisme, etc.,
souhaiter la victoire du tsar et ne point contrecarrer par conséquent l'action du généralissime Nicolas Nicolaïévitch Romanov!
(*Naché Diélo*, n° 1).

Un cinquième. M. Smirnov, dit que la social-démocratie devra,
après la guerre, reviser son attitude envers le militarisme en général et, au lieu d'en être l'adversaire en principe, le défendre par
principe (*Rousskyé Viédomosti*).

Paraît enfin le n° 3-4 de *Naché Diélo*, mettant un terme à toutes les hésitations. Ce que disait confusément M. A. P-v, MM. V.
Levitsky et P. Maslov l'affirment bien haut, sans la moindre tergi-
versation.

Dans la guerre, les socialistes doivent « prendre parti », déclare G. Levitsky. Et il prend, lui, résolument le parti de la Triple
Entente. « A l'heure actuelle, la démocratie ne peut prendre que le
parti de l'Entente. « Les socialistes belges et français n'ont pas,
en se plaçant au point de vue de la défense nationale, transgressé
les principes de l'internationalisme. » La fameuse motion social-
chauvine de la conférence de Londres rédigée par les ministres
Vandervelde et Sembat, associe, d'après M. Levitsky, « les devoirs
de la défense nationale... aux principes du progrès international ».
Les socialistes qui, comme M. Lénine, ne tiennent pas pour « essentiel » de préférer la victoire d'une coalition sur une autre, sont des
« anarchistes, des syndicalistes et des hervéistes ». Ils veulent atteindre des « fins communes en passant outre aux conditions posées par l'histoire et aux objectifs partiels brutalement imposés par
la journée historique présente ».

M. Maslov n'est pas moins résolu. Pour consoler Martov, il dit
que la division actuelle du socialisme n'est qu'une « brève transition », causée par de « passagères divergences de vues », et que de
pervers amateurs « de scissions et de divisions » s'efforcent d'approfondir.

Mais lui-même défend le plus pur social-chauvinisme « kauts-
kyen ». Sa devise est : « Principe permanent de légitime défense...
reconnaissance d'intérêts identiques pour tous les autres pays ». Il
approuve entièrement les « justes » et « spirituelles » déclarations
de Plékhanov. Il se gausse des socialistes selon lesquels « tous les
combattants auraient, paraît-il, un égal désir de se battre », de sorte
que les uns valent les autres. Tout à fait à la manière de Cunow
et de David, il parle de ces marxistes « qui concluent, dans un esprit
purement syndicaliste, à la nécessité fatale d'adopter *immédiatement* (souligné par Maslov) un nouveau régime économique », c'est-
à-dire le socialisme (1).

____

(1) Le fascicule contient une note de la rédaction: « Vu les divergences
d'idées existant parmi les rédacteurs et les collaborateurs de *Naché Diélo*,
sur cette question capitale pour aujourd'hui, la rédaction publiera des articles
où seront exposées les différentes opinions ». C'est pour Maslov et ses amis
l'échappatoire souhaitée. Dans son dernier numéro, la rédaction de *N. D.*

Ces socialistes ne s'aplatissent pas devant leur gouvernement aussi manifestement que Sudekum et Heine devant le leur. Patience, cela viendra... Nous ne perdons rien pour attendre. La bande de coquins du tsar est encore si stupide qu'elle vient de condamner son meilleur ami, M. Struhve, à deux mois de prison. Le chauvinisme des Struhve et des Potressov ne lui suffit pas; il lui faut celui du *Novoïé Vrémia!*

D'ailleurs, dans le socialisme russe, ceux qui rampent aux pieds des maîtres sont assez et trop nombreux dès à présent.

Voyez, par exemple, M. Iordansky, le plus proche de Plékhanov. A quel point ne s'est-il pas avili quand il déclare, avec enthousiasme, dans une revue « marxiste », ce qui suit :

A en croire la rumeur publique, on parle jusque dans les milieux gouvernementaux d'accorder, après la guerre, aux juifs en ce moment sous les armes, le droit de libre séjour dans tout l'Empire. M. Pourichkévitch lui-même, cédant à l'orage, est devenu accessible à la voix de la vie nouvelle. Il s'est nettement séparé de M. Doubrovine.

Nous comprenons que Pourichkévitch défende maintenant l'union sacrée. Elle lui est réellement nécessaire pour que notre armée puisse achever sa grande œuvre, c'est-à-dire étrangler la Galicie, la Turquie, la Perse. Mais que le « marxiste » Iordansky s'emballe, à l'époque des plus ardentes persécutions antisémites, de pogroms d'une ampleur encore inconnue, de l'expulsion des juifs de divers gouvernements et des pires procédés, s'emballe, disons-nous, parce que, suivant certaines rumeurs, « les milieux gouvernementaux » songeraient (!) à accorder le « droit de libre séjour » aux soldats juifs rescapés de la tuerie, c'est tout bonnement écœurant.

Un autre reptile, M. L. Kleinbort, de la même revue, se montre digne de collaborer au *Novoïé Vrémia.* Il écrit :

Comme obéissant à un signal, le mouvement de Pétrograd s'est apaisé, les grèves de Moscou et de Bakou ont cessé, les ouvriers, conscients de la gravité historique du moment, ont bien montré que ce n'était pas l'heure d'aggraver la lutte intérieure. (*Monde Contemporain,* XII, 1914.)

Comme obéissant à un signal, M. Kleinbort ne semble pas avoir entendu parler de l'état de siège, des milliers d'arrestations d'ouvriers russes avancés que ne pénétrait nullement le « sentiment conscient » propre à certains journalistes rampants... MM. les chauvins feraient beaucoup mieux de se taire que de parler des ouvriers

déclarait nettement se placer sur la plate-forme du chauvin Plékhanov. Dans le numéro actuel, il n'y a que des articles chauvins. Nous verrons comment A. P-v, Maslov et Levitsky « élucideront la question à différents points de vue ». Du reste, on ne sait pas encore quels désaccords se font jour parmi les liquidateurs. La rédaction de *N. D.* nous dit bien qu'elle ne peut pas, pour des raisons indépendantes de sa volonté, « publier un article de M. J. Larine. » Or, Larine est tout aussi chauvin que Levitsky, quoique appartenant à une autre tendance (allemande). Les divergences de vues de cette sorte ne sont naturellement que « transitoires ». — G. Z.

russes. On saura, chez ces derniers, mépriser et haïr ces larbins du tsar. Et si le chauvinisme, était vraiment fort parmi les ouvriers russes, la presse vénale saurait bien le crier sur les toits.

Un troisième reptile : M. Alexinsky. Cet « ex-révolutionnaire » (attestation délivrée par les *Moskovskié Viédomosti*) se désosse dans la même revue pour la grande satisfaction du *Novoié Vrémia* et du *Rousskoïé Znamia* (1). Dans la *Revue Politique Internationale*, éditée en Suisse, il publie un éloge si éhonté de la politique étrangère des diplomates du tsar que de braves bourgeois helvètes, impatientés, ont cru devoir rappeler à M. Alexinsky ce qu'il écrivait jadis de la camarilla secrète qui constitue le gouvernement véritable de la Russie. (*Revue Politique Internationale*, 1915, nº 14.)

Tous ces messieurs ont rompu avec le mouvement révolutionnaire russe. Ils sont du côté de la bourgeoisie russe, de la réaction russe. Le passage au chauvinisme a toujours été, pour les « ex-révolutionnaires » russes, le premier pas vers le reniement complet. Rappelons-nous l'ancêtre des Alexinsky et des Iordansky, M. Léon Tikhomirov. Comment commença-t-il à « revenir de ses erreurs » ? En découvrant à l'improviste que « jamais il n'avait oublié les intérêts nationaux de la Russie; toujours il avait été prêt à donner sa vie pour l'unité et l'intégrité de la Russie ».

Il commença par prêcher la « constitution d'un grand parti *national* », la création d'une « intelligence nationale ». Il commença par rire des révolutionnaires « qui considéraient Mouraviev-Amoursky, celui qui avait procuré à l'autocratie la gloire de s'installer sur l'Océan Pacifique, comme un être nuisible » ? (2).

Plékhanov tourna jadis en dérision « la douleur de Tikhomirov ». Mais c'est une douleur vraie pour la social-démocratie russe que le fondateur de notre parti fasse aujourd'hui une telle propagande que ses disciples en arrivent à répéter, mot pour mot, les propos de Tikhomirov...

Quelques « intellectuels » ont pu s'égarer dans un sens ou dans l'autre. Nous voyons autre chose chez les liquidateurs. Tout leur état-major d'idéologues : *Nacha Zaria (Notre Aurore)* et *Naché Diélo (Notre Cause)* est entré sans hésitation dans la voie du social-chauvinisme. Et il ne pouvait en être autrement. Car le social-chau-

---

(1) Les scandaleuses « manifestations » de M. Alexinsky ne le cèdent en rien aux fameuses manifestations antisémites de M. Khroustalev, tombé au plus bas. Cet « ex-révolutionnaire » en est, visiblement, lui aussi à son déclin. Jusqu'où a dû tomber M. Alexinsky pour adresser à la *Retch* une lettre dans laquelle il assure à la bande tsariste que l'émigration politique se réconcilierait tout de suite avec la guerre si « ces éléments obtenaient la possibilité d'interrompre leur séjour forcé — et moralement des plus pénibles en temps de guerre — sur le sol étranger et de regagner le pays natal? » (*Retch*, du 26 mai 1915). Pour qui travaille notre ex-révolutionnaire? Il a dernièrement battu tous les records en adjurant les Rodzianko et les Pourichkévitch d'accorder une amnistie aux émigrés. — G. Z.

(2) *Pourquoi j'ai cessé d'être révolutionnaire?* par Léon Tikhomirov, Moscou, 1896. Nous recommandons particulièrement cet ouvrage à Ropschine, à Alexinsky, aux rédactions des *Nouvelles*, du *Monde Contemporain*, de *Notre Aurore...* — G. Z.

vinisme est la continuation idéologique et politique du liquidationnisme, ou en d'autres termes n'est que le liquidationnisme adapté à la guerre de 1914-1915. Parmi les nombreuses tendances — il y en avait sept — représentées dans le bloc des liquidateurs formé à Bruxelles (conférence tenue le 3 juin 1914, sous la présidence de Vandervelde), les suivantes ont versé dans le social-chauvinisme :

1. La « tendance » de *Nacha Zaria;*
2. La « tendance » du leader des liquidateurs du Caucase;
3. La « tendance » Plékhanov (1);
4. La « tendance » Alexinsky;
5. La « tendance » du leader du *Bund* juif, Kossovsky.

Dans ces cinq « tendances » aujourd'hui nettement chauvines, nous voyons les principaux éléments du bloc chauvin de la Russie. Le lien idéologique du liquidationnisme et du social-chauvinisme n'est pas seul hors de doute; le lien des organisations ne l'est pas moins (2).

Le liquidationnisme russe est devenu un *national*-liquidationnisme.

VIII. *Le Centre-droite ou la politique du Comité d'Organisation*

Il y a pourtant, parmi les liquidateurs, des adversaires du chauvinisme. Martov est-il chauvin? Axelrod l'est-il? Le C. O. ne combat-il pas le social-chauvinisme? Quel droit avez-vous, après cela, d'affirmer que le liquidationnisme est devenu le *national*-liquidationnisme?

Question légitime, qu'il faut examiner.

L'histoire se répète. Lorsque la crise du liquidationnisme menaçait notre parti, la situation était exactement pareille à ce qu'elle est aujourd'hui. Martov, Axelrod et leurs plus proches amis étaient « sur bien des points » en désaccord avec *Nacha Zaria;* ils pensaient qu'on ne pouvait pas répudier entièrement l'action clandestine. Martov et d'autres représentants influents de cette tendance signèrent même, à la mémorable séance plénière du comité central de la social-démocratie russe d'avril 1910, une motion dans laquelle il était dit que « cette répudiation est le fruit de l'influence bourgeoise sur le prolétariat ». Ils n'exigèrent « qu'une chose » : que la tendance liquidatrice, qui répudiait le parti illégal, fût reconnue

---

(1) L'impartialité nous oblige à reconnaître que tous les disciples d'avant-guerre de Plékhanov sont loin d'avoir suivi le maître dans son adhésion au social-chauvinisme.

(2) Il est à remarquer que le classement des groupes s'est fait de même dans les organisations nationales du parti ouvrier social-démocrate russe. La social-démocratie lettonne, ayant vaincu ses liquidateurs, a fermement adopté le point de vue de notre comité central (voir sa déclaration officielle à la Conférence de Londres). L'« opposition » polonaise n'est pas loin de prendre la même attitude. Au contraire, le *Bund* et la *Levitza* sont proches du point de vue chauvin du comité unitaire. Dans la social-démocratie ukrainienne, M. Bassok — qui fut autrefois un proche collaborateur de Trotsky à la *Prauda* viennoise — et d'autres avec lui font une politique purement bourgeoise. C'est dans leur presse ukrainienne que Parvus place ses arlequins.

légitime par ce parti, que Potressov et ses amis, qui préconisaient la liquidation de l'ancien parti ouvrier social-démocrate russe, fussent reconnus membres de ce parti, jouissant comme tels de la plénitude de leurs droits.

Quel a été le cours des événements? Une année, deux années se sont écoulées. Le groupe *Nacha Zaria* a continué son œuvre en Russie, Martov et ses collègues ont continué à hésiter, ne restant inébranlables que sur un point : dans leur hostilité envers les adversaires de *Nacha Zaria*. Un peu de temps encore et le plus à gauche des hésitants, Martov lui-même, s'est trouvé parmi les gens de *Nacha Zaria*.

Admettons une minute que Martov soit cette fois inébranlable, admettons que Martov et Axelrod se séparent de *Nacha Zaria* et la combattent. N'aurons-nous pas raison, même alors, d'affirmer que le liquidationnisme est devenu un national-liquidationnisme? — Bernstein est, lui aussi, devenu social-chauvin.

L'hypothèse d'une action sérieuse de Martov et d'Axelrod contre *Nacha Zaria* est d'ailleurs tout à fait insoutenable. P.-B. Axelrod est maintenant beaucoup plus près de *Nacha Zaria* que ne l'étaient les rédacteurs du *Goloss (la Voix)* social-démocrate de Paris, Axelrod, Martov, Dan, Martynov, en 1909-1910, au début du liquidationnisme. Axelrod est maintenant aux trois quarts avec *Nacha Zaria*, puisqu'il est d'accord avec ses rédacteurs sur tous les points importants. Quand il recommande « la prudence » à ceux qui sont tentés « d'accuser d'opportunisme » des « marxistes aussi éprouvés que Guesde », quand, défendant Vandervelde, Sembat et Guesde, il rappelle que la résolution d'Amsterdam admettait au point de vue formel la participation ministérielle, quand il écrit qu'on « ne peut pas ignorer » quel est le responsable, l'agresseur qui a obligé tous les pays assaillis à défendre leur indépendance, quand il ignore systématiquement le caractère impérialiste de la guerre chez les deux groupes belligérants, il propage les mêmes idées social-chauvines que *Nacha Zaria*. Quand Axelrod déclare que le « menchévik » (et non le social-chauvin) Plékhanov est plus proche de lui que l'internationaliste Lénine, il suit sans réserve la ligne politique tracée par *Nacha Zaria*. Quand le même Axelrod tente de démontrer que la crise actuelle de l'Internationale et les différends actuels avec les social-démocrates ne continuent nullement les désaccords entre les marxistes et les opportunistes, il défend sans réserve la position de Potressov et de *Nacha Zaria*.

S'attendre à ce qu'Axelrod combatte cette tendance équivaudrait à espérer de la part de Milioukov une action contre le national-libéralisme ou de la part de Bernstein une action contre le révisionnisme.

Mais Martov! N'a-t-il pas écrit d'excellents articles, pleins de talent, contre le social-chauvinisme? Et nous avons été les premiers, nous, ses vieux adversaires, à y applaudir dans le *Social-Démocrate*. Mais que penser? L'encre dont ces excellents articles sont écrits n'est pas encore sèche que Martov rompt des lances, dans *Nacha Zaria*, pour la défense du social-chauvinisme!

Ce n'est pas la première fois, loin de là, que pareille chose lui arrive. Nous avons déjà rappelé 1910 et l'assemblée plénière du comité central de la social-démocratie. Nous pourrions citer encore un autre exemple de sa versatilité : la question du bloc avec les cadets aux élections de la II° Douma. Nul, au début, n'écrivit de plus brillants articles contre ce bloc inadmissible que Martov. Le même Martov, pourtant, quand sa fraction, représentée par des chefs profondément opportunistes, se fut définitivement prononcée *pour* ce bloc, allait le défendre par tous les moyens, bons et mauvais, de l'argumentation opportuniste. Martov se comporte aujourd'hui de même. Dans ses futures biographies, le chapitre « Martov pendant la guerre de 1914-1915 » ne tiendra pas la moindre place. À vrai dire, Martov, depuis des mois, tremble comme un roseau. La vilenie du social-chauvinisme lui répugne. Le sentiment révolutionnaire s'éveille en lui. Mais... il est prisonnier du liquidationnisme et, dans la même mesure, du social-chauvinisme.

Pour justifier *Nacha Zaria* et, de fait, justifier aussi les chefs de l'opportunisme international, il nous a imputé l'explication de la crise par la « trahison des chefs ». Afin de ne pas rompre avec *Nacha Zaria*, il démontre que la rupture avec l'opportunisme (et par conséquent avec le social-chauvinisme) serait désastreuse pour le mouvement ouvrier.

L'amplitude de ses oscillations est le mieux mesurée par deux de ses manifestations concernant toutes deux le même document : la fameuse lettre du centre russe des liquidateurs à Vandervelde.

Dans le n° 34 du *Social-Démocrate*, nous avons publié les premiers ce document que Martov et ses amis ne se pressaient pas de faire paraître. Nous demandions aux auteurs de la phrase : « nous ne nous opposons pas à la guerre », s'ils comprenaient à qui servait leur tactique. Martov prit alors la parole pour s'attaquer avec véhémence... non aux auteurs de l'appel chauvin... mais à nous! Martov défendit catégoriquement les auteurs de l'appel. Il apparut sous sa plume que « les critiques » — les critiques, c'était nous du *Social-Démocrate* — ignoraient totalement le caractère nettement « *anti-tsariste* (souligné par Martov) de ce document, et qui suffit à le différencier des manifestes social-chauvins » (*Goloss*, n° 87).

Bien. Dix-huit mois ont passé. Martov publie sa lettre aux auteurs de l'appel de décembre dernier. (1)

____

(1) A notre plus grand regret, Martov ne nous informe pas de la réponse qu'il en a reçue... Il est vrai que la situation politique est des plus claires. En 1925, longtemps après la lettre de Martov, les liquidateurs, continuant fermement à suivre leur politique social-chauvine, ont fait paraître en Russie une revue. Martov n'eût du reste pas publié sa lettre s'il eût reçu une réponse satisfaisante, c'est-à-dire si le centre russe du liquidationnisme avait été réellement disposé à répudier le social-chauvinisme. Pauvre Martov, obligé d'être à la fois « membre du secrétariat étranger du Comité unitaire » (menchévik), ennemi de *Naché Slovo* et membre de la rédaction de *Naché Slovo*, enne-

Et Martov d'écrire (au centre russe des liquidateurs) : « Vos phrases sur la non-résistance à la guerre sont en vérité fatales (tiens! tiens!); elles constituent une condamnation objective de l'attitude de la fraction social-démocrate de la Douma en août, une répudiation de toute notre attitude envers l'impérialisme russe dans sa politique étrangère des Balkans et de partout ailleurs — et envers la tactique du libéralisme russe concernant cette politique. » (*Naché Slovo* n° 102). C'est fort bien dit. En d'autres termes, Martov appelle maintenant *tsariste* la thèse fondamentale du fameux document. C'est bien, très bien. Mais... pourquoi devait-il qualifier auparavant ce même document d' « anti-tsariste » et même de « nettement anti-tsariste »? Il faut tout de même qu'il y ait une limite aux oscillations de Martov.

Dans les articles-programmes de Martov (*Le Marxisme russe et la Guerre, Naché Slovo*, n°° 100, 101, 102), une réserve providentielle saute aux yeux : « Il y a peut-être dans la conception illusoire des Anglo-Français plus d'éléments de vérité. » Par cette porte entre-bâillée peuvent s'insinuer les Potressov. Pourtant, ces articles contiennent tant d'excellentes choses! Martov s'y rapproche si fortement des idées du *Social-Démocrate* que, si c'était enfin son *dernier mot*, il aurait rompu avec les Potressov et les Axelrod...

Reste le Comité d'Organisation. Essayons de prendre au sérieux cette honorable fiction. Comment s'est exprimée « l'activité » du C. O. pendant presque une année de guerre? Le C. O. a effacé les traces du social-chauvin Potressov. Sur Kautsky, sur le « centre » allemand, ennemi le plus dangereux du marxisme, le C. O. ne dit mot. Par contre, il lui arrive de se plaindre du *Social-Démocrate* qui manque, à son gré, de politesse envers Kautsky et ses amis. Le principal représentant idéologique du C. O., Axelrod, démontre dans le n° 2 des *Izvestia* que l'action pour la paix est encore prématurée. « Le dessein d'appeler dès maintenant *les masses* (souligné par Axelrod) ouvrières à des actes de combat (grèves politiques, manifestations, etc.) me paraît bien prématuré et bien risqué ». Après dix mois et demi de guerre, ce socialiste se demande ce qui arriverait « *si* (si!) les sphères officielles des partis socialistes des pays belligérants d'Occident » refusaient encore de s'opposer à la guerre. Et il répond : « Nous en reparlerons! » Il est aussi l'inventeur d'une ridicule « campagne » (une de plus après tant d'autres!) : il s'agissait de faire pression sur Sudekum en organisant, je crois, une sorte de pétition signée par des ouvriers à l'adresse de l'aréopage international des social-chauvins!

Quand *Naché Slovo* proposa de réunir une conférence de délégués du comité central, du comité unitaire et de. *N. S.*, afin

---

mie du C. U. Etre obligé, en qualité de rédacteur de *N. S.*, de se combattre soi-même en qualité de membre du C. U. et *vice versa*. Quelle situation! La correspondance avec le centre des liquidateurs publiée par Martov est bien instructive. Publiera-t-il bientôt sa correspondance avec *Naché Slovo*? — G. Z.

de coordonner l'action contre le social-chauvinisme russe, le C. U. répondit qu'il ne désirait pas délibérer sans que fussent représentées les tendances chauvines de Plékhanov et d'Alexinsky (et en général toutes les tendances du bloc de Bruxelles). Le C. U. ne veut pas entendre parler d'une rupture avec les social-chauvins. Parce qu'il est lui-même l'organe, assez secondaire il est vrai, d'une tendance social-chauvine dont *Nacha Zaria* représente les idées.

Voyez plutôt comment les politiques réalistes du social-chauvinisme apprécient la tactique du C. U. M. Kossovsky nous fournit un exemple. Ce franc avocat des social-chauvins allemands, auquel le kautskisme même paraît « exagérément à gauche », dit carrément : « L'Internationale ne peut être reconstituée qu'avec les éléments dont elle a été composée par le passé..., c'est-à-dire ceux des vieux partis... Ils ont commis des fautes (seulement! G. Z.) bien naturelles (!!!) dans une situation extrêmement difficile... La social-démocratie allemande accomplit une évolution des plus difficiles qu'il ne faudrait pas sous-estimer à cause de quelques (!) manifestations erronées de certains (il est bien dit : de certains, G. Z.) de ses chefs. » Tout va bien, « L'Internationale reconstituée ne sera pas la troisième..., ce sera toujours la deuxième qui n'est pas morte mais temporairement paralysée par la catastrophe mondiale. » (*Feuille d'information* du *Bund*, n° 8).

Le plan est clair. La reconstruction de l'Internationale doit être l'œuvre d'un nouveau ramassis de Südekum de tous les pays. Il n'y a eu que de petites fautes commises et de « bien naturelles ». Le « membre du secrétariat étranger du C. U. « Martov « réplique » à Kossovsky sur un ton aussi servile que celui de Kautsky vis-à-vis de Cunow. Kossovsky, par contre, connaît bien son C. U. Il est loin de le considérer avec colère. Au contraire, il le traite avec une familiarité condescendante. M. Kossovsky publie dans la revue américaine *Zukunft* (*l'Avenir*) un article sur la *social-démocratie russe et la guerre*. On y trouve deux chapitres consacrés au C. C. et au C. U. A propos du C. C., M. Kossovsky ment comme un arracheur de dents (le C. C. entend, paraît-il, la « guerre civile » non dans un sens historique, mais au sens étroit d'une « action » immédiate non préparée (1). En revanche, Kossovsky professe à l'endroit de son C. U. une admiration sans bornes. « Alors que la majorité des émigrés social-démocrates (*Naché Slovo* est ici visé, G. Z.) couvrent de boue l'Internationale à laquelle ils reprochent d'avoir foulé aux pieds les principes du socialisme, le C. U. se fait remarquer par une attitude de solidarité vraiment fraternelle. Il n'accuse personne de trahison (il ne manquerait plus que cela! G. Z.), il se borne à constater ce fait désolant que la guerre a éloigné un parti socialiste de l'autre et il croit nécessaire de s'efforcer de leur rendre la con-

---

(1) Le C. C. est en outre accusé — horreur! — d'être en tous points solidaire de Pannekoek. — G. Z.

fiance mutuelle... Le ton fraternel des déclarations du C. U... », etc., etc. (*Zukunft*, avril 1915).

Le social-chauvin Kossovsky est enchanté du C. U. « internationaliste » (Hum, hum!... Nous craignons que le centre russe des liquidateurs n'en soit tout aussi content). Il y a toutes raisons de croire que le social-chauvinisme de nuance kautskiste triomphera chez les liquidateurs russes (ce n'est pas pour rien que A.-P-ov, reproduit dès maintenant dans sa revue des brochures entières de Kautsky). On ne saurait approcher les ouvriers russes avec un chauvinisme trop franc. Aussi l'attitude du « centre », qui est déjà celle du C. U., sera-t-elle pour les Potressov, les Tchérévanine, les Egor, les Lévitsky et Cⁱᵉ, réellement précieuse.

Quand les moments difficiles seront passés, il deviendra possible de passer hardiment sur les positions du kautskisme. Deux écrivains connus de la tendance des liquidateurs, M. Lourié, dans les *Rouskié Viédomosti* (n° 291), et M. Enzis, dans la *Kievskaïa Mysl* (n° 126), chantent dès maintenant le los du kautskisme. Bénéficiant d'un monopole de fait dans la presse légale, sachant bien qu'il serait en ce moment difficile de les démasquer, ils s'écartent sans vergogne de la vérité, allant jusqu'à affirmer que Kautsky s'est rapproché des « gauches », etc.

« L'attitude kautskiste du centre » fera plus de mal en Russie que la défense ouverte du chauvinisme. Le C. U. et Axelrod sont certainement ses représentants les plus qualifiés. Ils sont plus près encore des social-chauvins russes que Kautsky et Cⁱᵉ ne le sont des social-chauvins allemands. Ils jouent en Russie le rôle d'un centre *droit*. Et plus nous allons, plus il est difficile de distinguer ce centre de la phalange social-chauvine elle-même...

Mais il serait injuste de passer sous silence un autre représentant du « centre » russe, Trotsky. Nous en reparlerons au chapitre suivant.

IX. *Le centre gauche ou la position du « trotskisme »*

La position de Trotsky est, quant au principal, celle du même « centre ». Dans les questions qui définiront réellement la politique des partis et des organisations pour la période la plus rapprochée, Trotsky suit en fait le Comité unitaire (menchévik). Cette affirmation peut paraître exagérée en présence de la polémique qui met en ce moment aux prises les représentants du Comité unitaire et Trotsky. Elle est néanmoins absolument exacte. La polémique dont nous venons de parler est parfois bien vive; les deux parties y échangent des aménités de qualité douteuse, mais méritées, parce qu'elles se connaissent fort bien l'une l'autre. Et leur assise est commune : c'est la lutte contre la « scission », c'est-à-dire le désir de vivre et de collaborer avec les social-chauvins. Depuis plusieurs années, Trotsky s'efforce de former dans la fraction des

liquidateurs sa *sous-fraction*, celle des « hors-fractions » comme
l'on très exactement qualifiée les adhérents du C. U. (1).

« La fraction des hors-fraction » ne réussit pas à Trotsky pour
cette excellente raison que c'est, au point de vue politique, celle
qui manque le plus d'idées et de principes, de toutes les fractions
que la social-démocratie russe ait jamais contenues. Prendre ceci
aux liquidateurs, cela à la rédaction de la *Pravda*, « se glisser »
entre le comité central et le comité unitaire, telle est toute
la naïve philosophie du trotskisme. On conçoit que ni les uns ni les
autres n'ont pu considérer ce système avec respect (2). On peut ne
pas s'accorder avec les liquidateurs, mais on ne peut pas contester
qu'ils suivent une ligne politique bien à eux, qu'ils ont leur propre
tendance. Faute de quoi il ne reste dans le parti social-démocrate
qu'un rôle disponible : le pauvre rôle qu'y a joué le « trotskisme ».

La guerre a surpris le « trotskisme » constitué en sous-fraction
au camp des liquidateurs, avec sa propre revue *Borba (La Lutte)*,
tentant sans succès de faire la fameuse politique de milieu. Le
dernier acte du trotskisme avant la guerre fut sa participation à
la conférence de Bruxelles (3 juillet 1914) où Trotsky joua avec
l'éclat qui lui est habituel le rôle de chambellan du C. U. liquidateur. La situation créée par la guerre n'a fait, pour l'instant, que
le pousser à s'adapter à la situation nouvelle, en recherchant une
ligne « moyenne » pour la social-démocratie russe dans des circonstances nouvelles. Ceci ne pouvait conduire à rien d'autre qu'au
kautskisme dépourvu d'idées, sur le terrain russe. La position du
trotskisme est devenue plus désespérée encore du fait qu'il s'est
trouvé en Russie d'autres honorables prétendants au rôle de « centre », les membres du C. U. Il ne reste plus à Trotsky qu'à représenter une des nuances du « centre ». Nous voyons maintenant une
sorte de différenciation entre « centre droite » et « centre gauche »,
un peu comme les divergences de vue qui séparent en Allemagne la
tendance de Kautsky et celle de Cunow. Les représentants des
centres droite et gauche prêtent eux-mêmes à leurs futiles désaccords la plus haute importance. Mais, du point de vue des adver-

---

(1) « L'attitude de Kautsky dans les derniers mois — écrit M. Enzis, le
7 mai — s'est sensiblement modifiée dans le sens des idées sur la guerre que
propagent les coréligionnaires politiques de Rosa Luxembourg et de Franz
Mehring ». C'est ainsi que les hommes du « centre-droit » effacent en Russie
les traces qu'il est de leur intérêt d'effacer. — G. Z.

(2) La déclaration connue de *Naché Slovo* dans laquelle il est spécifié qu'il
ne s'agit pas de former un nouveau groupement (ou une nouvelle fraction)
d'internationalistes ne nous contredit pas. Trotsky n'a pas besoin d'un nouveau groupe d'internationalistes. Il a besoin d'une fraction de « trotskistes »,
c'est-à-dire d'une fraction oscillant *entre* les internationalistes et les social-
chauvins comme elle a oscillé autrefois entre la *Pravda* et les liquidateurs.

Trotsky s'offense de ce que nous saluons avec joie des internationalistes
français aussi timides que Nicod et Monatte et ne le saluons pas du tout lui-
même. Mais c'est une chose que de commencer — même timidement — l'action
contre tout un parti chauvin ; c'en est une autre que de tenter de s'installer entre
le C. U. social-chauvin et le parti ouvrier social-démocrate russe internationaliste, représenté par son comité central. — G. Z.

saires irréconciliables du social-chauvinisme, ces désaccords ne jouent qu'un rôle infime.

Avant la guerre, le trotskisme avait aux yeux des « conciliateurs » un certain sens, parce qu'il niait l'existence de désaccords fondamentaux entre la *Pravda* et les liquidateurs. Pour ce qui est des internationalistes et social-chauvins russes, Trotsky lui-même ne se hasardera plus maintenant à nier. Il continue pourtant à faire sa propagande de « hors fraction ». Il continue pourtant à voir sa tâche politique dans la poursuite de la même ligne de conduite « moyenne ».

L'attitude du trotskisme envers la guerre et le krach de l'Internationale est exposée dans la brochure allemande de Trotsky, *La Guerre et l'Internationale*, et exprimée dans les journaux parisiens *Goloss* (*La Voix*) et *Naché Slovo* (*Notre Parole*). Le défaut fondamental de la brochure, c'est que, due à la plume d'un socialiste russe, elle ne donne pas de critique vigoureuse du social-chauvinisme *franco-russe* et *se borne* à la critique (importante et nécessaire) du social-chauvinisme allemand. Cette unilatéralité a donné l'occasion au social-chauvin autrichien Georg Ruczka d'assimiler Trotsky dans une brochure d'ailleurs fort inintelligente sur la guerre et les socialistes russes aux défenseurs des idées de Plékhanov, ce qui est naturellement tout à fait injuste.

Le *Goloss* se publie à Paris depuis le 13 septembre 1914. Ce journal a le mérite certain d'avoir aidé les socialistes russes vivant à l'étranger à résister au torrent social-chauvin. Mais cette feuille, comme *Naché Slovo* qui lui a succédé, a traversé une longue période d'hésitations. Peu de camarades se rappellent que le numéro 1 du *Goloss* publiait, au lieu d'un article-programme signé de la rédaction, en éditorial, une page de Kautsky (*La Guerre européenne et ses Conséquences*) qui n'a rien à voir avec le combat contre le chauvinisme. Et la rédaction ne la faisait suivre d'aucune note. Le numéro 7 du *Goloss* donnait en leader un article de Vandervelde dans l'esprit de l'amnistie et de la défense du social-chauvinisme franco-russe. A propos de cet article, la rédaction du *Goloss* crut devoir dire dans le numéro suivant combien « lui sont précieuses la prudence, la noblesse de pensée, la nette conscience de la situation nouvelle » qu'elle discerne chez Vandervelde. Dans le numéro 18 du *Goloss* commence — toujours sans la moindre note de la rédaction — une série d'articles de Kautsky (*Les Perspectives de Paix*) d'un esprit nettement chauvin. A partir du numéro 55 commencent les feuilletons du social-chauvin Alexinsky que l'on ne croit même pas devoir présenter en « tribune libre ». A la fin d'un de ces feuilletons, la rédaction déclare n'être pas de l'avis de M. Alexinsky dont elle continue pourtant à faire paraître les œuvres. Dans les numéros 87 et suivants, nous trouvons des feuilletons d'Axelrod, dans lesquels l'auteur expose ses opinions de social-chauvin voisin de Plékhanov. La rédaction spécifie n'être pas d'ac-

cord avec lui sur « certains points ». Elle y reviendra... mais elle
n'y est jamais revenue.

Il y a au *Goloss* et à *Naché Slovo* des hommes qui voudraient
combattre réellement, à fond, le social-chauvinisme. Il y en a d'autres, et ce sont eux qui dirigent le journal, qui voient toute leur
tâche dans la spéculation sur l'unité avec les social-chauvins. Nous
lisons par exemple dans l'éditorial du numéro 96 du *Goloss* :

> Ce n'est pas en atténuant les désaccords et les contradictions que
> nous viendrons à bout de la crise de l'Internationale; c'est en formulant
> notre tactique avec netteté et précision, c'est en nous séparant catégo-
> riquement du quiétisme officiel qui se contente de l'explication marxiste
> du passé, c'est en rompant brutalement avec les éléments actifs du
> social-patriotisme.

Telle est la voix d'hommes qui veulent combattre à fond, honnêtement, le social-chauvinisme.

Et voici que, peu de temps après, nous trouvons dans le numéro 42 de *Naché Slovo* un autre article émanant de la tendance
kautskiste. Nous lisons :

> Combattant l'opportunisme, nous le considérons comme un défaut
> organique de la classe ouvrière et non comme un virus étranger intro-
> duit dans l'organisme du prolétariat marxiste orthodoxe par on ne sait
> quels intellectuels mûs par des inspirations contraires. Il n'est pas dif-
> ficile de couper; mais il faut d'abord savoir ce que l'on doit couper,
> pour ne pas tuer des éléments importants de l'organisme.

Ce n'est déjà plus la voix d'hommes soucieux d'une séparation
nette, d'une rupture brutale avec les social-chauvins. C'est la voix
du trotskisme.

Cette dernière citation nous met au cœur du sujet dans notre
discussion actuelle avec Trotsky. Quelle est actuellement l'occasion
de notre plus grand désaccord? C'est la façon de considérer les
rapports de l'opportunisme et du social-chauvinisme, et c'est la
question de la scission avec les social-chauvins. A commencer par
sa brochure, pour finir par ses articles de *Naché Slovo*, Trotsky
considère en quelque sorte les chefs de l'opportunisme et l'opportunisme même comme des « victimes du régime ». Il ne s'agit pas,
dira-t-il, de l'opportunisme des chefs, et de la tendance opportuniste, mais des « possibilités » de toute l'époque précédente. Cette
façon de présenter les faits à rebours dissimule une défense spécieuse de l'opportunisme. On ne peut douter que l'opportunisme,
comme en général tout ce qui est en ce bas monde, n'ait ses raisons
objectives dans le milieu environnant, c'est-à-dire dans tout l'ensemble des facteurs de ce milieu. Tout expliquer par la trahison des
chefs, par leur manque de fermeté morale, serait enfantillage. Comprendre les conditions objectives qui ont entretenu l'opportunisme,
c'est nécessaire — et, soit dit par parenthèse, les résolutions de la
conférence de Berne donnent seules à cette question une réponse

claire. Mais, en politique surtout, comprendre n'est pas pardonner.
L'anarchisme n'avait-il pas ses causes objectives dans le milieu environnant lorsqu'il triomphait dans le mouvement ouvrier espagnol,
hollandais, suisse, français, etc.? Le mouvement socialiste-révolutionnaire russe, le terrorisme, etc., n'ont-ils pas des racines dans le
caractère paysan de notre pays, dans la situation sociale si particulière des intellectuels russes? Le socialisme chrétien et l'antisé-
mitisme, qui ont un certain succès parmi les ouvriers en Autriche,
Allemagne, Hollande, Belgique, etc., n'ont-ils pas de racines sociales? Mais que dirions-nous de celui qui, lorsqu'on se mettrait à
parler de combattre l'anarchisme, le mouvement socialiste-révolutionnaire, etc., et de créer pour cela un parti ouvrier distinct, objec-
terait qu'il ne s'agit pas d'anarchisme ou de mouvement socialiste-
révolutionnaire, mais bien de l'époque, des circonstances, du milieu? Nous dirions que celui qui tient ce langage n'a pas d'idée di-
rectrice, ou qu'il a un intérêt politique à embrouiller la question
pour sa propagande d'union avec les anarchistes, les s.-r., etc... Les
écrits de Trotsky nous amènent à la conviction que son intérêt politique, sa politique propre, tendent à éviter une rupture complète
avec les social-chauvins et les opportunistes. A cet égard les leçons
de la guerre ne lui ont rien appris. Trotsky reste Trotsky. De même
qu'avant, il était pour l'unité avec les liquidateurs, il est aujour-
d'hui pour l'unité avec les social-chauvins.

Alors que la lutte avec le liquidationnisme ne faisait que commencer, Trotsky disait dans le *Vorwaerts* et dans sa *Pravda* viennoise qu'il voyait dans le liquidationnisme une certaine façon d'être
assez bornée. « Seulement » il n'approuvait pas la lutte contre le
liquidationnisme (sa formule était : « surmonter et non combattre »). Et il invoquait en faveur de la *raison d'être* du liquidationnisme les raisons objectives qu'il invoque aujourd'hui en faveur du
social-chauvinisme. On manquait d'horizon à cette époque de contre-révolution, et c'était, à son avis, la cause de tout le reste. Naturellement, le liquidationnisme était bien un des résultats de la contre-révolution. C'est incontestable. Mais est-ce à dire qu'il faut,
pour combattre la contre-révolution, *défendre* une des tendances
idéologiques auxquelles elle a donné naissance? Tant d'objectivité
ressemble, dans le meilleur cas, à du fatalisme. Et dans le pire des
cas, ce n'est que le procédé de défense avocassière d'une cause
perdue.

— Vous voulez « tronçonner » le parti social-démocrate, vous
« tranchez dans la chair vive du prolétariat », etc. Trotsky nous
sert ces phrases un peu fortes. Quel sens ont-elles? Nous savons
fort bien que l'unité, toutes autres choses étant égales, vaut mieux
que la scission. Mais voulez-vous dire, messieurs, que s'il s'agit
d'organisations formées d'ouvriers, la scission n'est admissible en
aucun cas? Que, s'il s'agit d'organisation ouvrière, il faut attendre
patiemment que les différends soient, avec le temps, surmontés?

En d'autres termes, voulez-vous dire qu'il n'y a pas en général de situation dans laquelle la scission devienne le premier des devoirs du révolutionnaire?

Mais que faire alors de l'anarchisme, des syndicats chrétiens, des syndicats de Hirsch-Düncker? Ces organisations n'embrassent-elles pas des centaines de milliers d'ouvriers? Et ne rompons-nous pas — tout en faisant l'impossible pour appeler peu à peu à nous ces ouvriers — avec ces organisations, précisément afin d'attirer plus promptement le restant des prolétaires dans nos organisations social-démocrates?

Il y a donc des degrés de divergence de vue tels qu'une scission devient nécessaire. Toute la question est sans doute de savoir si nous sommes dans ce cas vis-à-vis des social-chauvins qui continuent la politique de l'opportunisme.

Nous « tranchons dans la chair vive »! Ce n'est pas nous qui tranchons, c'est nous qu'on tranche. Les décapités ne pleurent pas leurs cheveux. Les social-chauvins ont décapité la social-démocratie. Les opportunistes ont fait tomber la social-démocratie au rang d'un parti ouvrier nationalo-libéral. Il s'agit de savoir si nous allons nous laisser assimiler par le social-chauvinisme, si nous reconnaissons encore comme possible maintenant une certaine cohabitation avec les social-chauvins au sein du même parti, ou si l'instinct de conservation socialiste est encore assez puissant en nous pour que nous ayons la force de rompre avec les corrupteurs bourgeois du socialisme et de suivre notre chemin? Il s'agit de savoir si le socialisme sera ou ne sera pas. Ni plus ni moins.

La IIe Internationale ne pouvait pas se former sans avoir rompu définitivement avec les anarchistes. Trotsky niera-t-il que les social-démocrates internationalistes sont, en principe et par leur mentalité même, plus éloignés des social-chauvins qu'ils ne l'étaient des anarchistes quand la Ire Internationale puis la IIe rompaient avec ces derniers? Ou bien l'ancienne sagesse qui commandait d'être intolérant à gauche et tolérant à droite resterait-elle en vigueur?

L'Internationale doit être reconstruite par les anciens partis sur les anciens principes. Ce ne sera pas la Troisième, ce sera toujours la Deuxième Internationale. Kautsky le prêche et Kossovsky lui fait écho. En quoi Trotsky diffère-t-il d'eux? En rien, si ce n'est par la phrase.

— Mais nous admettons « en principe » la scission, nous objectent des trotskistes (voir *Nos Positions*, dans *Naché Slovo*). Nous soutenons seulement que la scission est une question d'opportunité, de conformité au but poursuivi. Il n'est opportun de rompre avec les social-chauvins que lorsque cette solution est conforme aux desseins poursuivis. Telle est la profonde vérité qu'on nous sert dans des articles impressionnants. — Soit, répondons-nous. Vous avez fait une très grosse découverte : la conformité aux buts n'existe que lorsqu'elle existe... D'accord. Nous concevons aussi que c'est aux socialistes de chaque pays d'en décider, à la gauche allemande en Allemagne (1), aux Russes en Russie. Mais nous voici entre socialistes russes, nous et vous. Aux socialistes russes de juger de notre pays. Une année de guerre s'est écoulée. Toutes les tendances se sont exprimées à fond. N'allez-vous pas prendre enfin la peine de nous dire s'il est « conforme au but », en Russie, de maintenir l'unité avec les social-chauvins et leurs défenseurs?

A cette simple et claire question vous attendrez vainement de *Naché Slovo* une réponse sans équivoque. Et ce que Trotsky finira par vous répondre, après bien des détours, ne fera que vous confirmer pour la millième fois dans cette vérité : le trotskisme est enchaîné au Comité unitaire et au social-chauvinisme comme Trotsky était, avant la guerre, enchaîné au liquidationnisme...

Trotsky se plaît à affirmer qu'il ne se sépare de nous que sur des questions d'organisation. C'est absolument inexact. Nous ne discutons pas les formes et détails de la structure du parti. Il n'y a pas maintenant pour la social-démocratie révolutionnaire de questions d'organisation; il y a *une* question d'organisation. C'est celle de l'existence du parti, de sa rupture avec ceux qui ont lâchement trahi le drapeau social-démocrate et plongé le socialisme dans le déshonneur du social-chauvinisme. C'est celle de la continuation, avec des forces décuplées, du combat contre les liquidateurs transformés en social-chauvins. Là se trouve — dans l'attitude de la social-démocratie envers l'opportunisme, — la cause du krach de la II° Internationale — le clou de la question.

Trotsky est en conflit avec les liquidateurs pour des raisons minimes, non de principe. Il est *à eux*. Il leur appartient en droit. Il se borne encore aujourd'hui à défendre avec un certain embarras la fraction Tchkhéidzé; demain il défendra nettement le Comité

---

(1) Deux mots sur les « gauches allemands ». Nous avons été de toute notre âme avec *Die Internationale* et *Litchtstrahlen*. Nous avons exprimé l'opinion que la scission avec les Sudekum allemands — sans parler des délais, des formes, des méthodes, du rythme de l'action — est indispensable. Nous avons noté qu'il y a parmi les camarades de la gauche allemande des partisans de la scission. A quoi les « trotskistes » nous répondent que tous les camarades de la gauche allemande sont loin d'être de cet avis. Nous le savons bien. Et nous pensons que c'est tant pis pour eux. *Tu n'adoreras point d'images taillées...* Après tout ce qui s'est passé, nous n'avons pas le fétichisme de la gauche allemande. Nous travaillons de toutes nos forces à un rapprochement avec elle. Nous savons que la création de la III° Internationale par des éléments qui auront rompu avec l'opportunisme dépend principalement de cette gauche. Nous sommes partisans convaincus de la création d'une telle Internationale. La question d'opportunité n'existe pas pour nous. Elle est pour nous résolue. Il n'y a pour nous que le problème de créer cette Internationale dans le délai le plus rapproché. Cette Internationale (c'est élémentaire) ne peut se créer que si elle a une base dans les *différents* pays. Se créera-t-elle maintenant? Nous n'en savons rien. Si c'est non, il ne restera à notre parti qu'à subsister, en qualité d'opposition d'extrême-gauche, dans la vieille Internationale. Mais ce que nous savons à coup sûr, c'est que notre parti russe, dans *notre* pays, orientera toute sa propagande et son agitation parmi *notre* prolétariat russe vers la *rupture* avec les opportunistes et la constitution d'une Internationale *marxiste*.

unitaire contre les « scissionnistes » ; après-demain il se mettra de nouveau à la remorque de *Nacha Zaria*. Ce qui a été sera.

Voyez ce qu'écrit cet « internationaliste » pour « s'unir » à la fraction Tchkhéidzé. Nous avons félicité cette fraction de l'exclusion de Mankov. Mais nous avons dit que c'était peu, que cette fraction, seul organe agissant en plein jour de la social-démocratie, avait le devoir de répudier Plékhanov, *Nacha Zaria*, etc. Tout internationaliste comprend que tel est, en effet, son devoir. Imaginez-vous que la fraction parlementaire du parti ouvrier social-démocrate russe (1) ne soit pas arrêtée. Imaginez-vous que des hommes appartenant à notre tendance, aussi responsables que Plékhanov, Potressov, Ann, Lévitsky, Maslov, Tchérévanine le sont dans la tendance constituée à Bruxelles, aient une attitude chauvine. Imaginez-vous que notre fraction parlementaire se taise, s'abstenant de désavouer des organes qui lui tiennent d'aussi près. Que penserez-vous d'elle? Il ne suffit pas de s'abstenir au vote du budget. Nous avons déjà vu le chauvin Kérensky voter contre le budget. Mankov, du point de vue même de Plékhanov, voulait faire une sottise. Observez qu'il n'a été soutenu ni par Plékhanov ni par personne d'autre. Pourquoi? Parce que les social-chauvins veulent influencer les ouvriers et savent que des manifestations social-chauvines trop accusées ne peuvent que répugner à l'ouvrier russe.

Fait remarquable, la fraction Tchkhéidzé est l'objet de tous les éloges de social-chauvins avérés. M. Alexinsky défend le député Skobélev. Kakhéli relate, dans le recueil de Plékhanov *la Guerre*, que les deux tiers au moins des ouvriers du Caucase suivent le social-chauvin Ann et que Tchkhéidzé, porte-parole autorisé de cette social-démocratie du Caucase, fait partie de délégations patriotiques, etc... Un autre chauvin du Caucase, Machinadzé, se montrant dans le n° 2 des *Izvestia* du Comité unitaire fort content de Tchkhéidzé, dit que la polémique avec Ann se poursuit « sur le ton de la camaraderie » et exprime la conviction que l'unité avec Ann et ses coréligionnaires politiques est « assurée ». Quant à Plékhanov, il a déjà trouvé une explication patriotique du refus de la fraction Tchkhéidzé de voter les crédits de guerre : ce refus est, assure-t-il, tout naturel de la part de « patriotes » convaincus que leur gouvernement ne sera pas à la hauteur de sa tâche de « défense nationale ».

Les informations suivantes de la presse russe sur l'activité du député Tchkhéidzé ne sont pas non plus dépourvues d'intérêt. La *Retch* (*La Parole*), dans son n° 158, écrit : « Une conférence des députés progressistes s'est tenue le 10 juin. Y ont participé des députés appartenant aux autres fractions : le comte M. Bobrinsky, D.-N. Tchikhatchev, le prince P.-P. Chakhovsky, N.-N. Opotchinine, N.-V. Savitch, P.-N. Milioukov, A.-I. Chingarev, A.-F. Kérensky, *N.-S. Tchkhéidzé*, etc. La conférence a étudié la participation des

____
(1) Tchkhéidzé était le leader de la fraction des menchéviks à la Douma.

députés au ravitaillement de l'armée ». La *Kievskaïa Mysl* (*La Pensée de Kiev*) écrit : « La fraction progressiste a élaboré le projet d'organisation d'un Comité de Défense nationale... A la tête du Comité se placerait une personnalité désignée par l'empereur, avec le droit de présenter à S. M. des rapports personnels... Le projet a été discuté au groupe progressiste de la Douma en présence des représentants des autres groupes. Il est caractéristique que sa réalisation a été préconisée d'une part par le comte V.-A. Bobrinsky et D.-N. Tchikhatchev, de l'autre par A.-F. Kérensky et N.-S. Tchkhéidzé. » Nous trouvons enfin dans la *Kievskaïa Mysl* (nᵒ 178) une lettre du député Tchkhéidzé à la rédaction sur une séance des doyens. Tchkhéidzé y déclare, de façon assez étrange, qu'il « n'a pas participé aux modifications qui se sont produites après la séance du Conseil » et ne peut pas admettre que ce soient « uniquement des formules de rédaction ». Dans le nᵒ 5 de la revue chauvine *Sovremenny Mir* (*Le Monde contemporain*), le député Tchkhéidzé écrit :

Dire que la social-démocratie allemande était en mesure d'empêcher l'action militaire de son pays et ne l'a pas fait, ce serait ou souhaiter, sans l'avouer, qu'elle eût trouvé sur les barricades sa mort et celle de sa patrie, ou regarder, dans le télescope de l'anarchisme, des objets situés à portée de la main. (1915, Nᵒ 5, p. 148.)

Trotsky sait tout cela. Il sait aussi qu'on trouve dans le journal intime de Pétrovsky — un document d'une vérité exceptionnelle — cette ligne : « Tchkhéidzé lui-même discourt sur la guerre libératrice ». Trotsky se permet pourtant d'affirmer une chose évidemment fausse.

« L'attitude de ces cinq députés (1) ne se distinguait, en principe, nullement de celle de l'autre moitié de la fraction social-démocrate », écrit-il.

Ne se distinguait en rien? Vous profitez, pour vous rendre agréable aux liquidateurs, de ce que nous sommes dans l'impossibilité de vous poser publiquement certaines questions. Vous savez parfaitement que les liquidateurs (et leur groupe à la Douma) répudient *en principe* le travail de nos députés dans les masses, travail sur lequel un tribunal a justement levé le rideau. Vous vous rendez parfaitement compte des raisons pour lesquelles la bande impériale distingue entre le parti ouvrier social-démocrate russe (bolchéviks) et la fraction Tchkhéidzé (menchéviks). Comme nous, vous ne doutez pas que l'attitude de *Nacha Zaria* fut, est et sera celle de la fraction Tchkhéidzé et que de « légères corrections » n'y feront rien.

L'union des internationalistes russes, *sans distinction des anciennes fractions* s'effectuera en dehors du « trotskisme » et malgré lui, de même que s'est effectué, avant la guerre, sous le drapeau de la *Pravda*, le rassemblement des 9/10ᵐ des ouvriers conscients

____

(1) Il s'agit de cinq députés bolchéviks arrêtés et condamnés pour leur action contre la guerre. Le carnet de notes du député Pétrovsky fournit à l'accusation une documentation utile. — *Note du traducteur.*

de Saint-Pétersbourg. Il peut paraître à l'heure actuelle, peut-être
par suite d'une illusion d'optique, que la gazette de Trotsky est
l'organe d'une tendance spéciale, indépendante. Pour créer à Paris
un journal du type de *Naché Slovo* (*Notre Parole*), point n'est besoin
du contact avec les ouvriers russes. Mais quand il s'agira d'une action sérieuse, devant les masses, en Russie, on verra de nouveau
qu'il n'y a, face à face, que deux positions sérieuses : celle de notre
parti et celle du parti que crée *Nacha Zaria*, à la remorque de laquelle le trotskisme se trouve constamment.

X. *Le social-chauvinisme et la « défaite de la Russie »*

Il faut encore que nous nous arrêtions, avant de terminer cet
article, sur la question de la « défaite de la Russie ». Sur ce point
nous sommes en butte aux attaques d'un front unique formé de
social-chauvins déclarés (clameurs de M. Alexinsky contre le défaitisme), du centre droit (M. Semkovsky dans les *Izvestia*, n° 2) et
du « centre gauche » (voir à ce sujet les réflexions peu convain-
cantes de Trotsky dans sa lettre à la rédaction du *Communiste*).

Nous sommes persuadés de ceci : que l'union du centre avec
les chauvins sur ce point n'est pas occasionnelle. *Est modus in
rebus.*

Dans sa brochure sur la guerre, G. Plékhanov affirme que les
libéraux seuls sont accoutumés à souhaiter la défaite des gouvernements despotiques, dans l'espoir d'arriver ainsi à un élargisse-
ment de la liberté politique pour laquelle ils n'ont jamais eu ni la
force, ni le désir de lutter. « Ainsi raisonnaient autrefois nos libéraux et même nos slavophiles. Pendant la guerre de Crimée, Khomiakov (1) pensait que la défaite de la Russie donnerait une impulsion bienfaisante à son développement intérieur », écrit Plékhanov.
M. Isgoëv ayant lu ces lignes a fait remarquer avec justesse : le
trait de Plékhanov est visiblement forcé; nous, libéraux, nous sommes pleinement d'accord avec Plékhanov et pas du tout avec les
social-démocrates défaitistes (*Retch* du 8-21 février 1915).

Plékhanov, naturellement, a tout à fait tort. Penser que la défaite d'un gouvernement despotique puisse être utile à une révolution démocratique à l'intérieur du pays n'est nullement propre au
libéralisme.

Dans mon article : *la Guerre et les Destinées de notre Emancipation* (le *Social-Démocrate*, n° 38), j'ai cité l'opinion d'un « libéral » tel que Wilhelm Liebknecht qui écrivait : « Quand a-t-on entendu dire qu'un gouvernement despotique soit devenu plus libéral
pour avoir remporté des victoires? Cela arrive par contre, parfois,
pour peu de temps, aux gouvernements vaincus. Exemple : la
Prusse en 1806, l'Autriche en 1866 ». Je citerai maintenant un au-

---

(1) Déplorons que Plékhanov se soit souvenu de Khomiakov et non de
Tchernichevsky et de Herzen. — G. Z.

tre « libéral », Auguste Bebel. Dans ses *Souvenirs*, parus en 1910, il relate qu'il fut, en 1866, avec Liebknecht, défaitiste envers sa « patrie » prussienne, et ajoute ce qui suit :

On me posa, souvent, par la suite, comme à Liebknecht, la question de ce qui fût advenu si l'Autriche avait vaincu et non la Prusse... S'il s'agit d'un peuple privé de liberté, la défaite ne nuit pas, pensons-nous, à son développement, mais y concourt au contraire. 1806 et 1809 le montrent en Prusse, 1866 en Autriche, 1870 en France, et, sans la défaite de la Russie dans la guerre russo-japonaise en 1904, il n'y aurait pas eu de révolution russe; mieux, une victoire de la Russie eut rendu toute révolution inconcevable pour de longues années.

Je rappellerai en outre l'opinion d'un troisième « libéral » assez connu, « défaitiste » lui aussi, Frédéric Engels. Dans une lettre à Marx, du 2 avril 1866, Engels écrivait à propos de la guerre austro-allemande : « Mon plus grand désir est que la Prusse se fasse bien battre. Il y aurait alors une révolution à Berlin. » (*Correspondance de Marx et d'Engels*, tome III, p. 306.)

Je rappellerai enfin que, pendant la guerre franco-allemande, avant Sedan, bien des socialistes français furent « défaitistes ». Ils souhaitaient la défaite des armées de Bonaparte, dans l'intérêt de la libération de la France du bonapartisme. Nos patriotes actuels pourraient trouver sur ce sujet pas mal de réflexions curieuses chez leur allié d'aujourd'hui Hervé, dans son livre *Leur Patrie* (1).

Ainsi raisonnaient des socialistes même en présence des guerres de l'époque précédente, non impérialistes. Ainsi raisonnaient tous les social-démocrates révolutionnaires pendant la guerre russo-japonaise. Mais dans la guerre impérialiste mondiale, quand, des deux côtés, il n'est question que des intérêts des magnats du capital financier, quand on ne voit nulle part la moindre trace d'éléments de progrès, d'unité nationale et de libération, les internationalistes ne peuvent, dans aucun pays belligérant, combattre avec esprit de suite leur gouvernement et leurs social-chauvins s'ils ne soutiennent pas, dans leur agitation, que la défaite des impérialistes de « leur » patrie sera le moindre mal.

A la question du défaitisme les internationalistes doivent partout se heurter, tout au début de leur action, contre le social-chauvinisme. Comment posent la question les social-chauvins? Comment défendent-ils la politique de « paix sociale »? Nous restons, disent-ils, bien entendu socialistes. Nous savons, bien entendu, que notre gouvernement et notre bourgeoisie sont nos adversaires de classe.

____

(1) J'indiquerai encore le fait suivant. La gazette *Naché Slovo* ne partage pas notre point de vue sur la défaite de la Russie. Mais elle publie parfois des correspondances non dépourvues d'intérêt sur la situation en Russie, l'état d'esprit là-bas, etc. Et nous y lisons invariablement que le tsarisme « enseigne le défaitisme » au peuple russe; que « l'humeur du gouvernement suit les opérations militaires » ; est-il vaincu, il cède et promet de céder. Est-il vainqueur ou espère-t-il l'être, il revient sur ses pas ». (Nº 146). La rédaction de *Naché Slovo* ne pense-t-elle pas que ses correspondances confirment notre point de vue? — G. Z.

Nous ne proposons pas, bien entendu, la cessation définitive de la lutte de classes. Mais que faire quand l'ennemi étranger est à nos portes? Continuer la lutte des classes dans le pays, ne serait-ce pas affaiblir la puissance militaire de notre gouvernement? Ce serait, en tout cas, procurer à l'ennemi un concours immédiat (1). Ou bien vous consentez à la défaite de votre pays! C'est oui ou non! Et si c'est non, vous devez convenir que temporairement, rien que temporairement, répétons-le, la lutte de classes doit faire place à une politique de paix sociale!

Il y a évidemment quelque logique dans cette façon de poser la question. Les social-chauvins ont incontestablement raison de dire qu'en continuant pendant la guerre la politique de lutte de classes, nous affaiblissons la puissance militaire de notre gouvernement, nous l'entravons dans sa résistance à l'ennemi extérieur. Si c'est là pour nous chose inadmissible, si la défaite nous apparaît comme le plus grand mal, nous n'avons aucune raison de combattre l'idée essentielle du social-chauvinisme, l'idée de « paix sociale ». C'est pourquoi tout socialiste doit, tout d'abord, élucider la question du défaitisme.

Il y eut au cours de l'histoire des situations dans lesquelles la résistance à l'étranger fut le devoir principal de tous les éléments épris de la liberté d'un pays. Ce fut le cas à l'époque des guerres de la Révolution française, quand la Révolution ne pouvait vaincre à l'intérieur qu'en écrasant les armées des monarchies absolues voisines. Ce fut le cas en France, après Sedan, quand les ouvriers français chassèrent le gouvernement et prirent en mains la défense nationale.

Est-ce le cas de la guerre actuelle? Si oui, le social-chauvinisme a raison quant au principal. L'union sacrée s'impose alors. Et s'il n'en est rien, nous devons, dans notre lutte contre la guerre impérialiste, consentir à la défaite de la « patrie ».

Qu'est-ce que la guerre impérialiste actuelle? C'est une guerre pour de nouveaux partages des colonies, pour de nouvelles sphères de spoliation dont le capital financier a besoin; c'est la guerre d'une bourgeoisie décrépite qui tente de différer sa dernière heure; c'est une guerre dont l'objet est de porter un coup au mouvement ouvrier international qui se préparait, les conditions préalables du socialisme étant mûres, pour trancher à la manière prolétarienne, plébéienne, le nœud gordien des antinomies capitalistes.

Les gouvernements et les bourgeoisies de tous les pays mènent semblablement à la boucherie, dans cette guerre, des millions d'esclaves salariés du capital pour des intérêts manifestement contraires à ceux de la classe ouvrière. Les « patries » bourgeoises — cela ressort de plus en plus des événements de la guerre même — ne sont menacées que de perdre des colonies ou des régions frontières. Et la bourgeoisie n'a d'autre but qu'un regroupement diplomatique des puissances, de nouveaux traités secrets, de nouveaux complots.

Que devons-nous donc faire, nous, millions d'esclaves salariés du capital, qui peuplons les différents pays sous le joug de nos maîtres?

« Vous voudriez tendre la main à vos frères, les esclaves salariés du pays voisin. Mais vous faites ainsi le jeu des maîtres de leur pays. Arrêtez, réfléchissez! Votre devoir est de verser votre sang pour le négrier de chez vous. Ou bien alors, votre pays va se trouver en danger et vous conduirez votre patrie à la défaite!... »

C'est le langage que l'on nous tient et que l'on nous tiendra toujours dans les guerres impérialistes. C'est pour le tenir que la bourgeoisie s'attache à dissimuler avec tant de soin le caractère impérialiste de la guerre. Et c'est ce qui rend l'attitude de Kautsky, lorsqu'il concourt à voiler le caractère impérialiste de la guerre, si indigne. Toujours et partout on dressera devant nous le spectre du « défaitisme » jusqu'au jour où les ouvriers de tous les pays, s'unissant enfin, aboliront partout la dictature des esclavagistes. Cela ne se fera pas d'un seul coup. Il faut bien que quelqu'un commence. Même en risquant de n'être pas tout de suite suivi des ouvriers des autres pays. Mais il est nécessaire de commencer, car c'est la seule façon de secouer la torpeur des ouvriers des autres pays, de provoquer chez eux la sympathie, d'en recevoir un appui, d'en être imité. Autrement nous serions condamnés à rester toujours des esclaves.

Les chauvins évoquent les horreurs dont les ouvriers sont menacés en cas de défaite de leur patrie. Pour les masses populaires, les horreurs, les privations, les souffrances d'une défaite sont réellement immenses, illimitées, monstrueuses. Mais la victoire? La victoire n'est-elle pas payée, au profit des impérialistes, par les mêmes masses populaires? Et enfin, les ouvriers d'un pays, fidèles à l'internationalisme, peuvent-ils désirer pour eux-mêmes une victoire, et pour leurs frères du pays voisin une défaite accompagnée de beaucoup plus de grandes souffrances?

On ne peut pas combattre jusqu'au bout le chauvinisme sans consentir à la « défaite » de sa patrie. C'est la conséquence logique de ce postulat : l'ennemi le plus dangereux des ouvriers est dans leur propre pays. Quand nous eûmes, pour la première fois, l'occasion, à la fin de mai 1915, de lire avec une joyeuse émotion le premier manifeste illégal de combat des internationalistes allemands sur ce thème — « l'ennemi principal est dans notre pays » — nous pûmes constater tout de suite qu'il se déduisait tout entier de la thèse que la lutte contre l'ennemi de classe ne doit pas cesser un instant devant la défaite de l'Allemagne (c'est-à-dire de l'impérialisme allemand). Il ne peut pas en être autrement. Est-ce que les socialistes italiens pourraient mener à bien une action, ne serait-ce que leur opposition parlementaire à la guerre, est-ce qu'ils pourraient continuer maintenant leur opposition même pacifique, s'ils ne consentaient tacitement à la défaite de leur « patrie »? Les social-démocrates internationalistes russes ont pour devoir de s'inspirer dans leur agitation du même esprit que les social-démocrates de gauche allemands, mais avec plus de résolution encore, car la bande de malfaiteurs du tsar est une des pires et elle tend à s'asservir directement des peuples nombreux. C'est à ce point inévitable que, lorsque Martov a voulu démontrer aux liquidateurs russes la nocivité de l'équivoque « armistice entre classes » (la nocivité de la non-résistance à la guerre), il en est presque arrivé à souscrire à notre thèse sur la défaite de la Russie. Lisez son article sur *le Marxisme russe et la Guerre*.

Dire : Nous ne nous opposons pas à la guerre, mais nous ne cessons pas notre action, ce serait se mettre dans une situation bien contradictoire. Car toute action sérieuse, toute opposition, nuit incontestablement à la guerre que les gouvernants du pays font et qui n'est qu'une partie de leur politique antidémocratique. Soulever maintenant sérieusement, sans compromis ni silence opportun, la question des Ruthènes de Galicie ou des Finlandais, c'est contrecarrer la guerre, la discréditer. (*Naché Slovo*, 102.)

Voilà qui est tout à fait juste. Martov néglige seulement d'achever. Nombreux sont ceux qui trouvent fâcheux, « pour des raisons de tactique », de dire carrément : ne crains pas la défaite. On pense ainsi, mais cela ne se dit pas. Ici l'on jette un voile. Ainsi paye-t-on tribut, de la façon la plus simple, souvent inconsciemment, au social-chauvinisme. Certes, les membres du groupe social-démocrate à la Douma, en se livrant à une agitation quotidienne parmi les ouvriers des usines Poutilov et des autres fabriques d'armes de Pétrograd, débilitaient la puissance militaire de la bande de malfaiteurs du tsar. Certes cette bande avait de son côté raison d' « écarter » des hommes qui la gênent pendant la guerre, qui l'empêchent d'assurer la défense des intérêts d'une poignée de nobles et de bourgeois. Mais nous, nous devons faire notre choix : ou nous avions raison, nous ne devions pas interrompre un seul instant l'action contre le tsarisme, et alors le défaitisme est la conséquence forcée de cette attitude. Ou la défaite est le plus grand mal, et alors, préférant le moindre mal, nous concluons un armistice provisoire avec le tsarisme. Il n'y a pas de troisième solution.

En Russie, la thèse défaitiste se rattache étroitement au mot d'ordre de la continuation de la lutte contre le tsarisme. Dans d'autres pays, elle se rattache à la lutte contre l'impérialisme bourgeois. L'intelligent M. Semkovsky trouve que « l'internationalisation du défaitisme » lui fait perdre tout sens. Pensez donc! Si tous les gouvernements sont battus... A qui la victoire? N'est-il pas évident que nous sommes dans l'absurde? Ce n'est évident, Monsieur Semkovsky, que pour ceux qui, tels les libéraux bourgeois et les social-chauvins, ne voient pas derrière les positions stratégiques de Hindenbourg et de Nicolas Nicolaiévitch, de Joffre et de von Kluck, une question beaucoup plus importante pour le prolétariat : celle de savoir si la classe ouvrière ne réussira pas dès maintenant, dans cette guerre, à entreprendre ce que lui recommandaient les résolutions de Stuttgart et de Bâle : à entreprendre de « soulever les masses » contre le capitalisme, de transformer la guerre impérialiste en guerre civile. Représentez-vous, Monsieur Semkovsky, que le prolétariat y réussisse, ne fût-ce que dans un ou deux des plus importants pays capitalistes. Ne serait-ce pas le commencement de la défaite de *tous* les gouvernements impérialistes actuels? Ne serait-ce pas un coup mortel porté à l'impérialisme en général? La question qui vous intéresse tant — « mais lequel aura le dessus » de Hindenbourg sur Nicolas ou de von Tirpitz et de von Kluck sur Joffre et Kitchener? — ne serait-elle pas tout de suite laissée de côté?

Vous riez niaisement, Monsieur Semkovsky, du « mot d'ordre » internationalisé de défaite, parce que vous prenez tout aussi peu au sérieux que tous les social-chauvins les résolutions de Stuttgart et de Bâle. Quand les congrès socialistes internationaux disent aux ouvriers de tous les pays : Si vos gouvernements impérialistes réalisent leur infernal dessein, provoquent la tuerie mondiale, répondez-leur en semant l'esprit révolutionnaire parmi les masses pour rapprocher la fin du capitalisme, répondez-leur par des mouvements tels que la Commune de Paris ou la Révolution de 1905; — quand les congrès internationaux tiennent ce langage, pénétrez-vous en, Monsieur Semkovsky, le mot d'ordre internationalisé de défaitisme y est déjà implicitement contenu! Est-ce au-dessus de votre compréhension? S'il en est ainsi, c'est exclusivement parce que vous répétez les mots *impérialisme, guerre impérialiste*, sans les prendre au sérieux, parce que vous les employez dans le même sens que Vandervelde et ses amis à la conférence des socialistes de l'Entente à Londres. Les « outrances » des social-chauvins vous choquent et vous déplaisent; mais vous êtes, dans les questions essentielles, vous-même, un social-chauvin à tendance pacifiste.

Qui prend au sérieux les mots d'ordre de la « transformation de la guerre impérialiste en guerre civile », qui répudie sérieusement la tactique de paix sociale, doit souscrire à la thèse défaitiste, doit répudier énergiquement les « mots d'ordre » pacifistes de paix. Exiger la fin de la guerre, exiger la paix ne devient révolutionnaire que si, à ces revendications, s'ajoutent l'appel révolutionnaire, l'appel à la lutte contre le gouvernement du pays, l'appel à la transformation de la guerre impérialiste en un début de guerre civile. L'affirmation de Trotsky, d'après laquelle ce serait précisément sous le mot d'ordre de paix que se réaliserait la mobilisation de tous les éléments révolutionnaires du socialisme international est absolument fausse. La social-démocratie révolutionnaire de tous les pays peut et doit poursuivre son agitation en profitant de l'écœurement grandissant des masses devant la guerre et de la protestation montante contre la continuation de cette guerre. La social-démocratie révolutionnaire internationale ne doit, en aucun cas, ignorer (et n'ignore pas) le mouvement grandissant qui exige la fin de la guerre. Mais le « mot d'ordre de paix » ne peut pas servir de critérium à des marxistes pour leur orientation. Dans le meilleur des cas, c'est un « mot d'ordre » pour quelques mois, jusqu'à la fin de la guerre, alors que les marxistes doivent s'orienter dès maintenant conformément à leurs prévisions sur toute l'époque à venir. Même jusqu'à la fin de la guerre, ce n'est pas un mot d'ordre qui réunit les marxistes, mais c'en est un qui réunit les marxistes hésitants aux social-chauvins du centre. Kautsky ne rompt-il pas des lances pour la paix (pour la paix, dit-il, et la lutte de classes en temps de paix)? Les social-chauvins autrichiens n'ont-ils pas préconisé la paix, lorsque leur « patrie » était dans une situation stratégique critique? Les bourgeois anglais ne marchandaient-ils pas, comme on l'a dernièrement révélé, par l'intermédiaire des bourgeois hollandais, les conditions de paix dès avril dernier? M. Asquith n'a-t-il pas adjuré la Ligue des Femmes de propager dans toute l'Europe l'idée de la paix? Ne dit-on pas qu'il y a à la cour de Russie tout un parti qui veut la paix avec l'Allemagne? Maintenant que Lemberg vient d'être pris, le « mot d'ordre de paix » n'acquiert-il pas inévitablement dans les milieux chauvins russes de nombreux partisans? Et enfin tous les social-pacifistes anglais ne sont-ils pas pour la paix?

Qu'on veuille bien ne pas interpréter faussement nos paroles! Nous ne sommes pas « contre la paix ». Nous voulons, bien entendu, la fin aussi prompte que possible du massacre. Nous convions les ouvriers de tous les pays à agir pour provoquer cette fin. Mais, ce faisant, nous leur disons *toute la vérité* : notre *mot d'ordre* ce n'est pas la paix, c'est le glaive! Sachez que vous ne pouvez hâter la fin de la boucherie impérialiste de 1914-1915 que par l'action révolutionnaire. Souvenez-vous que vous ne pouvez raccourcir toute la période des guerres impérialistes, qui menacent de faire couler encore des flots de sang, qu'en accomplissant des révolutions, en vous efforçant systématiquement de transformer les guerres impérialistes en guerres civiles. La bourgeoisie n'y regardera à deux fois avant de provoquer de nouvelles guerres pour le partage des colonies que lorsqu'elle saura que les ouvriers répondront à chaque guerre nouvelle, non par l'union sacrée, mais par la guerre civile, non par la paix sociale, mais par la guerre de classes, *sans reculer devant la défaite de leur « patrie »*.

XI. *Perspectives*

La question de l'impérialisme, les questions de politique internationale ne cesseront plus d'être à l'ordre du jour dans les partis ouvriers. Dans aucun pays, le parti ouvrier ne pourra plus s'enfermer en ses limites nationales. La guerre finira, mais les problèmes qu'elle a posés domineront pour des années, et peut-être même pour des dizaines d'années, toute la politique du socialisme international.

Le socialisme dans les pays avancés, la révolution démocratique dans les pays arriérés, telle est notre devise.

La question de la lutte du prolétariat européen acquiert pour la classe ouvrière de Russie l'intérêt le plus direct, le plus brûlant, le plus pratique. Cette lutte aurait, si elle se développait, d'innombrables conséquences favorables pour le prolétariat russe. Grâce à la guerre, les destinées du prolétariat russe sont plus intimement, plus indissolublement rattachées que jamais à celles du prolétariat des pays capitalistes avancés. L'action des ouvriers en Europe occidentale (et en Amérique) est la nôtre, et *vice versa*, l'action des ouvriers en Europe orientale est aussi celle des ouvriers des pays occidentaux et américains.

Le socialisme dans les pays de développement capitaliste avancé! — Mais les conditions économiques du socialisme sont-elles mûres?

Nous ne pouvons entrer ici dans l'examen approfondi de cette question. Nous ne pouvons citer des chiffres. Nous nous bornerons à citer ici les autorités les plus qualifiées de la II° Internationale qui se sont exprimées sur ce sujet avant la guerre.

Le socialisme est déjà devenu aujourd'hui une nécessité économique. Le moment de son avènement n'est déjà plus qu'une question de force. Donner au prolétariat la force dont il a besoin par l'instruction et par l'organisation, c'est aujourd'hui la tâche la plus importante de la social-démocratie. Rien de plus étrange que de voir les socialistes professer qu'il ne faut encore s'occuper que du développement des forces du capitalisme.

Celui qui écrivait ces lignes en 1907, dans une brochure intitulée *Socialisme et Politique coloniale*, n'était autre que Karl Kautsky. Il continuait aussitôt :

Notre but doit être : l'abandon des colonies, la libération des nationalités qui peuplent ces colonies. Au point de vue du prolétariat, il ne peut être question d'autre chose.

Les conditions économiques préalables du socialisme sont réalisées, disait Kautsky dès avant 1903, dans son ouvrage sur *La Révolution sociale*. Il le confirmait plus tard, en 1905, dans le *Chemin du Pouvoir*.

Le socialisme cesse d'être un idéal lointain. Il cesse même d'être le but principal qui ne faisait qu'indiquer l'orientation. Le socialisme devient un élément essentiel de la politique pratique immédiate du

prolétariat... La réponse du prolétaire à la politique économique du
capital financier, à l'impérialisme, ne peut pas être le libre échange,
mais doit être le socialisme. Le socialisme, seule réponse à l'impérialisme, doit se situer au premier plan de la propagande. Par ses tendances générales, le capital financier signifie l'établissement d'un contrôle social sur la production. Mais c'est une socialisation sous une
forme antinomique; la domination de la production sociale appartient
à une oligarchie. La lutte pour le renversement de cette oligarchie est
la dernière phase de la lutte des classes contre la bourgeoisie et le prolétariat... L'expropriation des six plus grandes banques bourgeoises
équivaudrait dès aujourd'hui à l'expropriation des sphères les plus
importantes de la grande industrie et faciliterait au plus haut degré les
premiers pas du socialisme dans cette époque de transition, dans laquelle
la méthode capitaliste de comptabilité semble encore adéquate.

Ainsi écrivait Rodolphe Hilferding dans son *Capital financier*,
livre qui devrait se trouver sur la table de tout socialiste.

La victoire de l'impérialisme sous-entend la défaite de la classe
ouvrière dans ces pays... On ne peut douter que la prochaine guerre
mondiale impérialiste entraîne une révolution... La catastrophe impérialiste mondiale sera indéniablement le commencement de la révolution
socialiste mondiale.

Ainsi écrivait, en 1908, Otto Bauer, dans son livre connu :
La Question nationale et la Social-démocratie.

La direction même de la social-démocratie allemande, dans
une brochure officielle (*Impérialisme ou Socialisme?*), répandue en
1912 à des dizaines de milliers d'exemplaires, disait :

Si trois cents magnats du capital étaient remplacés par des hommes
de confiance du prolétariat, toute la production pourrait sans aucune
difficulté être dirigée dans l'intérêt des classes laborieuses au lieu de
l'être dans les intérêts du capital, et la transition à l'organisation socialiste de la production serait commencée. Telle est la maturité de l'œuvre
accomplie par le capitalisme.

Mais écoutez ce que disait Auguste Bebel au Reichstag, pendant
les débats sur le Maroc :

Alors se produira la catastrophe. Alors commencera la plus grande
guerre européenne. Seize à dix-huit millions d'hommes, fleur de toutes
les nations, armés des instruments de meurtre les plus perfectionnés, se
rueront les uns sur les autres. Mais, j'en suis convaincu : après la guerre
mondiale viendra la révolution mondiale. Vous récolterez ce que vous
aurez semé. Messieurs, n'en doutez pas : le crépuscule des dieux de
l'ordre bourgeois commence. Vous en êtes arrivés à saper vous-mêmes
les bases de votre société et de votre Etat; vous sonnez vous-mêmes le
glas de votre régime.

Ainsi parlaient, avant 1914, les représentants les plus qualifiés
de la II° Internationale!

Nous avons expressément choisi des représentants du « centre
marxiste » : Kautsky, Hilferding, Bauer, la direction du parti
social-démocrate allemand. Quand, maintenant, Kautsky, défendant
le social-chauvinisme, prête aux camarades de la gauche allemande,

à nos compagnons de lutte, Pannekoek et autres, l'intention de combattre pour la réalisation « immédiate » du socialisme, il ne fait que s'écarter consciemment de la vérité. Il ne s'agit pas de savoir dans combien de temps le socialisme sera instauré. La crise provoquée par la guerre peut avoir un cours pénible, très ralenti; elle peut, dans certaines conditions, faire rétrograder la classe ouvrière de bien des années. Pour les internationalistes, point n'est nécessaire de considérer l'avenir le plus proche à la lumière de l'optimisme. Nous admettons que, dans certaines conditions, la crise de cette guerre peut accumuler de nouveaux et gros obstacles devant le mouvement ouvrier international. Mais elle ne peut, en aucun cas, détruire les bases économiques du socialisme, établies par tout le capitalisme antérieur. Les forces productrices, ruinées par la guerre, seront fiévreusement reconstruites dans tous les pays capitalistes aussitôt après la guerre. La domination du capitalisme financier subsistera.

« Il ne s'agit pas de la réalisation immédiate du socialisme » — Je voudrais bien voir l'original qui pose ainsi la question! — écrivait récemment Rosa Luxembourg dans cette excellente revue de combat qui a nom *Die Internazionale*. Nous ne voulons maintenant rien de plus que ce que disait Kautsky en 1907; ce que disaient Hilferding, Bebel, Bauer — rien de plus. « Le socialisme est maintenant devenu une nécessité économique. L'heure de son avènement n'est plus qu'une question de force ». Telle est notre thèse. Eh bien, consacrons à ce problème toutes nos forces. Faisons cette propagande, convions à cela les prolétaires des pays avancés. Dénonçons le mensonge bourgeois de la défense nationale, radicalement contraire à cette thèse. Peut-être se passera-t-il des années et des dizaines d'années avant que la question de force soit tranchée. Mais commençons à accumuler les forces au lieu de les gaspiller criminellement. Travaillons dans cette direction, remplissons le grand devoir, légué à notre génération par toute l'histoire mondiale, et aperçu il y a longtemps par les maîtres éminents de la classe ouvrière, Marx et Engels; accomplissons le devoir pour lequel sont morts des milliers de communards parisiens, pour lequel les meilleurs de nos combattants ont donné leur sang... Voilà ce que nous disions, avec les seuls socialistes de la social-démocratie allemande, avec les camarades qui ont élevé le drapeau de l'insurrection contre le social-chauvinisme et contre le kautskisme, déshonneur du marxisme.

La question du mot d'ordre de socialisme pour les pays avancés joue et jouera encore un rôle immense dans notre lutte en Russie contre les social-chauvins. Ce mot d'ordre doit jouer un grand rôle dans l'orientation de toute notre propagande, de toute notre agitation parmi le prolétariat russe. Le marxisme s'internationalise, mais l'opportunisme s'internationalise aussi. Nos social-chauvins et notre « centre » tendront infailliblement — ils la tendent déjà — la main à Kautsky (1), à Cunow, à Scheidemann, à Vandervelde qui, de façon ou d'autre, éludent, suppriment le mot d'ordre : socialisme.

Mais, quant à nous, nous nous séparerons davantage encore des nationaux-liquidateurs sur la question de la révolution démocratique en Russie. Après la guerre, diverses questions d'une énorme importance se poseront dans la vie russe. Nous ne pouvons encore prévoir les détails; mais nous pouvons dire une chose, avec certitude : les nationaux-liquidateurs trancheront toutes ces questions dans un esprit réformiste; nous les trancherons, nous, dans l'esprit de la lutte pour une nouvelle révolution, dans l'esprit de la rénovation de notre pays par l'ouragan révolutionnaire. Le tsarisme a énormément misé sur cette guerre. Plus il la perdra et plus le devoir de la social-démocratie russe sera de sonner le toscin, d'appeler la classe ouvrière russe, et avec elle la démocratie, à l'action révolu-

---

(1) Kautsky se permet, depuis quelque temps, de fronder contre les Sudekum et les Haase. Kautsky et ses amis pressentent la protestation des masses profondes et feignent de guerroyer contre la direction du parti, pour écarter le sujet du litige entre socialistes et chauvins. La déclaration de Kautsky, de Haase et de Bernstein, pour la paix sans annexions, a fait bien du bruit. Mais quelle est sa signification? Kautsky et ceux qui sont avec lui croient assurée la victoire de leur patrie. A leur avis, Guillaume II a bien des chances d'effectuer diverses annexions. Maintenant que le capital est acquis, on peut bien garder les apparences de la pureté et protester contre les annexions. Voilà qui ne plaira pas à Sudekum. Mais comment faire autrement ? Autrement, on ne pourrait plus se montrer dans l'Internationale; autrement, on se déshonorerait tout à fait devant les ouvriers.

Que tel est bien le raisonnement de Kautsky, cela ressort de sa déclaration signée avec Haase et Bernstein : « En 1870, dans une situation analogue, tous les social-démocrates, en dépit de leurs divergences de vues au début de la guerre, se prononcèrent unanimement contre les annexions » : comme on sait, Schweitzer et ses amis votèrent les crédits de guerre. Mais, après Sedan, ils furent unanimes à voter contre les annexions, celles-ci étant assurées.

Ainsi discute avec Kautsky et Haase l'oppotuniste Heine : « Vous affirmez que notre patrie a déjà vaincu. Nous affirmons avec Hindénbourg que la lutte n'est pas terminée ». Les opportunistes des *Cahiers socialistes* sont maintenant d'une rare franchise. Pour eux, l'hypocrite déclaration du comité central de la social-démocratie allemande pour la paix n'est qu'une comédie. Ils ne se gênent pas pour rire de l'impuissance de Kautsky. Voir par exemple l'article de Legien dans le numéro de juillet. Et comment ne riraient-ils pas quand Kautsky ne peut encore dire clairement quel était son avis le 4 août : fallait-il s'abstenir ou voter les crédits ? La dernière version de Kautsky, donnée dans un article, qui a paru dans la *Correspondance* de Breitscheid, est celle-ci : En son âme et conscience, il était partisan de l'abstention; mais à la séance du groupe parlementaire, il ne s'inscrivit sur la liste des orateurs que tardivement. De nombreux orateurs parlèrent avant lui et les deux tendances repoussèrent l'abstention; alors voyant que l'abstention ne serait pas admise, il proposa de voter *pour*, mais d'exiger du gouvernement la garantie de ne pas effectuer d'annexions. Rien de plus débile et de plus risible ne peut vraiment être inventé!... Par contre, on trouve dans le même cahier des *Sozialistische Monatshefte* un véritable accès de fureur contre l'opposition de gauche. *Oderint, duum metuant!* — Qu'ils me haïssent, mais qu'ils me craignent!...

La gauche social-démocrate allemande doit naturellement tirer avantage de cette fronde du centre contre les francs social-chauvins. Mais c'est maintenant que survient l'épreuve sérieuse! Après la guerre, certes, les Scheidemann accepteront aussi les motions « de gauche », vides, d'ailleurs, « d'esprit kautskien », afin d'atténuer devant les masses un désaccord sérieux. Le devoir de tous les gauches allemands est de combattre de toute leur énergie cette paix gangréneuse avec l'opportunisme.

tionnaire. Révolution! Révolution! c'est avec ce cri que nous devons recevoir les soldats rentrant au foyer. Révolution! Révolution! tel sera le cri que nous jetterons à la face de la monarchie vaincue des Romanov. Une nouvelle année 1905! Ce cri doit retentir dans tout le pays, dans toute l'immense Russie. Notre jour vient. La Russie doit enfin se libérer du tsarisme infâmant, briser le joug du servage des Romanov. Voici venir la deuxième révolution démocratique de Russie...

Comme j'achève ces lignes, une dépêche nous apprend la chute de Lemberg... L'histoire se répète. La bande de malfaiteurs du tsar a fait tuer autour de cette ville des centaines de milliers d'hommes. Au nom de quoi? Au nom du grand mensonge de la mission « libératrice » du tsarisme, dans l'intérêt d'une poignée de brigands, qui sont les pires ennemis de notre pays. Des centaines de milliers d'ouvriers et de paysans allemands ont été assassinés autour de cette ville par les impérialistes germaniques. Au nom de quoi? Au nom des intérêts d'un petit nombre de financiers.

Les Austro-Allemands ont fait un million et demi de prisonniers russes, alors qu'ils n'ont pris que 250.000 Français. Un million au moins, et peut-être plus, de soldats russes ont été tués ou blessés. Au sommet de l'armée et du pouvoir civil, la corruption, l'imbécillité, l'ignorance, l'incurie, le vol règnent comme par le passé. A l'état-major, les « chefs » intriguent les uns contre les autres et leurs intrigues coûtent la vie à des centaines de milliers de paysans et d'ouvriers russes revêtus de l'uniforme. Pendant vingt-cinq ans, la ploutocratie française a nourri le tsarisme d'emprunts. Les milliards ont suivi les milliards, de France en Russie. La bourgeoisie française créait une armée russe pour sa « revanche ». La bourgeoisie a donné des centaines de millions au tsarisme pour la guerre. Toute la bourgeoisie russe, toute l'« intelligence » patriote et même une partie des « socialistes » ont soutenu le tsar dans cette guerre. Et pourtant — et pourtant — les défaites se succèdent : lacs de Mazurie, Carpathes, déshonneur des plaines de Galicie, scandale Miassoiédov...

En faudra-t-il plus pour ouvrir les yeux à ceux de la population russe que le torrent du chauvinisme a entraînés? De quelles leçons avons-nous encore besoin?

La social-démocratie a le devoir de faire tout ce qui dépend d'elle pour ouvrir les yeux aux masses les plus larges de la population, sur les graves leçons des derniers mois. Nous n'accusons pas la monarchie tsariste de mal défendre la « patrie ». Nous l'accusons de déshonorer encore notre pays par son existence. Le malheur n'est pas que nous n'ayons pas de Hindenbourg — bien que les impérialistes le déplorent! — le malheur est que nous avons des Nicolas Nicolaiévitch et des Nicolas Alexandrovitch.

Le krach militaire du tsarisme s'annonce. On pressent l'effroyable épuisement du pays à la suite d'une guerre criminelle...

Le pays ne pardonnera pas au tsarisme ces millions de vies perdues, ces flots de sang, cet océan de larmes. Que la bande de malfaiteurs du tsar en réponde ! Même ceux que le tsarisme et ses courtisans ont momentanément réussi à berner, même ceux qui ont cru à la nécessité de la guerre vont maintenant répéter ce cri.

Les millions de soldats, rescapés des armées vaincues, qui reviendront de captivité, apporteront au pays une énorme effervescence révolutionnaire. Il se trouvera aussi, parmi les officiers russes, des hommes qui se demanderont où sont les vrais responsables de ces horreurs. Il s'en trouvera qui auront vu de leurs yeux les exploits de vieux brigands et de voleurs chevronnés, élevés aux plus hauts emplois dans l'armée impériale. Le mécontentement révolutionnaire gagnera la vieille Russie paysanne. Une fronde temporaire n'est pas exclue du côté de certains éléments de la bourgeoisie.

Le tsarisme perdra son dernier atout. Ceux que Jupiter voulait perdre, il leur ôtait la raison. Le tsarisme a commencé, sans y réfléchir, une partie désespérée. La Némésis de l'histoire prend son dû. On entend déjà dans le grondement du canon le glas de la monarchie russe.

Nous sommes de tout cœur, avec une compassion illimitée, auprès des populations martyrisées par les horreurs de la guerre; toute notre haine ardente, toute notre haine sans bornes doit se concentrer sur la bande des malfaiteurs du tsar qui envoient des millions d'hommes à l'abattoir et exterminent des dizaines de millions d'hommes.

A la classe ouvrière de Russie l'honneur de prendre l'initiative dans l'imminente lutte révolutionnaire! Que la monarchie tsariste rende des comptes. Que notre poing lui broie la gorge et notre genou la poitrine! Que la saignée organisée par la monarchie des Romanov, dans notre pays, en 1914-1915, soit la dernière! Il est temps de changer de rôle. Il est temps, pour notre pays, d'en finir une fois pour toutes avec la monarchie des Romanov, de la coucher dans sa tombe, et pour plus de sûreté, d'y planter un pieux du bois le plus dur...

*
* *

Telle est notre voie, la voie de la social-démocratie révolutionnaire.

Sur cette route, nous retrouverons encore les obstacles du national-liquidationnisme. Le liquidationnisme a été une tendance contre-révolutionnaire. Le national-liquidationnisme est doublement contre-révolutionnaire. De même que le social-chauvinisme est, en Occident, une tendance contre-révolutionnaire, le national-liquidationnisme l'est en Orient.

Il y eut, au début de la guerre, un moment où il put sembler qu'un groupe important de leaders allait se séparer des liquidateurs, combattre le social-chauvinisme et provoquer un nouveau regroupement dans le parti social-démocrate russe. Hélas! Ces espérances ne se sont pas réalisées. Les internationalistes eussent été heureux de tendre la main à un tel groupe. Ce groupe n'existe pas. C'est là le malheur.

Le marxisme révolutionnaire doit livrer une nouvelle bataille à l'opportunisme russe, sur une nouvelle arène, dans de nouvelles conditions, sur un terrain élargi. Nous traversons, en ce moment, l'accalmie qui précède les grands orages. En Russie, l'état de siège pèse sur la vie intérieure de la social-démocratie. Mais ce n'est que temporairement. Les luttes de 1909-1914 qui ont eu le liquidationnisme pour objet pâliront devant celles qui vont mettre aux prises dans notre social-démocratie la Gironde et la Montagne.

En Russie, le révisionnisme bourgeois s'est définitivement formé pendant la guerre. Seul, celui qui a des oreilles pour ne pas entendre et des yeux pour ne pas voir peut maintenant douter que les liquidateurs soient les émissaires de la société bourgeoise, de la politique bourgeoise, de l'idéologie bourgeoise parmi les ouvriers. Le mouvement ouvrier russe est en retard de plusieurs dizaines d'années sur celui de l'Europe occidentale. Faisons donc notre profit de l'expérience de cette dernière pour ne pas répéter ses fautes. La guerre à l'opportunisme, une guerre à mort, voilà ce que nous enseigne, ce que nous commande impérieusement cette expérience. Cette lutte dure en Russie depuis des dizaines d'années. La continuer est nécessaire, la renforcer, obligatoire. Nous pouvons avoir confiance en l'avenir. Nous pouvons estimer, avec la conviction la plus profonde, que la fleur de la classe ouvrière russe, tout ce que contient cette classe d'héroïque et de pensant, sera avec nous et vouera au national-liquidationnisme le mépris qui lui revient.

POST-SCRIPTUM

Une invention de Plékhanov

Dans le recueil d'articles intitulé *La Guerre* (Paris 1915), Plékhanov affirme que le manifeste du Comité de Brunswick de la social-démocratie allemande du 5 septembre 1870 « est aussi dû à la plume de Marx ».

C'est tout simplement faux. « Après m'être entendu avec plusieurs membres du Comité, j'écrivis ce manifeste », dit le plus influent des membres du Comité de Brünswick, W. Bracke (dans son livre *Der Braunschweiger Ausschuss in Loetzen und vor dem Gericht*, Brunswick, 1872, p. 7).

Ainsi, le manifeste du 5 septembre 1870 n'a pas été écrit par Marx, mais par Bracke. Plékhanov induit ses lecteurs en erreur. Le manifeste ne faisait que citer (à la fin) un court passage d'une lettre de Marx, contenant une protestation contre l'annexion de l'Alsace-Lorraine et la prédiction que cette annexion pousserait la France dans les bras de la Russie. Plékhanov voudrait bien, pour défendre ses positions actuelles, montrer Marx solidaire, en 1870, non de Bebel et de Liebknecht qui, comme on sait, répudièrent l'attitude « patriotique » même dans la guerre nationale de 1870-71, mais du Comité de Brunswick qui, au début du conflit, se comportait comme Schweizer ou comme Plékhanov aujourd'hui. Le désir engendre la croyance. Il a engendré chez Plékhanov l'erreur d'imputer à Marx l'œuvre de Bracke.

Nous doutons que cette invention « due à la plume de Plékhanov », ajoute à la gloire de cet ex-marxiste, seulement capable désormais d'imputer à Marx ce dont Marx n'a nul besoin.

1915.   G. ZINOVIEV.

La voix honnête d'un socialiste français

Voici qu'a retenti, en Suisse française, où le chauvinisme francophile est à peine moins virulent qu'en France, la voix d'un socialiste honnête. C'est un événement en ces jours d'avilissement. Et nous devons écouter cette voix avec d'autant plus d'attention que nous avons affaire en l'occurrence à un socialiste typiquement français ou, pour nous exprimer avec plus de précision, latin, car les Italiens, par exemple, ont le même tempérament et la même mentalité.

Il s'agit de la petite brochure du rédacteur d'un petit organe socialiste de Lausanne, Paul Golay. L'auteur a fait, le 11 mars 1915, une conférence à Lausanne sur ce sujet : *Le Socialisme qui meurt et le Socialisme qui doit renaître.* Cette conférence, il vient de l'éditer en brochure.

« Au 1ᵉʳ août 1914, la guerre éclatait. Pendant les semaines qui précédèrent et suivirent cette date désormais fameuse, des millions d'hommes furent dans l'attente... » Ainsi débute l'auteur. Des millions d'hommes se demandaient si les résolutions et les déclarations des chefs du socialisme n'allaient pas se traduire par « une formidable insurrection entraînant dans sa bourrasque les gouvernements criminels ». Mais l'attente des millions d'hommes fut déçue. « En bons camarades, dit Golay, nous nous efforçâmes de justifier les socialistes par le coup de foudre de la guerre survenant à l'improviste, par l'insuffisance des renseignements. Mais ces excuses ne nous satisfaisaient point. Nous étions mal à l'aise comme si notre conscience se fût plongée dans les eaux boueuses de l'équivoque et du mensonge. »

Le lecteur se rend déjà compte de la sincérité de Golay, qualité presque extraordinaire de notre temps.

Golay évoque la « tradition révolutionnaire du prolétariat ». Reconnaissant qu'il faut « à chaque situation une action conve-

nable et correspondante », il rappelle que « les situations exceptionnelles commandent des mesures exceptionnelles. Aux grands
maux les grands remèdes ». Il rappelle « les résolutions des congrès qui s'adressent directement aux masses et les incitent à une
action révolutionnaire et insurrectionnelle ». Suivent des extraits
des résolutions de Stuttgart et de Bâle. L'auteur souligne que « ces
diverses résolutions ne font aucune différence entre la guerre défensive et la guerre offensive et que, par conséquent, elles ne proposent aucune tactique spéciale et nationaliste en dérogation aux
principes généraux admis ».

Le lecteur se convainc, arrivé à cet endroit de sa lecture, que
Golay n'est pas seulement un homme sincère mais qu'il est aussi
un socialiste honnête et convaincu. Qualité tout à fait exceptionnelle parmi les notabilités de la II⁰ Internationale.

« Le prolétariat reçut les félicitations des chefs militaires et
la presse bourgeoise célébra en termes chaleureux la résurrection
de ce qu'elle appelle l'âme nationale. Cette résurrection nous vaut
trois millions de cadavres.

« Jamais, cependant, l'organisation ouvrière n'avait atteint un
nombre si élevé de cotisants, jamais pareille abondance de parlementaires, jamais presse mieux organisée, jamais, non plus, œuvre
aussi détestable que celle contre laquelle il eût fallu s'insurger.

« En de si tragiques circonstances, alors qu'il s'agit de l'existence de millions d'hommes, toutes les actions révolutionnaires
sont, non seulement tolérables, mais légitimes. Elles sont plus que
légitimes, elles sont sacrées, et l'impérieux devoir du prolétariat
était de tenter l'impossible pour épargner à notre génération les
événements qui ensanglantent l'Europe.

« Il n'y eut ni gestes énergiques, ni essais de révolte, ni menées
insurrectionnelles.

« Quelques députés, en Russie, en Serbie et en Angleterre, restèrent fidèles aux principes de l'Internationale. Le prolétariat italien, favorisé par le sentiment populaire hostile à l'Autriche, œuvra
avec succès pour la neutralité de ses gouvernants. Et c'est tout.

« Nos adversaires crièrent à la faillite du socialisme. C'est
aller un peu vite en besogne. Qui oserait prétendre cependant qu'ils
ont tout à fait tort ? Ce qui meurt à cette heure, ce n'est point le
socialisme, mais une variété de socialisme, édulcorée, sans esprit
d'idéalisme et sans passion, aux allures de fonctionnaire bedonnant et de père de famille sérieux, un socialisme sans hardiesse et
sans folie, amateur de statistique et le nez enfoui dans les contrats
de bonne entente avec le capitalisme, un socialisme préoccupé des
seules réformes et ayant, pour un plat de lentilles, vendu son droit
d'aînesse, un socialisme qui apparaît à la bourgeoisie comme un
régulateur des impatiences populaires et un serre-frein automatique des audaces prolétariennes.

« Ce socialisme-là, dont la contamination menaçait toute l'In ternationale, est responsable dans une certaine mesure de l'impuissance qui nous est reprochée. »

En d'autres endroits, Golay parle tout net du « socialisme réformiste » et de l' « opportunisme » comme de déformations du socialisme.

Admettant la responsabilité générale du prolétariat de tous les pays belligérants, soulignant que « cette responsabilité repose sur la tête de chefs auxquels la masse accordait sa confiance et desquels elle attendait le mot d'ordre ». Golay prend avec raison pour modèle « le socialisme allemand, le mieux organisé, le mieux stylé, le plus pétri de doctrine » et montre « sa force numérique et sa faiblesse révolutionnaire ».

« Animée d'un esprit révolutionnaire, la social-démocratie allemande eût été capable d'opposer aux entreprises militaristes une résistance suffisamment explicite et tenace pour entraîner dans cette voie de salut les autres prolétariats de l'Europe centrale.

« Le socialisme germain avait une grande influence dans l'Internationale. Il pouvait le plus. On attendait de lui un effort maximum.

« Mais le nombre n'est rien si les énergies individuelles sont paralysées par une discipline trop rigoureuse ou si les meneurs utilisent leur action et leur influence pour l'obtention du moindre effort. »

Autant la seconde partie de cette phrase est juste, autant la première est fausse : la discipline est une chose excellente et nécessaire, par exemple la discipline d'un parti excluant les opportunistes et les adversaires de l'action révolutionnaire.

« Le prolétariat allemand, grâce à ses chefs responsables, écouta la voix de la camarilla militaire... Les autres fractions de l'Internationale prirent peur ; elles eurent le même geste ; en France, deux socialistes se crurent tenus de participer au gouvernement bourgeois. Ainsi, six mois après avoir proclamé solennellement dans un congrès que les socialistes considéraient comme un crime de tirer les uns sur les autres, des millions d'ouvriers, enrégimentés dans les armées de mer et de terre, commettaient ce crime avec une constance et un entrain auxquels la bourgeoisie capitaliste et les gouvernements ont rendu de réitérés hommages. »

Mais Golay ne se borne pas à flétrir impitoyablement le socialisme qui meurt. Il manifeste une intelligence avertie de la cause de cette fin et de la nature du socialisme qui doit remplacer le moribond. « Les masses ouvrières d'un pays subissent dans une certaine mesure l'influence des idées en cours dans les milieux bourgeois ». « Quand Bernstein formula une sorte de réformisme démocratique qu'il baptisait, lui, de révisionnisme, Kautsky le foudroya à l'aide de textes appropriés. Les apparences sauvées, le parti n'en continua pas moins sa *réalpolitik*. »

« Le parti social-démocrate devint ce qu'il est aujourd'hui.

Une organisation merveilleuse. Un corps puissant duquel l'âme s'en est allée... Et la social-démocratie allemande n'est pas la seule à manifester ces tendances que l'on observe aussi dans toutes les sections de l'Internationale ». « Le nombre croissant des fonctionnaires » a des conséquences définies; « l'attention se porte sur la rentrée régulière des cotisations »; les grèves sont considérées « comme des manifestations ayant pour but de contracter de nouvelles conventions » avec les capitalistes, « on subordonne le sort de l'ouvrier à celui du capitalisme lui-même », « on souhaite le développement intensif de son industrie nationale au détriment des industries de l'étranger ».

Dans un article, R. Schmidt, député au Reichstag, a écrit que l'établissement des conditions de travail par les syndicats est avantageux aux capitalistes, car il introduit « l'ordre et la stabilité dans la vie économique », « facilite les calculs des patrons et empêche la concurrence déloyale ».

« Ainsi, le syndicalisme devrait considérer comme un honneur d'apporter la stabilité dans les profits patronaux! Le but du socialisme serait-il de réclamer, dans le cadre de la société capitaliste, le maximum d'avantages compatibles avec l'existence du régime lui-même? Dans ce cas, c'est l'abandon de tout principe. Nul n'ignore cependant que le prolétariat poursuit, non point la consolidation du régime capitaliste et l'obtention de conditions minima pour le salarié, mais la disparition du régime de la propriété privée, et la suppression du salariat.

« Les secrétaires des grandes organisations deviennent des personnages. Et dans le mouvement politique, les députés, les docteurs, les lettrés, les avocats, tous ceux qui apportent avec leur science un peu d'ambition personnelle, jouissent d'une considération parfois dangereuse.

« L'organisation puissante des syndicats et la solidité de leurs portefeuilles ont développé chez les affiliés l'esprit corporatif. Or, un des inconvénients d'un mouvement syndical essentiellement réformiste c'est d'améliorer les conditions du salariat par « tranches » superposées. Cela rompt l'unité fondamentale et introduit chez les plus favorisés un esprit timoré qui les pousse parfois à redouter un « mouvement », parce que leur situation, leur caisse, leur actif en pourraient subir quelque désastre. Ainsi se forme une sorte de séparation entre différentes classes du prolétariat, classes artificiellement créées par l'action syndicale elle-même.

« Ce n'est naturellement pas un argument contre de fortes organisations », dit l'auteur, prévoyant sans doute les réflexions chicanières d'une certaine espèce de critiques. Cela montre seulement que les organisations ont besoin « d'âme », besoin « d'enthousiasme ».

« Quels sont les caractères essentiels que doit revêtir le socialisme de demain? Il sera international, intransigeant et insurrectionnel ».

« L'intransigeance est une force », dit avec raison Golay, invitant le lecteur à jeter un coup d'œil sur « l'histoire des doctrines ». « Quand donc ont-elles exercé leur influence? A l'heure de leur domestication par les pouvoirs publics ou à l'heure de leur intransigeance? Quand donc le christianisme perdit-il sa valeur? Le jour où Constantin lui promit des rentes et lui offrit, non les persécutions et les bêtes fauves, mais l'habit chamarré des valets de cour. »

« Un philosophe français l'a dit : Les idées mortes sont celles qui se présentent bellement habillées, sans aspérité et sans audace. Mortes, parce qu'elles sont entrées dans la circulation et font partie de l'ordinaire bagage intellectuel de la grande armée des mufles. Mais les idées fortes sont celles qui heurtent et scandalisent, soulevant l'indignation, la colère, l'animosité des uns et l'enthousiasme des autres ».

L'auteur croit nécessaire de rappeler cette vérité « aux socialistes contemporains, auxquels fait souvent défaut toute ardeur de conviction. On ne croit plus à rien. Ni à la réforme équitable ni à la révolution qui ne vient jamais ».

L'intransigeance, la préparation morale à l'insurrection « ne poussent point à la rêverie mais à l'action. Le socialiste n'en négligera aucune forme. Il en trouvera de nouvelles selon les besoins et les circonstances »... Il veut la réforme immédiate, obtenue non point tant par une discussion filandreuse et habile avec les adversaires, mais cédée par la bourgeoisie, « intimidée par l'existence en face d'elle d'une masse enthousiaste et audacieuse ».

Après la dégradation éhontée du marxisme, après la boue jetée par Plékhanov, Kautsky et Cie sur le socialisme, c'est un véritable repos spirituel que de lire la brochure de Golay. Il n'y faut noter que les deux insuffisances suivantes.

D'abord Golay témoigne, comme la plupart des socialistes latins, sans en exclure les guesdistes actuels, d'une certaine négligence envers la « doctrine », c'est-à-dire la *théorie* du socialisme. Il éprouve à l'égard du marxisme une certaine prévention peut-être expliquée, mais non justifiée, par le règne actuel de la pire caricature du marxisme chez Kautsky, dans la *Neue Zeit*, et chez les Allemands en général. Celui qui reconnaît comme Golay la nécessité de la mort du socialisme réformiste et de la renaissance du socialisme insurrectionnel révolutionnaire, celui qui comprend la nécessité de l'insurrection et la préconise, qui est capable de la préparer sérieusement, qui en fait la propagande, celui-là est en réalité mille fois plus près du marxisme que ces messieurs de la *Neue Zeit*, par exemple, gens occupés, connaissant par cœur les textes, à justifier le social-chauvinisme sous quelque forme que ce soit, jusques et y compris la réconciliation immédiate avec le comité central social-chauvin et l'oubli du passé.

Mais si compréhensible que soit, humainement parlant, le dédain du marxisme chez Golay, quelle que soit la part de culpabilité qui en incombe à la tendance mourante et morte des marxistes français (guesdistes), il reste à l'auteur une certaine culpabilité. Le mouvement émancipateur de la classe opprimée, le plus grand que le monde ait connu, le plus révolutionnaire dans l'histoire de la classe opprimée, est impossible sans théorie révolutionnaire. Cette théorie, on ne peut l'inventer; elle résulte de l'ensemble de l'expérience révolutionnaire et de la pensée révolutionnaire de tous les pays de l'univers. Et cette théorie a surgi, grandi dans la deuxième partie du XIX° siècle. On l'appelle le marxisme. On ne peut pas être socialiste, on ne peut pas être social-démocrate révolutionnaire sans participer, dans la mesure de ses forces, à l'élaboration et à l'application de cette théorie et, de nos jours, à la lutte sans merci contre les mutilations que lui font subir Plékhanov, Kautsky et Cie.

De cette négligence à l'égard de la théorie dérivent chez Golay diverses assertions inexactes ou irréfléchies, par exemple celle qu'il émet contre la centralisation et la discipline en général, contre le « matérialisme historique » qui serait insuffisamment « idéaliste », etc. D'ici encore une étonnante insuffisance dans la question des mots d'ordre. Ainsi l'exigence, formulée à l'égard du socialisme, de devenir insurrectionnel, exigence qui a un sens infiniment profond, exprimant une pensée d'une justesse unique, en dehors de laquelle toutes les phrases sur l'internationalisme, l'esprit révolutionnaire et le marxisme, ne font qu'esquisser des idées inachevées ou — plus souvent encore — révèlent seulement de l'hypocrisie. Cette idée, l'idée de la guerre civile, il aurait fallu la développer, en faire le pivot de la tactique, et Golay s'est borné à l'exprimer. C'est beaucoup par les temps qui courent, mais ce n'est pas assez du point de vue des exigences de l'action révolutionnaire du prolétariat. Ainsi, Golay pose de façon étroite le problème de la réplique de la révolution à la guerre, si l'on peut s'exprimer ainsi. Il ne tient pas compte de ce fait que, si l'on n'a pas su répondre à la guerre par la révolution, la guerre elle-même a commencé à enseigner la révolution et l'enseigne aux masses, créant une situation révolutionnaire, l'approfondissant et l'élargissant.

Un second défaut de Golay est révélé par le raisonnement suivant que nous trouvons dans sa brochure :

« Nous ne blâmons personne. L'Internationale, pour renaître, a besoin qu'un esprit fraternel anime ses différentes sections, mais il est permis d'affirmer qu'en face de la tâche suprême que lui imposa la bourgeoisie capitaliste en juillet et août 1914, le socialisme réformiste, centralisateur et hiérarchique, fit piètre figure. »

« Nous ne blâmons personne... ». C'est là votre erreur, cama-

rade Golay! Vous avez vous-même reconnu que le « socialisme
mourant » tient aux idées bourgeoises (en d'autres termes qu'il est
nourri et encouragé par la bourgeoisie), à une tendance définie du
socialisme (le réformiste), aux intérêts et à la situation particulière de couches sociales définies (parlementaires, fonctionnaires,
intellectuels, certains milieux ou groupes ouvriers privilégiés, etc.).
De là découle *inéluctablement* une conclusion que vous ne formu-
lez pas. Les personnes physiques « meurent » de mort dite naturelle, mais les tendances *idéologico-politiques ne peuvent pas
mourir ainsi*. De même que la bourgeoisie ne mourra pas tant
qu'on ne l'aura pas renversée, la tendance nourrie et soutenue de
la bourgeoisie, la tendance qui exprime les intérêts d'un petit
groupe d'intellectuels et de l'aristocratie du mouvement ouvrier
allié à la bourgeoisie ne mourra pas *si on ne la tue pas*, c'est-à-
dire si on ne la renverse pas en la privant de toute influence sur
le prolétariat socialiste. Cette tendance est forte précisément par
ses relations avec la bourgeoisie. Elle est devenue, grâce aux circonstances objectives de l'époque de paix de 1871-1914, une sorte
de couche dirigeante, parasite du mouvement ouvrier.

Il n'est pas seulement obligatoire en la circonstance de blâ-
mer, il faut encore sonner le tocsin, démasquer impitoyablement,
renverser, supprimer cette couche parasite, ruiner son unité avec
le mouvement ouvrier, car cette unité est en réalité celle du prolétariat avec la bourgeoisie nationale et signifie aussi *la scission* du
prolétariat international; c'est l'unité des larbins et la division des
révolutionnaires.

« L'intransigeance est une force », dit Golay avec raison, exigeant que « le socialisme qui doit renaître » soit intransigeant.
Mais n'est-il pas indifférent à la bourgeoisie que le prolétariat soit
directement conciliant envers elle ou le soit *indirectement* par l'intermédiaire de ses partisans, de ses défenseurs, de ses agents *dans*
le mouvement ouvrier, c'est-à-dire des opportunistes? La dernière
alternative est même *la plus avantageuse* pour la bourgeoisie, car
elle lui assure une influence plus durable sur les ouvriers.

Golay a mille fois raison : il y a un socialisme qui meurt et un
socialisme qui doit renaître, mais cette mort et cette renaissance se
réduisent justement à une lutte impitoyable avec l'opportunisme, et
pas seulement à une lutte idéologique; elle consiste à exclure des
partis ouvriers cette excroissance monstrueuse d'opportunisme; à
rompre complètement avec eux. Ils ne mourront ni de mort physique, ni de mort politique, mais les ouvriers, rompant avec eux,
les pousseront dans la fosse où s'agitent les valets de la bourgeoisie
et formeront, grâce à l'exemple de leur corruption, la nouvelle génération, plus exactement la nouvelle armée du prolétariat, capable
de s'insurger.

N. Lénine.

1915.

Note sur l'impérialisme et le socialisme en Italie

Il n'est pas inutile, afin de nous éclairer sur les questions posées par la guerre impérialiste actuelle devant le socialisme, de jeter un coup d'œil sur les divers pays européens. On apprend ainsi à distinguer les aspects nationaux du fait général, essentiel et profond. On voit mieux, dit-on, avec un peu de perspective. Moins il y a d'analogie entre l'Italie et la Russie et plus nous semble-t-il intéressait de comparer à certains égards le socialisme et l'impérialisme dans ces deux pays.

Nous ne ferons, dans cette notice, qu'indiquer la documentation apportée sur ce sujet par les œuvres, parues depuis le commencement de la guerre, du professeur bourgeois Roberto Michels, *L'Impérialismo Italiano* (1), et du socialiste T. Barboni : *Internazionalismo o Nazionalismo di classe? (Il proletariato d'Italia e la guerra europea)* (2). Le prolixe Michels est resté aussi superficiel que dans ses précédents ouvrages, touchant à peine à l'aspect économique de l'impérialisme, mais son livre réunit une documentation précieuse sur les origines de l'impérialisme italien et sur la transition qui est l'essentiel de l'époque actuelle et apparaît surtout avec évidence en Italie : celle de l'époque des guerres d'émancipation nationale à l'époque des guerres réactionnaires de brigandage impérialiste. L'Italie révolutionnaire démocratique, c'est-à-dire l'Italie bourgeoise révolutionnaire, qui secouait le joug de l'Autriche, l'Italie de Garibaldi, achève de devenir sous nos yeux une Italie qui opprime d'autres peuples, pille la Turquie et l'Autriche, l'Italie brutale d'une sale, d'une écœurante bourgeoisie réactionnaire que la satisfaction d'être admise à la curée fait baver. Michels, comme tout professeur qui se respecte, prend naturellement sa servilité à l'égard de la bourgeoisie pour de « l'objectivité scientifique » et appelle la curée « le partage des parties du monde restées en possession des peuples faibles » (p. 179). Ecartant avec dédain, comme utopique, le point de vue de certains socialistes hostiles à toute politique coloniale, Michels reprend le raisonnement des gens qui pensent que l'Italie « devrait être la deuxième puissance coloniale » et ne céder la première place qu'à l'Angleterre, ceci d'après la densité de sa population et l'importance de son émigration. Que l'Italie compte 40 % d'illettrés, qu'il s'y produise jusqu'à présent des émeutes provoquées par les épidémies de choléra, ces arguments sont réfutés par référence à l'exemple anglais. L'Angleterre n'a-t-elle pas été un pays effroyablement ruiné, humilié, où les masses ouvrières mouraient de faim, d'alcoolisme, de toutes les misères, dans la saleté des quartiers pauvres, durant la première moitié du xix* siècle, lorsque la bourgeoisie anglaise bâtissait avec tant de succès les fondements de sa puissance coloniale actuelle?

------

(1) Milan 1914.

(2) Edition de l'auteur à Campione d'Intelvi (province de Côme) 1915.

Et il faut le dire : du point de vue bourgeois, ce raisonnement est irréfutable. La politique coloniale et l'impérialisme ne sont pas des déviations morbides, guérissables, du capitalisme (comme le pensent quelques philistins et Kautsky avec eux), mais l'inévitable produit des racines mêmes du capitalisme. La concurrence entre les entreprises pose la question en ces termes : se ruiner ou ruiner autrui; la concurrence entre pays ne pose la question qu'ainsi : rester au neuvième rang, risquant toujours le sort de la Belgique, ou ruiner et écraser d'autres pays afin de s'ouvrir un chemin parmi les « grandes » puissances.

L'impérialisme italien a été appelé « l'impérialisme des pauvres gens » (*l'imperialismo della povera gente*), en raison de la pauvreté de l'Italie et de la misère désespérée de la masse des émigrants italiens. Le chauvin italien Arturo Labriola, qui se distingue de son ancien adversaire G. Plékhanov en ce qu'il a révélé un peu plus tôt ses sentiments de social-chauvin et qu'il est venu au social-chauvinisme par les voies d'un semi-anarchisme petit-bourgeois et non par celles de l'opportunisme, Labriola écrivait dans son livre sur la guerre de Tripolitaine (1912) :

« Evidemment, nous ne faisons pas que combattre les Turcs... nous combattons aussi les intrigues, les menaces, l'argent, les armées de l'Europe ploutocratique qui ne peut tolérer que les petites nations osent commettre un geste, dire un mot de nature à compromettre son hégémonie » (p. 22). Le leader nationaliste italien Conradini déclare de son côté : « De même que le socialisme a été pour le prolétariat une méthode d'affranchissement du joug bourgeois, le nationalisme sera pour nous, Italiens, une méthode d'affranchissement vis-à-vis des Français, des Allemands, des Anglais, des Américains du nord et du sud qui constituent à notre égard une bourgeoisie ».

Tout pays qui a plus de colonies, plus de capitaux, plus d'armées que nous, « nous ôte » certains privilèges, une certaine plus-value ou une certaine sur-plus-value, ainsi que parmi les capitalistes, celui dont l'outillage est supérieur à la moyenne, ou celui qui jouit de certains monopoles, perçoit une sur-plus-value; le pays dont la situation économique est la meilleure reçoit des bénéfices exceptionnels. Et c'est l'affaire de la bourgeoisie de combattre pour les privilèges et avantages de son capital national et de tromper le peuple, le simple peuple (avec le concours de Labriola et de Plékhanov), en présentant la lutte impérialiste pour le droit de piller autrui comme une lutte nationale libératrice.

Avant la guerre de Tripolitaine, l'Italie ne pillait pas, tout au moins en des fortes proportions, d'autres pays. N'était-ce pas là une offense intolérable à sa dignité nationale? Les Italiens étaient opprimés et humiliés par d'autres nations. L'émigration italienne, vers 1870, se montait à 100.000 hommes par an, chiffre qui atteint maintenant de 500.000 à 1.000.000 d'hommes. Ces misérables, littéralement chassés de leur pays par la faim, ces fournisseurs de main-d'œuvre des branches les plus désavantagées — quant aux salaires — de la production, peuplent en masse les quartiers pauvres, exigus et malpropres des cités d'Europe et d'Amérique. Le nombre des Italiens habitant l'étranger a monté de 1.000.000 en 1871 à 5.500.000 en 1910, la majeure partie habitant les « grands » et riches pays auxquels les Italiens fournissent une masse ouvrière brute, dénuée de ressources et de droits. Les principaux pays exploitant la main-d'œuvre italienne à vil prix sont : la France, 400.000 h. en 1910 (240.000 en 1881); la Suisse, 135.000 (41) — (nous donnons entre parenthèses, en milliers, le nombre de 1881) — l'Autriche, 80.000 (40); l'Allemagne, 180.000 (7); les Etats-Unis, 1.779.000 (170); le Brésil, 1.500.000 (82) ; l'Argentine, 1.000.000 (254). La France-« Lumière » qui, il y a cent vingt-cinq ans, se battait pour la liberté, ce qui l'autorise à qualifier de « libératrice » sa guerre d'aujourd'hui pour son « droit » esclavagiste et celui des Anglais « à l'exploitation des colonies », garde dans des sortes de ghettos des centaines de milliers d'ouvriers italiens dont la canaille petite-bourgeoise de la grande nation s'écarte le plus possible, non sans les humilier et les offenser. On donne en France, aux Italiens, le sobriquet méprisant de *macaronis* (que notre lecteur grand-russien veuille bien se souvenir des nombreux sobriquets méprisants qui ont cours dans notre pays à l'égard des allogènes dont la malchance est d'être nés sans droit aux privilèges dont usent les Pourichkévitch pour opprimer les Grands-Russiens comme tous les autres peuples de la Russie). La grande France a conclu en 1896 un traité avec l'Italie, en vertu duquel cette dernière s'engage à ne pas augmenter le nombre des écoles italiennes en Tunisie! Depuis, la population italienne de la Tunisie a pourtant quadruplé. Il y a 105.000 Italiens en Tunisie contre 35.000 Français; mais il n'y a parmi les premiers que 1.167 propriétaires possesseurs de 83.000 hectares, alors que 2.395 des seconds ont réussi à voler dans leur colonie 700.000 hectares de terres. Comment ne pas s'accorder, après cela, avec Labriola et d'autres partisans de Plékhanov sur le droit de l'Italie à coloniser la Tripolitaine, à opprimer les Slaves de Dalmatie, à partager l'Asie Mineure! (1).

____

(1) Il est grandement édifiant de noter la connexion entre le passage de l'Italie à l'impérialisme et le consentement du gouvernement italien à la réforme électorale. Celle-ci a porté le nombre des électeurs de 1.239.000 à 8.562.000; c'est « presque » le suffrage universel. Avant la guerre de Tripolitaine, l'auteur de la réforme, Giolitti, en était l'adversaire résolu. « Les mobiles du changement d'attitude du gouvernement » et des partis modérés furent essentiellement patriotiques, écrit Michels. « Malgré la vieille répugnance théorique à l'égard de la politique coloniale, les ouvriers d'industrie et, plus encore, les manœuvres se battirent contre les Turcs avec la plus grande discipline et une obéissance parfaite, contraire à toutes les prévisions. » Cette servilité méritait une récompense qui encourageât le prolétariat à persévérer. « Le président du conseil des ministres déclara au parlement que la classe ouvrière italienne avait prouvé à la patrie, par sa valeureuse conduite sur les champs de bataille de Lybie, qu'elle avait désormais atteint le degré le plus élevé de

Tout comme Plékhanov sert la « guerre libératrice » de la Russie contre l'Allemagne qui aspire à coloniser ce pays, le chef des réformistes italiens, Bissolati, vaticine au sujet de « l'invasion de l'Italie par les capitaux étrangers », allemands en Lombardie, anglais en Sicile, français à Plaisance, belges dans les entreprises de tramways, etc.

La question est posée avec netteté et l'on ne peut pas méconnaître le grand service rendu à l'humanité par la guerre européenne qui a mis des centaines de millions d'hommes dans la brutale alternative, ou de défendre, le fusil ou la plume à la main, directement ou non, sous une forme quelconque, les privilèges et les prétentions nationales, chacun de sa bourgeoisie, ce qui équivaut à en être soit le partisan, soit le domestique; ou d'exploiter tout conflit et surtout les conflits armés, les guerres pour les privilèges de grande puissance, afin de démasquer et de renverser tous les gouvernements, à commencer pour chacun par le *sien*, au moyen de l'action révolutionnaire du prolétariat internationalement solidaire. Il n'y a pas de milieu. En d'autres termes : chercher à adopter une position intermédiaire, c'est tenter de dissimuler que l'on passe, en fait, à la bourgeoisie impérialiste.

Tout le livre de Barboni est en réalité consacré à dissimuler ce passage d'une classe à une autre. Barboni joue l'internationaliste, tout comme notre Potressov, en déclarant qu'il faut, du point de vue international, se demander quel est le parti dont la victoire serait utile ou nuisible au prolétariat. Naturellement, il tranche cette question contre l'Autriche et l'Allemagne. Barboni propose, tout à fait dans l'esprit de Kautsky, au parti socialiste italien d'affirmer solennellement la solidarité internationale des ouvriers — des pays belligérants en premier lieu, bien entendu — et des convictions internationalistes, un programme de paix basé sur le désarmement et l'indépendance nationale de toutes les nations, avec une « Société des Nations pour la garantie mutuelle de l'inviolabilité et de l'indépendance ». Et précisément, au nom de ces principes, Barboni déclare que le militarisme est, en régime capitaliste, un fait d'ordre « parasitaire » et « nullement un fait nécessaire »; que l'Allemagne et l'Autriche sont pénétrées d'« impérialisme militariste », que leur politique agressive fut une « constante menace à la paix de l'Europe », que l'Allemagne « repoussa constamment la limitation des armements proposée par la Russie (!!!) et l'Angleterre », etc., etc., et que le P. S. I. doit se prononcer pour une intervention opportune de l'Italie aux côtés de la Triple Entente!

----

la maturité politique ». « L'homme capable de sacrifier sa vie à un noble dessein est apte à défendre en qualité d'électeur les intérêts de la patrie et par conséquent le droit d'être considéré par le gouvernement comme digne de la plénitude des droits politiques » (p. 377). Les ministres italiens parlent bien! Mais les social-démocrates « radicaux » allemands parlent mieux encore quand ils font ce raisonnement de larbins : « Nous » avons rempli notre devoir en vous aidant à piller d'autres pays, et « vous » ne voulez pas nous accorder, en Prusse, le suffrage universel!

Nous ne voyons pas au nom de quels principes on devrait préférer à l'impérialisme bourgeois de l'Allemagne, qui s'est économiquement développée au XX° siècle beaucoup plus rapidement et qui a été particulièrement « lésée » lors du partage des colonies, l'impérialisme bourgeois de l'Angleterre, dont le développement est beaucoup plus lent, qui a volé quantité de colonies, qui y applique (loin de l'Europe) des procédés de répression non moins féroces que ceux des Allemands, et qui emploie ses milliards à entretenir les armées de diverses puissances continentales pour piller l'Autriche, la Turquie, etc. L'internationalisme de Barboni se réduit, en réalité, comme celui de Kautsky, à la défense verbale de principes socialistes, défense hypocrite qui ne sert qu'à voiler celle de la cause de la bourgeoisie, italienne en l'occurrence. On ne peut s'empêcher de noter que Barboni, publiant son livre en libre Helvétie (la censure suisse s'est bornée à y supprimer, à la page 75, une demi-ligne vraisemblablement consacrée à la critique de l'Autriche), n'a pas éprouvé le besoin de citer et d'étudier consciencieusement dans ses 143 pages les propositions principales du manifeste de Bâle. Par contre, il cite avec une profonde sympathie deux ex-révolutionnaires russes, le petit-bourgeois anarchiste Kropotkine et le philistin social-démocrate Plékhanov. Evidemment ! Les sophismes de Plékhanov ne se distinguent en rien de ceux de Barboni. Seulement, la liberté politique de l'Italie révèle mieux leur caractère, fait mieux ressentir la position véritable de Barboni, agent de la bourgeoisie parmi les ouvriers.

Barboni déplore (tout comme Plékhanov) « l'absence d'un esprit révolutionnaire authentique » dans la social-démocratie allemande; il salue avec joie Karl Liebknecht (tout comme le saluent tous les socials-chauvins français qui ne voient pas la poutre qu'ils ont dans l'œil); mais il affirme catégoriquement qu'il « ne peut pas être question de la banqueroute de l'Internationale », que les Allemands « n'ont pas trahi l'esprit de l'Internationale » puisqu'ils ont agi « dans l'honnête conviction de défendre la patrie ». Et Barboni déclare, dans le style suave de Kautsky, mais avec l'éloquence charmeuse des Latins, que l'Internationale est prête (après la victoire sur l'Allemagne) « à pardonner aux Allemands comme le Christ a pardonné à Pierre une minute de défaillance, à guérir par l'oubli les profondes blessures faites par l'impérialisme militariste et à tendre la main à ces ennemis pour une paix digne et fraternelle ».

Spectacle attendrissant : Barboni et Kautsky — non sans la participation probable de nos Kossovsky et Axelrod — se pardonnant l'un à l'autre !

Parfaitement satisfait de Kautsky et de Guesde, de Plékhanov et de Kropotkine, Barboni n'est pas content de son parti ouvrier socialiste italien. Dans ce parti qui eut, dès avant la guerre, le bonheur de se débarrasser des réformistes Bissolati et Cie, une telle atmosphère s'est créée, croyez-vous, que ceux qui, à l'instar de Barboni, n'admettent pas la « neutralité complète », c'est-à-dire l'action énergique contre l'intervention de l'Italie dans la guerre, n'y peuvent pas respirer. Le pauvre Barboni déplore amèrement que les gens de son espèce soient, dans le P. S. I., appelés « intellectuels », — « qui ont perdu le contact avec les masses », « rejetons de la bourgeoisie », — « gens qui ne connaissent plus le droit chemin du socialisme et de l'internationalisme ». Notre parti, dit avec indignation Barboni, « fanatise plus les masses qu'il ne les éduque ».

Vieille chanson! Variante italienne du refrain des liquidateurs russes et des opportunistes contre la « démagogie » des « mauvais » bolchéviks « excitant » les masses contre les admirables socialistes de *Nacha Zaria*, le Comité unitaire, la fraction Tchkhéidzé! Mais quel aveu précieux de la part du social-chauvin italien : au seul pays où l'on ait pu, pendant plusieurs mois, discuter librement les programmes des social-chauvins et des internationalistes, les *masses ouvrières*, le *prolétariat conscient*, se sont rangés du côté des derniers, tandis que les intellectuels petits-bourgeois et les opportunistes adoptaient le parti des premiers.

La neutralité est égoïsme étroit, incompréhension de la situation internationale, lâcheté vis-à-vis de la Belgique, absence, et « les absents ont toujours tort », déclare Barboni, tout à fait dans l'esprit d'Axelrod et de Plékhanov. Mais, comme il y a en Italie deux partis travaillant au grand jour, réformiste et ouvrier socialiste, comme on ne peut, dans ce pays, recouvrir, pour tromper les gens, la nudité des Potressov, des Tchérévanine, des Levitsky, de la feuille de vigne du C. U. ou de la fraction Tchkhéidzé, Barboni convient franchement de ce qui suit :

A ce point de vue, je vois plus de révolutionnarisme dans l'action des socialistes réformistes qui ont promptement saisi quelle énorme importance aurait pour la future lutte anticapitaliste ce renouvellement de la situation politique « (à la suite d'une victoire remportée sur le militarisme allemand) » et se sont mis, avec une logique irréprochable, du côté de la Triple Entente, — que dans la tactique des socialistes révolutionnaires officiels, cachés comme la tortue en sa carapace, sous le bouclier de la neutralité absolue.

Il nous reste à exprimer, à propos de cet aveu précieux, le vœu qu'un camarade au courant du mouvement italien réunisse et étudie systématiquement la très grande et très intéressante documentation fournie par les deux partis italiens sur les milieux sociaux, les éléments, les concours, les arguments qui ont, d'une part, défendu la politique révolutionnaire du prolétariat italien, de l'autre préconisé l'aplatissement servile devant la bourgeoisie impérialiste italienne. Plus on réunira de ces documents dans les différents pays et mieux les ouvriers conscients apercevront la vérité sur les causes et la portée du krach de la IIe Internationale.

Remarquons pour finir que Barboni, en présence d'un parti

ouvrier, s'efforce, en sophiste, de s'adapter aux instincts révolutionnaires des ouvriers. Il représente les socialistes internationalistes d'Italie comme les ennemis d'une guerre faite *en réalité* pour les intérêts impérialistes de la bourgeoisie italienne, comme des partisans d'une abstention timorée, pénétrés d'un égoïste désir de se soustraire aux horreurs de la guerre. « Un peuple éduqué dans l'horreur de la guerre craindra sans doute autant les horreurs de la révolution ». Et voici, à côté de cette écœurante tentative pour complaire aux révolutionnaires, une grossière allusion pratique aux « claires » paroles du ministre Salandra. « L'ordre sera maintenu à tout prix » : — Tout essai de grève générale contre la mobilisation n'aboutira qu'à une « inutile boucherie ». « Nous n'avons pas pu empêcher la guerre de Lybie; nous pourrons moins encore empêcher la guerre avec l'Autriche ».

Barboni, pareil à Kautsky, à Cunow et à tous les opportunistes, impute consciemment aux révolutionnaires, dans l'espoir vil d'induire quelques personnes en erreur, le dessein bêbête « d'empêcher d'un seul coup la guerre » et de se faire fusiller, au moment le plus propice, par la bourgeoisie. Ceci pour éluder les tâches clairement énoncées à Bâle et à Stuttgart : tirer parti de la crise révolutionnaire pour une propagande systématique et pour la préparation de l'action des masses. Que l'Europe traverse une crise révolutionnaire, Barboni le voit parfaitement bien.

Il est un point sur lequel je crois nécessaire d'insister, même au risque d'ennuyer le lecteur, car on ne peut pas formuler d'appréciation juste de la situation politique actuelle sans l'élucider : la période que nous traversons est une période de catastrophes, une période d'action, dans laquelle il s'agit non d'éclaircir des idées ou de composer des programmes, non de définir des attitudes politiques pour l'avenir, mais d'appliquer une force active et vivante pendant des mois, ou peut-être seulement pendant des semaines, à la poursuite d'un résultat. Dans ces conditions, il ne s'agit pas de philosopher sur l'avenir du mouvement prolétarien, mais de fixer le point de vue du prolétariat au moment actuel.

Encore un sophisme accompagné d'une feinte adaptation à l'esprit révolutionnaire! Ainsi, 44 ans après la Commune, après un demi-siècle environ de concentration et de préparation des forces de masses, la classe révolutionnaire de l'Europe doit penser, alors qu'elle traverse une période de catastrophe, à servir bassement sa bourgeoisie nationale, à l'aider dans sa besogne de rapine, de violence, de ruine, d'oppression des peuples étrangers — et non à déployer, dans les proportions propres aux masses, la propagande directement révolutionnaire et la préparation de l'action révolutionnaire!...

1915.   N. LÉNINE.

La guerre et la crise révolutionnaire en Russie

Quinze mois de guerre! Les événements dans notre pays se sont précipités, pendant ces quinze mois remplis de souffrance, comme dans un kaléidoscope.

Début de la guerre. Explosion de patriotisme *cent-noirs* (1). Toute la bourgeoisie, la plus libérale y comprise, se livre aux courtisans de la bande du tsar. La presse, la tribune de la Douma, l'école, l'Eglise, tout sert à faire pénétrer jusqu'au fin fond des campagnes russes le mensonge de la guerre « libératrice » du tsarisme, à contaminer de chauvinisme les ouvriers, les paysans, les masses laborieuses des villes. Tous ceux qui, honnêtement révolutionnaires, restent fidèles au drapeau de la révolution sont jugulés, ligotés. La valeureuse avant-garde des ouvriers russes — le groupe parlementaire du parti ouvrier social-démocrate — est jetée en prison.

Deuxième phase. Victoire des armées du tsar en Galicie. Le chauvinisme ultra-réactionnaire s'épanouit. Les cent-noirs ne se bornent pas à leurs orgies en Russie; ils pillent, ruinent, étouffent les populations de la Galicie. La bourgeoisie escompte d'avance les bénéfices que lui procurera la conquête des Dardanelles, question de proche avenir semble-t-il. Le libéralisme s'agenouille plus manifestement encore devant le trône. La démocratie se tait. La contre-révolution fait rage. Elle est la triomphatrice du jour.

Mais le tableau change bientôt. Défaites de l'armée du tsar. Przemysl, Lvov, Varsovie, Novoguéorguievsk, Kovno, Brest-Litovsk, Vilna. Presque toute la Pologne, la Lithuanie, la Courlande, sont occupées par les Allemands. Les souffrances de l'habitant dans les régions envahies passent toute description. Un million de réfugiés se sont rués vers l'intérieur du pays. C'est une véritable migration de peuples. Par centaines de milliers, les fils de la Russie tombent sur les champs de mort. Des millions et des millions d'hommes sont ruinés et torturés. Le monde est désaxé. Nul ne sait ce qu'il doit attendre du lendemain.

La réaction perd la tête. Des intrigues se nouent entre les coteries influentes du parti militaire. « La patrie est en danger! » On « mobilise l'industrie », on « mobilise les énergies sociales ». Les capitales s'effarent... Congrès, discours, résolutions, télégrammes, députations. Goutchkov est presque « dictateur ». Milioukov et Chingarev sont presque ministres. La Douma foudroie les ministres du tsar, de préférence ceux que le tsar a déjà congédiés... Libéraux, octobristes (2), propriétaires nationalistes forment le « bloc de la Douma ». Ils se préparent à créer presque un Comité de Salut public.... c'est-à-dire un ministère de la défense nationale. La Douma est « dissoute ». Le trouble s'accroît chez les dirigeants.

---

(1) Ultra-réactionnaire. Allusion aux bandes de cent-noirs « vrais russes » qui se livraient en 1905-1906 aux pogroms antisémites. — *Note du traducteur.*

En réponse à la dissolution de la Douma, les libéraux lancent des appels « au calme ». L'accord de la bourgeoisie et de la monarchie ne s'est pas réalisé. La clique du tsar, plutôt que de rien céder de bon gré au libéralisme, traitera avec la monarchie allemande.

Les capitales s'effarent, on vaticine, la guerre verbale fait rage. Mais, par bonheur, là-bas, dans les lointains de la Russie, règne un silence de mort. — Non : la paix des cimetières recule vers le passé. Une protestation s'élève, il y a de l'effervescence, une lutte se prépare. La clique du tsar enseigne au peuple le « défaitisme ».

De nouveau, ce sont les ouvriers qui, les premiers, parlent haut. On les fusille à Kostroma par dizaines. On en tue des centaines à Ivanovo-Voznèsensk. On en arrête, on en déporte des milliers. Mais c'est par dizaines de milliers qu'ils se mettent quand même en grève. Ils en sont déjà arrivés à la grève générale à Moscou ; une grève de 150.000 prolétaires a lieu à Pétrograd, leur mouvement embrasse les deux capitales et gagne le Volga, le Midi, prêt à s'étendre sur le pays entier.

Dans les campagnes, « ça ne va pas » non plus. Les journaux relatent les cas — pour le moment isolés — de révolte de la population féminine. Les hommes sont à la guerre, mais les exactions et les charges n'ont pas diminué, la gêne accable, le propriétaire foncier opprime. L'évêque droitier Nikone atteste qu'on entend dans les campagnes des propos « incendiaires » contre la guerre. Les observateurs libéraux de la vie rurale le confirment. La campagne souffre le plus de la guerre. Par centaines de milliers, nos malchanceux et crève-la-faim sont poussés à la tuerie. L'armée russe est une armée paysanne. A la maison, le besoin, la faim, les maîtres brutaux, les forestiers, les popes les chefs de districts...

Le mécontentement grandit dans les grandes masses moyennes des villes, faiblement traduit par la fronde des libéraux. Pourquoi la guerre, pourquoi ces larmes sans fin, ces lacs de sang, ces morts par centaines de milliers ? Pourquoi cette dévastation du pays, cet abîme de souffrances ? Des dizaines de milliers de citoyens russes se posent aujourd'hui ces questions qui seront bientôt sur les lèvres de millions d'hommes.

En résultat, la crise révolutionnaire s'étend. Nul ne sait encore avec quelle rapidité se développeront les événements révolutionnaires. Mais nul ne s'étonnera qu'ils aillent aussi vite qu'après la chute de Port-Arthur, après Moukden et Tsou-Shima. La défaite militaire du tsarisme éveille les éléments les plus passifs. L'annonce de la défaite pénètre dans les hameaux les plus reculés. Le prolétariat va se remettre à la tête du mouvement révolutionnaire et combattre avec autant d'héroïsme que par le passé, pour la république démocratique, la journée de sept heures, la confiscation

---

(2) Constitutionnels-démocrates, partisans du rescrit impérial d'octobre 1905.

des grands domaines. Un jour viendra, et nous verrons renaître le mouvement révolutionnaire des paysans, auxquels les leçons de la guerre ont été fort utiles. Les révolutionnaires petits-bourgeois hésiteront, les libéraux marchanderont avec l'absolutisme et trahiront le peuple. A la social-démocratie incomberont les tâches historiques les plus vastes.

L'attitude des social-patriotes russes devient de plus en plus équivoque; de mieux en mieux se dessine leur rôle contre-révolutionnaire. Des représentants isolés du social-patriotisme vrai-russe ont lancé le mot d'ordre : « la révolution pour la victoire » (sur les Allemands). Mais la logique des événements pousse les social-patriotes à travailler en réalité à la contre-révolution pour la victoire, c'est-à-dire à renoncer, au nom de la « victoire », à toute action contre le tsarisme. On le comprend. *Une révolution* pour la victoire? Essayez, messieurs! Commencez la révolution, commencez à déboulonner votre tsar « juste » — quand ce ne serait que pour battre les Allemands! — et nous verrons ce qui restera de votre « paix sociale », de votre « non-résistance à la guerre », etc. Ainsi répondent les social-démocrates révolutionnaires aux patriotes.

« La révolution pour la victoire », disent, ravis de la belle phrase, Kérensky et Plékhanov, accoutrés en jacobins et troublant, bien à la légère, les ombres des grands hommes d'action de l'époque des guerres révolutionnaires. En réalité, ils sont les esclaves de la monarchie tsariste.

La conférence des socialistes-révolutionnaires, des travaillistes et des socialistes-nationaux déclare « inéluctable la participation à la défense du pays contre l'ennemi étranger » et reconnaît la nécessité de « convier la Douma, même dans sa composition actuelle, à prendre part à l'œuvre populaire ». N'est-ce pas la « contre-révolution pour la victoire »?

M. Plékhanov avec Mme Ida Axelrod, M. Alexinsky, M. Deutsch et un couple de patriotes socialistes-révolutionnaires, convoquent une ridicule « conférence », publie en son nom un manifeste grandiloquent « à la population laborieuse consciente de la Russie ». (En même temps que ses convictions social-démocrates, Plékhanov a perdu le sens du ridicule). Dans ce manifeste de style monarchique — à la manière du *Novoié-Vrémia* — les personnes susdites s'insurgent contre les grèves ouvrières, tout juste à l'heure où une grève de masses commence à déferler sur la Russie. L'opinion répandue, selon laquelle la « défense nationale » elle-même ne peut être couronnée de succès tant que subsistera le gouvernement du tsar, est dénoncée dans ce manifeste comme « profondément erronée ». Plékhanov et Cie n'ont pas même pu tenir sur la position chauvine de « la révolution pour la victoire ». Ils sont mûrs pour s'intégrer au bloc cadet-octobriste-national.

Le secrétariat étranger du C. U. — composé d'alliés et de prisonniers de l'organe social-patriote *Nacha Zaria* — adresse aux camarades une lettre-programme. Payant tribut à l'idéologie « défaitiste », admettant même le mot d'ordre de la guerre civile (« l'insurrection à l'arrière ») — mais, pour le moment, rien qu'en Allemagne — les gens du C. U. émettent, pour la Russie, le mot d'ordre d'une « Assemblée Constituante ». C'est pour eux un petit pas en avant. Mais les social-démocrates révolutionnaires ne peuvent pas ne pas reconnaître que les gens du C. U. demeurent dans l'ornière des idées *libérales*. Ils s'arrêtent sciemment à des formules confuses, susceptibles de convenir aux libéraux. Les prolétaires révolutionnaires de Saint-Pétersbourg émettent aussi, dans leurs manifestes, le mot d'ordre de l'Assemblée Constituante. Mais ils le complètent toujours par les trois principales revendications de l'époque : république démocratique, journée de huit heures, confiscation des domaines. Le seul mot d'ordre d'Assemblée Constituante peut être interprété de façon libérale : Assemblée Constituante pour l'établissement d'une monarchie constitutionnelle, pour « l'accord entre la couronne et le peuple ». C'est pourquoi, en 1905, les libéraux russes acceptaient l'Assemblée Constituante mais ne voulaient jamais entendre parler de république démocratique et de confiscation des domaines. Jusqu'à 1905, on pouvait se contenter de la « voix populaire » : « A bas l'autocratie ! » Nous jetons maintenant aux masses une autre parole : « A bas la monarchie ! » Avant 1905, les social-démocrates pouvaient préconiser l'Assemblée Constituante. Maintenant nous devons aller aux masses en préconisant la république et la confiscation des grandes propriétés foncières.

Parmi les internationalistes platoniques (*Naché Slovo*), les hésitations continuent, en présence même des événements décisifs qui se rapprochent. *Naché Slovo* arrive, par un autre chemin, à la liquidation de la tactique révolutionnaire en Russie. De la thèse *juste* et si *importante* qui rattache étroitement, maintenant plus que jamais, les destinées de la révolution russe à celles de la révolution prolétarienne, ils tirent cette conclusion profondément erronée que la révolution démocratique-bourgeoise, en Russie, doit être écartée des préoccupations actuelles. A les en croire, il n'y a pas en Russie de démocratie bourgeoise, la paysannerie ne peut pas jouer de rôle révolutionnaire, il reste au prolétariat russe à attendre le jour d'accomplir, avec le prolétariat des autres pays, la révolution internationale (*Naché Slovo*, série d'éditoriaux sur la *Crise de Guerre*, numéros 181-182). Le vieux refrain de Trotsky sur un nouvel air ! Thèse *liquidatrice* profondément dangereuse ! Les liquidateurs — Potressov lui-même et Larine — seront seuls avantagés par cette façon de poser la question qui aboutit en réalité à l'abandon de l'action pour une nouvelle révolution en Russie, à l'abdication de la tâche prolétarienne : appeler les masses de la petite-bourgeoisie des villes et des campagnes au combat

pour la république et pour la confiscation des domaines. C'est là
le lien idéologique qui rattache Trotsky aux liquidateurs.

Mais la social-démocratie révolutionnaire russe lutte comme
par le passé pour la révolution démocratique. La guerre impérialiste mondiale lie indissolublement la crise révolutionnaire dans
notre pays à la révolution prolétarienne qui grandit dans les pays
occidentaux. Il y a dix ans, la social-démocratie russe se représentait déjà la révolution démocratique en Russie comme le prologue
de la révolution socialiste en Occident. Le développement des événements fait de grands progrès. Le prologue se rapprochera un
jour de l'épilogue! Le lien entre la révolution démocratique en
Russie et la révolution socialiste en Occident s'est resserré. Mais
il ne s'ensuit pas qu'on doive renoncer aux trois revendications
fondamentales, qu'on doive écarter des préoccupations actuelles
la révolution démocratique en Russie; il s'ensuit qu'on doit combattre pour elle avec une énergie redoublée. Les intérêts de dizaines de millions d'hommes de la petite-bourgeoisie russe et du
semi-prolétariat, ne se concilient ni avec la monarchie, ni avec
l'intérêt des grands propriétaires féodaux. Le conflit de ces intérêts
est flagrant. La petite bourgeoisie a hésité et continuera d'hésiter.
Mais elle suivait en général les libéraux; aujourd'hui elle suit les
bourgeois patriotes. Le devoir du prolétariat n'est pas d'abandonner dédaigneusement les intérêts démocratiques des masses, mais
d'émanciper celles-ci de l'influence démocratiques des masses, mais
de la vie afin de réduire à néant les illusions libérales d'hier, les
illusions patriotiques d'aujourd'hui.

Vive la deuxième révolution démocratique en Russie, qui ouvrira l'ère de la révolution prolétarienne mondiale! Victoire sur
la monarchie tsariste, non pour la victoire sur l'Allemagne, mais
pour le développement de la révolution prolétarienne socialiste en
Occident! Telle est la devise de la social-démocratie révolutionnaire de Russie.

11 octobre 1915.   G. ZINOVIEV.

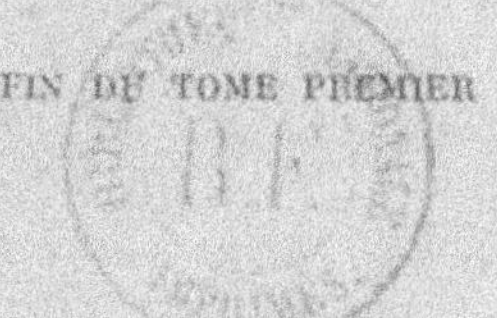

FIN DU TOME PREMIER

TABLE DES MATIÈRES